KB243154

현상학적 마음

The Phenomenological Mind
authored/edited by Shaun Gallagher and Dan Zahavi

Copyright ⓒ Routledge, 2008.
Korean Translation Copyright ⓒ by b-Books, 2013.

Authorized translation from the English language edition published by Routledge, a member of the Taylor & Francis Group. All rights reserved.
Korean edition is published by arrangement with TAYLOR & FRANCIS GROUP through Guy Hong Agency.

이 책의 한국어판 저작권은 기홍 에이전시를 통해 TAYLOR & FRANCIS GROUP과의 독점계약으로 도서출판 b에 있습니다. 저작권법에 의해 한국 내에서 보호를 받는 저작물이므로 무단 전재와 복제를 금합니다.

THE PHENOMENOLOGICAL MIND

an introduction to philosophy of mind and cognitive science

현상학적 마음

심리철학과 인지과학 입문

숀 갤러거 · 단 자하비

박인성 옮김

도서출판 b

| 일러두기 |

1. 원문에서 이탤릭체로 강조되어 있던 부분은 번역하면서 고딕체로 표기했다.
2. 미주는 저자의 주이며, 각 장의 뒤에 놓였던 것을 맨 뒤로 통합했다. 본문의 각주는 모두 옮긴이의 주이다.
3. 본문에서 [ ] 속의 내용은 모두 옮긴이의 것이다.

감사의 말

우리가 어떻게 이 책을 썼는지 몇 가지 말씀을 드리겠습니다. 이 책은 공저입니다. 우리는 장들을 서로 분담하는 일부터 시작했기에 각각 이 책의 절반을 쓴 주저자였지만, 그 후 서로 주고받으며 아주 여러 번 공동으로 다시 썼기 때문에, 이제 이 책은 완전히 공저가 되었습니다.

이 책을 써 가는 과정에서, 우리는 많은 분한테서 매우 유익한 조언을 받았습니다. 우리는 닐스 군더 한센Nils Gunder Hansen, 대니얼 후토Daniel Hutto, 쇠렌 오버가드Søren Overgaard, 매튜 래트클리프Matthew Ratcliffe, 안드레아스 롭스토프Andreas Roepstorff께, 그리고 특히 초기의 초고에 대해 폭넓은 조언을 해준 토르 그륀바움Thor Grünbaum과 에반 톰프슨Evan Thompson께 감사의 말씀을 전하고 싶습니다. 우리는 또한 참고문헌의 목록을 편집하는 일을 도와준 매즈 그램 헨릭슨Mads Gram Henriksen, 색인을 편집한 조나단 스트리터Jonathan Streater께도 감사의 말씀을 드리고 싶습니다.

이 책에서 숀 갤러거Shaun Gallagher가 맡은 중요한 부분에 대한 작업은 그가 코펜하겐 대학의 초빙교수로 있을 때에 지원을 받아 이루어졌으며, 이 대학의 우선 연구 영역인 '몸과 마음', 그리고 덴마크 국립 재단의 '주관성 연구소'에서 후원을 받았습니다.

| 차 례 |

1. 서론:
심리철학, 인지과학, 현상학

이 책은 마음에 관한 책이다. 마음이 무엇인지, 그리고 어떻게 작동하는지는 현재 다수의 학문 분야들 곧 심리학, 뇌과학, 인공지능, 심리철학mind of philosophy 등 보통 인지과학이라 부르는 것에 속하는 학문분야들에 걸쳐 있는 많은 복합적인 논쟁들의 주제이다. 이러한 논쟁들이 학제간적 성격을 띠고 있는 것은 우연이 아니다. 오히려 이 점은 어떤 단일한 학문분야도 당면한 쟁점들의 복합성을 온전히 공정하게 다룰 수 없다는 사실로 보아 부득이하다. 이 책에서 우리는 전통적으로 심리철학자들이 연구해 온 다양한 문제들을 탐구하길 원한다. 그러나 우리는 순수한 철학적 접근방식을 취하고자 하지 않는다. 즉, 우리는 다른 과학들을 무시하는 철학적 접근방식을 취하지 않는다. 우리는 자주 인지신경과학과 뇌영상, 발달심리학과 인지심리학, 그리고 정신병리학의 연구들에서 얻은 과학적 증거의 세부사항들에 호소할 것이다. 그러나 이 책은 마음의 **철학**에 관한 책이며, 또 아무리 학제간적일지라도 여전히 철학적인 문제들을 다루고자 하는 시도이다.

그러나 우리가 지금까지 말한 모든 것은 이미 나와 있는 충분히 많은 수의, 표준적인 심리철학이나 인지과학 철학 교재의 기초를 이루고 있는 것일 수 있다. 우리는 다르게 일을 하자고 제안하는데, 진행하면서 분명해질 이유들 때문에 이 다름이 중요하고 생산적이며, 인지과학들이 발전하고 있는 방식에 무언가 변화가 있다는 것을 나타내는 것이라고 생각한다. 구체적으로 말해, 우리는 논의될 쟁점들에 대해 현상학적 관점을 취할 것인데, 여기서 현상학이란 유럽에서 비롯되었으며 후설, 하이데거, 메를로-퐁티, 사르트르, 그리고 다른 더 최근의 사상가들의 작품들을 포함하는 철학 전통을 가리킨다. 우리는 현상학의 모든 측면들을 공평하게 다루려 하지 않을 것이다. 오히려 우리의 논의는 심리철학과 인지과학에서 현재 진행 중인 논의들 가운데 특별히 중요하다고 생각되는 선별된 주제들을 포함하고 있다. 또한, 관련되는 곳에서 물론 그들의 작품을 인용하긴 하겠지만, 우리의 초점은 역사적인 사실에 놓이거나 현상학의 전통에 등장하는 인물들의 텍스트 주석에 놓이지 않을 것이다. 이러한 관점을 선택한 동기를 이해하기 위해서, 우리는 지난 1세기 남짓 철학과 심리학이 발전해 온 길을 간략하게 살펴보겠다.

지난 100년에 대한 아주 간략한 설명

만약 우리가 19세기 말 무렵에 벌어진 마음에 대한 철학적이고 심리학적인 논의들의 스냅 사진 한 장을 찍는다면, 우리는 의식의 본성(예를 들면, 미국의 철학자이자 심리학자인 윌리엄 제임스와 유럽의 철학자인 에드문트 후설의 저작들에서)과 심적 상태들의 지향적 구조(예를 들면, 오스트리아의 철학자이자 심리학자인 프란츠 브렌타노, 버트란트 러셀, 그리고 또한 후설의 저작에서)에 관한 복잡한 논의들과 더불어, 마음을 고유한 방식으로 연구하기 위해 필요한 방법론에 관한 논의들(예를 들면, 빌헬름 분트Wilhelm Wundt, 구스타프 테오도르 페히너Gustav Theodor Fechner, 그리고 제임스와 후설)을 발견하게 될 것이다. 우리는 또한 이들 모두가 서로에게, 어떤 때는 직접적으로(인터넷이 없던 시대이므로 편지를 교환하면서), 혹은 간접적으로(서로의 작품을 읽으면서) 영향을 주고 있었다는 것을 목격하게 될 것이다. 그래서 예를 들면, 제임스는 유럽의 이론가들과 실험주의자들에게서 영감을 얻었고, 1890년에 간행된 자신의 『심리학의 원리들*Principles of Psychology*』(1950)에서 심리학자인 칼 슈툼프Carl Stumpf를 포함해서 브렌타노와 그의 많은 학생들의 작품을 인용했다. 제임스는 브렌타노와 슈툼프 모두의 학생인 후설을 인용하진 않았지만, 슈툼프는 후설에게 제임스의 『원리들』을 읽을 것을 권했다. 후설은 그렇게 했으며, 그는 분명히 제임스한테서 배웠다. 후설은 또한 논리학자인 프레게Frege와 편지를 주고받았다. 두 사람은 당시 유행하던 심리학주의 학설, 즉 논리학의 법칙들이 실제로 심리학의 법칙들로 환원가능하다는 사상을 비판했다.1) 두 사람 모두 수리철학과 논리철학에 강한 관심을 가졌는데, (시민 불복종으로 인해 형을 살았던) 감옥에 있을 때 후설의 『논리연구*Logical Investigations*』의 사본을 가지고 있었던 러셀도 또한 이러한 철학에 관심이 있었다.

　20세기로 들어오면서, 이 사상가들과 이들의 특유한 철학적 접근방식은 분기하기 시작한다. 제임스는 심리학에는 덜 관여하게 되었고 미국의 실용주의 철학을 발전시키는 데 전념했다. 프레게와 러셀의 작품에서 찾아볼 수 있는 종류의 논리적 분석은 분석철학analytic philosophy으로 알려지게 된 것의 기초가 되었다. 그리고 후설은 자신이 현상학이라고 부른, 의식과 경험에 대한 접근방식을 발전시켰다. 20세기의 중엽까지, 그리고 실로 20세기 후반의 대부분에 걸쳐서, 우리는 (다른 주제들은 물론이고) 마음에 관한 논의들과 관련해서 분석적 심리철학analytic philosophy of mind과 현상학 사이에 진행되는 의사소통이 거의 없다는 것을 발견한다. 사실 두 진영 모두에서 다른 전통에 대한 습관적 태도가 철저한 무시에서 노골적인 적대까지 넓게 퍼져 있었다. 실로 1990년대까지 이 두 학파들의 철학자들이 서로 말을 건네는 일조차 흔하지 않았다. 통로 양쪽에 수많은 오만함이 있어 왔다. 따라서 예를 들어 장-뤽 마리옹Jean-Luc Marion(1998)은 20세기 동안 현상학이 철학의 고유한 역할을 맡아 왔다고 말하면서, 분석철학이 기여한 바는 아무것도 없다고 보란 듯이 무시해버렸다. 다른 한편으로, 토마스 메칭거Thomas Metzinger는 "현상학은 신임받지 못한 연구 프로그램이며 …… 적어도 50년 동안 지적으로 파산했다"고 단정적으로 선언했다.2) 현상학자들이 분석철학자들과 말을 나눌 때에도 우리는, 드레이퍼스Dreyfus의 비평에 대응해서 존 썰John Searle이 말한 "현상학은 심각한 한계에 시달리고 있다"는 주장이나, 또는 덜 과묵한 경제적 은유를 사용해서 말한, "나는 거의 …… 파산이라고 말하고 싶다.— 그리고 (현상학은) 지향성의 논리적 구조나, 사회적 현실과 제도적 현실의 논리적 구조라는 주제에 기여할 수 있는 많은 것을 갖고 있지 않다"(썰 1999a, 1쪽, 10쪽)3)는 주장과 같은 반응들을 발견한다.

이 서로 다른 학파의 철학자들이 어떻게 서로를 그토록 반대하는 사람들로, 혹은 아마 이보다 훨씬 더 나쁠 테지만, 서로에게 무관심한 사람들로 생각하게 되었는지를 설명하려면, 우리의 목적에 필요한 것보다 더 광범위한 이야기를 끌어들일 필요가 있을 것이다. 우리는 데이비드 우드러프 스미스David Woodruff Smith의 다음과 같은 관찰을 지지한다. "현상학은 심리철학이라 불리는 영역에서 할 말이 많다는 것은 명백하다. 그렇지만 현상학과 분석적 심리철학의 전통들은 관심분야가 서로 중복되는데도 불구하고 지금까지 긴밀하게 협력해 온 적이 없었다."(스미스 2003). 그러나 이 책에서 여러분은 분석적 심리철학과 현상학의 중복되는 몇몇 관심사들뿐만이 아니라 이들의 접근방식 사이의 몇몇 중요한 차이점들도 식별할 수 있게 될 것이다.

이와 관련된 역사의 또 다른 면은 심리학에서 일어나는 일과 관계가 있다. 다음은 그 표준적인 버전인데, 이는 거의 모든 교재의 설명에 주어지는 것이지만 실제로 일어난 일을 다소 왜곡한 역사를 담고 있다. 19세기 말과 20세기 초에는 의식 경험, 그리고 주의나 기억과 관련된 인지과정을 설명하는 데 큰 관심이 있었다. 초기의 실험심리학자들은 마음에 관한 측정가능한 자료들을 산출하는 일을 목적으로 하는 방법으로서 내성內省에 의존했다. 그러나 1913년쯤 행동을 심리학적 연구의 고유한 대상으로 삼으면서 주안점이 이 개념으로 이동했다. 동물이나 인간의 심리학 연구 방법으로서의 행동주의는 미국 심리학자인 존 왓슨John Watson의 저서에서 옹호되고 분명하게 표현되었는데, 특히 미국에서 1950년대쯤에 절정에 달하며 1970년대까지 심리 연구를 지배하게 되었다. 행동 및 관찰가능한 행위에 대한 측정을 강조하는 일로 이동하는 것은 동시에 마음의 내적 삶과 내성의 방법을 떠나 이동하는 것이기도 하다. 그러나 행동주의는 결국 심적 삶의 내적 과정들에 대한 초기의 관심으로 되돌아온 인지적 접근방식들에 의해 대체되었는데, 이 시기는 컴퓨터 과학에서 발달해 온 계산론적 모델들com-putational models이나, 더 최근에는 뇌 연구의 모든 과학적 진보들로 무장했다. 마지막으로, 1980년대 후반에 그리고 1990년대 전반에 걸쳐 연구자들은 다시금 의식을 이해하고 설명하기 위한 시도에 초점을 맞추었다.

　이 이야기는 아무리 개괄적인 설명이라 해도 왜곡되어 있고 또 과도하게 단순화되어 있다. 쉽게 지적할 수 있듯이, 표준적인 이야기와는 전혀 달리, 객관적 척도들을 얻고자 하는 행동주의자들의 접근방식과 시도가 최초기의 19세기 심리학 실험실들에서 일반적이었으며, 내성이 20세기 전반에 걸쳐 심리학적 실험에서 계속해서 어떤 역할을 했을지라도 이른바 내성주의자들에 의해서조차도 이것이 빈번히 문제적인 것으로 간주되었다는 것을 시사하는 역사적인 증거가 있다. 게다가 계산론적 마음 개념들은 아마 틀림없이 18세기로 거슬러 올라갈 수 있을 것이다. 또 의식은 17세기 말 존 로크John Locke의 시대 이후로, 또 어쩌면 고대 그리스 시대 이후로 그 관심을 이어오고 있다. 우리는 또한 표준적 이야기가 이것을 창안한 사람들의 관심사들을 반영하는 단순히 당파적인 것이라고 주장할 수도 있겠다. 알란 코스탈Alan Costall(2004, 2006)이 주장했듯이, 심리학의 초기 역사를 내성주의적 심리학으로서 이해하는 일은, 행동주의적 심리학을 모든 사람들의 의제로 삼기를 원한 존 왓슨의 창안이었다. 하지만 왓슨이 내성과 가장 관련이 깊다고 한 심리학자인 빌헬름 분트는 내성에 대한 자기 자신의 불신을 다음과 같이 표현했다. "내성적 방법은 길을 잃은 채 자의적으로 관찰하는 데 의존하든가, 고독한 거실로 침잠해서 자기도취에 빠져 있는 데 의존하게 된다. 이 방법을 신뢰할 수 없다는 것은 보편적으로 인정되고 있다"(분트 1900, 180쪽; 블루멘탈Blumental의 영역본에서 재인용 2001, 125쪽). 게다가 인지주의자들이 심리학에 혁명을 가져오겠다고 주장했을지라도, 코스탈 (2004, 1쪽)이 지적하듯이, "인지주의는 다분히 그것이 약화시켜 왔다고 주장하는 일종의 기계적 행동주의의 연속이다."

그렇다면 이야기는 표준적 설명이 보여주는 것보다 더 복잡하다. '인지혁명', 즉 1950년 이후의 인지과학의 출현, 그리고 20세기 중반의 분석적 심리철학은 모두 행동주의적 사고에 영향을 받았다. 예를 들면, 길버트 라일 Gilbert Ryle은 자신의 책 『마음의 개념The Concept of Mind』에서 우리가 마음mind이라고 부르는 것은 단순히 "외현적인 지능적 실행들overt intelligent performances"(1949, 58쪽)이라고 썼으며, 그는 이러한 종류의 통찰을 위해 행동주의의 중요성을 인정했다(1949, 328쪽).4) 이와 대조적으로, 현상학은 주로 내성주의적 기획이었다고 종종 생각되고 있다. 다음에서 보여주겠지만, 이것은 또한 그릇된 개념이다(2장을 보라). 하지만, 현상학과 심리철학의 관계를 감안하면, 분석적 심리철학자들은 현상학을 내성주의인 것으로서 생각했다는 것은 틀림없는 사실이며, 그들의 견지에서 볼 때 내성은 마음을 이해하기 위한 방법으로는 케케묵은 것이었다.

만약 우리가 당분간 내성에 대한 물음을 제쳐놓는다면, 당대의 주류 분석철학과 현상학 간의 차이를 특징짓는 또 다른 방법은, 오늘날 다수의 분석철학자들이 어떤 형태의 자연주의를 지지하는 데 반해, 현상학자들은 비자연주의적 혹은 심지어 반자연주의적 접근방식마저 채택하는 경향이 있어 왔다고 말하는 것이다. 그러나 자연주의가 결코 선명한 용어가 아니라는 사실이 문제를 다소 복잡하게 하고 있다. 우리는 이 점을 더욱 자세하게

2장에서 논의할 것이다. 여기에서는 다음과 같은 점을 지적하는 것으로 충분할 것이다. 즉 과학은 자연주의적 견해를 채택하는 경향이 있는데, 그래서 최종적으로 인지혁명이 일어났을 때, 즉 심리학이 1950년대와 1960년대에 마음에 대한 계산이론들의 영향 하에 놓이기 시작했을 때, 그리고 인지과학으로 알려진 마음에 대한 학제간적 연구가 출현하기 시작했을 때, 과학에 더욱 잘 조율한 것처럼 보이는 철학적 접근방식들은 분석적 심리철학이었다는 점이다. 게다가 지배적인 모델이 계산론적 모델이었을 때, 심리철학자들에게는 해야 할 상당히 많은 일이 있었다. 논리학과 논리적 분석은 계산론적 모델에서 본질적 역할을 한다. 그러나 더욱 중요한 것은, 심리철학이 그 출현하고 있는 마음의 과학들에게 중요한 이론적 토대와 개념적 분석을 제공했다는 점이다. 예를 들어 기능주의에 대한 철학적 정의는 자연지능과 인공지능 모두에 적용될 수 있는 계산론적 모델을 해명하는 데 중요한 역할을 한다.

이렇게 조직된 인지 학문 분야에서, 특이한 철학적 접근방식으로서 정의되는 현상학은 주변부로 내몰리며 이와 무관하다고 일반적으로 생각하게 되었다. 현상학이 인공지능 분야와 인지과학들에 관한 쟁점들과 관련 있다고 주장한 오랜 기간 동안의 단 하나의 고독한 목소리는 허버트 드레이퍼스 Hubert Dreyfus(1967, 1972, 1992)였다. 하지만 이러한 상황은 최근에 변화해 왔으며, 이 책을 쓰도록 동기를 부여한 것은 바로 이 변화이다. 계산주의가 지금은 최초의 30년 동안 그랬던 것만큼은 지배적이지 않다. 세 가지의 발전이 계산주의를 왕좌에서 밀어내 왔다. 첫째는 현상적 의식에 대한 관심이 부활한 일이다. 1980년대 후반에 시작된 것으로(예를 들면, 마르셀Marcel 과 비작Bisiach 1988을 보라), 심리학자들과 철학자들은 인지과학의 맥락에서 의식에 대해 말을 나누기 시작했다. 1990년대에 의식의 '어려운 문제'에 관한 폭넓은 논쟁이 시작되었는데, 이는 누구보다도 토마스 네이글Thomas Nagel(1974), 썰(1992), 대니얼 데닛Daniel Dennett(1991), 오웬 플라나간 Owen Flanagan(1992)의 중요한 저술을 뒤따르면서 데이비드 차머스David

Chalmers(1995)가 선도한 것이었다. 경험적 차원을 과학적으로, 따라서 구식의 내성주의에 의지하지 않고 어떻게 연구할 것인가에 관한 방법론적 물음들이 일어났을 때, 현상학에 대한 새로운 논의가 시작되었다. 다시 말해서, 일부 학계에서, 의식이 과학적 물음으로 제기되었을 때 어쩌면 현상학이 철학적 접근방식으로서 중요하리라고 생각되었다.

현상학을 철학적–과학적 접근방식으로서 재고하도록 동기부여하기 위해 일어난 두 번째 사건은 인지에 대한 신체화된 접근방식들이 도래한 일이었다. 인지과학들에 있어서, 신체화된 인지의 개념은 1990년대에 힘을 얻기 시작했고, 이는 오늘날 계속되고 있다. 프란시스코 바렐라Francisco Varela, 에반 톰프슨Evan Thompson, 엘리너 로쉬Eleanor Rosch(1991), 안토니오 다마지오Antonio Damasio(1994), 앤디 클락Andy Clark(1997)과 같은 과학자들과 철학자들은, 라일, 데넷 같은 철학자들과 그 밖의 사람들이 최선의 노력을 했음에도 불구하고 계속적으로 인지과학들을 괴롭혔던 강력한 데카르트적 심신이원론에 반대했다. 기능주의는 인지가 탈신체화된 컴퓨터 프로그램에서나 '통속의 뇌brain-in-a-vat'에서 예증될 수 있다고 믿도록, 또 신체화는 마음에 어떤 것도 부가하지 않는다고 믿도록 우리를 이끌었다. 클락을 비롯한 다른 사람들뿐만이 아니라 바렐라, 톰프슨, 로쉬는 탈신체화된 인지에 대한 반대이론을 개발하기 위한 방법으로서 프랑스의 현상학자인 모리스 메를로–퐁티(1962)의 통찰로 돌아갈 것을 지적했다. 실로 우리는 메를로–퐁티가 현상학이 어떻게 인지과학들에서 중요한 역할을 할 수 있는지에 대한 가장 좋은 예들 중 하나를 제공하고 있다는 것을 보게 될 것이다.

실험과학과 관련이 있는, 인지에 대한 현상학적 접근방식을 이루게 한 세 번째 발전은 신경과학이 이룬 놀라운 진보였다. 지난 20년 동안 우리는 뇌가 작동하는 방식에 관한 엄청난 양의 지식을 배울 수 있었다. 뇌영상brain imaging(fMRI, PET)과 같은 기술들은 새로운 실험적 패러다임들을 창출해 왔다. 뇌영상의 과학은 복잡한 것이어서, 그저 머릿속에서 벌어지고 있는 일에 대한 스냅사진을 찍는 문제는 확실히 아니다. 하지만 비외과적인non-invasive

기술을 사용해서 신경처리과정에 대한 영상들을 만들어냄으로써 피험자들의 경험에 관한 보고에 의존하는 다양한 실험들이 가능하게 되었다. 실험들을 적절하게 설계하기 위해서, 또 실험의 결과들을 해석하기 위해서 실험자들은 종종 피험자의 경험이 어떤지를 알기 원한다. 여기에다, 방법론의 문제는 의식 경험을 기술하는 신뢰할 수 있는 방식들에 대한 어떤 숙고를 요구하는데, 현상학은 바로 그런 방법을 제공한다.

그렇다면, 현상학적 철학과 방법이 인지과학들에 어떻게 기여할 수 있는가에 대해 신중하게 설명해야 할 시기가 무르익었다는 것은 분명해 보인다. 이 책은 그것을 하기 위한 시도이다. 이 책에서 다루는 영역을 표시한다면 그것은, 심리철학에 대한 다른 교재와는 달리, 심리철학에 대한 **현상학적** 접근방식을 개발하는 것이다. 그러나 이러한 생각은 분석적 심리철학을 대체하겠다거나 묵살하겠다는 것이 아니다. 참으로 우리가 탐구하기를 원하는 것의 일부는 현상학이 어떻게 일반론을 넘어서는, 분석적 접근방식들과 의사소통하는 일로 되돌아갈 수 있는가 하는 점이다. 우리에게 지난 몇 년 동안에 있었던 가장 흥미진진한 발전은 실험과학에 대한 분석적 심리철학자들과 현상학자들의 관심이 증가해 왔다는 것이다. 만약 여러 가지 역사적이고 개념적 이유들 때문에 분석철학과 현상학이 한동안 서로를 무시해 오고 있었다면, 번성하는 의식 연구의 분야야말로 의사소통이 재점화하게 된 영역이라는 것은 확실하다.

현상학이란 무엇인가?

20세기 초에 에드문트 후설이 창안한 철학적 접근방식으로 이해되고 있는 현상학은 복잡한 역사를 갖고 있다. 현상학은 대륙철학으로 알려져 온 것의 기초의 일부를 이루는데, 여기서 '대륙'이란 말은 1960년 이후 많은 대륙철학이 미국에서 행해져 온 사실에도 불구하고 유럽대륙을 의미한다. 대륙철학이라는 명명 내에서도, 우리는 수많은 철학적 접근방식들을 보게 되는데, 현상학의 통찰에 기반을 두고 있는 실존주의와 해석학(해석의 이론) 등이 있는가 하면, 현상학에 비판적으로 반응하는 어떤 포스트구조주의나 포스트모더니즘적 사상 등이 있다. 하지만 자신의 기원을 후설에게 두고서 현상학적 철학을 확장시키는 하이데거, 사르트르, 메를로-퐁티를 포함하는 주요한 철학적 사상가들의 계열도 있다. 이러한 계통을 따른다는 것은 우리가 현상학을 좀 다양한 일단의 접근방식들을 포함하는 것으로 이해한다는 것을 의미한다. 그러나 현상학의 기본적 사상을 제공하기 위해, 여기서 우리는 이 접근방식들이 공통으로 갖고 있는 것에 초점을 맞출 것이다. 뒷장들에서, 우리는 일부 개별 현상학자들이 제공하는 통찰들을 탐색할 기회를 마련할 것이다.

심리철학이나 인지과학 입문 교재들의 대부분은 서로 다른 형이상학적 입장들, 곧 이원론, 유물론, 심신일원론identity theory, 기능주의, 제거주의 등을 기술함으로써 전체적 논의를 시작하거나 이 논의의 틀을 잡는다(예를 들면, 브래든-미첼Braddon-Mitchell과 잭슨Jackson 2006; 차머스 2002; 헤일 Heil 2004; 김Kim 2005을 보라). 우리는 우리가 말하고 있는 것을 확실히 알기도 전에, 우리 자신을 형이상학적으로 결정해야 하며, 이 입장들 중 어느 하나에 충성을 선언해야 할 것처럼 보인다. 현상학은 이러한 종류의 문제들을 한쪽으로 치워버리고, 괄호치며, 경기장 밖으로 몰아내고서는 대신에 우리에게 탐구 중에 있는 현상에 주의를 기울일 것을 요청한다. 현상학의 기저를 이루는 이념들ideas 중 하나는, 이러한 형이상학적 문제들에 사로잡히게 되면 실질적인 주제 곧 **경험**과 단절되는, 고도로 기술적이고 추상적인 논의들로 퇴보하게 되는 경향이 있다는 것이다. 현상학을 위한 에드문트 후설의 격률이, '사태들 그 자체로 돌아가라!'(후설 1950/1964, 6쪽)였다는 것은 우연이 아니다. 그는 이 말로 현상학의 고찰들은 사태들이 경험되는 방식에 기초해야 하지, 이해될 수 있는 것을 단지 모호하게 하고 왜곡시킬지도 모르는 다양한 외부적인 관심사들에 기초해서는 안 된다는 것을 의미했다. 심리철학과 인지과학의 한 가지 중요한 관심사는 경험의 다양한 구조들에 대해 현상학적으로 섬세한 설명을 제공하는 것이어야 한다.

하지만 우리가 탐구 중인 사태란 무엇인가? 우리는 마음을 연구하고 있는지, 뇌를 연구하고 있는지, 혹은 그것이 물질적인 것인지 아니면 비물질적인 것인지 알아야 하지 않겠는가? 의식은 특정한 뇌 과정에 의해 창출되는가, 창출되지 않는가? 현상학자는 어떻게 이런 물음들을 제쳐놓으면서 진전을 이루기를 희망할 수 있는가? 또는, 어떤 사람은 '어떻게 현상학자들은 뇌가 의식을 일으킨다는 것을 부인할 수 있겠는가?' 하고 항의할지도 모른다. 이에 대한 적절한 반응은 현상학자들은 이것을 부인하지도 않고 시인하지도 않는다는 것이다. 그들은 이러한 종류의 물음들과 이것들에 대한 모든 판단들을 중지한다. 현상학자들은 경험에서 시작한다.

지각을 예로 들어보자. 내가 창밖을 내다보며 내 차가 거리에 주차되어 있는 것을 볼 때, 나는 시각적 지각을 갖고 있는 것이다. 실험심리학자라면 아마도 망막의 과정, 즉 그 차를 내 자신의 것으로 인식하도록 해주는 뇌의 시각피질과 연합영역에서 일어나는 신경세포의 활성화의 측면에서 어떻게 시각적 지각이 작동하는지에 대해 인과론적 설명을 제공하기를 원할 것이다. 그는 어떤 종류의 메커니즘들이 작동하는지, 또는 내가 내 차에 대한 시각적 지각을 갖기 위해서는 어떤 종류의 정보(색깔, 모양, 거리 등)가 처리될 필요가 있는지를 해명하는 기능주의적 설명을 고안해낼지도 모른다. 이것들은 과학이 발전하기 위해서는 중요한 설명들이다. 그러나 현상학자는 다른 과제를 갖고 있다. 그는 경험 그 자체에서 시작할 것이며, 그 경험을 신중하게 기술함으로써 지각적 경험이 무엇과 같은지, 지각과 가령 상상 또는 회상의 사례 간의 차이는 무엇인지, 그리고 그 지각이 유의미한 세계 경험을 낳기 위해서 어떻게 구조화되어 있는지를 말하려고 시도할 것이다. 뇌 과정이 지각에 인과적으로 기여를 한다는 것을 부인하지는 않지만, 그런 과정들은 전혀 지각자의 경험의 일부가 아니다.

현상학자가 하고 있는 일과 심리학자가 하고 있는 일 사이에는 물론 관련성이 있다. 분명히 이들은 동일한 경험을 설명하려 하고 있다. 하지만 이들은 서로 다른 접근방식을 취하고 있고, 서로 다른 물음을 묻고 있으며, 서로 다른 종류의 해답들을 찾고 있다. 현상학이 경험과 함께 머무는 한, 이것은 1인칭적 접근방식을 취하는 것이라고 말해진다. 즉, 현상학자는 지각이 주체에 대해서 갖는 의미의 측면에서 이것을 이해하기를 바라고 있다. 예를 들어 거리에 있는 내 차를 보는 나의 지각적 경험은 나의 뇌에서 일어나고 있는 과정들에 관한 어떤 것도 포함하고 있지 않다. 반면, 전형적인 인지과학자는 3인칭적 접근방식 즉 경험하는 주체의 관점에서 접근하는 방법이 아니라 외부 관찰자인 과학자의 관점에서 접근하는 방법을 취한다. 그는 경험 아닌 어떤 측면, 가령 뇌 상태들이나 기능적 메커니즘들과 같은 어떤 객관적인 (그리고 보통은 하부인격적인sub-personal) 과정들의 측면에서 지각을 설명하려고 시도한다.

우리는 경험 그 자체에 관해서는 별로 말할 게 없다고 생각할지도 모른다. 우리는 그저 우리가 경험하는 대로 경험할 뿐인 것이다. 그러나 현상학자는 말할 아주 많은 것들을 찾아낸다. 예를 들어, 현상학자는 차에 대한 나의 시각적 경험이 모든 의식작용들을 특징짓는 일정한 구조, 즉 지향적 구조를 갖고 있음에 주목한다. 지향성은 의식의 보편적 성격인데, 현상학자들이 말하듯이, 이것은 모든 의식(모든 지각, 기억, 상상, 판단 등)이 무언가에 관한about 혹은 무언가에 대한of 의식임을 뜻한다. 이런 의미에서, 경험은 결코 고립된 과정이거나 요소적 과정이 아니다. 경험은 항상 세계에 대한 지시reference를 수반하고 있는데, 이때 세계라는 용어는 물리적 환경뿐만 아니라, 물리적 방식으로는 존재하지 않는 사물들(가령, 덴마크의 왕자 햄릿)을 포함하고 있을 수 있는, 사회적 및 문화적 세계를 망라하는 아주 넓은 의미로 쓰인 것이다. 지향성에 대한 현상학적 분석은 많은 통찰들로 인도한다. 예를 들어, 지각의 지향성은 다음과 같은 의미에서 세부적으로 아주 풍부하다. 내가 거리에서 특정한 대상을 볼 때, 나는 그것을 나의 차로서 본다. 지각은 정보의 단순한 수용이 아니라, 오히려 이것은 맥락에 따라 빈번하게 변화하는 해석을 포함하고 있다. 나의 차를 나의 차로서 보는 것은 지각이 이전 경험에 의해 정보를 받는다는 것을 시사하는 것이며, 적어도 이러한 의미에서 로크와 경험주의자들이 지각은 경험에 의해 교육된다고 제시한 점은 옳았다. 우리는 이것을 지각에 사유가 더해진 경우로서가 아니라 경험에 의해, 그리고 습관적이자 관습적인, 사물들을 경험하는 방식들에 의해 풍부해진 지각으로 여겨야 한다. 내가 X를 지각하고 난 다음 아주 다르고 새로운 어떤 것, 즉 이것은 나의 차라는 사고를 부가하는 것이 아니다. 지각은 이미 유의미하며, 나의 신체화된 실존의 환경들과 가능성들에 의해 한층 더 풍부해졌을 수 있다. 현상학자는 지각적 경험이 실용적, 사회적, 문화적인 맥락 속에 내장화되어 있으며[묻혀 있으며]embedded, 다수의 의미론적인 작업(지각내용의 형성)은 내가 마주치는 대상들, 배치들ar-rangements, 그리고 사건들에 의해 촉진된다고 얘기할 것이다. 어떤 특정한 경우에서 나는 그 대상을 내가 가고 있는 곳에 도착하는 데 사용할 수 있는 실용적인 운송수단으로 볼 수 있다. 또 다른 경우에서 나는 정확히 동일한 대상을 내가 깨끗이 해야 하는 어떤 것으로, 혹은 내가 팔아야 하는 어떤 것으로, 혹은 제대로 작동하고 있지 않은 어떤 것으로 볼 수 있다. 내가 내 차를 보는 방식은 어떤 맥락적인 배경에 의존하는데, 이 역시 현상학적으로 탐색될 수 있다. 내 차를 운전할 수 있는 어떤 것으로 마주치는 일은 이것을 내가 탈 수 있는 어떤 것으로, 이것을 그렇게 하기 위해 만들어진 이런 종류의 동작을 할 만한 여유가 있는 장소에 위치하는 어떤 것으로 마주치는 일이다. 따라서 나의 지각적 경험은 내가 소유하는 신체적 능력들과 기술들에 의해 정보를 받는다. 우리는 지각이 표상적 혹은 개념적 내용을 갖는다고 관례적으로 말해 왔다. 하지만 아마 이런 방식으로 말하는 것은 지각적 경험의 정황적[처해 있는]situated 본성을 온전히 포착하는 데 실패할 것이다. 내가 이 차를 운전할 수 있는 것으로 표상한다고 말하기보다는—이 차의 디자인, 내 몸의 모양, 그리고 몸의 행위가능성, 또 환경의 상태를 고려해볼 때——, 이 차는 운전할 수 있는 것이며 나는 이 차를 그러한 것으로 지각한다고 말하는 편이 낫다.

지각의 지향적 구조는 또한 현상학적으로 탐색될 수 있는 공간적 측면들aspects을 포함하고 있다. 나의 신체화된 위치embodied position는 내가 볼 수 있는 것과 내가 볼 수 없는 것을 한정한다. 서 있는 곳에서 나는 차의 운전석을 볼 수 있다. 차는 저 일면으로 나타나는데, 차에서 나에게 보이는 것은 차의 다른 측면aspect 또는 일면profile을 가리는 그런 방식으로 나타난다. 나는 말 그대로 차의 조수석을 볼 수 없다. 그것은 나의 시각장 안에 있지 않기 때문이다. 그럼에도 나는 이 차가 그것에 또 다른 옆면side을 갖고 있는 것으로 보며, 만약 내가 차 주위를 돌다가 조수석이 없어진 것을 발견한다면 나는 극도로 놀라게 될 것이다. 내가 느끼게 될 놀람은 내가 즉각적 미래에서의 나의 가능한 행위가 가져올 것에 대해 어떤 암묵적 예기anticipation를 갖고 있다는 것을 가리키고 있다. 나는 나의 예기가 좌절되었기 때문에 놀라게 된다. 우리 경험의 시간적 구조는 현상학자들에 의해서 매우 자세하게 기술되어 왔으며, 이것이 우리가 다음 장들에서 반복적으로 되돌아갈 특질이다.

물리적 대상을 지각할 때는 언제든 나의 지각은 대상과 관련해서 볼 때 항상 불완전하다. 즉, 나는 결코 완전한 대상을 일거에 보지 못한다. 이것을 '관점적 불완전성perspectival incompleteness'이라 부르기로 하자. 가장 단순한 대상을 지각할 때조차 거기에는 암묵적으로 존재하는, 보아야 할 더 많은 어떤 것이 항상 있다. 내가 만약 나무에 대한 더 완전한 현시presentation를 획득하기 위해서 나무 주위를 돈다면, 나무의 다른 일면들인 앞면, 옆면들, 뒷면은 해체된 파편들disjointed fragments로서 현시하지 않고, 종합적으로 통합된 계기들로서 지각될 것이다. 이 종합 과정도 마찬가지로 본성상 시간적인 것이다.

현상학적으로, 나는 또한 지각의 일정한 게슈탈트적 특질들을 발견할 수 있다. 시각적 지각은, 보통 어떤 것이 초점에 놓여 있는 동안 다른 것은 그렇지 않은 그런 특징적인 구조와 더불어 온다. 어떤 대상은 나의 초점의 중심에 있는 반면, 다른 대상들은 배경 속에 있거나, 지평에 있거나, 주변에 있다. 나는 나의 초점을 이동시켜서 다른 어떤 것을 전경으로 들어오게 할 수 있지만, 주의를 기울인 첫 번째 대상을 초점에서 벗어나게 해서 지평으로 이동시키는 대가를 치르고서야만 이렇게 할 수 있다.

이런 종류들의 설명에서, 현상학자는 지각의 특수한 경험 구조들에 관심을 갖는다는 것을, 즉 정확히 지각자가 처해 있는situated 세계와 관계하는 한에서의 경험 구조들에 관심을 갖는다는 것을 주목하라. 즉, 그가 경험에 주의를 기울일 때조차도, 현상학자는 순수하게 주관적이거나, 세계와 분리된 경험 속에 자신을 가두어 놓지 않는다. 현상학자는 지각을 순수하게 주관적인 현상으로서가 아니라, 세계 속에 있는 그리고 동기들과 목적들을 지닌 신체화된 행위자인 지각자에 의해 체험되는[살아지는]lived through 것으로서 연구한다.

우리가 세계를 경험하는 방식, 혹은 세계가 우리에게 나타나는 방식에 대한 이런 종류의 지향적 분석 외에도, 현상학자는 또한 지각자의 현상적 상태phenomenal state에 관해서도 물을 수 있다. 이것은 때때로 심리철학의 문헌에서 경험의 질적 혹은 현상적 특질들로서 언급되고 있다. 즉, 네이글 (1974)에 의해 유명해진, "무언가를 경험하는 어떤 느낌the 'what it is like' to experience something"이라는 행운의 어구 속에서 언급되고 있다. 경험의 현상적 특질들은 지향적 특질들과 분리되지 않는다. 우두커니 서서 내 새 차에 감탄하는 느낌은 우두커니 서서 내 새 차가 다른 차와 충돌하게 되는 것을 보는 느낌과는 명백히 매우 다르다.

짧은 성찰에서 우리는 지각의 보편적 측면들 또는 구조들, 즉 지향성, 게슈탈트적 성격, 관점적 불완전성, 현상적 성격, 시간적 성격을 확인해보았다. 시간성(4장을 보라), 지각(5장), 지향성(6장), 그리고 현상성(3장)에 관해서는 말해야 할 더 많은 것들이 있다. 그러나 우리가 여기서 개관해 온 것은 결국 경험에 대한 기술, 즉 더 정확히는 경험의 구조들에 대한 기술에 해당하는 것이며, 현상학자들로서 우리는 한 번도 이러한 경험 배후에 있는 뇌를 언급한 적이 없었다는 것에 주목해야 한다. 즉, 우리는 우리가 이 차를 지각하는 방식으로 이 차를 지각하게 할지도 모르는 신경메커니즘들의 용어로 설명하려 하지 않았다. 그래서 이런 점에서 지각에 관한 현상학적인 설명은 심리물리학적 혹은 신경과학적 설명과는 매우 다른 것이다. 현상학은 우리의 심적/신체화된 삶의 경험구조에 대한 이해understanding와 적절한 기술description을 획득하는 데 관심을 기울이지, 의식에 대한 자연주의적 설명explanation을 전개하려고 시도하지도, 의식의 생물학적 발생, 신경학적 기반, 심리학적 동기부여 등과 같은 것을 알아내려고 시도하지도 않는다.

이런 종류의 현상학적 설명은 현상학에 대한 후설의 본래적 개념과 일치한다. 그의 견해에 따르면, 현상학은 인간의 심리물리적 구성을 분석하는 일이나, 의식을 실증적empirical으로 탐구하는 일에는 관심을 기울이지 않지만, 지각, 판단, 느낌 등을 내재적으로 또 원리적으로 특징짓고 있는 것을 이해하는 일에는 관심을 기울인다.

그럼에도 불구하고, 그리고 이것은 우리의 목적을 위해 중요한 점인데, 우리는 또한 이러한 현상학적 설명이 지각을 다루는 과학과 무관하지는 않다는 것을 알 수 있다. 우리가 말하려 하고 있는 것이 무엇인지에 대해 명확한 개념을 갖고 있지 않다면, 우리는 의식과 뇌 사이의 관계에 대한 과학적 설명을 그다지 깊게 제공하지 못할 것이란 자각이 커지고 있다. 달리 말하면, 의식을 신경구조들로 환원하는 일이 가능한지에 대한 어떠한 평가도, 의식의 자연화하기naturalization가 가능한지에 대한 어떠한 감정鑑定도 의식의 경험적 국면들에 대한 세부적인 분석과 기술을 요구할 것이다. 네이글이 언젠가 지적했듯이, 어떠한 환원주의도 정합적인 것이 되려면 필연적으로 요구되는 것은 환원되는 존재물entity이 적절하게 이해되는 것이다(1974, 437쪽). 반드시 환원주의적 전략을 지지하지 않더라도, 만약 우리가 어떤 방법론적인 방식으로 세부적인 현상학적 분석을 추구하면서 경험의 엄밀한 지향적, 공간적, 시간적, 현상적 국면들을 탐색한다면, 우리는 결국 심리학자들과 신경과학자들이 신경 정보처리과정이나 동역학적 모델들에 호소할 때 바로 그들이 설명하려 하는 것을 기술하게 될 것이라는 점은 분명하다. 참으로 현상학자는 방법론적으로 통제된 이러한 종류의 분석이 이 분석을 갖고서 작업하는 과학자에게 단순히 상식적인 접근방식으로 시작할 때보다 더 적합한 지각의 모델을 제공한다고 주장할 것이다.

두 가지 상황을 비교해보자. 첫 번째 상황에서, 지각을 설명하는 일에 관심이 있는 과학자들로서 우리는 지각적 경험에 대한 어떠한 현상학적 기술記述도 갖고 있지 않다. 우리는 어떻게 우리의 설명을 전개하기 시작할 수 있을까? 우리는 어떤 지점에서 시작해야 할 것이다. 아마 우리는 지각에 대한 이미 확립된 이론에서 시작할 것이며, 이 이론이 세우는 다양한 예측을 시험하는 일에서부터 시작할 것이다. 과학은 매우 자주 이런 방식으로 행해진다. 우리는 이렇게 이미 확립된 이론이 어디에서 연원하는지를 물을 수도 있고, 부분적으로 이 이론이 지각에 관한 어떤 관찰이나 가정에 기초하고 있다는 것을 발견할 수도 있다. 우리는 이러한 관찰이나 가정을 심문할 수도 있으며, 그리고 지각이 실제로 어떻게 작동하는가 우리가 생각하는 것에 기초해서 반론이나 시험해볼 수 있는 대안적 가설을 정식화할 수도 있다. 과학은 종종 이러한 방식으로 진보를 이루어내지만, 이것은 다소 운에 맡기는 것처럼 보인다. 두 번째 상황에서, 우리는 지각적 경험을 지향적, 공간적, 시간적, 그리고 현상적인 것으로서 기술하는 잘 발달된 현상학적 기술을 갖고 있다. 이러한 기술로 시작하면서 우리는 설명할 필요가 있는 것에 대한 좋은 생각을 이미 갖고 있다고 시사하는 것이다. 만약 지각은 항상 관점적으로perspectivally 불완전하지만, 우리가 대상을 마치 부피를 갖고 있는 듯, 또 지각의 순간에 우리에게 보이지 않는 다른 측면들을 갖고 있는 듯 지각한다는 것을 안다면, 우리는 우리가 설명해야 하는 것을 알게 되고, 또 바로 이 지각의 특질에 이르기 위해 실험들을 고안하는 방법에 관한 좋은 단서를 얻을 수 있다. 만약 현상학적 기술이 체계적이고 세부적이라면, 이 풍부한 기술로 시작하는 것은 훨씬 덜 운에 맡기는 것처럼 보일 것이다. 그래서 현상학과 과학은 상이한 종류의 설명을 목표로 할지 모르지만, 현상학이 과학적 작업에 유의미하고 유용할 수 있다는 것은 분명해 보인다.

현재 '현상학'이라는 용어는 경험의 '현상적 성격'what it is like에 대한 1인칭적 기술을 지시하기 위해서 심리철학자들과 인지과학자들에 의해 점점 사용되고 있는 추세에 있다. 다음 장에서 우리는 이 용어가 내성introspection과 동등한 것으로서 비방법론적으로 사용되는 것이 왜 우리를 오도하는지를, 그리고 아주 많은 것이 현상학의 방법론적 본성에 의존하고 있다는 것을 보여줄 것이다.

우리가 지적했듯이, 많은 심리철학 교재들이 마음에 관한 다양한 이론들, 즉 심신이원론dualism, 심신일원론identity theory, 기능주의 등에 관한 이론들을 검토함으로써 시작한다. 또한 심리학과 인지과학이 마음에 관한 특정한 이론들에 의해 이미 정보를 받았을 수 있다는 것 역시 사실이다. 그러나 현상학은 어떤 이론으로, 또는 이론들을 고찰하는 것으로 시작하지 않는다. 현상학은 가능한 한 비판적이고 비독단적이고자 하며 형이상학적이고 이론적인 편견들을 피하고자 한다. 현상학은 이론적 개입을 고려하면서 발견하기를 기대하는 것에 의해서가 아니라 실제로 경험되는 것에 의해서 인도받고자 한다. 현상학은 우리에게 미리 상정된 이론들이 우리의 경험을 형성할 수 있도록 하는 것이 아니라, 우리의 경험이 우리의 이론들에게 정보를 주고 인도할 수 있도록 요청한다. 하지만 현상학이 (그 과제가 경험과학과 다소 다르긴 하지만) 과학에 반대하지 않는 것과 마찬가지로, 현상학은 이론에 반대하지 않는다. 만약 우리가 현상학을 단순히 경험의 순수한 기술을 위한 일단의 방법이라고 간주한다면, 지나친 단순화일 것이다. 그러나 그런 방법들을 사용함으로써 현상학자들은 경험에 관한 통찰들로 이끌리며, 그러면서 또한 그들은 이 통찰들을 지각, 지향성, 현상성 등의 이론들로 발전시키는 데 관심을 갖게 된다. 이 책의 아주 중요한 주장은 이 현상학적으로 정초된 이론적 설명과 기술이 인지과학들에서 진행 중인 작업을 보완할 수 있고 정보를 제공할 수 있다는 것이다. 사실 우리는 현상학자들이, 우리가 주류 심리철학에서 발견하는, 가령, 심신문제의 표준적인 형이상학적 논의들보다 훨씬 더 생산적인 방식으로 그렇게 할 수 있다고 생각한다.

이 책의 개요

그리하여 심리철학과 인지과학의 많은 교재들과는 달리, 우리는 다양한 형이상학적 입장들과 씨름하는 것으로 시작하지 않을 것이다. 의심할 여지없이 다음 장들에서 이 다양한 입장들과 만나겠지만, 이 책의 체재는 이보다는 경험과 과학적 실천에 더 가까운 곳에서 시작하는 것으로 짜일 것이다.

2장에서 우리는 실험과학의 실천과 직접 관련이 있는 어떤 방법론적 물음들을 제기할 것이다. 우리는 실험실과 실험에서 실제로 어떤 일이 일어나는지, 또 과학자들이 어떻게 마음에 대한 연구를 진행하는지에 관해 묻고자 한다. 만약 심리학자들과 신경과학자들이 연구하기를 원하는 것의 일부가 경험이라면, 그들은 그 경험에 어떤 식으로 접근하는가? 우리는 또한 현상학적 방법들에 대해 분명한 해석을 제공하기를 원한다. 이것은, 현상학적 접근방식들을 사용하는 데 관심이 있지만, 정작 현상학적 방법들이 어떻게 작동하는 것을 알지 못하고 곤혹스러워 하는 과학자들에 의해 종종 요구되어 온 것이다. 이 장은 이 책의 다른 장들을 이해하기 위해 절대적으로 본질적이진 않지만, 그러나 현상학적 접근방식이 무엇인지를 이해하는 것과 관련해서 실천적이고 실질적인 몇몇 쟁점들을 다루고 있다.

3장에서 우리는 의식에 대한 서로 다른 개념들을 논의한다. 현대의 분석적 심리철학에는 더 높은 층의 의식 이론에 관해 진행 중인 중요한 논쟁이 있는데, 우리는 그 논쟁을 재검토하고 의식의 문제에 접근하는 대안적 방식을 제시하고자 한다. 이 논쟁은 차를 운전하는 평이한 경험에서부터, 비의식적nonconscious 지각에 관한 어떤 실험 결과들에 이르기까지, 또 맹시와 같은 병리학의 몇몇 특이한 사례들에 이르기까지 광범위한 쟁점들에 관한 매력적인 물음들을 담고 있다.

4장에서 행위, 그리고 의식과 인지의 가장 중요한 측면이면서도 가장 방치되는 측면들 중의 하나인, 경험의 시간성을 탐구할 것이다. 윌리엄 제임스는 의식이 흐름의 구조를 가진다고 은유적으로 기술한 바 있다. 그는 또한 경험의 현재 순간은 과거의 요소와 미래의 요소를 포함하는, 3중의 시간적 방식으로 항상 구조화된다고 주장했다. 그는 이것을, 클레이Clay를 따라 즉 '가상 현재specious present'라고 불렀다. 현상학자들에게 이것은 경험의 근본구조 바로 그것을 다루는 문제이기도 하다.

5장에서 우리는 지각을 더 깊게 파들어간다. 지각에 관한 현대의 설명들은 많은 비전통적, 비데카르트적 접근방식들을 포함하고 있는데, 이 접근방식들은 지각의 신체화된 측면과 행위화적enactive 측면을 강조하거나, 지각은, 더 일반적으로 말해서, 인지는 의미부여적significant 방식들을 통해서 신체적으로 또 사회적으로 처해 있다situated는 사실을 강조하고 있다. 우리는 현상학자들이 어떤 문제에 동의하는지, 또는 동의하지 않는지 알아보기 위해서 이러한 접근방식들을 정리하고자 시도할 것이다. 이는 우리를 마음에 대한 비표상주의적 견해와 표상주의적 견해 간의 논쟁을 숙고하도록 이끌 것이다.

6장은 마음이 세계 속에 존재하는 방식을 이해하려 할 때 가장 중요한 개념들 중 하나, 곧 지향성으로 우리를 데리고 간다. 경험은 그것이 지각, 기억, 상상, 판단, 믿음 등 무엇이든 간에 항상 어떤 대상으로 향해 있다. 지향성은 의식의 구조 바로 그것에 반영되어 있으며, 심적 작용과 심적 내용 같은 개념들을 포함하고 있다. 이는 또한 외재주의externalism와 내재주의internalism 간에 벌어지고 있는 현대의 논쟁과 직접적인 관련이 있다.

7장은 신체화의 문제를 제기한다. 여기에서 우리는 살아지는 몸lived body(Leib)과 객관적인 몸objective body(Körper) 간의 고전 현상학적인 구별을 검토한다. 하지만 또한 우리는 생물학 및 몸의 형태 바로 그것이 어떻게 인지적인 경험에 기여하는지 보여주고자 한다. 우리는 신체화된 공간이 어떻게 우리 경험의 틀을 짜는지를 탐구하고, 환상지phantom limbs, 편측성 무시unilateral neglect, 구심로차단求心路遮斷deafferentation의 사례들을 논의한다. 우리는 또한 로봇 신체의 설계에 내재하는 어떤 함의들을 추적한다.

8장은 인간의 행위에 관한 적절한 과학적 설명이 신체적 움직임에 대한 행위체 감각sense of agency과 소유권 감각sense of ownership 간의 일정한 현상학적 구별에 어떻게 의존하는지를 보여준다. 그러나 우리는 인간의 행위는 신체적 움직임으로 환원될 수 없으며, 초점이 단지 그러한 신체적 움직임으로 좁혀질 때 어떤 과학적 실험들은 우리를 오도할 수 있다는 것을 제시한다. 여기에서도 역시 정신분열적 조정망상schizophrenic delusions of control을 포함하는 많은 병리학적 사례들이 있는데, 이는 우리가 비병리학적 행위를 이해하는 데 도움을 줄 것이다.

9장은 우리가 어떻게 다른 사람들의 마음을 이해하게 되는가 하는 문제에 관한 것이다. 우리는 현재의 몇 가지 '마음 이론theory of mind' 설명들('이론화 이론theory theory'과 '모의실험 이론simulation theory')을 탐색하며, 발달 심리학과 신경과학의 최근 연구와 일치하는 현상학적으로 정초된 대안을 소개한다.

10장에서 우리는 인지과학계 전반에 걸쳐 관심을 얻어 오고 있는 물음, 곧 자기self에 대한 물음에 이른다. 이 물음은 오랫동안 철학자들에 의해 탐구되어 오긴 했지만, 신경과학자들과 심리학자들은 최근에 이 문제를 다시 논의해 왔다. 우리가 발견하는 바는 상이한 자기 개념을 검토하는 이론가들이 있는 거의 그만큼이나 많은 상이한 자기 개념들이 있다는 것이다. 이 문제를 어느 정도 해결해 나아가기 위해서, 우리는 정상적인 경험의 암묵적인 시간의 변화를 가로지르는, 기본적인 전반성적 통일 감각basic pre-reflective sense of unity에 초점을 맞춘다. 우리는 어떻게 자기에 대한 이런 전반성적인 자기 감각이 정신분열증 사례들에서 붕괴할 수 있는지, 그리고 언어, 서사, 문화적 맥락들에서 표현되는 더 반성적인 자기감각이 발달하는 데 있어서 어떤 역할을 하는지 검토한다.

2
방법론들

시작하면서 바로 이 점을 인정하자. 방법론에 관한 논의는 수면제처럼 아주 효과가 있다는 것이다. 그것은 우리를 바로 잠에 빠져들게 하는 경향이 있다. 우리의 대부분은 방법론을 진행하면서 쟁점, '사태들 그 자체', 실험 등에 다다르기를 원한다. 하지만 이 장에서 우리는 여러분에게 방법론의 세부사항에 대한 지루한 개요를 늘어놓거나 일단의 규칙들을 제공하지는 않을 것이다. 오히려 우리는 인지과학계에서 벌어지고 있는 열띤 논쟁의 한가운데로 뛰어들 것이다. 거기에서 사람들은 내성주의자라고, 타자현상학자라고, 신경현상학자라고, 혹은 더 나쁘게는, 그저 그런 현상학자라고 비난을 받고 있다. 심지어 최근에는 술어의 강탈이 발발해 왔다는 것도 사실이다. 즉, 어떤 이론가가 어떤 것을 지칭하기 위해 비상하게 탁월한 용어를 내놓으면, 바로 이어서 다른 이론가들은 그 용어를 전적으로 다른 어떤 것을 지시하기 위해 사용하고 있다.1) 다음에서 우리가 해야 할 일은 이런 다양한 접근방식들 간의 차이들을 가려보는 것이다.

그렇긴 해도, 우리는 독자들이 종종 아주 상이한 관심과 목적을 갖고서 이와 같은 책을 접하고 있다는 것을 알고 있다. 한편으로, 만약 여러분의 주된 관심이 쟁점들 그 자체에 관한 것이라면, 여러분은 마음을 탐구하는 일이 실제로 정확히 어떻게 수행되는가 하는 방법론적 물음을 우회하고자 할지도 모른다. 이 장에는 다른 장들을 이해하는 데 있어 본질적인 것이 없기 때문에 우리는 여러분이 곧바로 3장으로 넘어가기를 권하며, 그런 뒤 방법에 대한 물음이 더욱 중요하게 보이는 나중 시점에 이 장으로 돌아와도 된다. 다른 한편으로, 만약 현상학이 무엇인지, 혹은 현상학이 어떻게 작동하는지 여전히 확신하지 못한다면, 여러분은 이 장의 뒤에 있는 '현상학적 방법'이란 절을 읽고자 할지도 모른다. 혹은 또 다른 한편으로 (우리는 공동저술을 하고 있기 때문에 다행히도 이러한 복잡한 쟁점들을 다루기 위한 네 개의 손을 갖고 있다) 만약 당신이 이미 현상학적 방법에 익숙해서, 이것이 경험과학에 어떻게 적용될 수 있는지 정말 알기를 원한다면, 현상학적 방법이란 절을 건너뛰어서 곧바로 '현상학을 자연화하기'란 절로 가기를 원할 수도 있다.

인지와 의식에 관한 현상학적 논의와 과학적 논의에서 1인칭적 관점과 3인칭적 관점 사이에 지어진 구별을 종종 발견한다는 것에 주목하면서 시작하는 것이 도움이 될 수도 있다. 실로, 심신 문제, '어려운' 문제, 혹은 설명의 격차의 문제에 대한 전통적 정의와 현대적인 정의는 종종 이러한 구별에 의해 틀지워져 왔다. 과학적 객관성은 관찰가능한 현상에 대한 거리를 두는 3인칭적 접근방식을 요구하며, 이를 위해 우리는 환경 속의 사물들을 잘 관찰하며 접근할 수 있는 길을 필요로 하고 또 보통은 갖고 있다고들 말하는데, 그중 일부는 뇌이다. 뇌과학은 3인칭적인 관찰적 관점을 취하는 데 의존하고 있다. 이와 대조적으로, 1인칭적 관점에서 우리 자신의 경험에 어떤 식으로든 직접적으로 접근할 수 있을지라도, 몇몇 철학자와 과학자는 이것은 과학적 자료들data을 산출하기에는 너무 주관적이라고 여긴다. 데닛 (2001)은 최근에 다음과 같이 언급했다. "의식에 관한 1인칭적 과학은 어떤 방법도, 자료들도, 결과도, 미래도, 약속도 없는 학문분야이다. 이것은 환상으로 남을 것이다."

만약 이게 사실이라면 진짜 문제가 될 것 같다. 만약 (1) 의식이 본질적으로 1인칭적이라면, 만약 (2) 과학이 오직 3인칭 자료들만을 인정한다면, 그리고 만약 (3) 3인칭적 용어들로 1인칭적인 어떤 것을 설명하려는 어떤 시도도 그것이 설명하려는 것을 왜곡하거나 또는 포착하지 못하는 것이라면, 의식 그 자체의 과학은 있을 수 없어 보인다. 그렇다면, 아마도 의식에 관한 과학적 연구가 주의 깊은 내성에 토대를 둘 수 있다고 생각하는 것은 순전히 19세기와 20세기 초의 환상이었을 것이다. 이 주장들을 더 자세히 살펴보도록 하자.

의식에 대한 과학의 환상들

내성적 관찰은 우리가 무엇보다도 먼저 그리고 언제나 의지해야 하는 것이다. 내성이란 단어는 거의 정의될 필요가 없다. 물론 이는 우리가 우리 자신의 마음속을 들여다보며 거기에서 발견하는 것을 보고하는 일을 의미한다.
—제임스 1950, I, 185쪽

우선 마음의 실험과학에서 방법으로서의 내성의 운명은 무엇이었는가 물어보자. 표준적인 견해는 우리가 19세기를 뒤로 하고 떠나온 것과 마찬가지로 내성도 뒤에 남겨두고 떠나왔다는 것이다. 존 왓슨은 1913년에 다음과 같이 썼다.

행동주의자의 견해에 의하면, 심리학은 자연과학의 순수하게 객관적인 실험 분과이다. 심리학의 이론적 목적은 행동의 예측과 통제이다. 내성은 심리학의 방법들의 본질적인 부분을 전혀 형성하지 않으며, 또 심리학 자료들의 과학적 가치는 그 자료들을 기꺼이 의식의 면에서 해석하는 일에 맡기는 데에 의존하지 않는다.

—왓슨 1913, 158쪽

심지어 행동주의의 공식적인 종언 이후에도, 많은 이들은 계속해서 내성이 가능하다는 것조차 부인해 왔으며, 윌리엄 라이온즈William Lyons(1986)와 같은 철학자들은 심리학에서 이 방법을 완전히 종언시킬 계획을 세워 왔다. 하지만 상황은 실은 덜 분명하다. 프라이스Price와 아이데데Aydede는 각각 심리학자와 철학자로서 최근에 작성한 한 논문(2005)에서 "인지적 상태에 관한 '피험자들'의 언어적 보고(또는 단추 누르기와 같은 비언어적 행동들)가, 상정된 인지적 모델들을 위한 증거로 통상적으로 채택되어 왔기 때문에, 내성이 계속 실험과학에서 사용되고 있는 셈이다"라고 주장한다(2005, 245쪽). 게다가 인지과학자들인 잭Jack과 롭스토프Roepstorff(2002)이 둘에 따르면, "내성적 관찰은 단지 우리의 개인적 삶에만 만연해 있는 특질이 아니다. 인지과학자들은 이 증거의 원천을 그들 작업의 거의 모든 단계를 알기 위해서 사용한다"(333쪽). 어쩌면 제임스가 틀렸을 수도 있다. 또 사람마다 내성이 의미하는 바가 그다지 분명하지 않을 수도 있다. 아주 기본적인 수준에서 우리는 피험자들에 의해 주어진 모든 보고들은, 직접적으로 세계에 관한 것일지라도, 어떤 의미에서는 비직접적으로 그들 자신의 인지적(정신적, 정서적, 경험적) 상태들에 관한 것이라고 주장할 수도 있다. 만약 심리물리학적 실험에서 불빛이 켜지는 것을 볼 때 피험자들에게 단추를 누르도록 지시하거나, 혹은 '지금'이라고 말하도록 지시한다면, 피험자들은 불빛에 관해서 보고하겠지만, 또한 자신들의 시각적 경험에 관해서도 보고할 것이다. 경험적 상태에 대한 언급을 주의 깊게 회피하는 어떤 방식으로 그 지시('불빛이 켜질 때 단추를 누르시오')를 중화하더라도, 피험자가 불빛이 켜지고 있다는 사실에 대해 유일하게 접근할 수 있는 것은 불빛이 켜지고 있다는 그 자신의 경험을 통해서이다. 이런 의미에서 1인칭적 관점은 피험자들의 보고에 의존하는 모든 실험에 고유한 것이다.

프라이스와 아이데데가 말하려 한 바가 바로 이게 아닐까 한다. 하지만 이것은 이런 모든 보고가 내성적이라는 것을 의미하는 것일까?

예를 들면, 실험자는 피험자에게 불빛이 켜질 때 '지금'이라고 말하도록 요구할 수 있다. 얼마나 정확히 피험자는 불빛이 켜지는 것을 볼 때를 알까? 그는 불빛이-켜지는-것을-봄seeing-the-light-come-on이라는 특수한 시각적 상태를 찾고 있는 자신의 경험을 내성하는 것일까? 아니면 그는 그저 불빛이 켜지는 것을 보고 그것을 보고하는 것일까? 누군가가 '만약 그가 불빛이 켜지는 것을 내성적으로 관찰하지 않는다면 어떻게 도대체 불빛이 켜지는 것을 본다고 보고할 수 있겠는가?' 하고 물을 수도 있다. 이 '어떻게'를 설명하는 철학적 현상학에는 오랜 전통(특히 후설을 따르는 전통)이 있다. 우리는 경험을 겪으면서 우리 자신의 경험에 대한 암묵적인, 대상화하지 않는, 전반성적 알아차림을 갖고 있기 때문에, 내성을 사용하지 않고도 우리가 경험하는 것을 알아차린다. 나는 불빛을 봄과 동시에 불빛을 보고 있다는 것을 알아차린다. 문제의 이 알아차림은 우리의 주의를 반성적으로나 내성적으로 우리 자신의 경험으로 돌리는 데에 근거하지 않는다. 오히려 알아차림은 경험의 본질적인 부분으로서 우리의 경험에 내재되어 있는데, 우리의 경험을 의식적 경험으로 정의하는 것은 정확히 바로 이것이다(보다 확장된 논의에 대해서는 3장을 보라). 이 견해에서 보면, 불빛이 켜지고 있는 것을 볼 때 나는 불빛이 켜지고 있는 것을 의식적으로 경험한다. 나의 1차 현상적 경험은 이미 바로 경험하고 있을 때 알아차리는 어떤 것이기 때문에 내가 방금 불빛이 켜지고 있는 것을 보았다는 것을 내성을 통해서 확인할 필요가 없다.

'상승 절차ascent routines'라는 방안은 경험에 대한 보고들이 반드시 내성적인 것은 아니라는 것을 유사한 방식으로 제시한다(에반스Evans 1982). 예를 들어, 만약 피험자가 "당신은 p임을 믿습니까?" 하는 물음을 받는다면, 피험자는 마음속에서 p임이라는 믿음을 찾기 시작하지 않는다. 오히려 그는 p임이 세계에 관해서 사실인지 아닌지 단도직입적으로 생각한다. 세계를 지각하는 것과 관련해서도 또한 그러한데, 지각자는 마음속에서 지각적인 표상에 대해서 내성할 필요가 없다. 그는 단순히 세계를 의식적으로 지각함으로써 무엇을 지각하고 있는지를 말할 수 있다. 만약 바깥에 비가 오고 있는가 하는 물음을 받는다면, 여러분은 마음속을 들여다보기보다는 창밖을 내다볼 것이다.

이런 의미에서 프라이스와 아이데데가 그랬듯이, 1인칭적 관점에서 "의식적 경험들은 오직 내성을 통해서만 접근가능한 것 같다"(2005, 246쪽)거나 "내성은 감각질qualia에 접근하는 유일하게 이용가능한 방법인 것 같다"(위의 책, 249쪽)고 말하는 것은 옳지 않아 보인다. 만약 우리가 내성을 반성적 의식의 문제로 생각한다면, 이런 종류의 1인칭적 보고들은 내성적 보고들이 아니다. 그렇기는커녕 이것들은 경험을 표현하는 1인칭적, 전반성적 보고들이다. 그러나 누군가가, 설사 내성을 사용하지 않고 내가 무엇을 보고 있는지 what I am seeing 보고할 수 있을지라도, 또한 내성을 사용하지 않고 내가 보고 있다는 것that I am seeing을 보고할 수 있는가 하고 물을 수도 있다. 다시, 만약 내가 "불빛을 봅니까?" 하는 물음을 받는다면, 내 자신의 경험을 대상으로 받아들이는 2차 내성적 인지를 개시하지 않고도 나는 확실히 "그렇다"고 답할 수 있다. 이와 대조적으로, 만약 그 물음이 "불빛을 맛봅니까?"라면, 그것은 아마도 '맛보다'는 단어의 쓰임을 이해하고 있는지를 확인할 목적으로 내 안의 반성적 태도를 아마도 동기부여하게 될 것이다. 하지만 나의 주의는, 단어에 대한 나의 의식 혹은 세계에 대한 나의 경험의 세부사항으로 향해 있기보다는, 여러분이 사용한 단어 및 그것이 내가 방금 경험한 것(내가 여전히 전반성적으로 접근하고 있는 것)과 맺는 관계에 있기 때문에, 이 반성적 태도조차도 내성적 인지를 구성하지 않을 것이다. 나의 경험에 대한 언어적 분절linguistic articulation이 이러한 유형의 경우에서 반성의 일종으로 여겨질 수 있다 하더라도, 반드시 나의 경험에 주의를 모으고 있는 일종의 내성적 반성인 것은 아니다. 오히려 나는 불빛에, 여러분의 물음에, 그것의 의미에 주의를 모으고 있다.

그렇다면, 의식 그 자체가 연구의 대상이 되는 경우에도 우리는 세계에 관한 단도직입적인 보고들(예를 들어 불빛이 켜졌는가, 켜지지 않았는가?)과 경험에 관한 반성적 보고들(예를 들어 불빛이 켜지는 것을 경험하는 일은 무엇과 같은가[어떠한 느낌인가]?) 간의 구별을 필요로 한다. 첫 번째 경우 우리는 바깥에서 불빛이 켜질 때 반응시간을 측정하고 있을 수도 있고, 안에서 무엇이 켜지는지 알아보기 위해 피험자의 뇌를 조사하고 있을 수도 있다. 두 번째 경우 우리는 현상학(1인칭적 경험 그 자체)에 관해 묻고 있는 것이다. 결과적으로 우리는 3인칭적인 객관적 자료들(반응시간, 뇌영상들)과 1인칭 자료들(어떻게 느끼고 있는가? 피험자가 무엇에 주의를 모으고 있는가?) 간의 분명한 구별을 얻은 것 같다. 하지만 신중하도록 하자. 우리가 곧 발견하게 될 테지만, 사태들은 더 복잡하다.

더군다나, 탐구가 의식에 관한 것일 때, 추정하건대 3인칭 자료들은 피험자의 1인칭적 경험에 관한 것이리라. 결국, 이러한 실험들에서 과학자는 불빛에 관심을 갖는 것이 아니라 피험자의 경험에 관심을 갖는 것이다. fMRI나 PET 스캔이 뇌에서 객관적으로 무엇이 일어나고 있는지를 포착하려는 시도일지라도, 그것이 피험자의 1인칭적 경험과 상관관계가 없다면, 의식의 연구를 위한 어떠한 적합성도 결여하는 것이다. 실로 뇌 상태들이나 기능적 상태들이 유의미한 중요성을 띠는 유일한 이유는, 그것들이 다른 경험적 근거들에 의해서 식별되는 정신적 상태들과 상관관계를 맺고 있다고 추정되기 때문이다. 경험적 분류와 후속 상관관계가 없다면, 우리는 단지 신경 활동에 대한 기술을 갖게 될 뿐이고, 따라서 이 기술은 우리가 원하는 방식으로 정보를 제공해주지는 않을 것이다. 적어도 첫 번째 경우에서, 우리는 뇌활성화가 기억, 얼굴 인식, 행위체의 느낌, 빛 지각 등과 관계가 있는지 없는지 알지 못할 것이다. 그래서 3인칭 자료들에 대한 해석은, 이러한 자료들이 의식에 관한 것일 때, 우리에게 1인칭 자료들에 관한 어떤 것을 알기를 요구한다. 피설명항(설명되어야 하는 것)의 영역은, 이를 설명하는 제안들이 어떤 의미를 이루기 전에 적절히 탐구되어야 한다.

　실험심리학의 실천에서는, 내성적인 보고들보다는 세계에 관한 비내성적 보고들에 더 많은 믿음을 두고 있다. 세계에 관한 이런 비내성적 보고들은 얼마나 신뢰할 만한가? 일반적으로 또 많은 경우들에서, 이런 종류의 보고들은 아주 신뢰할 만한 것처럼 보인다. 예를 들어 만약 실험자가 역치를 크게 초과한 감각 자극을 가하거나 제시한다면, 자극을 분명히 현전하는 것으로 경험한다는 피험자의 보고는 의혹의 여지가 없어 보인다. 그러나 자극이 역치에 보다 가까울 때는 신뢰성이 감소할 수 있어서, 보고의 방식이나 보고를 한정하는 다른 주관적 요인들에 의존할 수도 있다. 예를 들어, 마르셀 Marcel(1993)은 상이한 보고 방식(말, 눈 깜빡임, 단추 누르기)을 사용해서 역치에 가까운 자극에 대해 신속하게 보고해달라는 요청이 모순된 응답을 불러온다는 것을 보여주었다. 간신히 감지할 수 있는 불빛 자극이 나타났을 때 피험자들은 단추 누르기를 해서 불빛을 보았다고 보고하겠지만, 그런 뒤 말로 할 때는 단추 누르기와 모순되게 불빛을 보지 못했다고 보고한다. 이런 종류의 자료들, 더 일반적으로 말해서 균등하지 않거나 일치하지 않는 자료들은 두 가지 서로 다른 전략을 세우도록 동기부여한다. 가장 자주 사용하는 전략은, 확립된 과학적 절차를 따라서 시행들이나 피험자들을 통해 얻은 자료들을 평균화하고, 그렇게 해서 일치하지 않은 결과들을 씻어 내버리는 일이다. 덜 자주 하는 전략은, 과학자들로 하여금 이 1인칭 자료들을 진지하게 받아들이게 해서, 또 다른 방법들을 사용해서 그 자료들을 탐구하도록 동기부여하는 일이다.

　자료들을 평균화하는 표준적 방식에 대한 한 가지 방법론적 진술을 고찰해보자. 이것은 데닛이 '타자현상학heterophenomenology'(1991, 2001, 2007)이라고 부르는 방법이다.2) 데닛은 자신의 목적이 당대의 자연과학의 체재 내에서 모든 정신적 현상들을 설명하는 것임을 여러 번 분명히 했다. 더 구체적으로 말하면, 그 자신이 설정한 도전은 3인칭적인 과학적 관점에서 이용가능한 자료들에 기반해서 의식에 대한 설득력 있고 적합한 이론을 건립하는 것이다(데닛 1991, 40쪽, 71쪽). 그러나 만약 이러한 기획이 성공하려면, 먼저 우리에게는 차후에 설명되어야 하는 자료들을 수집하고 조직하게 해주는 분명하고 중립적인 방법이 필요하다. 데넷은 이 방법을 타자현상학이라 명명한다. 타자현상학에 따르면, 우리는 의식에 대한 연구에 엄밀한 3인칭적 방법론을 채택할 필요가 있다. 이는 3인칭적 방법론이 현상학적 영역에 접근할 수 있는 유일한 길은 공개적으로 관찰가능한 자료들의 관찰과 해석을 경유하는 길이라는 것을 의미한다. 그렇기 때문에 타자현상학자는 바깥에서부터 의식에 접근하려고 의도한다. 그의 초점은 타자들의 정신적 삶에 맞춰져 있는데, 왜냐하면 이것이 공개적으로 표현되거나 표출되기 때문이다. 달리 말하면, 현상학자(타자현상학자)는 피험자들을 면담해서 그들의 발언들 및 그 밖의 행동적 표출들을 기록할 것이다. 그런 뒤 그는 발견한 것들을 지향적 해석을 받게 할 것이다. 즉 그는 지향적 입장을 채택해서 방출된 소리들을 피험자의 믿음, 욕구, 그리고 그 밖의 정신적[심적] 상태들을 표현하는 발화행위speech acts로서 해석할 것이다. 만약 어떤 모호한 표현들이 있다면, 그는 피험자 곁에서 매번 추가적인 해명을 요구할 수 있고, 이 과정을 통해 결국 그는 피험자가 자기 자신의 의식적 경험들에 관해 말하길 원하는 (원한다고 보이는) 것들의 전체적인 목록을 작성할 수 있게 된다(데넷 1991, 76~77쪽; 1982, 161쪽).

타자현상학자에게, 피험자들의 의식적 경험에 관한 보고들은 의식 연구의 1차 자료들이다. "보고들이 자료들이고, 이것들은 자료들에 대한 보고들이 아니다"(데넷 1993a, 51쪽). 따라서 데넷이 타자현상학을 블랙박스 심리학으로 특징지은 것은 우연이 아니다(데넷 1982, 177쪽). 엄밀히 말하면, 타자현상학은 의식 현상이 존재하는지에 관해서 중립적이기 때문에, 의식 현상을 연구하는 것이 아니다. 오히려 의식 현상에 관한 것이라고 자칭하는 보고들을 연구한다. 따라서 데넷은 우리에게 중립적인 입장을 채택해서, 피험자들에 의해 표현된 믿음의 타당성에 관한 물음을 괄호치라고 촉구하면서, 이러한 조처가 3인칭적 버전의 현상학적 방법에 해당한다고 주장한다(데넷 2003, 22쪽).

왜 중립성이 요구되는가? 데닛은 다양한 이유들을 제공하고 있다. 때때로 그는 문제의 중립성을 인류학적 연구에서 요구되는 중립성에 비교한다. 마치 어떤 신화적 신들이 실재하는 신들이라고 선언함으로써 인류학적 현장 연구를 예단해서는 안 되듯이(데닛 1993a, 51쪽), 우리는 의식 현상이 실재한다고 선언함으로써 현상학적 연구를 예단해서는 안 된다. 데닛은 또한 거짓 긍정과 거짓 부정의 존재에 대해 언급한다. 우리가 우리 자신의 마음으로 접근하는 일은 오류불가능하지도 수정불가능하지도 않다. 우리는 가끔 우리 자신의 경험에 관해 오해를 하게 된다. 우리가 우리 자신의 의식 상태들에 관해 갖는 믿음의 일부는 입증가능한 거짓이다. 그리고 우리의 마음속에서 일어나는 심리적 과정들 중의 일부는 우리의 앎knowledge 없이 도 일어난다. 이러한 착오의 가능성들을 고려해볼 때, 데닛은 중용의 방책 policy of moderation을 채택해서 단순히 개입을 금하는 것이 최선이라고 생각한다(2001).

사람들은 자신들이 경험을 갖고 있다고 믿고 있고, 이 사실들—사람들이 믿고 있고 표현하고 있는 것에 관한 사실들—은 마음에 대한 모든 과학적 연구가 설명해야 하는 현상이지만(데닛 1991, 98쪽), 자신들이 경험을 갖고 있다고 믿는다는 사실로부터 실제로 경험을 갖고 있다는 것이 뒤따르지는 않는다(데닛 1991, 366쪽). 달리 말하면, 우리는 우리의 의식적 삶의 특질이 나 대상처럼 보이는 모든 것이 경험의 실재적 요소들로서 실제로 거기에 있다고 단순하게 가정해서는 안 된다. 타자현상학적인 중립성의 태도를 채택함으로써, 우리는 외관상의 피험자가 거짓말쟁이, 좀비, 컴퓨터, 잘 차려입은 앵무새인지, 아니면 진짜 의식적 존재인지에 관한 문제를 예단하지 않게 된다(위의 책, 81쪽). 따라서 타자현상학은 피험자가 의식적인지 아니면 한갓 좀비에 불과할 뿐인지에 관해 중립을 지킬 수 있다(데닛 1982, 160쪽). 혹은 더 정확하게 말해서, 타자현상학은 행동을 해석하는 방식이고, 또 (철학적) 좀비들[1]은, 정의에 따르면, 의식적인 진짜 사람들처럼 행동하기 때문에, 타자현상학에 관한 한, 좀비들과 의식적인 진짜 사람들 사이에는 어떠한 유의미한 차이점도 없다(데넷 1991, 95쪽).

하지만 좀비와 좀비가 아닌 것 사이에 차이가 있는지 없는지에 대한 물음을 괄호치는, 소위 중립성의 입장stance이라고 하는 것에서부터 데넷은 재빨리 한 걸음 더 나아가서, 그런 차이가 있다는 것을 전적으로 부인한다. 그가 말하듯이, 좀비들은 가능한 것일 뿐 아니라, 실재적인 것이다. 우리 모두는 좀비들이기 때문이다. 만약 우리가 좀비들 이상의 것이라고 생각한다면, 이는 단지 우리가 마음에 대해 생각하기 위해 사용하는 일단의 결함이 있는 은유들에 의해 잘못 이끌려 왔거나, 넋을 빼앗겨 왔다는 사실에 기인하는 것이다(데넷 1993b, 143쪽; 1991, 406쪽). 이 지점에서 데넷을 오해하지 않는 것이 중요하다. 그는 어떤 사람도 의식적이지 않다고 주장하고 있는 것이 아니다. 오히려 의식은 흔히들 갖고 있다고 생각하는 1인칭 현상적 속성들을 갖고 있지 않고, 따라서 현금의 현상학과 같은 것은 있지 않다고 주장하고 있다(데넷 1991, 365쪽). 1인칭적 차원을 현상학적으로 연구하려는 시도는 결과적으로 환상이라는 것이다.

그러나 타자현상학 그 자체가 일종의 **환상**과 같은 것을 포함하고 있다. 여기서 환상이란 의식이나 마음의 연구에서 과학은 1인칭 관점을 버리거나, 남김없이 중립화할 수 있다는 생각을 뜻한다. 의식에 관해(혹은 구체적으로 경험 X에 관해) 무언가를 말하고자 시도할 때, 타자현상학은 1인칭 보고들에 대한 그것의 해석이 과학자 자신의 1인칭 경험(X의 경험을 그 자신의 경험으로부터 이해하는 것)에 기초하거나, 혹은 결국 민족심리학에서 또는 어떤 모호하고 익명적이고 엄격하지 못한 형태의 현상학에서 유래하는 미리 수립된pre-established (그리고 겉보기에 객관적인) 범주들에 기초하지

* * *

1_ 철학적 좀비Philosophical Zombie. 외면적으로는 정상적인 인간과 차이가 없지만 내면적으로는 전혀 경험을 갖지 않는 인간을 가리킨다. 즉 겉으로 보기에는 보고 듣고 맛보며 울고 웃고 화내는 등 나와 동일한 기능적 상태를 취할 수는 있지만, 실제로 철학적 좀비들은 어떠한 의식적 내용을 가지거나 경험을 하지 못한다. 이것은 우리의 심적 상태가 지닌 특성은 기능적인 접근만으로는 포착할 수 없고, 1인칭적인 주관적 접근을 통해 가능하다는 함의를 담고 있다.

않을 수 없다는 것을 인정하지 못한다. 따라서 잭과 롭스토프가 제언하듯이, "우리는 실험적 패러다임을 궁리하는 순간에서부터 시험piloting과 세련화 refinement를 거쳐서 결과들의 해석에 이르기까지, 우리는 우리 자신의 경험에 대한 고찰들, 그리고 우리가 타자들에게 귀속시키는, 우리 자신의 경험을 대리한다고 이해되는 경험들에 의해서 인도된다"(2002, 333쪽). 피험자의 보고를 해석하기 위해 요구되는 과학자 자신의 지향적 입장 그 자체는 과학의 통제를 받아 온 어떤 것이 아니다. 이는 1인칭 관점에 의해 직접적으로 또는 간접적으로 감염된 것이다. 이것이 메를로-퐁티가 『지각의 현상학』에서, 과학적 실천은 항상 세계에 대한 과학자의 1인칭적이고 전과학적인 경험을 전제하기 때문에, 과학이 3인칭적 관점에서 이용가능한 것에 일면적으로 초점을 두는 것은 순진하고 정직하지 못하다고 비판하는 이유이다(메를로-퐁티 1962, ix쪽). 또한 이것은 의식 연구의 맥락에서 1인칭적 설명 대 3인칭적 설명의 통상적인 대립이 우리를 오도하는 이유이기도 하다. 이 대립은 이른바 3인칭적인 객관적 설명이 의식적 주체들의 공동체에 의해서 성취되고 창출된다는 것을 잊게 만든다. 보는 지점이 없는 봄no view from nowhere이 없듯이 결코 순수한 3인칭적 관점은 없다.

현상학적 방법

1인칭적 경험에 대한 더욱 통제된 접근방식을 얻는 것은 가능한가? 우리는 과학적으로 의식에 접근할 수 있는가? 현상학자들은 이 물음들에 긍정적으로 대답해 왔다. 이 지점에서 현상학이 중요한데, 에반 톰프슨이 설명하듯이, "인간의 마음에 대한 포괄적인 이해를 얻으려는 어떤 시도도 어떤 지점에서 의식과 주관성 — 생각하기, 지각하기, 행위하기, 느끼기가 각각의 사람의 경우에 어떻게 경험되는가 — 에 직면할 수밖에 없기 때문이다. 마음의 사건들은 진공상태에서 일어나는 것이 아니라, 누군가에 의해서 살아지는lived 것이다. 현상학은 살아지는 경험에 대한 신중한 기술, 분석, 해석에 닻을 내리고 있다"(톰프슨 2007, 16쪽). 현상학이 무엇을 건네줄 수 있는지 이해하고 실험과학에 이를 활용하기 위해서, 우리는 현상학적 입장 혹은 태도를 규정하는 방법론을 이해할 필요가 있다. 그런 뒤 우리는 이 입장이 어떻게 과학적 실천에 편입될 수 있는지 살펴볼 필요가 있다.

현상학적 방법을 자세히 살펴보도록 하자. 통상적인 과학적 방법과 마찬가지로, 현상학도 역시 편향되고 주관적인 설명들을 회피하는 것을 목표로 삼는다. 어떤 사람들은 현상학을 경험에 대한 주관적인 설명으로 오해한다. 하지만 경험에 대한 주관적 설명은 주관적 경험에 대한 설명과 구별되어야 한다. 이와 마찬가지로, 어떤 사람들은 경험에 대한 객관적 설명과, 주관적 경험은 3인칭적 방법을 써서 조사할 수 있는 대상으로 전환해서 이해할 수 있다는 생각과 혼동한다. 문제는 '주관적' 및 '객관적'이라는 이 용어들이 모호하다는 점이다. 이들은 상이한 맥락들에서 상이한 것들을 의미할 수 있기 때문이다. 과학에서 객관성은 선입견이나 편향을 회피한다는 의미에서 중요하다. 이것이 통제집단이 실험에서 사용되는 이유 중의 하나이며, 이외에 또 객관성을 유지하기 위해 취하는 다양한 방법론적 절차들이 있다. 현상학도 역시 이런 의미에서 객관성을 유지하는 데 관심을 갖고 있다. 현상학은 신중하게 기술된 방법을 통해서 그렇게 한다.

현상학과 내성

먼저, 사태를 혼란스럽게 만드는 경향이 있는 쟁점으로 돌아가도록 하자. 현상학은 내성과 똑같은가? 후설은 언젠가 다음과 같은 물음을 제기한 적이 있다. 이미 인간과 동물의 심리적 삶을 다루는 잘 수립된 설명적 과학 곧 심리학이 있는데, 왜 굳이 현상학이라고 명명된 새로운 과학을 도입하는 가? 경험의 단순한 기술 — 이는 현상학이 제공할 수 있는 모든 것이라고 생각된다 — 은 심리학에 대해 실행가능하고 과학적인 대안을 형성하는 것이 아니라, 진정으로 과학적인 마음 연구에 선행하는——아마도 필수 불가결한——기술적인 예비단계에 지나지 않는다고 주장될 수 없을까?(후설 1987, 102쪽)? 후설이 20세기 초반에 행한 이 강의들에서 언급했듯이, 이 사고방식은 아주 설득력이 있어서, '현상학적'이라는 용어는 내성에 기초하면서 의식에 대한 직접적 기술을 표명하는 모든 부류의 철학적 및 심리학적 저작들에서 사용되고 있었다(위의 책, 103쪽). 이것은 현대의 담론과 유사한 것으로서 아주 놀랄 만한 것이다. 현재 인지과학자들은 경험에 대한 '무엇과 같음'['어떤 느낌']what it is like이 실제로 무엇과 같은지[어떤 느낌인지]에 대한 1인칭적 기술을 지시하기 위해 '현상학'이라는 용어를 점점 더 많이 사용하는 추세에 있다. 이를 배경으로 할 때, 왜 현상학을 단순히 일종의 심리학이나 또는 내성주의의 한 형태로조차 보아서는 안 되는가를 이해하는 것은 어려울지도 모른다.

　예를 들어, 『해명되는 의식*Consciousness Explained*』에서 데닛은 현상학이 신뢰할 수 없는 내성주의적 방법론을 사용한다고 비난하면서, 현상학은 모두가 동의할 수 있는 단일한, 안정된 방법을 찾아내지 못했다고 주장한다(데닛 1991, 44쪽). 이와 비슷한 견해를 메칭거Metzinger에게서 찾아볼 수 있는데, 그는 최근에 "현상학은 불가능하다"고 결론지었다(2003, 83쪽). 이 이론가들은 어떤 종류의 주장을 제공하는가? 기본적인 주장은 자료 창출에 대한 모든 1인칭적 접근방식과 연관된 인식론적 난제들에 관한 것이라고 생각된다. 만약 두 개의 개별적인 자료 집단에서 불일치가 나타난다면, 충돌을 해결할 어떠한 방법도 없다. 더 구체적으로 말하면, 메칭거는 자료들을, 전문적인 측정기기에 의해서 물리 세계에서 추출한 그런 것들로 받아들이고 있다. 이 자료 추출은 잘 정의된 상호주관적 절차를 포함하고 있고, 과학 공동체 안에서 일어나고 있고, 비판에 열려 있으며, 끊임없이 독립적인 검증 수단들을 강구하고 있다. 메칭거에 따르면, 현상학의 문제점은 우리 자신의 심적 상태의 현상적 내용에 대한 1인칭적 접근은 자료 개념의 정의 기준을 충족시키지 못한다는 것이다. 사실, 1인칭 자료first-personal data라는 바로 그 개념은 명사 모순a contradiction in terms[2]인 것이다(위의 책, 591쪽).

　하지만 고전 현상학이 내성에 기초한다는 것이 정말 사실일까? 20세기 철학의 공인된 이정표이자 현상학적 철학에서 반론할 여지가 없이 훌륭한 작품인, 후설의 『논리연구』를 고찰해보라. 사실, 후설 그 자신은 이 책을 현상학으로 향하는 '돌파구'로 받아들였다. 어떤 종류의 분석을 이 책에서 발견하는가? 우리는 심리주의에 대한 후설의 유명한 공격과 거부, 논리의 환원불가능성과 의미의 이념성 옹호, 회화적 표상들의 분석, 부분–전체 관계에 대한 이론, 지향성에 대한 정교한 설명, 그리고 개념과 직관 간의 관계에 대한 인식론적 해명을 발견하는데, 이는 이 책에서 다루어지는 많은 주제 중 단지 몇 가지만을 언급한 것이다. 후설이 내성적 방법을 사용하는가? 이 책은 내성적 심리학 작품인가? 『논리연구』를 읽는 사람이라면 누구든, 거기에서 발견하는 것은 분명히 철학적 논증들과 분석들이기 때문에, '아니다' 하고 대답해야 할 것이다. 이 작품이 현상학이 아니라고 결론짓지 말고, 현상학과 내성적 심리학을 성급하게 동일시하는 것을 재고해야 한다.

　현상학적 논쟁은, 현상학자들 간의 논쟁과 마찬가지로 철학적 논쟁이지, 내성에 관한 논쟁이 아니다. 『논리연구』에 있는 후설의 분석들이 현상학의 후속 세대들에게서 전반적인 동의를 얻었다고 주장하는 것은 일종의 과장일 테지만, 우리는 후설의 입장이 '더 나은' 내성적 증거에 호소하는 데에 기초해서 거부된 사례에 대해서는 전혀 알지 못한다. 반대로, 후설의 분석들은 현상학적 철학자들 사이에 치열한 논의를 낳았으며, 분석들의 많은 부분은 그 뒤에 사르트르, 하이데거, 레비나스, 데리다와 같은 사상가들에 의해서 개선되었고 세련되어졌다(자하비와 셰른펠트Stjernfelt 2002 참조). 이는 분명히 "이것은 누구나 지각할 수 있는 가장 순수한 파란색이다" 대 "아니다, 그렇지 않고, 약간 푸른색 색조를 띠고 있다"(메칭거 2003, 591쪽)는 것과

* * *

2_ '명사 모순'이란 의미가 서로 모순되는 두 단어가 들어가 있는 진술이나 기술. 이 경우 '1인칭first-person'과 '자료들data'이 서로 모순된다는 뜻이다.

같은 주장들에 대해 상호주관적 합의에 도달할 수 있는 방법은 결코 없기 때문에, 현상학적 방법은 앎knowledge의 성장을 낳는 방법을 아무것도 제공할 수 없다고 하는 메칭거의 주장과는 대조를 이룬다. 이러한 종류의 주장들은 현상학적 철학자들의 작품에서 발견될 수 있는 것이 전혀 아니며, 이와 같이 제시하는 것은 문제의 전통과 친숙성이 없다는 것을 노정하는 것이다.

현상학은 현상들(사물들이 경험되는 방식, 혹은 현상학자들이 말하고자 하듯이 사물들이 경험 속에서 주체에게 '주어지거나' 또는 현시되는 방식) 및 현상들의 가능조건에 관심을 갖고 있긴 하지만 , 현상학자들은 현상적 영역을 마음 안에 위치시키는 것이나, 현상적 영역에 접근하고 기술할 수 있는 방식은 안으로 시선을 돌림으로써(introspicio)라고 제언하는 것은 형이상학적 오류라고 주장한다. 후설이 『논리연구』에서 이미 지적했듯이, 내부와 외부를 안이하게 완전히 분할하는 것은 소박한 상식적인 형이상학에 그 기원을 두고 있는 것이며, 의식의 본성을 이해하고자 할 경우 이는 현상학적으로 의심스럽고 부적절한 것이다(후설 2001a, II, 281~282쪽, 304쪽). 하지만 이 분할은 정확히 '내성'이라는 용어가 믿고 수용하는 어떤 것이다. 내성에 대해 말하는 것은 의식은 머리의 내부에 있고 세계는 외부에 있다는 생각을 (묵시적으로) 지지하는 것이다. 똑같은 비판을 또한 하이데거와 메를로-퐁티에서 찾아볼 수 있는데, 하이데거는 인간 실존(현존재Dasein)과 세계 간의 관계는 '내적'과 '외적'이라는 개념들의 도움으로 파악될 수 있다는 것을 부인하고 있으며(하이데거 1986/1996, 62쪽), 메를로-퐁티는 이 맥락에서 내적인 것과 외적인 것 사이에 선을 긋는 것은 불가능하다고 시사하고 있다(메를로-퐁티 1962, 407쪽). 실로 현상학적 전통에 있는 모든 주요한 인물들은 자신들이 어떤 종류의 내성적 심리학에 관여하고 있지 않으며, 또 자신들이 사용하는 방법이 내성의 방법이라는 것을 공공연하고 명쾌하게 부인했다(걸비치 1966, 89~106쪽; 하이데거 1993, 11~17쪽; 후설 1984, 201~216쪽; 메를로-퐁티 1962, 57~58쪽 참조). 후설은, 현상학적 직관의 개념이 내적 경험이나 내성의 한 형태라는 견해를 단호히 거부하며(1987, 36쪽)

현상학이 내성이나 내적 관찰(innerer Beobachtung)의 방법을 복원하려 시도하고 있다는 견해는 당착이고 전도라고 주장하기조차 한다(후설 1971/1980, 38쪽). 이렇게 범주적으로 일축해버리는 배후에는 무엇이 있는가? 많은 여러 이유들이 있다. 이것들 중 일부를 이해하기 위해서 우리는 현상학적 방법이라는 문제로 돌아가야 한다.

현상학적 환원

현상학은 현상들과 나타남들, 또 이것들의 가능조건에 관심을 갖고 있다. 하지만 정확히 현상이란 무엇인가? 많은 철학자들에게, 현상들은 대상의 직접적인 '소여성[주어짐]givenness'으로서, 우리에게 나타나는 방식으로서, 외관상apparently 존재하는 방식으로서 이해되고 있다. 빈번히 현상은 한낱 주관적인 어떤 것, 객관적으로 존재하는 실재를 은폐하는 베일이나 연막으로 가정되어 왔다. 이러한 견해에 따르면, 대상이 실제로 무엇과 같은 것인지 발견하고 싶다면, 우리는 한낱 현상적인 것을 넘어서야 할 것이다. 만약 현상학이 이 현상 개념을 사용한다면, 현상학은 한낱 주관적인 것, 외관적인 것the apparent, 표면적인 것the superficial의 학에 지나지 않을 것이다. 그러나, 놀랄 일은 아니지만, 현상학자들은 현상이 결국 무엇인지에 대해서 상당히 다른 이해를 지지하고 있다. 그들의 견해에 따르면, 대상의 실재는, 마치 나타남이 어떤 식으로든 실재하는 대상을 감추듯이, 대상의 나타남 배후에 놓여 있는 것이 아니다. (어떤 나타남들은 우리를 오도하기 때문에) 나타남과 실재 간의 구별이 유지되어야 할지라도, 현상학자들은 이 구별을 (가령 현상학과 과학 각각의 권역에 속하는) 두 개의 분리된 영역 간의 구별로 이해하지 않고, 현상 내적인 — 우리가 살고 있는 세계 내적인 — 구별로 이해한다. 그것은, 실용적인 사용에서든 혹은 상세한 과학적 탐구에서든, 대상들이 표면적인 일견에 나타나거나 최적의 관점 이하에서 나타나는 방식과, 대상들이 최상의 환경 속에서 나타나는 방식 간의 구별이다. 실로 대상이 어떤 식으로든 나타나는 한에서만 대상은 우리에게 어떤 의미를 가질 수 있다. 결과적으로, 현상학자들은 나타남의 구조들과 양상들에 관한 물음을 무의미한 것으로, 한낱 주관적인 것으로 간주하는 것이 아니라, 그러한 탐구가 철학적으로 대단히 중요하다고 주장한다.

실로 현상학적 연구 프로그램의 초기 형성물에서부터 후설이 현상학의 과제는 과학에 새로운 인식론적 토대를 제공하는 것이라고 생각했다는 것은 분명하다. 그러나 그는 곧 이 과제가 '자연적이지 않은unnatural' 관심의 변화를 요구한다는 것을 깨달았다. 인식하는 주체의 인지적 기여를 열어보이기 위해서, 우리는 인식의 대상들에 배타적으로 초점을 맞추지 말고, 경험적 차원을 상세히 기술하고 분석해야 한다(후설 2001a, II, 170쪽). 그러나 그의 견해에 의하면 이러한 기여는 실제로는 일반 과학에 의해 무시되었다.

당연하게도 일반 과학은 자연적 (혹은 사회적/문화적) 세계에 대한 탐구에 아주 몰두하고 있기 때문에 그 자신의 전제와 가능조건을 반성하기 위해 잠시도 멈추지 않는다. 일반 과학들은 자연적이고 (필연적인) 소박성 naïvety에 기초해서 작동한다. 이것들은 마음, 경험, 이론에서 독립해 있는 실재의 존재에 대한 암묵적인 믿음에 기초해서 작동한다. 실재는 저 밖에 존재하면서, 발견되고 탐구되기를 기다리고 있는 것으로 가정된다. 그래서 과학의 목표는 이러한 주어진 영역에 관한 엄밀하고 객관적으로 타당한 지식을 획득하는 것이다.3) 이 실재론적인 가정은 아주 근본적이고 깊게 뿌리를 내리고 있어서, 실증과학들에 의해 받아들여지고 있을 뿐만 아니라 우리의 전이론적 일상생활에도 스며들어 있는데, 이러한 이유로 후설은 이를 자연적 태도라고 불렀다. 하지만 이 태도는 경험과 과학적 사고의 바로 그 토대를 비판적으로 묻는 철학 고유의 태도와 구분되어야 한다(후설 1987, 13~14쪽). 엄밀한 자연주의는 철학 특유의 방법의 존재를 부인하면서, 철학자들은 그들 자신의 작업이 자연과학과 직접적으로 연속해 있다고 생각해야 한다고 주장한다. 이와 대조적으로, 현상학자들은 철학이 자연과학적 탐구와는 다른 작업을 하고 있다고 생각한다. 철학은 단순히 우리의 실증적인 지식의 범위에 기여하거나 이를 증대시키는 학문이 아니라, 이 지식의 근거를 탐구하고 이것이 어떻게 가능한지를 묻는 학문이다. 하이데거가 언급하듯이, 철학자들은 "건전한 상식에게는 의심할 여지가 없고 자명한 것의 완전히 수수께끼 같은 성격에 자극을 받아 각성되어야 하고 직접적으로 민감해야 한다"(1976, 23~24쪽). 실로 한 독해에 따르면 현상학이 탐구하려고 애쓰는 것은 바로 이 간과된 자명성의 영역이다.

하지만 현상학은 어떻게 이것을 성취해야 하는가? 현상학은 어떻게 진행되어야 하는가? 첫 번째 단계에서, (실재의 형이상학적 지위에 관한 다양한 사변적 가설들뿐만 아니라) 상식적인 순진성naïveté을 회피하기 위해 우리는 우리의 자연적 태도의 수용을 중지하거나 괄호칠 필요가 있다. 이 괄호치기가 일종의 회의론에 해당하는 것은 아니다. 세계가 존재한다는 것은, 후설이 쓰듯이, 의심의 여지가 없다. 하지만 중요한 과제는 삶과 실증과학을 지탱하는 이 의심불가능성을 진정으로 이해하는 것이고, 이것의 적법성을 명료하게 하는 것인바, 우리는 그것의 타당성을 단순히 당연하게 받아들이는 한 이 일을 할 수 없다(후설 1971/1980, 152~153쪽; 1970, 187쪽). 후설은 우리의 자연적인 실재론적 경향을 중지함suspension이라는 뜻의 전문적인 용어를 갖고 있다. 그는 이 절차를 에포케epoché라고 부른다.

에포케의 목적은 실재를 의심하거나, 부정하거나, 포기하거나, 고찰에서 배제하는 것이 아니다. 오히려 그 목적은 실재에 대한 어떤 독단적인 태도를 중지하거나 중화하는 것인데, 이렇게 함으로써 우리는 주어지는 대로—실재가 경험 속에서 우리에게 그것의 나타남을 만드는 방식—실재에 더 좁고 더 직접적으로 초점을 맞추게 된다. 간단히 말해, 에포케는 실재에 대한 태도의 변화를 수반하는 것이지, 실재의 배제를 수반하는 것이 아니다. 에포케의 결과로서 배제되는 유일한 것은 어떤 소박성naïvety, 즉 세계를 단순히 당연한 것으로 받아들이고 그렇게 함으로써 의식의 기여를 무시하는 소박성이다.

현상학적 방법에 대한 기술들은, 종종 우리가 일단 에포케를 수행하기만 하면 어떤 태도를 완전히 성취하게 되고 현상학적 기술들을 전개시키는 작업을 시작할 수 있다는 것을 함의하는 것 같아 보인다. 하지만 우리는 에포케를 첫 번째 한 단계에서 영구히 성취되고, 그런 뒤 몇몇 다른 절차들이 뒤따르게 되는 어떤 것으로 생각해서는 안 된다. 에포케는 우리가 계속해서 성취해내야 하는 태도이다.

중요한 것은, 에포케가 내부로의 배타적인 전환을 수반하지 않는다는 점이다. 이와 반대로, 에포케는 우리가 살고 있는 세계를, 새로운 반성적 태도로부터, 즉 의식에 대한 세계의 의미significance 및 현출에 있어서 탐구하도록 허용해준다. 이 반성적 탐구가 세계에 대한 직입적인 탐색과는 다를지라도, 이는 여전히 실재에 대한 탐구이다. 그것은 저 세계의otherworldly 어떤 마음 영역에 대한 탐구가 아니다. 결과적으로 우리는 마치 경험 개념이 순수한 마음 공간에서 일어나고 마음 목록의 부분을 형성하는 어떤 것이라는 듯이 이를 순수하게 유심론적인 용어들로 해석하는 실수를 저질러서는 안 된다.

예를 들어, 우리는 어떻게 와인을 맛보는 것과 물을 맛보는 것 간의, 뱃고동을 듣는 것과 보름달을 보는 것 간의, 또는 에펠탑이 엠파이어스테이트 빌딩보다 높다는 것을 긍정하는 것과 부정하는 것 간의 경험적 차이를 기술하는 것을 시작하는가? 여러분은 세계와의 지향적 고리를 절단함으로써, 그리고 어떤 스펙트럼적 시선을 내부로 돌림으로써 그렇게 하는가? 그렇기는커녕, 우리는 세계의 대상들과 사태들이 우리에게 어떻게 나타나는지에 주의를 기울임으로써 이 차이들을 발견하고 기술적으로 분석한다. 현상학적 기술들은 그 출발점을 우리가 살고 있는 세계에서 잡는다.4) 던 웰턴Donn Welton(2000, 17쪽)이 지적하듯이, 실로 현상학에 있어서 심적 작용들은 "오직 내성만이 이용할 수 있는 닫혀진 내부 영역에 속하는 것이 아니다. 오히려 심적 작용들은 그것들을 초월하는 것과 맺는 관계에 의해서 그 존재를 갖는다."

이것이 메를로-퐁티가, 『지각의 현상학』에서 현상학은 그것의 모든 특징들에 있어서 내성적 심리학과 구별되며, 또 문제의 그 차이는 원리상의 차이라고 선언할 수 있었던 이유이다. 내성주의적 심리학자는 의식을 한낱 존재의 한 부문으로 생각하고서, 이 부문을 마치 물리학자가 물리 세계를 탐구하려 할 때처럼 탐구하는 반면, 현상학자는 의식이 궁극적으로 상식적인 공준들postulates을 넘어서는 초월론적 해명을 요구하며, 우리를 세계의 구성에 관한 문제에 직면하게 한다는 것을 깨닫고 있다(메를로-퐁티 1962, 59쪽).

그러나 초월론적인 것에 대한 개념은 이 이상의 해명을 요구한다. 메를로-퐁티의 주장을 이해하는 가장 단순한 방식은, 현상학이 — 모든 종류의 다른 차이들에도 불구하고 — 어떤 칸트적인 혹은 포스트-칸트적인 체재 안에 확고하게 위치한다는 것을 인식하는 것이다. 인식론에서의 칸트의 혁명적인 코페르니쿠스적 전회(1956, B xvi)를 해석하는 한 방식은, 우리가 실재를 인지적으로 파악하는 것은 미리 존재하는 세계를 단순히 반영하는 것이 아니라는 깨달음으로서 이 전회를 보는 것이다. 실재에 대한 철학적 분석, 즉 어떤 것이 '실재적인 것'으로 간주되기 위해서 어떤 조건들을 충족시켜야 하는지에 대한 반성은 의식의 기여를 무시해서는 안 된다는 것이다. 따라서 이는 적어도 그 대부분의 최근 분석철학이, 의식에 심취해 있는 일과는 주요한 차이가 있다는 것을 꼭 집어내는 것인바, 1인칭적 관점에 대한 현상학적 관심은, 만약 우리가 심적 현상들을 이해하고 싶다면 1인칭적 관점을 포함시킬 필요가 있다는 상대적으로 사소한 통찰에 의해 일차적으로 동기를 부여받는 것이 아니다. 오히려 1인칭적 관점에 대한 현상학자들의 초점은, 의식의 주관성에 대해 갖는 관심만큼이나 대상성의 본성을 이해하려는 시도에 의해 동기를 부여받는다. 실로 대상적 세계를 출발점으로 취하는 것이 아니라, 현상학은 우선 대상성과 같은 것이 어떻게 가능한지를 묻는다. 대상성에 대한 믿음에 선행하는, 대상성에 대한 이해의 시원적인 양상은 무엇인가? 대상성은 어떻게 구성되는가?

현상학적 텍스트들에서 '구성constitution'이란 용어는 전문적인 용어이다. 이 개념은 창조creation나 제작fabrication 같은 것을 함의한다고 이해되어서는 안 된다(하이데거 1979, 97쪽). 구성은 대상들의 현출 또는 나타남, 그리고 대상들의 의미를 허용하는 과정으로서 이해되어야 한다. 즉 구성은 구성되는 것이 그것인 바대로 나타나고, 현출하고, 현시하도록 허용하는 과정이다(후설 1973a, 47쪽; 1973b, 434쪽). 그리고 이 과정은 의미심장한 방식으로 의식의 기여를 포함하는 어떤 것이다. 의식 없이는, 어떠한 나타남도 없다. 그런데 이는 또한, 현상학이 경험 속에서 사물들이 주어지는 방식을 강조할지라도 그것은 철학자들이 '주어지는 것의 신화'라 부르는 것, 즉 경험은 세계를 순전하게 수용하는 것이라는 생각이나, 인지는 순전하게 수용적인 태도라는 생각에 굴복하지 않는다는 것을 분명히 한다.

따라서 1인칭적 관점에 대한 현상학적 관심은 초월론적인 철학적 관심사에 의해 동기부여된다. 이것은 세계 안within의 대상으로서 간주된 주체와, 세계에 대한for 주체로서 간주된 주체, 즉 인지와 의미를 위한 (충분조건은 아닐지라도) 필요조건으로 간주된 주체 간의 구별을 사용한다(카 1999 참조). 의식이 구조화되는 방식 덕분에, 대상들은 그것들이 존재하는 방식대로 구성된다. 즉 경험되고 개시된다. 후설이 쓰고 있듯이, "우리가 '의식하는' 대상들은, 단순히 의식 안에서 발견되고 간취될 수 있기 위해서, 상자 안에 있듯이 단순히 의식 안에 있는 것이 아니다. …… 다양한 형태의 대상적인 지향 속에서, 처음에 대상들은 존재로, 우리에 대해 존재하는 것으로, 우리에 대해 고려되는 것으로 구성된다"(2001a, I, 275쪽). 따라서 현상학자들은 의식이 화산, 폭포, 얼음 결정, 금 덩어리, 철쭉, 블랙홀과 동등한—이들보다 더 복잡한 것일 수도 있겠지만—, 세계 속의 한 대상에 불과하다는 견해를 거부한다.[5] 왜냐하면, 그들은 의식을, 존재물이 그것이 나타나는 방식대로, 또 그것이 갖고 있는 의미와 더불어 대상으로서 나타나기 위한 가능성의 (충분조건은 아닐지라도) 필요조건이라고 여기기 때문이다. 경험이 실재와 일치하는지를 알아보려고 경험을 곁눈질하는 것은 가능하지 않다고 현상학자들이 말할 때, 그들은 보는 지점이 없는 봄view from nowhere 은 실현불가능하다는 것을 주장하고 있는 것이다. 이는 그런 견해들이 믿을 수 없을 정도로 도달하기가 힘들기 때문이 아니라, 그런 견해들에 대한 바로 그 생각이 무의미하기nonsensical 때문에 그렇다.

이 지점에서 또 다른 전문적 용어, 즉 현상학적 환원이라는 개념을 도입하는 일이 필요하다. 에포케와 환원은 한 철학적 반성의 두 밀접하게 연관된 요소들로 보여질 수 있는데, 이 철학적 반성의 목적은 우리를 자연적(자연주의적) 독단주의로부터 해방시키고, 우리가 경험하는 것에 대한 우리 자신의 구성적인 (즉 인지적이고, 의미개시적인) 기여를 알아차리게 만드는 것이다. 에포케의 목적이 세계에 대한 어떤 자연적 태도를 보류하거나 괄호치기를 해서 사물들이 우리에게 나타나는 양식들이나 방식들에 우리가 초점을 맞출 수 있도록 하는 것인 반면, 현상학적 환원의 목표는 주관성의 특정한 구조들과, 나타남이나 주어짐의 특정한 양식들 간의 상관적 상호의존성을 분석하는 것이다. 후설이 환원에 대해서 말할 때, 결과적으로 그는 무반성적 이고 검토되지 않은, 세계에의 몰입으로부터 출발해서 세계가 그 자체를 우리에게 현출하는 방식으로 '되돌아오는'(re-ducere) 반성 운동을 언급하고 있는 것이다. 따라서 우리의 지각에 들어오는 일상의 사물은 '현상학적으로 환원될' 때 의심되거나 환영으로 간주되지 않고, 순전히 또 정확히 지각된 사물로 (또 마찬가지로 기억된 사물은 기억된 사물로, 상상된 사물은 상상된 사물로 등등) 예상되고 검토된다. 달리 말하면, 일단 우리가 현상학적 태도를 채택하기만 하면, 우리는 더 이상 사물들이 무엇인지에 — 사물들의 무게, 크기, 화학 성분 등에 — 대해 일차적으로 관심을 갖지 않고, 오히려 사물들이 어떻게 나타나는지에 대해, 우리 경험의 상관물로서 어떻게 나타나는지에 대해 관심을 갖게 된다.

우리가 대상들을 지각하고, 판단하고, 평가할 때, 철저한 현상학적 검토는 나타남의 이러한 유형들이 상관관계를 맺고 있는, 이해의 경험적 구조들 및 양식들로 우리를 이끌 것이다. 우리는 현시 작용들 — 지각, 판단, 평가

─로 이끌려지고, 이렇게 해서 경험하는 주체(혹은 주체들)로 이끌려지는데, 나타나는 것으로서의 대상은 이 경험하는 주체와 맺는 관계 속에서 필연적으로 이해되어야 한다. 현상학적 태도를 채택함으로써, 우리는 공적인 대상들(나무, 행성, 회화, 교향곡, 수, 사태, 사회관계 등)이 어떻게 의식적으로 나타나는지에 주의를 기울인다. 하지만 우리는 대상들이 나타날 때 단지 이것들에만 초점을 맞추는 것이 아니다. 우리는 또한 의식의 주관적 측면에도 초점을 맞추고, 이렇게 해서 우리의 주관적 수행들accomplishments과 작동하고 있는 지향성을 알아차리게 된다. 만약 우리가 물리적 대상, 수학적 모델, 화학적 과정, 사회적 관계, 문화적 인공물이, 그것들이 갖고 있는 의미와 더불어 나타날 때 어떻게 나타날 수 있는지를 이해하길 원한다면, 우리는 이것들이 나타나는 경험하는 주체를 검토할 필요가 있다.

의식에 대한 현상학적 탐구는 이미 잘 수립된 물질주의적 혹은 자연주의적 체재framework 안에서 의식을 위한 장소를 찾고자 하는 희망에 의해서 동기부여되는 것이 아니다. 사실상, 의식은 단지 세계 안의 또 다른 대상에 불과하다고 가정하면서, 그렇게 하고자 하는 바로 그 시도는 1인칭적 관점의 인식론적이고 존재론적인 진정한 의미를 포함해서 의식의 가장 흥미로운 몇몇 국면들을 우리가 발견하고 해명하는 일을 가로막을 것이다. 의식의 문제는 의문시되지 않는 객관주의의 배경 위에서 다루어져서는 안 된다. 물리적 세계에 대한 더 나은 이해가 우리에게 의식에 대한 더 나은 이해를 가능하게 하리라는 가정이 너무나 자주 있어 왔다. 그러나 의식에 대한 더 나은 이해가 어떤 것이 실재적이라는 것이 무엇을 의미하는지에 대해 더 나은 이해를 가능하게 할 수도 있다는 것은 거의 생각된 적이 없었다. 세계에 대한 의식적 전유와 같은 어떤 것이 가능하다는 것은 우리에게 의식에 관한 어떤 것을 말해줄 뿐만이 아니라, 또한 세계에 관한 어떤 것을 말해주는 것이기도 하다. 하지만, 물론, 의식을 구성적 차원으로서, 세계가 '그 안에서' 그 자체를 드러낼 수 있고 분절할 수 있는 '장소'로서 논의하는 이런 방식은 의식을 단지 세계 속의 또 다른 (심리적 혹은 물리적) 대상으로서 자연주의적으로 다루려는 어떤 시도와도 매우 다른 것이다.

왜 현상학이 우리가 우리의 경험을 내성하기 시작할 때 창출할 수도 있는, 현상적 의식에 대한 기술의 집적에 그치는 것이 아닌지 이제 분명하다. 어떤 점에서 현상학은 일종의 반성적 과정에 관여한다. 그러나 현상학은 또한 세계를 기술하는 일에 관한 것이고, 세계가 그런 경험 속에서 나타나는 방식을 기술하는 일에 관한 것이다. 현상학은 1인칭적 관점에서 세계를 검토하는 일을 포함하고 있다. 그래서 현상학이 우리의 자연적, 일상적 태도에 대한 보류를 요구할지라도, 그것은 또한 그 태도를, 그 세계-내-존재[세계-속에-있음]를 탐구되어야 할 주제의 일부로서 받아들인다. 이러한 의미에서 현상학은 의식이 우리 삶의 다른 모든 것으로부터 고립되어서 고찰될 수 있다고 할 때처럼 그런 의식에 관한 것만을 다루는 것이 아니다. 현상학은 어떻게 우리가 일상의 상황들과 기획들에 몰입해 있는지, 어떻게 우리가 세계를 경험하는지, 타자들과 관계를 맺는지, 우리의 삶을 규정하는 이 같은 행위들과 실천들에 관여하는지에 관한 것이다.

현상학은 특이한 경험 — 이것은 바로 내가 '지금 여기에서' 경험하는 것이다' — 에 대한 기술을 그 목표로 삼는 것이 아니라, 경험의 불변적 구조들을 포착하려고 시도한다. 이런 의미에서 현상학은 심리치료와 비슷하기보다 과학과 더 비슷하다. 심리치료는 특정한 사람으로서의 주체에 초점을 맞추며, 지금 여기에서 그 사람이 세계를 경험하는 방식과 이유에 관심이 있어서 내성에 호소할지 모른다. 이와 대조적으로, 현상학은 갤러거를 따라서 세계를 이해하는 데에, 또는 자하비를 따라서 세계를 이해하는 데에, 또는 여러분을 따라서 세계를 이해하는 데에 관심이 있지 않고, 그 누구든 세계를 경험하는 것이 어떻게 가능한가를 이해하는 데에 관심이 있다. 이런 의미에서 현상학은 교정할 수 없고, 형언할 수 없고, 비교할 수 없는, 순전하게 개인적인 자료들이라는 의미에서의 감각질qualia[3]에는

3_ 감각질Qualia. 질quality을 의미하는 라틴어 quale의 복수형이다. 간단히 말해, 경험의 현상적

관심이 있지 않다. 현상학은 (행동 과정이나 물리 과정과 대조를 이루는) 심리 과정에 관심이 있지 않다. 현상학은 현상성의 가능성과 구조 바로 그것에 관심이 있어서, 현상성의 본질적 구조들과 가능조건들을 탐색하려고 한다. 현상학은 상호주관적으로 접근가능한 구조들을 개시하는 것을 목표로 삼기 때문에, 이것의 분석들은 결과적으로 (현상학적으로 조율된) 모든 주체에 의한 수정과 통제에 열려 있다[개방돼 있다].

의식의 연구에 대한 현상학적 접근방식을 설명할 때에 꼭 에포케와 환원을 언급해야 하는 한 가지 이유는, 이 언급이 탐구를 물음 속에 위치시키고, 탐구의 체계적 맥락을 제공하기 때문이다. 에포케와 환원은 현상학을 초월론적인 철학적 기획으로 만드는 반성운동의 요소들이다. 이러한 방법론적 요소들의 의의를 경시하려는 어떠한 시도든 현상학적 분석을 심리학적 기술이나 인류학적 기술과 혼동하는 위험을 무릅쓰는 것이다. 우리는 초월론적 견해를 다소 역설적인 방식으로 말할 수 있을 것이다. 현상학자들은 의식 그 자체에 관심이 있는 것이 아니다. 그들은 의식을 우리가 세계로 들어갈 수 있는 유일한 길로 여기기 때문에 의식에 관심이 있는 것이다. 그들은 의식이 세계를 개시하는 것이기 때문에 관심이 있는 것이다. 그러므로 현상학은 (지각적, 상상적, 회상적 등) 다양한 유형의 세계개시에 대한 철학적 분석으로서 이해되어야 하고, 그리고 이것과의 연관 속에서, 다양한 유형의 존재들이 그것들 자체를 그것들인 것으로 보여주는 것을 허용하는 경험과 이해의 저 구조들에 대한 반성적 탐구로서 이해되어야 한다.

이 방법론적 개념들을 논의하는 데 어느 정도 시간을 들일 필요가 있었던 또 다른 이유는, 우리는 이렇게 함으로써 현상학, 특히 후설이 제안한 바대로

특질을 형성하는 것들을 일반적으로 감각질이라고 부른다. 가령 내가 사과를 지각할 때 그 사과의 붉음이라는 속성을 보는 것과, 그 붉음의 봄을 느끼는 것 간에는 차이가 있다. 봄을 느끼는, 이러한 감각적 특질은 심리학이나 신경과학 같은 경험과학의 3인칭적 관점에 의거해서 객관적으로 관찰할 수 있는 것이 아니고, 오직 1인칭적 관점에 의거해서만 경험할 수 있는 것이다.

의 현상학의 의의와 영향에 대한 정당한 평가를 누누이 가로막아 온, 널리 퍼져 있는 많은 오해들을 피할 수 있기 때문이다. 따라서 한 독해에 따르면, 후설은 마음과 세계를 분리하는 방법론적 절차를 이용한다(드레이퍼스 1991, 73~74쪽). 그 결과, 후설은 세계를 못 보게 되었을 뿐만이 아니라, 상호주관성이나 신체화와 같은 중심적인 문제들에 대한 만족스러운 설명을 제공할 수 없게 되었다는 것이다. 후설의 현상학적 방법의 목적과 초점에 대해 방금까지 주어진 설명에 비추어볼 때, 우리는 왜 그러한 독해가 크게 문제가 되는지 알 수 있다. 이 점은 이후의 몇 장에서 훨씬 더 분명해질 것이다.

형상적 변경과 상호주관적 검증

하지만, 특히 우리가 인지과학에 관심을 갖고 있다면 현상학적 환원은 무엇을 성취하는가? 현상학은 객관적 과학 또는 실증적 과학들과는 대조적으로 대상들의 인과적 본성이나 실체적 본성, 즉 대상들의 무게, 희소성, 화학성분에 특별하게 관심을 갖고 있진 않지만, 그것들이 경험 속에서 그 자체를 보여주는 방식들에는 관심을 갖고 있다는 것을 기억해보자. 물리적 사물, 도구, 예술작품, 멜로디, 사태, 수, 동물, 사회적 관계 등이 그 자체를 현출하는 방식들에는 본질적인 차이가 존재한다. 더구나, 하나의 동일한 대상이 다양한 서로 다른 방식들로 —— 이 관점perspective 또는 저 관점으로부터, 강한 조명 또는 약한 조명 속에서, 지각되는 것, 상상되는 것, 희망되는 것, 두려운 것, 예기되는 것, 회상되는 것으로서 —— 나타나는 것이 또한 가능하다. 사물들이 경험 속에서 주어지는 방식에 관한 물음들은 중요하지 않은 어떤 것 또는 단순히 주관적인 어떤 것으로 간주되는 것이 아니다. 그런 물음들은 아주 기본적인 어떤 것, 모든 일반과학이 전제하는 어떤 것에 관한 것이다. 한 과학자가 X에 관해서 묻고, X가 어떻게 작동하고 무엇이 X를 일으키는지 조사할 수 있는 위치에 있기 위해서, 그는 먼저

X를 의식하지 않으면 안 된다. 현상학은 어떻게 그것이 일어나는지를 탐구한다. 이후의 장들에서 우리는 기억, 상상, 판단 등의 다양한 측면들뿐만 아니라, 의식 연구 및 인지과학과 직접적으로 관련되어 있는 몇몇 현상학적 발견들—지각은 항상 자아중심적이고 신체화되어 있다는 것, 지각되는 사물을 일련의 불완전한 일면들에서 내어주는 것은 한 관점a perspective에서부터라는 것, 지각은 항상 지향적 구조를 갖는다는 것, 지각은 결코 순간적이지 않다는 것 등—을 논의한다.

하지만 현상학자들은 어떻게 이 모든 것을 성취해내는가? 에포케와 현상학적 환원에 더하여, 현상학은 두 가지 또 다른 도구를 방법들의 공구상자에 추가한다. 첫 번째 것은 형상적 변경eidetic variation이라 불린다. 철학자들은 항상 플라톤이 사물들의 형상eidos 또는 본질이라 불렀던 것을 찾아 왔다. 자신의 현상학적 방법을 발전시키면서, 후설은 우리가 경험하는 사물들의 본질적이고 불변적인 특징들을 추출하는 방법을 제안했다. 아주 간단하게, 이 방법은 우리의 상상력을 사용해서 사물의 비본질적인 속성들을 벗겨내는 것이다. 만약 조사하고 있는 대상이 혹시 책이라면, 나는 그것이 책이라는 사실을 훼손하지 않고 그 책의 특질들을 상상 속에서 변경시킬 수 있다. 나는 표지의 색깔과 디자인을 변화시킬 수 있고, 상상 속에서 페이지의 수를 빼거나 더할 수 있다. 나는 책의 크기와 무게를 변화시킬 수 있고, 장정을 변경시킬 수 있다. 이 모두에서 나는 책들에 대한 나의 이전 경험을 사용할 수 있고, 또 나는 이 이상의 변경들을 상상할 수 있다. 그 결과는, 변화에 저항하는 일단의 핵심 속성들—책 그 자체에 속하는 속성들이자, 일단 변화되면 그 대상이 책이기를 그치게 만드는 속성들—이 본질을, '책을 책으로 만드는 무엇'을 구성한다는 것이다.

여러분은 '하지만 잠깐만'이라고 말한다. '좋긴 하지만, 인지과학자는 책을 연구하길 원하지 않습니다. 적어도 이런 의미로 말입니다.' 맞는 말이다. 그러나 우리는 또한 내가 책을 경험하는 인지작용에 대해 동일한 종류의 형상적 분석을 행할 수 있다. 예를 들어, 만약 내가 그 책을 기억하고 있다면,

나는 기억하기의 과정에 관해서 무엇을 변화시킬 수 있으며, 또 그렇게 하면서도 기억을 가질 수 있는가? 내가 변화시킬 수 없는 것은 무엇이며 기억하기의 인지적 활동에서 본질적인 것으로서 남게 되는 것은 무엇인가? 현상학자는 지각, 얼굴 인식, 의사 결정, 사회지각social perception[4] 등에도 똑같은 일을 행할 수 있다. 확실히 이것은 인지과학자에게 흥미롭고 유용할 것이다. 이것은 사실 그에게 자신이 연구하길 원하는 종류의 사상事象들—인지작용들—에 대해 좋은 아이디어를 제공할 것이다.

　형상적 환원을 신비화하지 않는 것이 중요하다. 이는 우리가 단지 수동적으로 대상을 응시함으로써 대상의 불변하는 구조에 대한 오류불가능한 통찰을 얻을 수 있다는 생각이 아니다. 사실, 인지적 현상들에 관한 한, 후설은 모든 인지적 현상들은 본질적인 모호성에 의해 특징지워진다고 아주 분명하게 말했고, 또 그는 이렇게 해서 그 현상들을 가령 우리가 기하학에서 발견할 수 있는 것과 동일한 종류의 정확성과 정밀성을 갖고서 분류하고 정의하고자 하는 어떠한 시도도 그것들에 폭력을 가하게 될 것이라고 주장했다. "그런 개념들의 **모호성**, 그 개념들의 적용 영역이 유동적인 정황들의 **모호성**은 그것들을 결함이 있게 만들지 않는다. 왜냐하면, 그 개념들이 사용되는 인식의 영역에서 그것들은 절대적으로 필수불가결하거나, 혹은 그 영역에서 그것들은 유일한 적법한 개념들이기 때문이다"(후설 1976/1982, 155쪽). 따라서 후설이 형상적 변경을 현상학자들의 공구들 중 하나로서 언급할 때, 이를 현상학자들이 가령 기억이나 상상의 영원하고 불변하는 본질을 직관할 수 있다는 취지의 주장으로 이해해서는 안 된다. 이러한 고도로 복합적인 주제들에 대한 현상학적 탐구는 많은 경우 파기가능한de-feasible, 요구가 많은 분석들을 포함하고 있는데, 이는 현상학자들이 오류를 범하지 않는다는 것이 아니라는 것을 의미한다. 이 사실은 현상학자가 이용할 수 있는 또 다른 공구를 지극히 중요한 것으로 만든다.

• • •

4_ 9장에서 다루는 '사회인지social cognition'와 같은 의미로 쓰인 말이다.

이 다른 공구는, 현상학자들이 현상학적 분석을 혼자서 할 필요가 없다는 사실이다. 기술은 상호주관적 확증corroboration을 가능하게 한다. 또한 경험의 불변적이고 본질적인 구조들을 탐색하는 일은 나 자신의 경험의 특수성들에 협소하게 묶여 있지 않다. 우리는 우리의 현상학적 기술을 타자들의 기술과 비교할 수 있고 비교해야 한다. 물론, 보고에 대한 타자현상학적 해석과 마찬가지로, 이것은 직입적인 과정이 아니다. 하지만 이것은 과학과 마찬가지로 혼잡하지 않은데, 이 과정에서 우리는 우리가 따라가는 방법론적 절차들에 의해 인도된다.

현상학의 방법은 연구되고 있는 경험의 종류에 따라서 더 전문화될 수 있다. 하지만 다음의 네 절차는 기본적인 것이다.

(1) 자연적 태도의 에포케 또는 중지.

(2) 경험의 대상과 경험 그 자체 간의 상관관계에 주의를 기울이는 현상학적 환원.

(3) 이 상관관계의 본질적이거나 불변적인 측면들에 초점을 맞추는 형상적 변경.

(4) 반복검증replication, 그리고 발견된 구조들이 어느 정도 보편적인가, 또는 어느 정도 최소한 공유가능한가에 관심을 갖는 상호주관적 확증.

현상학을 자연화하기

현상학적 방법이 마음에 관한 실험적 자연과학들(인지과학들)에서 사용될 수 있는지에 관한 논쟁적인 문제들 중 하나는, 후설이 의식에 대한 자연주의적 설명의 한계를 끊임없이 강조했다는 사실에 쏠리고 있다. 그 자신의 현상학적 방법은 다름 아닌 비자연주의적 대안으로서 도입되었다. 그는 현상학을 **초월론적** 탐구가 되게 할 생각이었다. 일반적으로, 초월론적 연구는 경험의 필연적이고 **선험적** 조건들에 관심을 갖고 있다. 우리는 이를 우리가 이미 논의해 온 바대로 생각해볼 수 있다. 과학을 할 수 있는 능력은 의식(인지, 마음)을 전제한다. 의식은 과학을 하기 위한 필연적 조건sine qua non, 선험적 조건이다. 그렇다면, 의식에 대한 자연과학적 연구는 자신이 연구하는 바로 그것을 전제하는 것이다. 의식을 대상으로서 연구하기 위해서 우리는 (1인칭적 주관적 방식으로) 의식적이어야 한다. 초월론적 연구는, 대상으로서의 의식이 아니라 주관성으로서의 의식에 초점을 맞춘다. 초월론적 연구는 '의식은 그것의 주관적 구조와 그것이 작동하는 방식에 있어서 과학의 실천에 어떤 한계들을 설정하는가?' 하고 물을 수 있다. 사실 우리가 언급해 왔듯이 이는 현상학을 전개하기 위한 후설의 동기였다. 그리고 이 점에서, 그는 과학의 올바른 실천에 인식론적 토대를 제공하고자 시도했을 때 데카르트나 칸트와 일부 동일한 관심에 의해 동기를 부여받았다.

하지만 이러한 종류의 토대를 제공하는 것이 가능하기나 할까? 현상학 안에서조차 이에 관한 논쟁들이 있지만, 이는 우리가 여기에서 관심을 가질 필요가 있는 물음이 아니다. 오히려 우리가 다루길 원하는 문제는 현상학이 실험과학에서 작업을 할 수 있는가 여부이다. 이후의 장들에서 우리는 그렇게 할 수 있다는 많은 증거를 제시할 것이다. 우리는 현상학이 어느 정도까지 문제들을 다루는가, 또 의식과 인지의 진정한 복잡성을 이해하기 위해 중요하지만 그럼에도 현재의 논쟁에는 종종 보이지 않는 분석들을 어느 정도까지 제공하는가 증명할 것이다. 또 현상학이 인지과학에서 현재 유행하는 몇몇 모델들보다 훨씬 더 가치가 있을지도 모르는, 마음을 이해하기 위한 개념 체재를 어떻게 제시할 수 있는가 보여줄 것이다. 그러나 현상학이 과학에 반대하지 않으면서 어떻게 이와 함께 작업할 수 있는지와 관련해서 최근의 아주 일반적인 세 가지 제안들을 간략히 검토하면서 이 장을 마무리 짓도록 하겠다.

현상학은 철학적 기획이다. 현상학은 경험적 학문 분야가 아니다. 물론 이 점이 후설과 그의 추종자들의 주된 목적은 아니었을지라도, 현상학의 분석들이 의식의 경험적 연구 및 인지과학들에 대해 영향력과 관련성을 가질 수도 있다는 것을 배제하는 것은 아니다. 후설과 현상학은 반과학주의적일지언정 반과학적이지는 않다. 사실, 현상학을 전개할 때 후설의 일차적 관심사 중 하나는 과학을 올바르게 행하는 것이었기 때문에, 우리는 현상학을 과학을 지지하기 위해 고안된 것으로 이해할 수 있다. 그리고 우리가 초월론적 현상학에서 얻은 통찰들을 과학에 이용할 수 있는지에 관해서, 후설 그 자신은 이렇게 말한다. "—객관적 세계의 초월론적 구성 이론을 …… 포함하는— 초월론적 현상학의 모든 분석 혹은 이론은, 초월론적 태도를 포기함으로써 자연 영역에서 전개될 수 있다"(1950/1999, 159쪽). 즉, 마치 우리가 방법론적 절차들을 통해서 현상학적 태도stance로 이동하듯이, 우리는 마찬가지로 그 입장에서 전개된 통찰들을 다시 과학으로 데리고 가져갈 수 있다.

현상학을 자연화하기naturalizing라는 쟁점과 관련해서, 이 구호가 여러 상이한 의미를 가리켜 왔다는 것을 깨닫는 게 중요하다. 이 전개는 [현상학과 자연화하기] 이 두 용어가 다의적이라는 사실과 무관하지 않다. 어떤 독해들에 따르면, 자연주의naturalism를 고수한다는 것은 결국 (초자연적인 것이 아니라) 자연적인 것에서 자신의 출발점을 잡는다는 것이 된다. 하지만 공정하게 말한다면, 현재의 담론에서 그 용어를 사용하는 것은 주로 자연과학 쪽으로 정향되어 있다는 것을 의미하며, 나아가 현대의 많은 자연주의자들은 자연과학은 만물의 척도라는 일종의 과학주의를 지지하고 있다. 달리 말해, 한 지배적인 독해에 따르면, 자연주의는 마음을 연구하는 유일하게 적법한 방식은 객관적인 자연과학이라는 생각과 결부돼 있다.

'현상학'이라는 용어에 대해서 말하자면, 이 또한 상이한 여러 방식들로 사용되고 있다. 우리가 1장에서 적기했듯이, 우리는 이 용어의 비전문적 사용과 전문적인 사용을 구별할 수 있다. 전자에 따르면, '현상학'은 경험의 다른 말에 지나지 않는다. 따라서 현상학이 자연화될 수 있는지를 논의하는 것은 경험이 자연화될 수 있는지에 관한 형이상학적 물음을 논의하는 것이다. 가령, 경험을 유기체(뇌)에서 일어나는 생물학적 (신경과학적) 과정들과 동일시하는 게 가능한가 하는 물음 같은 것을 논의하는 것이다. 이는 이 책에서 개괄하고 있는 접근방식에는 아무 주요한 관심사도 되지 않을, 꼭 그런 종류의 물음이다. 이 용어의 더 전문적인 사용에 따르면, '현상학'은 우리가 논의해 오고 있는 철학적 전통과 방법론을 지칭하는 것이다. 그렇다면 이러한 종류의 현상학이 자연화될 수 있는지를 묻는 것은, 보게 되겠지만, 수많은 상이한 사태들을 뜻하는 것일 수도 있다. 그러나 가장 단순한 생각은, 이런 의미에서, 자연화된 현상학은 현상학이 연구하는 현상들이 자연의 부분이고, 그래서 또한 경험적empirical 탐구에 열려 있다는 것을 인식해야 한다는 것이다. 그런 현상들에 관심을 갖는 한, 현상학은 이용가능한 최선의 과학적인 지식에 의해서 정보를 받아야 하고, 반대의 경우도 마찬가지인데, 이렇게 해서 경험에 대한 우리의 최선의 설명이 현상학과 과학의 어떤 통합을 수반할 수 있게 된다. 어떻게 해야 이러한 통합을 가장 잘 성취할 수 있는가, 또 어디까지 진행되어야 하는가는 여전히 논쟁적인 문제들로 남아 있다.

공식의 문제

한 접근방식은, 현상학을 자연화하는 방법은 현상학적 분석의 결과를 과학 곧 수학에 의해 명료하게 이해되는 언어로 번역하는 것이라고 생각하고 있다. 우리는 이 접근방식의 두 버전을 살펴볼 것이다. 첫 번째 버전은 현상학자 에드워드 마르바흐Eduard Marbach에 의해 제안되었다. 그는 현상학적 기술의 언어를 공식화함으로써 과학자와 현상학자는 심적 현상들에 관해 더 잘 의사소통할 수 있을 것이라고 생각한다. 두 번째 제안은 장 쁘띠또Jean Petitot(수학자), 장 미셸 로이Jean-Michel Roy(철학자), 베르나르 파슈Bernard Pachoud(정신과 의사), 그리고 작고한 프란시스코 바렐라 Francisco Varela(신경생물학자)를 포함하는, 파리에 있는 응용인식론연구소 Centre de Recherche en Epistémologie Appliquée(CREA)의 학제간 연구 집단에 의해 이루어졌다. 그들은 "어떤 종류의 현상학적 기술이든, 만약 그것이 수학화될 수 있다면, 자연과학의 일반적인 체재로 통합된다는 의미에서, 자연화될 수 있다는 것이 …… 우리의 일반적인 주장이다. 우리는 수학화를 자연화하기의 핵심 도구로 보고 있다……"(로이 등 1999, 42쪽)고 쓰고 있다.

이런 종류의 접근방식이 제기하는 그 첫 번째 물음은, 수학이 현상학에 의해 기술되는 체험[살아지는 경험]lived experience을 포착하는 것이 가능한가 하는 것이다. 마르바흐(1993)는, 언어적 기술이 체험을 표현할 수 있는 한, 우리는 그 기술을 공식화할 필요가 있다고 주장한다. 그에게 이것은 단어의 의미 및 과학적 의사소통의 문제를 다루기 위한 전략이다. 1인칭적 보고를 그저 해석을 위한 텍스트로 다루는 타자현상학이라는 데넷의 발상과 대조적으로, 마르바흐는 방법론적으로 통제된 현상학적 기술로 시작하고, 이어서 상호주관적으로 공유 가능한 공식화된 의미에 호소할 것을 제안한다. 실로 이는 보통 과학적 맥락들에서 행해지는 방식인데, 여기서 술어적인 문제들은 수학에서 발견되는 것과 같은 공식화된 언어체계의 사용을 통해서 다루어진다. 이렇게 해서 마르바흐는 현상학적 발견들을 표현하기 위해, 공식화된 언어 곧 현상학적 표기법을 발전시키고자 시도한다

마르바흐의 현상학적 표기법은 경험의 내용이 아니라 경험의 형식적formal 구조를 표현한다. 이 표기법은 다양한 마음 활동들이 서로 다른데도 불구하고 어떻게 서로 관계할 수 있는가를 반영하고 있다. 예를 들어, 마르바흐는 일화기억이 어떻게 지각에 의존하는가를 보여준다. 기억의 정확한 현상학적 기술은 '재-현전화re-presentation'(Vergegenwärtigung— 말 그대로, 어떤 것을 다시 현전하게 함)의 개념을 필요로 한다. 지각은 현전하는 어떤 것에 대한 지향적 지시를 수립하고, 따라서 '현전화'presentation의 활동인 데 반해, 기억은 부재하는 어떤 것을 지시한다. 그러나 어떤 것에 대한 의식적 지시를 수립하기 위해서는, 현전화를 포함하는 활동이 요구된다. 의식은 기억이나 상상과 같은 어떤 것을 위해, "마치 그것이 지각에서 나에게 주어져 있는 듯한"

그런 방식으로, 현전하지 않는 것에 대한 지시를 수립한다고 마르바흐는 생각한다(1993, 61쪽). '마치 ~인 듯'as if은 지각적 요소의 변양modification을 가리키는데, 마르바흐는 후설을 좇아 이를 재-현전화라 부르고 있다. 그러한 재현전화 작용의 구조를 설명하고 해명하기 위해서, 마르바흐는 자신의 표기법을 전개한다. 어떤 대상 x를 현실적으로actually 지각하는 작용은

$$(PER)x$$

로 표기된다. 일화기억의 작용에서 x의 재현전화는 (PER)x를 현실적actual이고 현재 일어나는 있는occurrent 작용으로서가 아니라 마르바흐가

$$[PER]x$$

로 표기하는 지나간 지각의 재-연re-enactment으로서 포함한다. 마르바흐에 따르면, 기억에서 이것이 단지 상상적 재연이 아니라 재-연이라는 사실은 믿음의 요소(|— 로 표기된 믿음의 획)가 수반되어 있다는 것을 의미한다. 즉, 일화기억은 과거의 어떤 시점에서 내가 현실적으로 x를 지각했다는 믿음을 수반하고, 이 믿음은 일화기억을 상상과 구별하게 한다. x의 지각이 미래에 있지 않고 과거에 있다는 사실, 즉 기대의 작용이 아니라 기억의 작용이라는 사실은 글자 p에 의해서 지시될 수 있다. 그래서 마르바흐는 기억 작용, 즉 재-현전화re-presentation를 '과거에 현실적으로 일어났다는 믿음이 부여된 x의 지각작용'이라 하고, 다음과 같이 공식화한다.

$$(REP\ p\ |—[PER])x$$

물론 상황은 더 복잡해지고 있지만, 우리는 이와 같은 표기법을 만들어내는 데에 따른 장점을 알 수 있다. 이 표기법은 의식을 명료하게 하는 데에,

또는 적어도 의식의 복잡성을 보여주는 데에 도움을 주며, 또 현상학적 반성에 의해 제공되는 의식의 복잡성을 해명하는 데에 도움을 준다. 이것은 또한 예를 들어 다양한 기억체계에 함축되어 있을 수 있는 대체 구조들alternative structures을 제시하는 데 도움을 준다. 마르바흐가 후설을 따라서 주장하듯이, 만약 기억이 어떤 방식으로 지각의 재-연re-enactment을 포함한다면, 우리는 다마지오가 "지각 표상에 상응하는 발화 패턴이 일어난 적이 있는 동일한 초기 감각피질"(1994, 101쪽)에서 기억이 일어난다고 기술할 때 이러한 기억과 연관되어 있는 신경 활동과 같은 것을 기대하게 될 것이다. 마르바흐의 표기법이 분명히 하고 있듯이, 현상학적 분석은 기억에 대한 이러한 신경과학적 모델을 확증하고 지지하며, 또 역으로 신경학적 증거는 마르바흐의 기술을 지지한다.6) 게다가 비록 하부인격적인, 뉴런적 수준에 관한 어떤 것을 표현하는 표기법이긴 하지만, 신경과학이 이러한 기억 모델을 표현하는 형식적 표기법을 발전시킬 수 있을 가능성이 아주 커 보인다. 그렇다면 우리는 추상화의 어떤 적절한 수준에서, 현상학적인 표기법과 신경학적인 표기법이 결국 일치하는 것으로 밝혀지게 된다는 가설을 세울 수 있다. 이는 우리를 로이, 쁘띠또, 파슈, 바렐라가 내놓은, 좀 더 진척된 제안으로 데려간다.

수학은 1인칭적(현상학적)이거나 3인칭적(자연과학적)인 결과를 제시하는, 형식적이고 그러기에 중립적인 영역을 표상한다. 수학이 과학의 공통 공구이긴 하지만, 설사 우리가 현상학적 기술을 마르바흐의 표기법으로 공식화하더라도, 현상학자들은 1인칭 자료들은 완전히 수학적 공식들로 환원될 수 없다고 반대할지도 모른다. 실로 후설은 그 자신이 훈련된 수학자였지만, 기술적으로technically 수학적 공식은 현상학적 결과를 포착할 수 없다고 주장했다. 로이 등은 이것이 후설 시대의 수학에는 맞는 말이었을지 모르지만, 동역학체계이론dynamic systems theory의 발달은 후설의 반대를 더 이상 쓸모가 없는 것으로 만들었다고 주장한다(1999, 43쪽). 동역학체계의 수학이 마음에 적용될 수 있는 한, 이것은 1인칭 및 3인칭 자료들을 통합할 수 있는 설명적 체재를 제공한다. 달리 말하면, 충분히 복잡한 수학은 현상학적인 영역과 자연주의적인 영역에서 얻은 자료들을 공통의 언어로 번역하는 것을 가능하게 할 수 있다는 것이 그 생각이다. 그림 2.1을 보라. 이와 같은 어떤 것이 고전역학의 분야에서 일어났다.

> (푸앵카레Poincaré의 정성적 동역학qualitative dynamics이라든가, 복소동역학 체계이론complex dynamical systems theory이라든가, 사교기하학斜交幾何學symplectic geometry이라든가 하는, 사실상 고도로 정교한 미분학과 적분학의 기법들을 요구하는) 적절한 수학적 해석 덕택에, 개념들은 다양한 건립된constructed(계산된) 현상들을 창출할 수 있는 알고리즘으로 변형될 수 있는데, 그때 이 현상들은 관찰의 자료들과 (완전한 일치에 이르기까지의) 관계 속에 놓일 수 있게 된다.
>
> —로이 등 1999, 47쪽

주장인즉, 우리는 심적 경험의 장에서 동일한 종류의 번역을 언제든 할 수 있으며, 이것은 현상학적 자료들로 확장될 수 있다는 것이다.[7] 실로, 로이 등이 시사하듯이, 수학으로 번역하는 첫 절차는, 그것이 개별적인

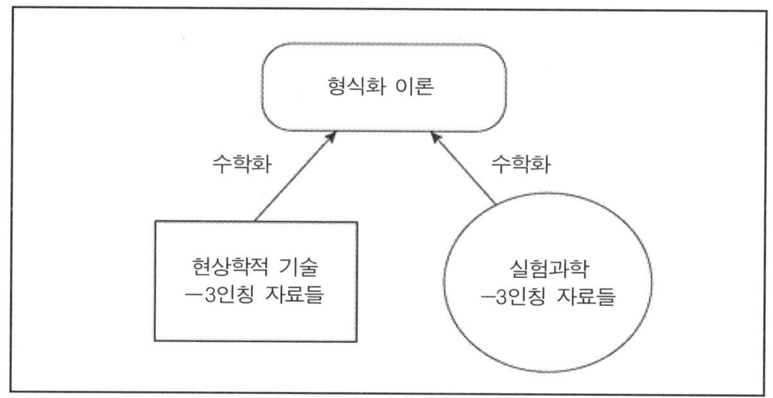

그림 2.1 실험과학과 현상학의 형식적 통합

신체화된 체험의 자연적인 심리물리학적 차원으로부터 어떤 정도의 추상화를 수반하는 한, 형상적 변경을 포함한다.

아마도 로이 등이 개요를 서술한 현대의 제안에서 대단히 중요한 것은, 전통적 인지과학의 수학적 (계산론적) 모델들이 도움이 되지 않을 것이란 점이다. 구체적으로 말해서, 만약 수학적 공식화가 경험의 추상화를 포함한다면, 완정한 동역학적 경험이 정확히 무엇인지를 이해하고, 그로부터 출발하는 것이 중요하다. 달리 말해서, 현상학적 측면에서, 출발점은 경험의 지성화된 버전이 아니라 신체화된, 세계 내in-the-world의 경험이다. 마찬가지로, 심적 과정들의 물리적 측면을 이해한다는 점에서, 우리는 최근에 발달한 뇌의 동역학적 모델들을 필요로 한다. 일단 이러한 출발점을 올바로 잡기만 하면, 우리는 전통적 인지과학의 계산론적 모델들이 부적절하다는 것을 신속히 배우게 된다. "이렇게 해서 신체화는 감각-운동sensori-motor 이원결합coupling이 진행 중에 있는 (신경학적) 활동을 조절해서 (그러나 결정은 하지 않고서), 끊임없는 흐름 속에서 유의미한 세계 항목들로 편성하는 것을 의미한다. 신체화는 신경학적 활동을 동역학체계에서 얻어진, (이 접근방식이) 연결주의connectionism와 공유하는 공구들tools 속에 자연스럽게 끼워넣는다."(위의 책, 61쪽). 장 쁘띠또는 이 접근방식의 훌륭한 예를, 바렐라가 시간의식에 대한 동역학적 분석에서 하듯이(갤러거와 바렐라 2003; 바렐라 1999), 공간 지각에 대한 분석에서 제공한다(쁘띠또 등 1999). 우리의 목적을 위해서, 우리는 시간의식에 관한 장에서 이런 종류의 분석으로 돌아갈 것이다. 그러나 여기서는 이 분석에 수반되는 고등수학을 피하면서, 현상학, 실험뇌과학, 동역학체계이론이 신경현상학에 관한 더 구체적인 바렐라의 제안 안에서 어떻게 통합될 수 있는지 한 예를 살펴볼 것이다.

신경현상학

지금까지, 현상학적 기술을 공식화하려는 제안들은 과학적 모델을 전개하려는 과제들에 도움이 되어 온 것 같다. 그러나 현상학 그 자체는 항상 이론보다는 경험에 더 가까이 머물려고 애써 왔다. 그래서 현상학이 과학적 실험에 직접 기여하는 방법이 있는지를 묻는 것이 중요하다. 바렐라(1996)가 신봉하는 신경현상학은 이러한 주문을 충족시킨다. 신경현상학은 세 가지 요소를 통합하려고 시도한다. (1) 경험의 현상학적 분석, (2) 동역학체계 이론, (3) 생물학적 체계에 관한 실증적 실험(톰프슨 2007, 10장을 보라). 신경현상학은 후설을 따라 현상학을 방법론적으로 인도된, 경험에 대한 반성적 고찰로 이해하고, 또 의식과 인지를 연구하기 위해서는 경험과학자 와 피실험자 모두 현상학적 방법으로 일정 수준의 훈련을 받아야 한다고 주장한다. 바렐라는 이러한 훈련은 에포케와 현상학적 환원을 실행하는 일을 배우는 것, 즉 피험자가 경험이나 의식에 관해 가질지도 모르는 견해나 이론을 제쳐놓기setting aside 또는 '괄호치기bracketing'를 실행하는 일을 배우는 것, 그리고 사물들이 경험되는 방식에 집중하는 것을 포함한다고 제안한다. 만약 이 방법으로 피실험자를 훈련시키는 일을 포함하는 접근방 식이 처음에 방법론적으로 실행불가능하게 보인다면, 실험심리학자들이 종종 실험 과제를 수행하기 위해서 침팬지와 원숭이를 훈련시키는 데 상당 한 시간을 쓴다는 것을 기억하자. 인간 피험자들을 현상학적 방법으로 훈련 시키는 일이 그보다 훨씬 더 어려운 일일까? 어쨌든 루츠Lutz 등은 그 일을 해냈고, 그 실행가능성을 몇몇 성공 사례를 통해서 보여주었다. 그래서 그들의 작업을 살펴보도록 할 텐데, 이는 방금 언급한 세 가지 요소, 즉 현상학, 동역학체계이론, 실험뇌과학을 결합한다는 점에서 신경현상학의 모범적인 사례이다.[8]

특정화된 인지적 과제들을 목표로 하는 많은 실증적인 시험 상황에서, 반복되는 동일한 자극들에 계기적으로 반응하는 일과 결부된 뇌 활동은 예를 들어 뇌파전위기록장치EEG에 의해 기록되는데, 이는 고도로 가변적 이다. 이러한 가변성의 원천은 예를 들어 산란, 자연발생적 사고 과정, 과제 를 수행하기 위한 전략의 결정 등과 같은 피험자의 주의 상태에 의해 규정되는, 다양한 인지적 매개변수들에 기인할 수 있는 변동들에 주로 존재한다고 추정된다. 달리 말하면, 피실험자들은 어떤 때는 실험의 과제 때문에, 또 어떤 때는 그들 자신의 생각들 때문에 주의가 산란해진다. 우리의 목적을 위해서, 이러한 산란의 원인을 주관적 매개변수들subjective parameters이라 부르기로 하자. 주관적 매개변수들을 실험적으로 통제하는 일은 힘들다. 결과적으로 주관적 매개변수들은 보통 알아들을 수 없는 소음으로 분류되어서(엥겔Engel 등 2001) 무시되거나, 일련의 시행들을 거치고 피험자들을 거쳐서 얻은 결과들을 평균화하는 방법에 의해 중화된다. 루츠와 그의 동료들은 다른 방식으로 주관적 매개변수의 문제에 접근하기로 결정했다. 그들은 3차원[3D]의 지각적 환영에 노출된 피험자들을 연구하기 위해서 1인칭 자료들과 신경과정의 동역학적 분석을 결합한 신경현상학적 접근방식을 따랐다(74쪽의 상자를 보라—그림 2.2). 그들은 1인칭 자료들을 분석을 위한 더 많은 자료들로서뿐 아니라, 조직화하는 분석적 원리에 기여하는 것으로도 사용했다.

예비적인 시행에서 루츠 등은 피험자들에게 시각적 자극을 제시하고 그들에게 자극에 나타나는 몇몇 세부 사항들을 보고하도록 요구했다. 피험자들은 과제를 수행할 때 발생하는 (주의 산란 등) 주관적 매개변수들에 대한 그들 자신의 기술記述을 계발하도록 현상학적으로 훈련받았다. 이 경험들을 기술하기 위해 사용되는 언어는 공식화되었고, 그런 다음 본격적인 실험 시행에 사용되었다. 본격적인 시행에서, 주관적 매개변수들에 대한 보고는 응답을 위한 반응시간뿐 아니라 뇌 활동의 뇌파전위기록장치EEG의 수치와도 상관관계가 있었다.

분명히 말하자면, 이 실험에서 행해진 현상학적 훈련에는 피험자들에게 후설 또는 현상학적 전통의 작품에 관해 가르치는 것을 포함시키지 않았다. 오히려 루츠 등이 바렐라(1996)를 따라서 기술한 바와 같이, 현상학적 훈련은 피험자들에게 에포케를 사용하도록 훈련하는 데에, 또 그들의 경험에 대한 일관되고 명료한 보고를 전달하도록 훈련시키는 데에 있었다. 구체적

으로 말하면, 바렐라(1996)는 현상학적 방법의 세 절차를 밝히고 있는데,
이는 우리가 앞에서 기술했던 방법과 거의 일치하는 것이다.

(1) 경험에 관한 믿음이나 이론을 중지하기(에포케)
(2) 탐구 영역에 대해 깊은 이해를 얻기(주의를 기울인 기술)
(3) 기술記述을 제공하기와 상호주관적 정당화를 사용하기(상호주관적 확
증)

에포케는, 피험자들이 이를 잘 알고 있다면 스스로 유도할 수도 있고,
혹은 열린 물음들—견해나 이론이 아니라 경험으로 향해 있는 물음들—
을 통해 실험자가 인도할 수도 있다. 열린 물음은, 사전에 정의된 범주들을
사용해서 '이 경험이 X, Y, Z 중 어느 것과 같다고 생각하는가?' 하고 묻는
게 아니라, 단지 '당신은 당신의 경험을 어떻게 기술하고자 하는가?' 하고
묻는다.9) 이러한 실험의 맥락에서, 과제 직후에 제기된 물음들은 피험자로
하여금 과제 기간에 이행한 암묵적 전략이나 주의의 정도로 다시 향하도록
돕는다. 피험자들은 그들 경험의 특정한 요소들을 기술하기 위해서 '그들
자신의 안정된 경험적 불변자들'을 찾아낼 때까지 자극에 다시 노출될 수
있다. 그리고 나서 이 불변자들은 본격적 시행에서 분석적 공구로 사용되는,
규정하는 요소들defining elements이 된다.

신경현상학적 실험

루츠 등(2002)에 따르면, 시행들은 주관적 매개변수들의 경험에 관한 1인칭
적인 기술적 보고에 따라 다발을 이루었으며, 각 다발에 대해 뇌파전위기록장
치EEG에 의해 기록되는, 뇌의 전기적 활동의 동역학적 분석이 각각 실시되었
다. 그 결과는 전체 시행들을 평균화하는 절차와 비교해서 상이했고 의미심장
했다.

실험의 현상학적 부분에는, 잘 알려져 있는 깊이지각 과제를 사용하는 일련의 예비 또는 연습 시행들을 통해서 주관적 매개변수들에 대한 기술記述(정교한 언어적 보고)을 전개하는 일이 포함되었다. 그림 2.2를 보라.

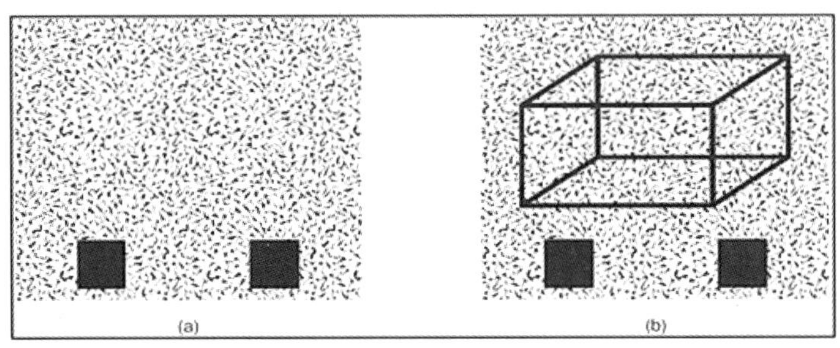

그림 2.2 신경현상학적 실험

출처: 루츠 등(2002), 허락 하에 재수록.

피험자들에게 디지털 모니터 상의 정적인 무작위 점random-dot들의 이미지를 보여준다. '청각신호에 맞춰 피험자들은 스크린 아래에 있는 두 개의 사각형(그림 2.2a)을 융합시켜서, 이 눈의 위치에 7초 동안 계속 머물러 있도록 요구받았다. 그러자 그 무작위 점 패턴은 양안시차binocular disparities(자체입체영상autostereogram)를 갖는, 약간 다른 무작위 점 패턴으로 바뀌어졌다. 그때 피험자들은 (그림 2.2b에 제시된) 환영적인 3차원의 기하학적 모양을 볼 수 있었다. 그들은 그 모양이 완전히 출현하면 바로 오른손으로 버튼을 누르도록 지시를 받았다. 그러자 피험자들은 자신들의 경험에 대해 간략하게 말로 보고를 했다.'

예비 훈련 과정에서 피험자들은 그들 자신의 경험에 관해 많은 것을 알게 되었고, 주관적 매개변수들을 기술하는 그들 자신의 범주들에 대해 정의를 내렸으며, 또 산란의 유무 또는 정도, 주의하지 않은 순간들, 인지적 전략들 등에 대해서 보고할 수 있었다. 피험자 자신의 훈련된 보고들에 기초해서 기술적 범주들이 후험적으로posteriori 정의되었고, 이는 시행들을 현상학적으로 정초된 다발들로 나누기 위해 사용되었다. 예를 들어, 자극에 대응하는 피험자의 준비태세에 관련해서, 결과는 세 가지 준비태세로 특정화되었다.

- 늘 있는 준비태세Steady readiness(SR): 그 이미지가 스크린에 나타났을 때 피험자들은 그들이 '대응할 준비가 되어' 있었고, '그 자리에' 있었고, '여기에' 있었고, '잘 준비되어' 있었다고 보고했고, '즉각적으로', '분명하게' 반응했다고 보고했다.

- 흩어져 있는 준비태세Fragmented readiness(FR); 피험자들은 바로 대응할 준비를 하려고 의지적인 노력을 했었지만, (순간적인 '피로감' 때문에) 덜 '선명하게', 혹은 (약간의 '산란', '내적 언어', '산만한 생각들' 때문에) 덜 '집중적으로' 준비되어 있었다고 보고했다.

- 없는 준비태세unreadiness(SU); 피험자들은 그들이 준비되지 않았으며, 단지 눈이 올바르게 위치하고 있었기 때문에 3차원 이미지를 보았다고 보고했다. 그들은 그 이미지에 놀랐고, 아무 관련이 없는 생각을 하는 와중에 그 이미지가 끼어들었다고 보고했다.

그러고 나서 본격적인 시행 기간 동안 실험자들이 뇌의 전기적 활동 및 각각의 시행에 대한 피험자 자신의 보고를 기록할 때, 피험자들은 이 범주들을 일종의 속기로 사용할 수 있었다. 본격적인 시행 기간 동안의 보고는 주관적 매개변수들의 존재와 변이로 인해서 피험자의 경험이 미세하게 변화한다는 것을 보여주었다. 다발을 이룬 1인칭 자료들은 반응시간(그림 2.3)과 상관관계가 있었으며, 또 동역학적 신경신호dynamic neural signature(DNS)(그림 2.4)로서 명기되는, 진동하는 신경 개체군들 사이에서 발생하는 국소적 및 원거리 동조의 일시적인 패턴들에 대한 동역학적 기술들과 상관관계가 있었다. 신경과학에 대한 동역학체계의 접근방식에 따르면, 우리의 경험의 기저를 이루는 신경활성화는 특정한 뇌부위에 국소화되지 않고, 기능적으로 구별되고 광범위하게 분산된 뇌 부위들의 신속하고 일시적인 통합을 수반한다.

이러한 종류의 통합은 다양한 부위 사이의 동역학적 연결에 의해서 생겨난다. 이와 같이, 정교한 수학 및 동역학체계이론의 모델을 사용해서, 신경현상학자는 경험의 신경적 상관물들을, 여기서는 DNS—뉴런의 다양한 개체군 사이에서 일어나는 동조성 진동의 일시적인 패턴들의 척도—의 개념에서 포착

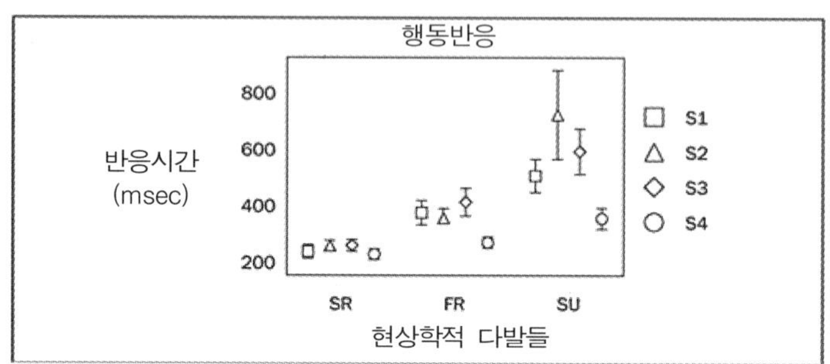

그림 2.3 행동반응과 현상학적 다발들 간의 상관관계

주: 네 명의 피험자의 반응시간은 SR에서는 가장 빨랐고, FR에서는 이보다 느렸으며, SU에서는 가장 느렸다.

출처: Lutz et al. (2002), 허락 하에 재수록.

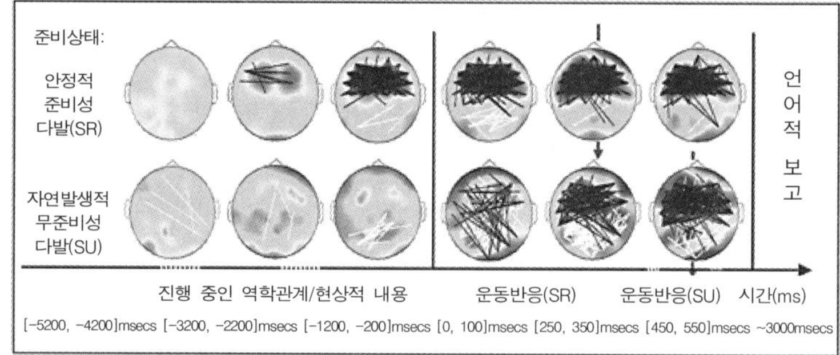

그림 2.4 SR(154회 시행)과 SU(38회 시행) 동안 피험자 1의 동역학적 신경 신호

주: 색채코딩은 화살표로 표시된 시행과 시간 창의 평균인 원거리 기저선 B0와 비교해서, 대략 35Hz로 표준화된 시간-주파수 감마 파워의 두피 분포를 나타낸다. 검은 선과 흰 선은 각각 동조의 의미심장한 증가와 감소를 나타낸다.

출처: 루츠 등 (2002), 허락 하에 재수록.

되는, 이 창발적이고 변화하는 통합의 패턴들에 의해서 탐구한다(톰프슨 2007; 바렐라 등 2001을 보라).

실험자들은, 훈련된 피험자들의 현상학적 보고에 기술된, 상이한 주관적

매개변수들은 자극이 제시되기 직전의 상이한 DNS들과 상관관계가 있다는
것을 보여줄 수 있었다. 예를 들어, 전두엽 전극에 기록된, 자극 이전의 위상동조
phase synchrony의 특징적 패턴들은 피험자들에 의해 보고된 준비 태세의 정도에
의존했다.

이렇게 해서, 루츠 등(2002)이 사용한 실험 프로토콜은 한 형태의 현상학
적 환원을 원용하고 있다고 말할 수도 있겠다. 피험자들은 열린 물음 형식
format을 사용해서, 미리 결정된 이론적 범주들을 강요받는 일 없이 그들
자신의 경험을 기술하도록 요구받는다. 그들은 탐구의 영역에서 그들 자신
의 경험에 대해 깊은 이해를 얻도록 훈련받는다. 기술적 범주들은 상호주관
적으로 또 과학적으로 타당화되었기 때문에, 행동과 뇌 활동에 대한 객관적
측정과 상관관계가 있는 결과들을 해석하기 위해 사용된다. 지적한 바 있듯
이(위의 상자를 보라), 실험들은, 훈련된 피험자들의 현상학적 보고에 기술
된 상이한 주관적 매개변수들은 자극이 제시되기 직전의 상이한 동역학적
신경신호들과 상관관계가 있으며, 그때 이 동역학적 신호들이 자극에 대한
행동반응과 신경반응을 차등적으로 조건지었다는 것을 보여주었다.10)

미리 장전하는 현상학

현상학적으로 계발된 실험과학의 세 번째 견해는 '미리 장전된front-load-
ed 현상학'(갤러거 2003a)이라 불리어 온 것이다. (타자현상학이나 형식적인
수학적 접근방식에서 하듯이) 실증적 결과들로 시작하거나, 혹은 (신경현상
학에서 하듯이) 피험자들을 훈련하는 것으로 시작하지 않고, 이 접근방식은
실험 설계로 시작한다. 현상학적 통찰을 실험 설계에 미리 장전하는 것,
즉 현상학적 분석들에서 개발된 통찰이 실험이 설정되는 방식에 정보를
제공해 줄 수 있다는 생각이다. 현상학적 통찰은 후설의 초월론적 탐구들에

서, 혹은 더 경험적으로 정향된 현상학적 분석들에서, 예를 들어 메를로-퐁티(1962)에게서 발견될 수도 있고, 혹은 신경현상학적 실험들에서 개발될 수도 있다. 그러나 현상학을 미리 장전하는 것은 다른 사람들이 획득한 현상학적 결과들을 단지 전제하거나 수용하는 것을 의미하지 않는다. 오히려 그것은 그러한 결과들을 시험하는 일을 포함하며, 더 일반적으로는 현상학에서 얻어진 이전의 통찰들과, 이 통찰들을 특정한 실험이나 실증적 탐구를 위해 특정화하거나 확장할 예비 시행들 간의 변증법적 운동을 포함한다. 하나의 예가 이것이 어떻게 작동하는지를 아는 데 도움이 될 수 있을 것이다.

그러나 우선 이 접근방식에 따르면, 우리는 피험자들에게 방법을 훈련시키지 않고도 현상학의 통찰들을 실험적 프로토콜에 접목시킬 수 있다는 점에 주목하자. 이것은 신경현상학적 접근방식을 거부하려는 것이 아니다. 지적했듯이, 신경현상학적 실험과정에서 개발된 현상학적 통찰들은 후속하는 실험 설계에 미리 장전될 수 있다. 그러나 미리 장전된 현상학은 훈련을 포함하는 신경현상학적 절차들에 수반되는 어떤 한계들을 다룰 수 있다. 구체적으로 말해서, 모든 심리학적 실험들이 피험자들의 훈련을 허용하도록 설계될 수 있는 것은 아니다. 예를 들어, 어떤 경우 우리는 피험자가 시험되고 있는 내용을 모르기를 원한다. 또 어떤 경우, 가령 피험자들이 병리를 앓고 있는 경우 우리는 현상학적 방법을 따를 수 없는 피험자들을 시험하고 있을 수도 있다. 그러한 경우에도 현상학을 미리 장전하는 것이 여전히 가능할 수 있을지도 모른다.

이 특수한 예에서, 현상학적 분석은 내가 내 행위에 대해 가질 수도 있는 행위체 감각sense of agency과, 내가 나 자신의 몸과 몸의 움직임에 대해 느끼는 소유권 감각sense of ownership 간의 구별에 관한 것이다. 의도적 행위에 대한 정상적인 경험에서 이 두 국면은 거의 구별불가능하다. 하지만 비의지적[불수의적] 행위의 현상학을 생각해보자. 만약 예를 들어, 누군가가 나를 뒤에서 민다면, 나는 움직이고 있는 것이 바로 나의 몸이라는 것을 감각하지만—그것은 나의 움직임이지 다른 사람의 움직임이 아니다. 그래서 나는 움직임에 대한 소유권을 경험한다——, 내가 그 움직임을 의도했다든가 야기했다는 어떤 감각도 갖지 않으므로 움직임을 위한 행위체를 경험하지 못한다. 즉, 비의지적 움직임의 경우에서 나는 움직임이 나에게 일어나는 것으로 직접 경험하지(소유권 감각), 나에 의해 야기된 것으로 경험하지는 않는다(행위체 감각의 없음).

만약 신경과학이 이 현상학적 구별을 수용한다면, 신경과학의 과제 중 하나는 어떤 신경학적 과정들이 이 1차적인 현상적 경험들을 창출하는지를 결정하는 일이다. 게다가, 만약 이 구별이 2차적인 내성적 귀속의 산물인 것이 아니라, 사실 1차적인 현상적 경험에 암묵적으로 존재하는 것이라면, 이는 신경현상학자들이 고차적인 인지과정들을 담당하는 영역들에서가 아니라 운동 제어 메커니즘에서 활성화되는, 더 기초적인 일단의 1차적인 과정들을 찾아야 한다는 것을 시사한다.

현상학적 기반을 갖는 이 추정은 실증적으로 시험가능할 뿐만이 아니다. 그것은 행위가 다른 누군가에게 속한다는 감각(타자행위체other-agency)과 대조되는, 자기 자신의 행위에 대한 행위체 감각(자기행위체self-agency)의 신경상관물을 구별하려고 시도하는 최근의 여러 실험 설계에도 정보를 이미 제공해 왔다(예를 들어 샤미나드Chaminade와 디세티Decety 2002; 패러 Farrer와 프리스Frith 2002; 패러 등 2003). 우리는 이 실험들을 8장에서 다소 상세하게 논의한다. 그러나 지금은 우리는 실험들에서 피험자들이 그들 자신의 경험의 현상학적 세부사항들에 관해 완전히 모른 채로 있을 수 있다는 점에 주목하기를 원할 뿐이다. 그들은 그들의 경험에 대해 보고하는 것이 요구되지도 않는다. 하지만 이 실험들에서 행위체 감각에 대한 현상학 적 기술은 실험 설계에 정보를 제공하고 (실험들은 정확히 이 경험적 구성요 소의 신경 상관물을 찾도록 설정되어 있다), 또 이는 결과들을 해석하기 위한 분석적 체재의 일부이다. 게다가, 이 실험들은 현상학적 기술을 단지 전제하기만 하는 것이 아니다. 오히려 실험들은 그 기술을 시험하고 확증하려고 시도한다.

결론

우리는 1인칭적 관점의 현상학적 분석이 기술적 발견들을 단순히 모아서 편집하는 일 이상의 것이라는 점을 한 번 더 강조하면서 결론을 내리겠다. 1인칭적 관점에 대해 말할 때, 혹은 1인칭적 경험하기의 차원에 대해 말할 때, 이것이 오로지 어떤 주어진 주체가 그 자신의 경험들에 접근하는 일에 관한 어떤 것이라고 주장한다면, 이는 오해이리라. 3인칭적 관점을 수반한다는 점에서, 공동 세계의 대상들에 접근하는 일이 1인칭적 관점과 무관하다고 주장한다면, 이는 오해이리라. 이런 사고방식은 적절하지 않다. 분명히, 나는 상호주관적으로 접근가능한 대상들에 향해 있을 수 있고, 또 내가 이 대상들에 접근하는 일이 다른 사람들도 이용가능한 것과 동일한 종류의 것이긴 하지만, 이는 1인칭적 관점이 포함되어 있지 않다는 것을 함의하는 것은 아니다. 오히려, 대상들이 각각의 1인칭적 관점으로부터 접근될 수 있는 한에서, 상호주관적으로 접근가능한 대상들은 상호주관적으로 접근가능하다. 보는 지점이 없는 봄이 없듯이, 순수한 3인칭적 관점은 결코 존재하지 않는다. 그런 순수한 3인칭적 관점의 존재를 믿는 것은 객관주의의 환상 objectivist illusion에 굴복하는 것이다. 물론, 이는 3인칭적 관점이 없다는 것을 말하는 것이 아니라, 단지 그런 관점은 바로 어떤 지점으로부터의 관점이라는 것을 말하는 것이다. 그것은 우리가 세계에 대해 적용할 수 있는 견해이다. 그것은 1인칭적 관점에 정초하는 관점이며, 혹은 더 정확히 말하면, 그것은 적어도 두 1인칭적 관점들 간의 마주침에서 출현한다. 즉, 그것은 상호주관성을 포함한다.11)

또한 현상학적 분석은 심리철학의 유의미한 문제들에 협소하게 기여하는 것을 넘어선다. 사실, 현상학적 분석의 체계적 도입은 포괄적인 초월론적 철학의 고찰들과의 연관이 가시적이 될 때 비로소 온전하게 평가될 수 있을 따름이다. 이 점에서 이것은 형이상학적 실재론 및 과학주의와의 최후의 결전을 수반한다.

형이상학적 실재론을 정의하는 한 가지 방법은 그것이 어떤 특정한 개념의 인식knowledge에 의해 인도된다고 말하는 것이다. 인식은 마음과 독립해 있는 실재에 대한 충실한 반영으로 이루어져 있다고 여겨진다. 인식은 그 인식과 독립해서, 또 실로 모든 사고와 경험과 독립해서 존재하는 실재에 대한 인식으로 여겨진다(윌리엄스Williams 2005, 48쪽). 만약 우리가 진정한 실재를 알기를 원한다면, 세계가 존재하는 방식을, 세계가 그 방식으로 존재한다고 믿어지는 것과 독립해서뿐만 아니라, 세계가 우리 인간들에게 우연히 현시하는 모든 방식들과 독립해서, 기술하는 것을 목표로 삼아야 한다. 이 관점에서 보면, 절대적인 개념은 탈인간화된 개념이 될 것이고, 우리 자신들의 모든 흔적들이 제거된 개념일 될 것이다. 그것이 누구의 개념인지, 그 개념을 형성하거나 소유하는 자들이 어떻게 세계를 경험하는지, 그리고 언제 또는 어디서 그들이 그들 자신을 그 개념에서 발견하는지를 보여주는 것은 아무것도 남아 있지 않게 될 것이다. 가능한 한, 그것은 세계에 관한 비인격적이고, 중립적이고impartial, 객관적인 그림이 될 것이다(스트라우드Stroud 2000, 30쪽).

형이상학적 실재론은, 일상의 경험은 주관적인 특질들과 객관적인 특질들을 결합하고 있고, 우리는 주관적인 것을 벗겨냄으로써 세계가 실제로 어떠한지에 관한 객관적인 그림에 도달할 수 있다고 가정한다. 결과적으로 형이상학적 실재론은 사물들이 '그 자체 속에' 갖고 있는 속성들과 '우리에 의해 투사되는' 속성들 간에 이끌어낼 수 있는 명료한 구별이 있다고 주장한다. 나타남의 세계, 즉 일상생활에서 우리에 대해 존재하는 바대로의 세계는, 주관적 특질들과 객관적 특질들을 결합하고 있는 반면, 과학은 객관적 세계, 그 자체로 존재하는 바대로의 세계를 포착한다. 하지만 과학이 우리에게 실재에 대한 절대적인 기술, 즉 보는 지점이 없는 봄a view from nowhere의 기술을 제공할 수 있다고 생각하는 것, 과학이 형이상학적 진리에 이르는 유일한 길이라는 것, 그리고 과학은 단순히 자연이 그 자체를 분류하는 방식을 반영한다고 생각하는 것은, 현상학자들에 따르면, 객관주의적이고 과학주의적인 환상이다(자하비 2003e 참조). 우리는 세계에 관한 우리의 현재의 모든 믿음을 세계와 맞서 지니면서, 이 둘이 일치하는 정도를 어떤 방식으로 측정한다는 것은 가능하지 않다. 달리 말해서, 우리가 세계에 관한 우리의 지각과 믿음을, 말하자면, 어떤 직접적인 방식으로 세계와 비교하기 위해서 그것들을 세계로부터 벗겨내기 위해 노력해야 한다고 제언하는 것은 무의미하다.

현상학은 객관성과 실재에 대한 '이 세계의this-worldly' 개념을 지지하며, 세계가 우리에게 나타나는 방식은 전적으로 다른 실제로 존재하는 세계와 양립가능하다고 주장하는 회의주의를 극복하고자 한다(후설 1950/1999, 117쪽; 하이데거 1986/1996, 229쪽). 현상학은 또한 자연과학이 모든 사물의 척도, 즉 존재하는 것은 존재하는 것이라 하고, 존재하지 않는 것은 존재하지 않는 것이라 하는 척도라는 견해 — 현재 많은 자연주의자들이 지지하는 견해 — 를 거부한다(셀라스Sellars 1963, 173쪽 참조). 현상학에게, 과학은 단지 체계적으로 상호 관계하고 있고, 정당화되어 있는 명제들의 집성이 아니다. 과학은 누군가에 의해 수행된다. 그것은 세계에 대한 특정한 이론적 태도이다. 이 태도는 하늘에서 떨어지지 않았다. 이 태도는 그 자체의 전제와 기원을 갖고 있다. 과학적 객관성은 얻으려고 노력해야 하는 어떤 것이지만, 그것은 개인들의 관찰과 경험에 의존한다. 과학적 객관성은 경험하는 주체들의 공동체에 의해 공유된 지식이며, 시점이나 관점의 삼각측량triangulation을 전제한다. 간단히 말해, 만약 인식·진리·객관성·의미·지시성을 알기를 바란다면, 우리는 인지하고 행위하는 주체들이 사용하는 지향성의 형식과 구조를 탐구해야 할 것이다. 그렇게 하지 못한다면, 즉 초월론적 현상학의 반성운동을 성취하지 못한다면, 소박한 객관주의에 굴복하게 될 것이다. 이렇게 해서, 이 견해에 따르면, 주관성은 방해물이나 장애물이 아니라, 객관성 및 과학적 지식의 추구를 위해 현미경이나 스캐너 같은 것보다 훨씬 더 중요한 필요조건이다. 현미경이나 스캐너는, 만약 과학자가 경험하는 주체가 아니라면 아무 쓸모가 없는 것이다. 동시에, 현상학이 과학주의에 대한 초월론적 비판을 포함하기는 하지만, 결코 과학의 거부를 의미하는 것이 아님을 인식하는 게 중요하다. 오히려, 현상학은 현상학을 자연화하기의 논의에서 보았듯이, 마음의 자연과학을 강화하거나 보완할 수 있는 유일무이한 원천들을 제공한다.

더 읽을 책들

— Natalie Depraz, Francisco Varela & Pierre Vermersch, *On Becoming Aware.* Amsterdam: John Benjamins, 2003.
— Owen Flanagan, *Consciousness Reconsidered.* Cambridge, MA: MIT Press, 1992.
— Aron Gurwitsch, *Studies in Phenomenology and Psychology.* Evanston: Northwestern University Press, 1966.
— Anthony Jack & Andreas Roepstorff (eds), *Trusting the Subject I.* Special double issue of *Journal of Consciousness Studies* 10/9~10, 2003.
— Eduard Marbach, *Mental Representation and Consciousness: Towards a Phenomenological Theory of Representation and Reference.* Dordrecht: Kluwer Academic Publishers, 1993.
— Dermot Moran, *Introduction to Phenomenology.* London: Routledge, 2000.
— Alva Noë (ed.), *Dennett and Heterophenomenology.* Special double issue of *Phenomenology and the Cognitive Sciences* 6/1~2, 2007
— Jean Petitot, Francisco J. Varela, Bernard Pachoud & Jean-Michel Roy (eds), *Naturalizing Phenomenology: Issues in Contemporary Phenomenology and Cognitive Science.* Stanford: Stanford University Press, 1999.
— Robert Sokolowski, *Introduction to Phenomenology.* Cambridge: Cambridge University Press, 2000.

— Evan Thompson, *Mind in Life: Biology, Phenomenology, and the Sciences of Mind*. Cambridge, MA: Harvard University Press, 2007.

— Francisco Varela, Evan Thompson & Eleanor Rosch, *The Embodied Mind: Cognitive Science and Human Experience*. Cambridge, MA: MIT Press, 1991.

— Donn Welton (ed.), *The New Husserl: A Critical Reader*. Bloomington: Indiana University Press, 2003.

— Dan Zahavi, *Husserl's Phenomenology*. Stanford: Stanford University Press, 2003.

3
의식과 자기의식

긴 하루 일과를 마친 후 매끈한 새 하이브리드 차에 올라 고속도로를 타고 집으로 향한다. 내 스스로 생각해봐도 오늘 하루 회의에 나간 것은 모두 정말 쓸데없는 시간 낭비였다. 회의에서 얻은 성과가 하나도 없었다. A플랜이 예산을 초과한다고 말한 그 멍청이 같은 녀석은 경제학 강의를 들어본 적이 없는 것 같았다. 하지만 그 새로 들어온 여자는 자기가 뭘 말하고 있는지 알고 있는 것 같았다. 그 여자는 언제 술 한 잔 하고 싶어 할는지? …… 아, 다 왔구나. 진입로를 지나 집으로 들어선다. 그다지 오래 걸리지 않았다. 실제로, 지금 생각해보니 어떻게 집에 왔는지 기억이 잘 나지 않는다. 고속도로를 들어선 일은 기억나는데, 내가 아는 그 다음 일은 여기에 있었다는 것이다. 생각해보자. 내가 실제로 어떤 경로를 통해 왔을 까? 흠. 내가 틀림없이 실제로 하고 있었던 운전에 대해서는 아무것도 기억 할 수 없다. 자동 조정 상태automatic pilot에 있었음에 틀림없다. 이것은 내가 운전을 의식하지 않았다는 것을 의미하는가?

방금 묘사한 상황은 이 분야의 문헌에서 '장거리 트럭 운전사' 문제(암스트롱Armstrong 1968)로 알려져 온 것의 한 변형이다. 나는 의식하지 않는 지각을 가질 수 있으며, 의식하지 않는 행위를 수행할 수 있을까? 나의 지각을 의식하지 않고서 세계 속의 사건을 지각할 수 있을까? 만약 그럴 수 있다면, 지각이 사실상 의식적일 때와 차이가 있을까? 차이가 있다면 어떤 차이일까? 그리고 어떤 지각과 행위를 의식적이라 불러야 할까? 만약 의식적인 지각이 세계 속의 어떤 것을 의식할 뿐 아니라 또한 그 자체 우리가 의식하는 어떤 것인 지각이라면, 이것은 한 형태의 자기의식을 수반하는가? 우리는 여기서 의식과 자기의식의 관계에 관한 커다란 철학적 쟁점에 직면하게 된다. 이 개념들에 관해서 생각할 수 있는 올바른 길은 무엇일까?

이 장에서 우리는 의식을 설명하고자 할 때면 매번 다루어야 하는 몇 가지 중심적인 문제를 논의한다. 우리는 현상학적 설명에 초점을 맞추면서 이를 다른 설명들과 비교할 것이다. 다른 여느 전통과 마찬가지로 현상학적 전통은 많은 상이한 견해들에 걸쳐 있지만, 설사 현상학자들이 방법과 초점에 관한 중요한 문제들에 대해서는 의견이 다르더라도 의식과 자기의식의 관계에 관한 한 거의 한 목소리로 의견의 일치를 보고 있다. 말 그대로 현상학의 모든 주요 인물들은 자기의식의 최소 형태가 의식적 경험의 불변하는 구조적 특질이라는 견해를 옹호하고 있다. 경험은 경험하는 주체에게 직접적인 방식으로 그리고 이 직접성의 부분으로서 일어나기 때문에, 그것은 나의 경험으로서 암묵적으로 특징지워진다. 현상학자들이 볼 때, 경험적 현상의 이 직접적이고 1인칭적 주어짐[소여성]givenness은 '전반성적pre-reflective'인 자기의식으로서 설명되어야 한다.

문제의 이 자기의식의 유형을 '전반성적'이라고 부름으로써, 우리는 이것이 문제의 그 경험으로 어떻게든 명시적인 방식으로 향하는 부가적인 2차 단계의 심적 상태를 수반하지 않는다는 점을 강조하고자 한다. 오히려 자기의식은 1차적인 경험의 내재적인intrinsic 특질로 이해되어야 한다. 더욱이 그것은 주제적이거나 주의를 기울이는 것이거나, 또는 의지적으로 일으켜지는 것이 아니다. 오히려 암묵적이며, 또 아주 중요하게도 철저히 비관찰적이고(즉, 내 자신에 대한 일종의 내성적 관찰이 아니다), 비대상화적이다(즉, 내 경험을 지각되거나 관찰되는 대상으로 돌리는 것이 아니다). 물론 내 경험을 반성하거나 주의할 수 있으며, 그것을 내 주의의 대상 또는 주제로 만들 수 있지만, 그것을 반성하기에 앞서 내가 '마음을 못 보거나 자기를 못 보는 것mind-or self-blind'은 아니었다. 경험은 이미 나에게 현전해 있고, 이미 나에 대해서for me 어떤 것이며, 그런 의미에서 그것은 전반성적으로 의식적인 것이다.

의식과 전반성적 자기의식

창문 밖을 내다보니 진입로에 방금 주차해놓은 차가 보인다. 이 경우 내가 그 차를 의식하고 있다거나, 그 차에 대한 일차 단계의 의식을 갖고 있다고 말하는 것은 의미가 있다. 나는 여러분에게 그 차가 어떻게 생겼다고 말할 수 있으며, 예, 거기에 있습니다, 진입로에 놓여 있습니다 하고 말할 수 있다. 그러나 또한 어떻게든 그 차에 대한 나의 경험 그것에 친숙하거나 이를 친밀하게 알고 있지 않다면, 내가 그 차를 의식할 수 있으며, 또 무엇을 의식하고 있는지 여러분에게 말할 수 있을까? 후자[1]는 내 자신이 의식하고 있는 것에 대한 의식에 해당하므로, 우리는 그것이 일종의 자기의식이라고 말할 수 있을 것이다. 그렇다면 자기의식의 본성이 정확히 무엇인가 하는 물음이 있을 수 있다. 그리고 어떤 것을 의식하는 모든 경우에, 어떤 것을 의식하고 있다는 것을 우리가 또한 의식하고 있다고 말하는 것이 올바른가? 아니면 이것은 무한소급을 발생시키지 않겠는가?

예를 들어 후설은 개인의 경험의 흐름이 자기나타남self-appearance 또는 자기현출self-manifestation의 특징을 갖고 있다고 주장한다(1959, 189쪽). 그

. . .

[1] 그러나 또한 어떻게든 …… 여러분에게 말할 수 있을까?

는 자기의식이란 예외적인 환경에서만 일어나는, 즉 우리가 우리의 의식적 삶에 주의를 기울일 때마다 일어나는 어떤 것이 아니라, 우리가 이와는 다른 방식으로 세계의 어떤 존재물들을 의식하고 있고 사로잡혀 있을 때도 경험적 차원을 그 자체로 특징짓는 특질이라고 주장한다. 그는 "주체로 존재한다는 것은 자기자신을 알아차리는 양상 속에 존재한다는 것이다" 하고 말하고 있다(후설 1973a, 151쪽).

다른 현상학자들에게서도 아주 비슷한 생각을 찾아볼 수 있다. 예를 들어 하이데거는 우리가 어떤 것을 의식할 때마다 자기self는 현전한다고 주장한 다. 세계의 모든 경험은 자기친밀self-acquaintance과 자기친숙self-familiarity 이라는 구성요소를 수반한다. 모든 경험하기experiencing는 "나는 항상 어떻 게든 내 자신을 친밀하게 안다"(하이데거 1993, 251쪽)는 사실로 특징지어진 다. 또는 그는―이번에는 더욱 전통적인 용어를 채택해서―"모든 의식은 또한 자기의식이다"라고 말하고 있다(하이데거 2001, 135쪽).

현상학자들은 우리의 의식은 어떤 것에 대한of 것이거나, 또는 어떤 것에 관한about 것이라는 생각을 의식의 지향성intentionality이라고 부른다(6장에 서 이에 대해 자세히 다룬다). 아마도 자기의식에 대한 현상학적 이론의 옹호자로 가장 잘 알려져 있는 사르트르 역시 각각의 지향적 경험은 자기의 식으로 특징지어져 있다고 주장했다. 사르트르는 전반성적인 자기의식이 어떤 것을 의식하기 위한 필요조건을 형성한다고 보았다. 사르트르에 의하 면, 시들어 가는 참나무나 춤 공연이나 빨간색 베개를 지각한다는 것을 알아차리지 않으면서, 즉 이들을 경험하고 있다는 느낌sense을 갖지 않으면 서, 또는 문제의 경험을 친밀하게 알지 않으면서 의식적으로 지각한다는 것은 명백히 불합리하다(1956, l~lxii쪽; 1967). 경험은 단순히 존재하는 것에 그치는 것이 아니라 암묵적으로 자기소여된self-given 그런 방식으로 존재하 는 것이다. 또는 사르트르가 말하듯이 그것은 '대자for-itself'이다. 이 경험의 자기소여는 단순히 경험에 부가되는 성질, 단적인 겉칠이 아니다. 오히려 자기소여는 경험의 존재양식 바로 그것을 구성하는 것이다. 이런 사고방식은 사르트르의 『존재와 무*Being and Nothingness*』의 중요한 서문에 상술되어 있는데, 여기서 사르트르는 의식의 존재론적 분석—즉, 의식의 존재 바로 그것에 대한 분석—은 항상 자기의식을 수반한다는 것을, 지향적 의식의 존재양식은 대자(pour-soi)라는 것을, 곧 자기의식이라는 것을 보여준다고 주장한다. "이 자기의식을 우리는 새로운 의식이 아니라 어떤 것에 대한 의식을 위해 가능한, 유일한 존재양식으로 간주해야 한다"(사르트르 1956, Iiv쪽).

이 주장을 오해해서는 안 된다. 현상학자들은 총체적이며 오류가 없는 자기인식self-knowledge과 관련된 강력한 논제를 주창하고 있는 것이 아니다. 오히려 그들은 경험적 현상과 1인칭 소여성 간의 구성적 연관에 주의를 환기시키고 있다. 곧 보게 되겠지만 많은 분석철학자들도 최근 비슷한 주장을 해 왔다.

후설, 하이데거, 사르트르를 비롯해서 철학자들은 모두 현상적 의식을 밝힐 때 1인칭적 관점을 고려하는 일의 중요성을 강조한다. 1인칭적 관점을 언급할 때, 그런 관점을 갖거나 신체화하는 것과, 그것을 언어적으로 분절할 수 있는 것(우리는 이를 각각 약한 1인칭 관점, 강한 1인칭 관점이라고 부를 것이다) 간의 구별을 명료하게 하는 일이 중요하다. 후자가 1인칭 대명사의 통달을 전제하면서 자기 자신의 위치position나 관점perspective의 현실적인 채택을 수반하는 반면('나는 화가 난다' 또는 '나는 커피를 마시고 싶다'에서처럼), 전자는 단순히 자기 자신의 경험적 삶의 1인칭적, 주관적 현출에 대한 문제이다. 비록 두 능력 모두 탐구할 만하지만, 현상학자들은 주로 전자의 의미를 강조해 왔다. 따라서, 1인칭적 관점의 중요성을 강조하는 일이, 마치 특정한 관점을-취함perspective-taking으로써 우리 자신의 경험에 대한 친밀지acquaintance가 말 그대로 일어난다는 듯이, 자기인식의 지각 모델을 지지하는 것으로 이해되어서는 안 된다. 오히려, 단순히 경험적 일화가 이를 소유하는 주체에게 현시하는 독특한 방식이 있다는 것이 요점이다. 썰의 용어를 사용하면, 경험적 일화는 주체가 처음부터, 즉 이를 그 자신의 것으로 분류하기 위해 개념적, 언어적 기술들을 획득하기 이전부터 1인칭 존재론을 갖고 있다.

자기의식의 다른 형태들

'자기의식'이란 용어는 방금 거명한 철학자들 간의 의견 일치에도 불구하고 악명이 높을 정도로 모호하며, 철학, 심리학, 신경과학 문헌들은 서로 경합하고, 서로 충돌하며, 서로 보완하는 정의들로 가득하다. 몇몇 주요 후보들을 신속히 살펴보기로 하자.

• 철학에서 많은 학자들은 자기의식을 '나'-사고들을 생각하는 능력과 연결시키려고 애써 왔다. 최근 그러한 접근에 대한 옹호는 베이커Baker에서 발견될 수 있는데, 그는 모든 유정有情들sentient beings은 경험의 주체들이고, 그들 모두는 관점적 태도를 갖고 있으며, 그들 자신의 자아중심적 관점에서 세계를 경험한다고 주장해 왔다. 그렇게 하면서 그들은 베이커가 약한 1인칭 현상weak first-person phenomena이라고 부르는 어떤 것을 소유하고 있다는 것을 보여준다(2000, 60, 67쪽). 그러나 자기의식을 갖기 위해서는 주관적 시점point of view을 갖는 것만으로는 충분하지 않다. 베이커가 강한 1인칭 현상strong first-person phenomena이라고 부르는 자기의식을 소유하고 있기 위해서는, 우리는 자기 자신을 자기 자신으로 생각할 수 있어야만 한다. 욕구와 믿음을 갖는 것으로 충분하지 않고, 관점적 태도를 갖는 것으로 충분하지 않으며, 또 자기와 비자기를 구별할 수 있는 것으로도 충분하지 않다. 우리는 또한 이 구별을 개념화할 수 있어야만 한다. 결과적으로 베이커는 자기의식이 1인칭 개념의 소유를 전제한다고 주장한다. 우리는 오직 자신을 자신으로 개념파악할 수 있고 자신을 지칭하는 1인칭 대명사를 사용하는 언어적 능력을 가질 수 있는 순간부터 자기의식적이다(베이커 2000, 67~68쪽; 블록Block 1997, 389쪽 참조). 이 정의를 고려해볼 때, 자기의식은

발달 과정 중에 출현하며, 분명히 개념들과 언어의 최종적 습득에 의존하는 어떤 것으로 여겨진다.

• 이와 관련되며 인기 있는 또 다른 철학적 동향은 그 용어의 고유한 의미에서 자기의식은 하나의 자기에 대한 의식을 요구한다고 주장해 왔다. 다른 말로 해서, 생명체가 자기의식적이려면, 문제의 생명체가 경험들이 귀속되는 것의 동일성을 인식하는 일 없이 개체적 기반 위에서 경험들을 자기에게 귀속시키는 것으로는 충분하지 않다. 오히려 생명체는 자기에게 귀속하는 경험들을 동일한 자기에 속하는 것으로 생각할 수 있어야만 한다. 따라서 진정한 자기의식은 생명체가 상이한 경험들의 주체, 담지자, 소유자로서 그 자신의 동일성을 의식할 수 있는 일을 요구한다(카삼Cassam 1997).

• 만약 우리가 분야를 바꾸어 사회심리학 분야로 이동하면, 우리는 종종 조지 허버트 미드George Herbert Mead가 옹호하는 유명한 주장과 마주칠 것이다. 그 주장은 자기의식이란 어떤 사람이 타자들과 맺는 사회적 관계에 의해서 자기 자신에게 대상이 되는 문제이며, 즉 자기의식은 자기 자신을 향해서 타자의 관점을 채택함으로써 형성된다는 것이다(미드 1962). 이 설명에 의하면, 자기의식은 그 자체가 사회적 현상이다. 그것은 여러분이 여러분 혼자서 획득할 수 있는 어떤 것이 아니다. 미드는 이렇게 썼다. "의식은, 자주 그렇게 쓰이는 바대로, 단순히 경험의 장과 관련이 있을 뿐이지만, 자기의식은 집단의 타자들에 속하는 일단의 명확한 응답들을 우리 자신 속에서 불러내는 능력과 관련이 있다. 의식과 자기의식은 동일한 수준 위에 있지 않다. 다행인지 불행인지 사람은 단독으로 그 자신의 치통에 접근하지만, 그것은 자기의식이 의미하는 바가 아니다"(미드 1962, 163쪽; 171~172쪽 참조).

• 발달심리학 안에서는 이른바 거울인식mirror-recognition 과제가 가끔 자기의식의 결정적인 시험으로 고지되어 왔다. 침팬지(그리고 몇몇 다른 동물들)는 거울에서 자신들을 알아볼 수 있으며, 인간도 대략 18개월 정도에 그렇게 하기 시작한다. 그러므로 자기의식은 어린아이가 거울에서 그 자신

을 알아볼 수 있는 순간부터만 현존한다고 주장되어 왔다(루이스 2003 참조).

- 그러나 일부 학자들은 더욱더 고조되어 자기의식이 마음이론theory of mind[2]의 소유를 전제한다고 주장해 왔다. 거칠게 말해, 그 생각은 자기의식은 경험들을 경험들로서 알아차리는 능력을 요구하며, 결국 경험의 개념에 대한 소유를 요구한다는 것이다. 그러나 이 개념은 홀로 설 수 없다. 이 개념은 이론적 개념들의 네트워크 속에 내장화되어야[묻혀 있어야] 그 의미를 갖기 때문이다. 특히, 경험들을 경험들로서 생각하기 위해서는, 경험될 수 있는, 하지만 설사 경험되지 않더라도 존재할 수 있는 대상들 또는 사태들에 대한 개념을 가지는 일이 요구된다. 이는 일부 학자로 하여금 어린이는 자기의식을 4살 무렵까지 얻지 못하며, 그릇된-믿음 과제false-belief task나 외양-실재 과제appearance-reality task와 같은, 마음 과제에 대한 고전적 이론을 사용해서 자기의식의 현존을 시험할 수 있다고 주장하도록 동기부여한다(7장을 보라).

- 마지막으로, 서사 이론가들은 완전히 성장한 자기의식은 우리 자신의 삶의 이야기를 구사하는 기반 위에서만 일어난다고 제언한다. 자기의식은 자기서사self-narrative를 계발하고, 자기 자신에 대한 이야기를 말하고, 서사적 방식으로 자신의 삶을 이해하는 우리의 능력과 결부되어 있다.

모두 자기의식 현상의 다양한 중요한 측면들을 포착하고 있다는 의미에서 이 모든 정의들에는 일말의 진리가 있지만, 그럼에도 그중 어느 것도 최소한의 전반성적 자기의식에 대한 생각과 이렇다 할 관련이 없다. 오히려 현상학적 사고방식은 다음과 같이 이해될 수 있다. 자기의식은 단지 우리가 우리의 경험들을 주의 깊게 면밀히 살펴보는 순간 일어나는 어떤 것이 아니다(우리가 단지 우리 자신의 거울 영상을 알아보거나, 1인칭 대명사를

2_ 마음이론은 9장에서 자세하게 다루어진다.

써서 자기 자신을 지칭하거나, 마음이론을 소유하거나, 우리 자신의 삶의 이야기를 식별하는 지식을 소유하는 순간에 일어나는 어떤 것이 아니라는 것은 말할 나위도 없고). 오히려 자기의식은 많은 형태와 정도에서 일어난다. 의식적으로 어떤 것을 지각하는 것은 지각 대상을 의식하는 것일 뿐만 아니라 그 대상의 경험을 친밀하게 아는 것이기도 하기 때문에, 내가 의식적으로 외부 대상—의자, 밤나무, 떠오르는 해—을 지각할 때마다 자기의식이 존재한다고 말한다면, 이는 완전히 이치에 닿는 말이다. 그것의 가장 시원적이고 근본적인 형태에 있어서 자기의식이란 단순히 경험적 삶의 1인칭적 현출이 계속 진행 중인가 하는 문제이다.

전반성적 자기의식 그리고 '그것은 어떠한 느낌인가'

전반성적 자기의식의 개념은, 경험들은 이것들을 느끼는 주관적인 '느낌 feeling'을 갖는다는 생각과, 다시 말해 경험들을 갖는 것이 '무엇과 같은지' 또는 무엇과 같이 '느껴지는지' 하는 어떤 (현상적) 성질을 갖는다는 생각과 관련이 있다. 현상학적 텍스트 바깥에서 보통 표현되는 바와 같이, 의식적 경험을 겪는다는 것은 필연적으로 주체가 그 경험을 갖는 것이 무엇과 같은지 할 때의 그 무엇이 있다는 것을 의미한다(네이글Nagel 1974; 썰 1992). 그러나 경험에는 검은 삼각형을 지각하는 것이 무엇과 같은지[어떤 느낌인지]는 붉은 원을 지각하는 것이 무엇과 같은지와는 주관적으로 다르다는 사실 그 이상의 더 많은 것이 있다(네이글 1974 참조). **붉은색**을 지각하는 것이 무엇과 같은지는 검은색을 지각하는 것이 무엇과 같은지와 다를 뿐 아니라, 붉은색을 **지각하는** 것이 무엇과 같은지는 붉은색을 기억하거나 상상하는 것이 무엇과 같은지와 또 다르다. 게다가 이러한 모든 현상적 경험은 경험의 주체에 대한 지칭을 수반한다. 대상을 의식적으로 지각하거나 상상할 때, 우리는 그 대상이 우리에게 규정적인 방식으로 나타나는 것으로 알아차리고 있다. 내가 의식적으로 산타클로스를 상상하거나, 더운 물로 샤워하는 것을 욕구하거나, 다음 휴일을 기대하거나, 아리스토텔레스의 부동의 동자unmoved mover 개념을 반성할 때, 이 모든 지향된 대상들은 주관적으로 구별되는 다양한 지향적 경험들과의 상관관계 속에서 주어진다. 이 경험들이 주관적이라고 말해지는 한 가지 이유는 그것들이 필연적으로 어떤 사람에 대해서for somebody 어떤 것으로 느껴진다는 의미에서 주관적 존재양식으로 특징지어지기 때문이다. 따라서 우리의 경험적 삶은 시원적 형태의 자기지시성self-referentiality 또는 대자성for-me-ness을 수반한다고 이야기될 수 있다.

그래서 비록 내가 다양하고 상이한 경험들을 겪으며 산다고 해도, 어떤 의미에서 여전히 같은 것으로 남아 있는, 즉 매 경험들에서 여전히 1인칭적 주어짐으로 남아 있는 경험적인 어떤 것이 또한 있다. 내가 현재의 고통, 지각, 사고를 알아차릴 때 문제의 그 경험은 직접적으로, 비추론적으로, 비표준적으로 나의 것mine으로 주어진다. 나는 처음에 중립적이고 익명적인 경험을 갖고 그러고 나서 후속하는 움직임에서 그것이 나의 것이라고 추론하는 것이 아니다. 사실, 설령 내가 어지럽더라도 그 경험의 주체가 누구인지에 대해 의심하거나 오인하지 않는다. 또 내가 바로 그 어지러운 사람인지 아닌지를 묻거나, 느껴진 어지러움이 정말 나의 것인지 아닌지 결정하려고 내가 사용하는 표준의 명세서를 요구한다는 것은 무의미하다. 사실 모든 내 경험들은 나의 것임mineness이라는 성질에 의해, 즉 내가 겪고 있거나 살아가고 있는 경험들임의 성질을 갖는 것으로서 암묵적으로 특징지어진다. 이는 내가 항상 이 성질에 주의하거나, 내가 항상 내 경험들을 나의 것임으로 주제적으로 알아차린다고 말하는 것이 아니다. 그러나 경험이 본원적으로 겪어지며 살아졌을 때 비록 그것이 나의 것으로 주제적으로 주어지지 않았을지라도, 우리에게는 어떻게 내가 경험으로 되돌아갈 수 있고, 어떻게 그것을 나의 경험으로 기억할 수 있는지를 설명할 수 있는 해명이 필요하다. 사실 경험이 완전히 익명적이었다면, 또 경험이 본원적으로 겪어지며 살아졌을 때 1인칭적 나의 것임이 완전히 결여되었다면, 그러한 후속하는 전유appropriation는 오히려 설명될 수 없을 것이다.

더욱이 이 나의 것임이라는 특별한 본성을 지적하는 것 또한 중요하다. 그것은 내가 여러 종류의 (차, 바지, 스웨덴의 집 등) 외부 대상을 소유하는 방식과 조금이라도 유사한 방식으로 경험들을 소유하는 일을 시사한다는 의미로 쓰이지 않았다. 또한 그것을 무엇보다도 대조적인 규정으로 보아서도 안 된다. 어린이가 소유대명사를 사용하기 시작할 때 나의 것임이란 종종 '너의 것이 아님'을 의미한다. 그러나 후설이 그의 필사본 중의 하나에서 관찰하고 있듯이, 경험적 삶을 특징짓는 특유한 나의 것임(mineness, Meinheit)에 관한 한, 비록 그것이 자기와 타자를 구별하는 기초를 형성할지라도, 다른 것들과 전혀 대조하지 않고서 이해될 수 있고 이해되어야 한다 (후설 1973b, 351쪽). 다르게 말하면, 문제의 대자성이란 노랗거나, 짜거나, 푹신한 것 같은 성질이 아니다. 그것은 경험의 특정한 내용 곧 특정한 무엇 what을 지칭하는 것이 아니라 독특한 주어짐[소여성]의 양식 곧 경험의 어떻게how를 지칭하는 것이다. 그것은 경험의 1인칭적 주어짐을 지칭한다. 그것은 내가 겪으며 살아가고 있는 경험들이 다른 누구보다 나에게 다르게 (그러나 반드시 더 낫게는 아니지만) 현시한다는 사실을 지칭한다. 결과적으로 경험들이 나의 것임 또는 나에 대해서임[대자성]을 부인하는 사람은 누구든 경험의 본질적인 구성적 측면을 인식하는 데 실패할 뿐이라는 것을 주장할 수 있을 것이다. 실로, 우리가 지금까지 해 왔듯이 의식과 자기의식의 밀접한 관계를 강조하는 것은 단지 경험의 주관성을 진지하게 받아들이는 것일 따름이다.

따라서 어디에나 있는 전반성적 자기의식을 마치 현상적 의식 자체와 구별되는 어떤 것, 즉 달콤한 오렌지나 뜨거운 커피에 대한 일상적인 현상적 의식에 부가되어 발견될 수 있거나 발견되어야 하는 어떤 것이라는 듯 그릇되게 개념파악하지 않는 것이 결정적으로 중요하다. 오히려 주장하는 바는 전반성적 자기의식은 현상적 의식의 구성적 특질이고 필요불가결한 부분이라는 점이다.

　이미 주목한 바 있듯이, 분석철학에서도 비슷한 견해들을 찾아볼 수 있다. 프랑크푸르트Frankfurt와 골드만Goldman에게서 인용한 다음의 글들을 각각 살펴보자.

　이 의식을 알아차리지 않고서 어떤 것을 의식한다는 것은 어떤 것일까? 그것의 일어남을 전혀 알아차리지 않는 경험을 갖는 것을 의미할 것이다. 엄밀하게 말해, 무의식적unconscious 경험의 경우일 것이다. 그렇다면 의식적인 것은 자기의식적인 것과 동일한 것 같다. 의식은 자기의식이다. 의식을 각성하는 것이 자기의식이라는 주장은, 의식의 모든 사례는 최초의 알아차림 그리고 어떻게든 최초의 것과 구별되고 분리될 수 있고 최초의 것을 그것의 대상으로 삼는 또 다른 의식의 사례를 포함한다는 의미에서 반드시 이중적이라는 것을 의미하지는 않는다. 그렇게 되면 의식의 사례들이 인내할 수 없을 정도로 무한증식이 될 조짐을 보일 것이다. 오히려, 문제의 자기의식은 일종의 내재적 반영성immanent reflexivity인바, 이 덕분에 모든 경우의 의식적인 것은 알아차리는 대상을 파악할 뿐만 아니라 알아차림을 파악하기도 하는 것이다. 마치 다른 사물이 자신의 범위 안에 들어 있다면 어떤 것이든 비출 뿐만 아니라 그 자신도 보일 수 있게 하는 광원과 같은 것이다.

—프랑크푸르트 1988, 162쪽

　x에 대해 생각하는 경우, 또는 x에 주의하는 경우를 생각해보자. x에 대해 생각하는 과정에는 이미 x에 대해 생각하는 암묵적인 알아차림이 있다. 여기서는 반성을 필요로 하지 않는다. x를 고찰하기 위해 x에 대해 생각하는 것에서 한 걸음 뒤로 물러설 필요가 없다. …… 우리가 x에 대해 생각하고 있을 때 마음은 x에 집중하고 있는 것이지, x에 대한 우리의 생각에 집중하는 것이 아니다. 그럼에도 불구하고, x에 대해 생각하는 과정은 이에 비반성적

자기알아차림을 동반하고 있다.

—골드만 1970, 96쪽

오웬 플라나간Owen Flanagan은 이와 관련된 관점을 옹호해 왔다. 그는 주체가 경험을 갖는 것을 느끼는 어떤 것이 있다는 약한 의미에서 의식은 자기의식을 포함한다고 주장하고 있을 뿐 아니라, 또한 나의 경험을 나의 것으로 경험하는 것과 관련 있는 낮은 수준의 자기의식에 대해서 말해오기도 했다(1992, 194쪽). 비슷한 노선을 따라 논증하면서, 유라이어 크리겔 Uriah Kriegel은 더욱 최근에 주변적인 자기의식이 현상적 의식의 필수불가결한 계기라고 주장해 왔다. 그가 쓰고 있듯이, "어떤 것을 자기의식적으로 생각하거나 경험하지 않고서, 즉 어떤 것을 생각하거나 경험하는 것을 주변적으로 알아차리지 않고서, 의식적으로 어떤 것을 생각하거나 경험하는 것은 불가능하다"(크리겔 2004, 200쪽). 따라서 그의 견해에 따르면, 심적 상태가 자기의식적이지 않다면 그 상태를 겪는 것을 느끼는 일은 없을 것이며, 따라서 현상적으로 의식적인 상태일 수 없다(크리겔 2003, 103~106쪽).[1)]

그러나 오해를 피하기 위해서, 현상학자들은 의식과 자기의식이 동일하다는 강한 견해를 지지하지 않는다고 강조하는 것이 중요하다. 오히려 주장하는 바는 단지 (현상적) 의식이 (약하거나 얇은) 자기의식을 수반한다는 점이다. 세 가지 상이한 경험들을 비교해보라. 나륵풀의 냄새를 맡기, 보름달을 보기, 바르톡Bartok의 <현악기, 타악기, 첼레스타를 위한 음악>을 듣기. 이 3가지 경험들 모두 같은 종류의 전반성적 자기의식에 의해 특징지어지지만, 그럼에도 그 경험들을 갖는다거나 겪는다는 것이 무엇과 같은지[어떤 느낌인지]란 점에서는 다르다. 이것은 의식과 자기의식이 단순히 동일시될 수 없음을 보여주기에 충분할 것이다.

의식에 대한 일차 단계와 높은 단계의 설명

의식과 자기의식 사이에 밀접한 연결이 있다는 주장은 예상보다는 덜 이례적이다. 사실 이것은 다양한 높은 단계 이론가들에 의해 옹호되는 주장이기 때문에 그런 주장이 현재의 정설의 일부라고 언명될 수도 있겠다. 의식에 관한 현재의 논쟁에서, '의식적'이란 용어의 두 용법, 곧 타동사의 용법과 자동사의 용법을 구분하는 일이 관례가 되어 왔다는 점을 숙고해보라. 한편으로, 우리는 누군가가 사과든, 레몬이든, 장미든 무언가를 의식하고 있다고 말할 수 있다. 다른 한편으로, 우리는 누군가가 (또는 심적 상태가) (비의식non-conscious적이라기보다는) 순일하게simpliciter 의식적이라고 말할 수 있다. '의식적'이란 용어를 후자와 같이 사용하는 것은 현상적 의식 개념과 분명히 관련이 있으며, 어떤 심적 상태에 있는 것이 무엇과 같은지 할 때의 그 무엇이 (아무것도 없다기보다는) 있다는 생각과 분명히 관련이 있다. 지금 지난 20~30년 동안 마음에 대해 인지과학과 분석철학에서 자동사적 의식을 설명하는 지배적인 방법은 어떤 종류의 높은 단계 이론high-order theory에 의하여 존재해 왔다(암스트롱Armstrong 1968; 캐러더스Carruthers 1996; 라이칸Lycan 1987; 로젠탈Rosenthal 1986 참조). 이 저자들에 의하면, 의식적인 심적 상태와 비의식적 심적 상태의 차이는 유관한 메타 마음 meta-mental 상태의 현전 또는 부재에 달려 있다. 캐러더스Carruthers가 말하듯이, 경험에 대한 주관적 느낌은 높은 단계의 알아차림을 위한 능력을 전제한다. "그런 자기알아차림self-awareness은 한 유기체가 현상적인 느낌의 주체가 되기 위해, 또는 유기체의 경험들이 무엇과 같은지 느끼기 위해 개념적으로 필요한 조건이다"(1996, 152쪽).

이 접근방식의 주도적인 생각을 예증하는 한 가지 방법은 의식을 스포트라이트에 비유하는 것이다. 어떤 심적 상태들은 조명된다. 다른 심적 상태들은 어둠 속에서 그들의 일을 한다. 한 심적 상태를 의식적인 것(조명되는 것)으로 만드는 것은 유관한 높은 단계의 상태에 의해 그것이 대상으로 취해진다는 사실이다. 그것은 우리로 하여금 일차 단계의 심적 상태를 의식하게 만드는 높은 단계의 재현의 발생이다. 요컨대, 의식적인 상태는 우리가 의식하는 상태이거나, 또는 로젠탈이 말하듯이 "심적 상태가 자동사적으로 의식하는 것은 단순히 우리가 그것을 타동사적으로 의식하는 것에 놓여 있다"(1997, 739쪽). 따라서 자동사적 의식은 비내재적이고non-intrinsic, 관계적 속성(앞의 책, 736~737쪽), 즉 그것이 다른 어떤 것과 적절한 관계에 서 있는 한에서만 심적 상태가 갖는 속성이라고 간주된다.

보통 이것을 해석하는 두 가지 방법이 있어 왔다. 우리는 어떤 높은 단계의 지각이나 감찰monitoring에 의해서 일차 단계의 심적 상태에 있다고 알아차리게 되거나(암스트롱 1968; 라이칸 1997), 어떤 높은 단계의 사고에 의해 그것을 알아차리게 된다(로젠탈 1993a, 199쪽). 후자의 경우 일차 단계의 심적 상태는 우리가 바로 그 상태에 있다고 하는 취지에서 거의 동시에 발생하는 사고를 갖는 경우에만 의식적이다. 따라서 높은 단계의 지각(HOP: Higher-order perception)과 높은 단계의 사고(HOT: Higher-order thought) 모델 간의 기본적 차이점은 의식적인 것으로 만드는 메타 마음의meta-mental 상태가 본성상 지각과 유사한 것인지 아니면 사고와 유사한 것인지에 관한 문제에 정확히 놓여 있었다.2) 그러나 두 경우에서 의식은 마음이 그것의 지향적 목표를 그 자신의 상태와 작동으로 향하는 문제로 여겨져 왔다. 자기로-향해 있음self-directedness이 (자동사적) 의식을 구성한다고 여겨져 왔던 것이다. 또는 달리 말해서 높은 단계 이론들은 일반적으로 (자동사적) 의식을 자기의식self-consciousness으로 설명해 왔다고 할 수 있겠다.

그러나 우리는 의식과 자기의식 사이에 밀접한 연결이 있다는 견해를 공유하면서도 그런 성격의 연결에 대해서는 동의하지 않을 수도 있다. 그리고 비록 현상학적 견해가 높은 단계 이론의 견해와 표면상 닮았을지라도, 우리는 결국 두 가지 근본적으로 다른 설명에 직면하게 된다. 높은 단계 이론과 대조적으로, 현상학자들은 내가 의식적으로 어떤 것을 경험하는 순간 현존하는 자기의식이 어떤 종류의 반성이나 내성이나 높은 단계의 감찰작용으로 이해되어야 한다는 것을 명시적으로 부인한다. 그것은 부가

적인 심적 상태를 수반하는 것이 아니라, 오히려 1차적 경험의 내재적intrinsic
특질로 이해되어야 한다. 즉, 자동사적 의식이 그것[자동사적 의식]을 갖는
그 심적 상태들의 외재적 속성, 즉 어떤 추가적 상태들에 의해 그것들에게
외적으로 부여된 속성이라고 주장하는 의식에 대한 높은 단계의 설명과는
대조적으로, 현상학자들은 일반적으로 자동사적 의식은 그것[자동사적 의
식]을 갖는 그 심적 상태들의 내재적 속성 및 구성적 특질이라고 주장한다.
게다가 그들은 심적 상태가 높은 단계의 상태에 의해 대상으로 취해짐으로
써 의식적이 된다는 견해를 거부할 뿐 아니라, 또한 심적 상태가 그 자체를
대상으로 취함으로써 의식적이 된다는— 보통 프란츠 브렌타노와 연관된
— 견해도 거부한다.

브렌타노(1839~1917)는 19세기의 영향력 있는 철학자이자 심리학자였다.
후설은 비엔나에서 열린 그의 여러 세미나에 참석하였고— 프로이트와 여러
게슈탈트 심리학의 창시자들도 참석했다. 소설가인 프란츠 카프카 역시 브렌타
노의 세미나를 찾아왔다. 브렌타노는 심리학에 대한 책들뿐 아니라 아리스토텔
레스의 형이상학에 대해서도 썼다. 『경험적 관점에서 본 심리학*Psychology
from an Empirical Standpoint*』이란 그의 저서가 후설에게 결정적으로 중요
했던 반면, 『아리스토텔레스에 있어서 존재의 여러 의미에 대하여*On the
Several Senses of Being in Aristotle*』라는 저서는 하이데거에게 큰 영향을
주었다.

브렌타노에 따르면, 멜로디를 들을 때 내가 멜로디를 듣고 있다는 것을
알아차린다. 그는 내가 두 상이한 심적 상태를 갖는 게 아니라는 점을
인정한다. 멜로디에 대한 나의 의식은 그것을 듣고 있는 나의 알아차림과
동일하다. 그것들은 하나의 단일한 정신적 현상을 구성한다. 이 점에서,
그리고 높은 단계의 표상 이론에 반대한다는 점에서 브렌타노와 현상학자

들은 대체로 일치한다. 그러나 브렌타노에 따르면, 이 통일된 심적 상태에 의해서 나는 멜로디와 나의 청각적 경험이라는 두 대상에 대한 알아차림을 갖는다.

> 소리가 우리의 마음에 현전하는 동일한 심적 현상에서 우리는 동시에 정신적 현상 그 자체를 포착한다. 더욱이 심적 현상이 그것 안에 소리를 내용으로서 갖는 한, 또 심적 현상이 동시에 그 자체를 내용으로서 갖는 한, 그것의 이중 본성에 따라서 우리는 그것을 포착한다. 우리는 소리가 듣는 작용의 1차적 대상이고, 듣는 작용 그 자체는 2차적 대상이라고 말할 수 있다.
> —브렌타노 1973, 127~128쪽

사르트르와 하이데거가 그렇듯, 후설은 바로 이 점에 대해서 동의하지 않는다. 전반성적으로 나의 경험은 그 자체 나에게 대상이 아니다. 나는 이 경험에 주의하는 관찰자, 관람자, 검열관 또는 내성자in(tro)spector의 입장이나 관점을 취하지 않는다. 무언가가 경험된다는 것은, "그리고 이 의미에서 의식적이라는 것은 지각, 표상, 판단 등이 대상으로 향해 있다는 의미에서 이것이 의식작용의 대상이라는 것을 의미하지 않고, 또 의미할 수도 없다"(후설 2001a, I, 273쪽). 전반성적 또는 비관찰적 자기의식에서, 경험은 대상으로서가 아니라 정확히 주관적 경험으로서 주어진다. 이런 견해에 따르면, 나의 지향적 경험은 살아지는 것이지[체험되는 것이지](erlebt), 나에게 대상화된 방식으로 나타나는 것이 아니며, 보이거나 들리거나 생각되는 것이 아니다(후설 1984, 399쪽; 사르트르 1957, 44~45쪽).

우리는 전반성적 자기의식이 지향적이거나 대상화하는 태도를 취하는 문제가 아니며, 결과적으로 어떤 종류의 내적 지각이거나, 더 일반적으로는 한 유형의 개념적 지식이 아니라는 점을 강조해 왔다. 데이비드 차머스는 경험을 갖는다는 것은 자동적으로 경험에 대한 내밀한 인식적 관계에 놓이게 되는 것이라고, 즉 '친밀지acquaintance'라 부를 수 있는 인식보다

더 시원적인 관계에 놓이게 되는 것이라고 최근에 주장해 왔다(1996, 197
쪽). 현상학자들이라면 의견의 일치를 보일 것이다. 그들의 견해에 따르면,
전반성적 자기의식은 1인칭적 인식에 해당되지 않는다. 그것은 필요조건
이지 충분조건은 아니다. 예컨대, 이것이 사르트르가 조심스럽게 자기의식
(conscience de soi)과 자기인식(connaissance de soi)을 구분하는 이유이다.
비록 내 경험을 전반성적으로 스스로 알아차릴 때 나는 내 경험을 의식하지
못하는 것은 아니지만, 나는 내 경험의 대상을 선호하여 내 경험을 무시하는
경향이 있다. 일상생활에서, 나는 세계 안의 목표들projects과 대상objects들
에 몰두하고 사로잡혀 있으며, 그렇기에 나의 경험적 삶에 주의하지 못한다.
그러므로 나에게 배어 있는 전반성적 자기의식은 완전한 자기파악complete
self-comprehension으로 이해되어서는 안 된다는 것이 분명하다. 따라서 우리
는 의식 그 자체가 암묵적인 자기의식을 수반한다는 주장과 의식이 완전한
자기투명성에 의해 특징지어져 있다는 주장을 구별해야 한다. 우리는 쉽게
전자를 받아들일 수 있고 후자를 거부할 수 있다(리쾨르 1966, 378쪽).
　만약 이야기를 읽는 것과 같은 어떤 의식적인 활동에 종사하고 있다면,
내 주의는 나 자신이나 나의 읽는 활동에 있지 않고 그 이야기에 놓일
것이다. 만약 누군가가 나에게 무엇을 하고 있느냐고 물어봐서 읽기가 중단
되면, 나는 즉시 읽고 있다고 (아까부터 읽고 있었다고) 대답한다. 자기의식
에 기초해서 질문에 대답하는 것인바, 이 자기의식은 질문을 받는 바로
그 순간에 획득된 어떤 것이 아니라, 나의 경험 내내 암묵적이었던 나 자신에
대한 의식이다. 달리 말하면, 만약 물어보기 직전에 무엇을 하고 있었는지,
무엇을 생각하고 있었는지, 무엇을 보고 있었는지, 무엇을 느끼고 있었는지
에 대해서 어떤 사람이 나에게 물을 때, 내가 보통 추리나 관찰 없이 즉시
응답할 수 있는 것은 내가 전반성적으로 나의 경험을 의식하기 때문이다.
　사르트르는 문제의 자기의식은 새로운 의식이 아니라고 아주 명시적으로
강조했다(1956, Iiv쪽). 그것은 경험에 부가된 어떤 것, 부가적인 마음의
상태가 아니라, 오히려 경험의 내재적 특질이다. 따라서 사르트르가 자기의

식을 의식의 영속적 특질이라고 말했을 때, 그는 그가 반성적 자기의식이라고 부르는 것을 지칭하고 있는 것은 아니었다. 반성은 (또는 높은 단계의 감찰은) 의식이 그것의 지향적 목표를 그 자체로 향하는 과정이며, 이렇게 해서 그 자체를 그 자신의 대상으로 취한다. 그러나 사르트르에 따르면 이 유형의 자기의식은 파생된 것이다. 그것은 주체-대상의 분열을 수반하며, 자기의식을 그런 용어로 설명하려는 시도는, 사르트르가 볼 때, 실패로 끝나지 않을 수 없다. 그것은 무한소급을 발생시키든지, 아니면 비의식적인 출발점을 허용하든지 둘 중 하나일 터인데, 그는 이 두 가지 선택지를 받아들일 수 없다고 여겼다(앞의 책, Iii쪽).

대다수 현상학자들이 옹호하는 견해로 볼 때, 현상적 의식에 의해 수반되는 약한 자기의식은 지향적으로 구조화된 것이 아니다. 그것은 주체-대상의 관계를 수반하지 않는다. 이는 자기의식이 보통의 대상의식과 단순히 다를 뿐이라는 것이 아니다. 오히려 그것은 전혀 대상의식이 아니다. 우리가 전반성적으로 자기의식적일 때, 우리는 우리 자신을 지향적 대상으로 취하지 않고, 우리는 우리 자신을 우연히 우리 자신인 대상으로서 알아차리지 않으며, 또 우리는 우리 자신을 다른 것이 아닌 하나의 특정한 대상으로서 알아차리지 않는다. 오히려 나의 1인칭, 전반성적 자기경험은 직접적이고 비관찰적이다. 그것은 "동일성을 파악함이 없는 자기지시"(슈메이커Shoemaker 1968)나 "귀속함이 없는 자기지시"(브룩Brook 1994)라고 보다 최근에 불리어 온 것을 수반한다.

그러나 이 주장을 뒷받침하는 실제적인 논증은 무엇인가? 암묵적이고 비주제적인 자기의식의 존재를 옹호하는 것에 관한 한, 논증은 때때로 배제에 의한 간접적인 논증이며, 이는 두 명백한 대안을 거부하는 데에 있다. 첫째로, 현상학자들은 문제의 그 경험을 어떻게든 알아차리거나 친밀하게 알지 않고서 우리가 어떤 것을 의식적으로 경험할 수 있다는 것을 부인한다. 그때 그들은 우리 자신의 경험에 대한 이 1인칭적 알아차림이 일종의 자기의식에 해당한다고 주장한다. 둘째로, 그들은 우리가 우리 자신의 경험을 포함하여 경험하는 모든 것을 주의 깊게attentively 의식한다는 제안을 거부한다. 즉, 그들은 주목하지 않거나 주의하지 않는 경험들이 있다고 주장한다. 예를 들어, 나는 교통체증 속에서 차를 운전하는 중이며, 차로를 이리저리 오가는 앞의 차에 각별한 주의를 기울이고 있다. 그러나 내가 저 차에 주의를 기울임으로 말미암아, 그 차를 지각하고 있는 정확한 방식을 포함해서 주의를 기울이고 있지 않은 많은 것들이 있다. 비록 이 같은 상황에서 지각적 경험을 반성하는 것이 위험하다 하더라도, 나는 그렇게 함으로써 그 차에 주의를 기울일 수도 있다. 그러나 이것이 자기를 표상하는self-representing 체계의 안에서든 밖에서든 어떠한 단일한 존재물과도 상응하지 않는다는 점에서 요점은, 비록 어떤 수준에서 내가 내 앞의 차를 지켜보고 있다는 것을 알아차린다 하더라도, 그 지켜봄에 주의를 기울이는 방식으로 그것을 알아차리는 것은 아니라는 점이다. 이 두 가지 대안을 거부함으로써, 전반성적 자기의식 개념이 어떻게 경험이 작동하는지를 설명하는 유일하게 실현 가능한 방식인 것 같다. 현상적 의식이 최소 형태의 또는 얇은 형태의 자기의식을 수반한다는 것은, 일상에서 내가 주제적인 내성 속에서 내 자신의 의식의 흐름을 내재적인 주변 대상들의 계기succession로 알아차린다는 것을 의미하지 않는다.

전반성적 자기의식의 존재에 대한 또 다른 간접적인 논증방식은 의식에 대한 높은 단계의 설명이 무한소급을 발생시킨다는 것이다. 겉으로 보기에도 이것은 꽤 오래된 생각이다. 대체로 소급 논증은 다음과 같은 방식으로 이해되어 왔다. 만약 현재 일어나고 있는 심적 상태가 현재 일어나고 있는 2차 심적 상태에 의해 대상으로 취해지기 때문에만 의식적이라면, 그렇다면 2차 심적 상태는 그것이 의식적이려면 현재 일어나고 있는 3차 심적 상태에 의해 또한 대상으로 취해져야 하며, 이렇게 등등 무한하다ad infinitum. 이 논증에 대한 표준적인 대답은 2차 심적 상태가 의식적인 상태라는 전제는 선결문제 요구의 오류를 범하고 있다는 것이다. 다른 말로 해서, 소급을 정지시키는 쉬운 방법은 비의식적 심적 상태들의 존재를 받아들이는 것이다. 말할 필요도 없이, 이는 정확히 높은 단계 이론을 옹호하는 사람들에 의해 채택되는 입장이다. 그들에게 2차 단계의 지각이나 사고는 의식적일 필요는 없다. 그것은 (비의식적) 3차 단계 사고나 지각을 동반할 때만 의식적일 것이다(로젠탈 1997 참조). 그러나 이 '해법'에 대한 현상학적인 대답은 꽤 간단하다. 현상학자들은 비의식적 심적 상태들의 존재를 상정함으로써 소급을 정지시키는 것이 가능하다고 하며 양보할 수도 있겠지만, 그렇게 비의식적인 것에 호소하는 것은 우리에게 공허한 설명의 사례를 남겨놓게 된다고 주장할 것이다. 즉, 그들은 다른 두 방식의 비의식적인 마음 과정들 간의 관계가 그것들 중 하나를 의식적인 것으로 만들 수 있다는 주장을 정말 납득하지 못할 것이다. 그들은 어떻게 주관적 또는 현상적 성질이 없는 심적 상태가 그러한 성질이 있는 심적 상태로 변형될 수 있는지, 즉 일차 단계의 상태를 지향적 대상으로 지니는 비의식적 메타 상태를 단순히 관계적으로 부가함으로써 1인칭적 나의 것임mineness을 지니는 주관적 경험으로 변형될 수 있는지 아주 불분명하다고 여길 것이다.

요약하면, 높은 단계 이론가들과 현상학자들 모두 어떤 형태의 자기의식에 의해서 자동사적 의식을 설명하려고 모색하고 있다. 그러나 높은 단계의 이론가들은 자기의식을 별개의 두 비의식적 심적 상태들 사이에서 성립하는 메타 알아차림의 형태로 보는 반면, 현상학자들은 우리는 자동사적 의식을 문제의 심적 상태에 불가결하고 내재적인 시원적 형태의 자기의식에 의해서 가장 잘 이해한다고 주장한다.

자동사적 의식이 (그리고 함축된 의미로 볼 때 자기의식이) 내재적 특질이라는 주장은 로젠탈에 의해 공격을 받아 왔는데, 그는 어떤 것을 내재적이라 부르는 것은 그것이 분석가능하지 않고 신비적이며, 결과적으로 과학적이고 이론적인 연구의 범위를 넘어서는 것이라고 주장한다. "의식적이라는 것이 분절된articulated 구조를 결여하고, 따라서 설명이 불가능하다고 확신할 때만, 우리는 그것이 심적 상태의 내재적 속성이라고 주장할 수 있을 것이다"(1993b, 157쪽). 비록 로젠탈이 자동사적 의식을 내재적인 속성으로 여기는 것에 관해 어딘지 직관적으로 끌리는 바가 있다는 것을 인정할지라도, 만약 우리가 사소하지 않고 유익한 정보를 주는 설명을 내놓기를 바란다면, 즉 우리가 비의식적 심적 상태에 호소함으로써 의식적인 심적 상태를 설명하려고 모색하거나, 심적 상태가 아닌 것non-mental states에 호소함으로써 비의식적인 심적 상태를 설명하려고 모색한다면, 그는 이 접근방식은 여전히 피해야 한다고 생각한다(로젠탈 1993b, 165쪽; 1997, 735쪽).

그러나 우리 견해로는, 피설명항을 내재적이고 환원불가능한 것으로 간주하는 순간 모든 후속하는 분석을 중지하게 된다는 주장은 잘못이다. 이에 대한 좋은 증거는 현상학자들이 제공하는 의식의 다양한 측면들에 대한 대단히 유익한 정보를 주는 분석들에서 발견될 수 있다(예를 들어 4장 시간 의식의 분석을 보라). 그러나 자연화하기naturalization의 문제는 어떠한가? 의식에 대한 단일 수준one-level의 설명이 어떤 종류의 초자연적 이원론에 이바지하는가? 전혀 아니다. 우리는 자연화하기의 문제에 대해서 정말로 중립을 지키면서 전반성적 자기의식의 개념을 옹호할 수 있다. 더 구체적으로 말하면, 의식이 창발하려면 필수신경기층requisite neural substratum이 필요하다는 것을 배제하는, 의식에 대한 관계적 설명을 거부한다는 것은 사실이 아니다. 따라서 우리는 두 상이한 문제를 융합하는 것을 피해야 한다. 하나는 신경 수준과 심적 수준 간의 관계에 관한 것이고, 다른 하나는 상이한 심적 과정들 간의 관계에 관한 것이다. 단일 수준 설명은 두뇌 과정과 의식 간의 관계에 관한 상향식bottom-up 문제를 다루는 것이 아니라, 그것은 단지 한 심적 상태가 유관한 높은 단계의 심적 상태에 의해 대상으로 취해짐으로써 의식적이 된다는 것을 부인할 뿐이다. 자연주의의 관점에서 보면, 단일 수준의 설명은 관계적인 높은 단계의 설명보다도 더 간단하고 더 검약하다고 주장될 수도 있으며, 또한 신경과학의 일반적인 견해—이에 따르면 의식은 신경 활동의 어떤 특정한 역치에 달하는 것과 관련된 문제이다—와 더 잘 일치한다고 주장될 수도 있다.

우리가 보아 왔듯이, 현상학자들은 전반성적 자기의식은 비대상화 작용

(즉, 대상의식의 한 형태로서 이해되지 않는 것)이며, 그래서 자기로 향하는 self-directed 지향성의 결과가 전혀 아니라고 주장한다. 그러나 이 주장의 타당성은 '대상'이 의미하는 바에 크게 의존하는 것이 사실이다(카삼 1997, 5쪽 참조). 현상학적 관점을 이해하기 위해서는 이 지점에서 존재론의 사안들과 현상학의 사안들을 융합하지 않는 것이 중요하다. 이 주장은 경험의 주체와 대상이 필연적으로 두 상이한 존재물entity이어야 하듯이 경험의 대상은 경험의 주체와 존재론적으로 항상 달라야 한다는 것이 아니다. 오히려 이 주장은 단지 경험 그 자체는 전반성적으로 대상으로서 경험되지 않는다는 것이다. 우리의 이해에 따르면, 어떤 것이 대상이 된다는 것은 저 어떤 것이 특정한 방식으로 의식적으로 나타난다는 것이다. 더 구체적으로 말해, x가 대상으로 간주된다는 것은 그것을 대상으로 취하는 주관적 의식을 초월하는 것으로 x가 나타난다는 것이다. 그것이 그것에 대한 주관적 경험에 대립해서 또는 대항해서 서 있는 어떤 것으로 나타난다는 것이다(독일어 용어 **Gegen-stand** 참조). 경험이 전반성적으로 대상으로서 주어진다는 것을 부인해 온 것은 이런 배경 때문이다. 왜냐하면, 반성할 때 우리는 하나(반성되는 것)가 다른 하나(반성하는 것)에 대해 대상으로서 나타날 수 있는 두 가지 경험을 수반하는 상황에 직면하게 되는 반면, 우리는 오직 단일한 경험을 다루는 전반성적 수준에 있기에, 하나의 경험은 필연적으로 in the requisite way 그 자체에게 대상으로 나타날 수 없고, 그 자체를 초월하는 것으로 경험될 수 없으며, 그 자체에 대립해서 서 있을 수 없기 때문이다.

　한 경험이 왜 전반성적으로 대상이 될 수 없는지에 대한, 즉 만약 문제의 그 경험이 나의 경험으로 간주되려면 왜 전반성적으로 대상이 될 수 없는지에 대한 (독일의 후기칸트학파의 몇몇 철학자들에서 이미 발견되는) 부가적인 논증이 슈메이커에 의해 보다 근래에 부활되었다. 그는 대상동일화object-identification를 성공함에 의해서 1인칭적 자기지시self-reference를 설명하는 것은 불가능하다고 논증해 왔다. 어떤 것을 자기 자신과 동일화하기 위해서, 우리가 우리 자신에게 적용된다고 이미 알고 있는 그것에 적용되는 어떤 것을 분명하게 지니고 있어야 한다. 이 자기인식은 어떤 경우에 어떤 그 이상의 동일화에 근거를 둘 수도 있겠지만, 자기인식의 모든 항목이 동일화에 의존한다는 가정은 무한소급으로 이끈다(슈메이커 1968, 561쪽). 이것은 내성을 통해 얻어지는 자기동일화self-identification에도 해당한다. 즉, 내성은 그것을 즉각적으로 나라고 동일화하는 속성을 그것의 대상이 갖는다는 사실에 의해, 그리고 다른 어떤 타아other self도 도저히 가질 수 없는 속성, 즉 바로 나의 내성의 사적이고 배타적인 대상이라는 속성을 갖는다는 사실에 의해 [다른 방법과] 구분된다고 주장한다면, 이는 적절하지 않을 것이다. 만약 내가 그것이 나의 내성의 대상이라는 것을 알지 못한다면, 즉 만약 이 내성을 하는 자가 사실 나라는 것을 알지 못한다면, 그것이 내성적으로 나에 의해 관찰된다는 사실에 의해, 내성되는 자기를 나 자신으로 동일화할 수 없을 것이기 때문에 이 설명은 적절하지 않을 것이다. 그리고 이 인식은 그 자체 무한소급을 감수하면서 동일화에 기초할 수 없는 것이다(슈메이커 1968, 562~563쪽).

실로 슈메이커의 주장을 전적으로 지지하면서 현상학자는 내성하는 자는 바로 나 자신이라고, 또는 더 일반적으로 말해서, 경험하는 자는 바로 나 자신이라고 나에게 말해주는 이와 같은 내밀한 친밀지는 경험 속에 암묵적으로 내포되어 있는 바로 전반성적 자기의식에 의해 제공된다고 주장한다.

맹시

높은 단계 이론가들은 그들의 이론을 지지하는 증거로서 종종 맹시blind-sight의 경우를 언급하는데, 그래서 맹시가 전반성적 자기의식의 개념에 대한 반대 견해를 제공하고 높은 단계의 재현적 견해를 정말 지지하는지를 보기 위해 맹시를 고찰하는 일이 도움이 될 것이다.

맹시의 조건은 눈의 손상으로 인해서가 아니라 1차 시각피질(V1)의 손상

으로 인한 실명의 한 형태이다. 예를 들어 바이스크란츠Weiskrantz 등(1974)
이 보여주었듯이, 부위 17의 손상, 곧 시각피질의 배외측 슬상핵背外側膝狀核
dorsal lateral geniculate nucleus에서 나온 피질 돌출은 후피질posterior cortical
부위를 둘러싸고 있는 조직의 미세한 손상으로도 실명을 유발할 수 있다.
실제의 사례들에서는, 시각장의 일부분만이 안 보이는데(이 실명 영역을
'암점'이라고 부른다), 이것은 실험할 때 고려되어야 된다(111쪽의 상자를
보라). 문제를 단순화시켜서, 이런 식으로 환자가 완전히 실명했다고 가정해
보자. 맹시 환자의 눈은 그의 두뇌로 시각 정보를 전달하지만, 그는 두뇌
손상으로 인해 의식적인 시각적 지각을 가질 수 없을 것이다. 그러나 눈에서
전달된 정보는 여전히 두뇌의 다른 부분들에서 기록되고 처리될 것이다.
예를 들어, V1을 통하는 경로와는 다른, 망막으로부터 중뇌까지의 경로는
시각 정보의 제2경로로 가정되어 왔다.

　불행히도, 이 다른 경로를 이동하는 정보는 환자로 하여금 의식적인 시각
경험을 갖도록 허용하지 않는다. 맹시에 있어 이 기이하면서도 특이한 일은
환자에게 시각적 자극을 탐지하거나 정확한 위치를 찾아내라고 해도 그는
그렇게 할 수 없다는 것이다. 시각적 자극이 제시되어 있다 해도, 물론
실명했기 때문에 그것들을 볼 수 없다고 환자는 말할 것이다. 그러나 그
자극이 정확히 어디에 제시되어 있는지, 또는 자극의 본성 — 모양, 위치
등 — 에 대해 추측해보라고 하면, 그는 우연 이상의 비율로 바르게 추측해
낸다. 그래서 환자는 그가 실명해서 아무것도 볼 수 없다고 보고하지만,
시험에서 하는 그의 행동은 비시각적 경험을 알려주는 어떤 시각정보가
있음을 보여준다.

　맹시 피험자는 또한 평균 80% 정도의 정확도로 그들의 실명 영역에 들어
온 대상들에 손을 뻗칠 수 있고 붙잡을 수 있다. 그들은 심지어 전혀 의식적
인 알아차림이 없이 그들에게 던져진 공을 잡을 수도 있다(바이스크란츠
1997을 보라). 따라서 그들은 시각적 자극을 비의식적으로non-consciously
지각하고 있다고들 말한다(마르셀Marcel 1998; 바이스크란츠 1986). 최근

연구들은 맹시에 있어 비의식적 시각 구별을 할 수 있는 능력이 상대적으로 간단한 대상 구별뿐 아니라 정서적으로 두드러진 자극에도 적용된다는 것을 보여주었다(함Hamm 등, 2003).

높은 단계 이론가들에게 맹시의 의미는 맹시 환자는 그가 의식적으로 볼 수 없는 자극에 대해서 비의식적인 심적 상태에 있다는 것이다. 이때 의문은, 의식적인 심적 상태와 다른 이 심적 상태를 만드는 것은 무엇인가? 높은 단계 이론가들은 아마도 맹시 피험자의 비의식적인 심적 상태는 정상적인 시력을 갖고 있는 사람의 의식적인 심적 상태와 같은데, 후자의 경우 피험자는 높은 단계의 지각(HOP)이나 높은 단계의 사고(HOT)를 통해서 그것을 알아차리게 된다는 점이 다르다고 주장할 것이다. 비의식적인 감각 상태는 그것이 특정한 대상(제시된 자극)으로 향한다는 의미에서 지향적이다. 로젠탈(1993c)은 심지어 비의식적인 심적 상태들은 그것들을 다른 상태가 아닌 바로 그 종류의 상태(예를 들어 지각 상태 대 믿음 상태 또는 아마도 시각 상태 대 청각 상태)로 만드는 질적 속성을 갖고 있으며, 만약 심적 상태들을 의식적인 것으로 만든다면 질적 속성들이 심적 상태들에게 그것들의 특정한 '무엇과 같음what it's likeness'을 부여하는 것이라고 주장한다.

높은 단계 이론에는, 심적 상태를 비의식적인 것이 아니라 의식적인 것으로 만드는, 심적 상태에 대해 본질적인intrinsic 것은 결코 없다. 오히려 심적 상태 그 자체와는 다른 어떤 것이 그것을 의식적인 것으로 만들어야 할 책임이 있어야 한다. 우리가 보았듯이, 로젠탈에게는 이것이 HOT의 역할이다. 물론 여기서 문제는 만약 문제가 되고 있는 심적 상태 또는 감각 상태가 두 경우에 거의 같다면, 왜 맹시 피험자는 그야말로 HOT를 그 상태로 향하게 할 수 없으며 그것을 의식적인 것으로 만들 수 없는지가 분명하지 않다. 높은 단계의 사고를 할 수 있는 확실한 능력이 있는 맹시 피험자가 자극을 볼 수 없다고 계속해서 불평하는 것은 이상한 일이다 (또는 HOT 이론가에게 이상하게 보여야 한다). 실로, 누군가가 이 불평이 그 자체로 비의식적 감각 상태로 향해지는 HOT라고 주장할지 모르지만, 그럼에도 이것이 그 감각 상태를 의식적인 것으로 만들게 하지는 않는다. 우리는 맹시 피험자가 맹시 이론을 최신 점자 출판물에서 읽으면서 "나는 이 비의식적인 감각 상태를 가지고 있음을 알고 있지만, 아무리 생각해보아도 비의식적인 감각 상태를 의식적인 것으로 만들 수 있을 것 같지는 않다" 하고 말하는 것을 상상할 수 있다. 따라서 실제적인 물음은 이렇다. 높은 단계의 접근을 막는 비의식적인 감각 상태란 도대체 무엇인가? 그것을 의식적인 감각 상태와 구별해주는, HOT가 아닌 어떤 것이 있어야 한다.[3]

맹시 실험

바이스크란츠 등(1974)은 34살의 남자 DB를 시험했다. DB는 14살에 두통을 경험하기 시작했는데, 그에 앞서 밝게 번쩍이는 타원형의 빛을 경험했다. 특정 부위의 시각 영역에서만 이 빛을 볼 수 있었다. 그가 26살이었을 때, 우측 후두엽에 기형이 있다는 것이 시험에서 밝혀졌다. 그 기형은 시각피질의 일부와 함께 제거되었다. 그 제거가 상위 사분면四分面의 주변에 남아 있는 작은 시각 영역에 부분적 실명을 가져왔다. 수술 후에 두통이 가라앉았다.

모든 실험에는 환자의 실명 영역에 다양한 자극을 하는 시험이 포함되었다. 환자는 그에게 제시되는 시각적 자극에 대해 최대한 능력을 발휘해서 추측하도록 요청받았다. 실험이 진행되는 동안, DB에게 실험 결과에 대해서는 말하지 않았다.

- 첫 번째 실험은 DB가 실명 영역에서 시각적 자극의 위치를 지각할 수 있는지를 시험하는 것이었다. 그는 한 점의 빛이 실명 영역에서 번쩍이고 있느냐는 말을 들었다. 구두로 지시를 받아, 그는 한 점의 빛이 오고 있다고 추측하는 방향으로 머리를 움직이지 않는 상태에서 눈을 움직여야 했다.
- 두 번째 실험 역시 시각적 자극의 위치를 알아내는 것이었다. 이번에는 DB는 한 점의 빛이 수평경선에 위치해 있다고 믿는 방향을 향해 손으로

가리키도록 요청받았다. 이 실험 기간 동안 내내 눈과 머리는 제자리에 있어야
했다.

- 세 번째 실험은 스크린 위의 이미지들을 식별하는 것이었다. 이미지들은
크기, 명암, 지속, 유형의 면에서 각각 다른 것이었다. 각 시험은 한 쌍의
자극으로 15번, 다른 쌍으로 15번씩, 30회의 시도로 구성되었다. 매 시험에서,
무작위 순의 상이한 영사물이 사용되었다. DB는 수평선과 수직선, 대각선과
수직선, 글자 X와 글자 O를 구별하라고 요청받았다. 그가 스크린에서 보았을지
도 모른다고 생각한 것을 추측하거나 보고하도록 요청받았다.

- 네 번째 실험에서 과제는 회절격자를 담고 있는 이미지들과, 선들이
현전하지 않는 이미지들을 구분하는 것이었다. 통제를 위해 시험은 DB의
손상되지 않은 시각 영역에 대해 행해졌다.

- 마지막 실험에서 DB는 각각 30번의 시도로, 5번의 시험을 받았다. 그는
각 시험에서 영사되고 있었던 빛의 색깔을 추측하도록 요청받았다. 자극의
밝기 수준은 30번의 시도 내내 변화했다.

결과

DB는 정면에서 자극의 위치를 찾아낼 수 있었으며, 장애 영역에서 선들의
방향과 적어도 한 쌍의 모양을 구분할 수 있었다. 더 큰 자극과 긴 노출
시간을 주면 실명 영역에서 더 좋은 결과를 낳았다. 일부 실험에서 정확성은
주목할 만했다. DB는 우연적 현상을 배제하고 각 시험에서 50%를 훨씬 웃도는
점수를 받았다. 시험 결과가 주어진 후 환자의 반응은 놀라움의 그것이었다.
놀랍다고 진술했으며, 단지 '추측하고' 있었을 뿐이라고 주장했다. 그는 전혀
아무것도 보이지 않았으나, 때때로 어떤 자극에 대해 '느낌'을 갖고 있었다고
진술했다. 자극을 가리키라고 지시를 받은 실험에서는 매우 정확했지만, 그
빛의 방향으로 눈을 움직이라는 말을 들었을 때는 그렇게 정확하지 않았다.
그는 수직선과 수평선을 구분할 수 있었고, 글자 X와 글자 O를 구분할 수
있었다. 선이 넓을 때 동질적인 영역에서 수직 막대의 격자를 구분해내는

맹시 피험자의 경험은 전반성적 자기의식을 현상학적으로 설명하려 할
때 유사한 난점을 일으키는가? 첫째, 전반성적 자기의식에 대한 설명은
심적 상태를 의식적인 것으로 만드는 것은 무엇인가에 대한 인과적 설명을
제공하려고 의도된 것이 결코 아니었다는 것에 주목하자. 그것은 의식적인
것이 되기를 기다리는 심적 상태가 있다는 것이 아니며, 또 단지 전반성적
자기의식의 부가를 요구하는 심적 상태가 있다는 것도 아니다. 오히려,
전반성적 자기의식에 대한 설명은 의식적인 심적 상태의 구성적인 양상을
기술하는 것이다. 만약 심적 상태가 의식적이라면, 그 심적 상태는 전반성적
자기의식을 수반할 것이다. 그래서 이 주장은 만약 우리가 단순히 전반성적
자기의식을 비의식적인 심적 상태에 부가한다면 돌연 그것이 의식적인
것이 된다는 것이 아니다.

둘째, 비의식적인 지각, 비의식적인 감각 상태, 비의식적인 심적 상태
이런 용어들이 맹시와 관련해 사용될 때 이는 정확히 무엇을 의미하는가?
여기서, 아마도 현상학자들과 비현상학자들이 모두 놀라는 것은, 현상학자
들의 경우가 맹시의 신경과학에 호소하기가 더 낫다는 점이다. 결국, 맹시
피험자는 시각적 경험을 결여한다는 사실에 대한 가장 합리적인 설명은
높은 단계의 사고의 수준보다는 오히려 뉴런적 수준에서 발견되기 쉬운
것이다. 맹시의 경우, 비록 다른 두뇌 부위가 피험자의 운동 행동motor
behaviour과 추측을 여전히 알려주는 시각 정보를 처리하는 기능을 계속한
다 해도, 피험자는 시각적 의식의 발생에 무언가 본질적인 부위의 두뇌
손상을 갖고 있다. 우리가 또한 식역하識閾下subliminal 점화 효과4)에서 발견
하는 것과 무관하지 않은 일종의 비의식적 지각에 직면하고 있다. 세계에
대한 정보는 두뇌에서 처리되고 있지만, 의식적인 경험을 낳지 않는 방식으

로 그렇게 하고 있다. 실로, 이런 종류의 과정은 우리의 일상생활에서 항상 진행되고 있기 때문에 우리는 맹시와 같은 특이 사례나 감춰진 점화 효과에 대한 실험적 연구에 꼭 호소할 필요는 없다. 많은 양상의 운동제어는 세계에 관한 정보를 비의식적으로 처리하는 이런 종류의 결과이다. 내가 컵을 잡으려고 손을 뻗을 때, 내 손의 모양을 조절하는 시각 정보는 비의식적으로 처리된다(쟌느로Jeannerod 1997을 보라). 이것은 확실히 비의식적인 시각적 지각의 한 사례이다. 이것을 비의식적인 심적 상태라고 불러야 하는가? 아마도 이 경우에서, 우리가 이 운동제어의 의식을 산출할 수 있는 방식으로는 조직화되지 않는 신경학적 과정에 관해서 말하고 있다는 점은 아주 확실하다. 나는 나의 잡는 행위를 모양을 만드는 시각 정보에 결코 의식적이지 않다. 또 그 과정으로 HOT를 향함으로써 이 과정을 투명하게 할 수도 없다. 잘해야, 내 자신의 행동을 관찰함으로써 내 손이 스스로 모양을 만드는 것을 알아차릴 수 있을 것이며, 또 나는 그것이 비의식적으로 처리되는 시각 정보에 의해 인도된다는 것을 이해하게 될 수는 있지만,—그러나 이에 관한 나의 실제적 지식은 오직 3인칭적인 과학적 설명들과 실험들을 통해서만 발견될 수 있다. 그리고 만약 그런 설명들이 높은 단계의 사고를 산출하더라도, 그런 뒤 그 설명들이 나로 하여금 신경학적 과정을 의식적인 마음의 상태로서 경험하도록 해주는 방식으로 그렇게 하는 것은 아니다.

실로, 의식적인 심적 상태의 경우, 나는 그것에 대해 생각하기 위해 심적 상태를 찾을 필요는 없다. 말하자면, 나는 이미 거기에 있는 것이다. 내 자신의 경험—예를 들어 내가 컵을 집어 들어서 마시고 있는 경험—에 대해 전반성적으로 자기의식적인 것은 한 종류의 경험에서 다른 종류의 경험으로 바꿀 수 있는 질적 속성이 아니다. 그것은 모든 의식적인 상태의 공통된 구조적 특질이다. 만약 실로 상이한 종류의 의식적인 상태들이 그것들의 감각양태들modalities이나 지향적 내용의 차이들에서 기인할 수 있는 상이한 질적 속성을 갖는다면, 질적인 속성들의 이 차이들이 그것들 자체를, 모양이나 색깔이나 소리나 사건 등에 관해 보거나 듣거나 기억하거나 판단하는 일 등이 나에 대해 '무엇과 같은지' 하는 질적 느낌들 속에서 표현하는 것을 가능하게 하는 것은 바로 전반성적 자기의식의 특질이다.

자기의식과 반성

경험적 수준에서 자기의 암묵적 의미를 우리에게 제공하는 전반성적 자기의식과 대조적으로(우리는 10장에서 자기 개념으로 되돌아갈 것이다), 반성적 자기의식은 명시적이고, 개념적이고, 대상화하는 알아차림인데, 이 알아차림은 낮은 단계의 의식을 그것의 주의적 주제로 취한다. 나는 언제라도 인지적 경험 자체에 직접 주의할 수 있으며, 내 경험 자체를 숙고consideration의 대상으로 전환할 수 있다. 전반성적 자기의식은 경험의 내재적이고 비관계적인 차원인 반면, 반성은 이중의 계기들과 함께 작동하고, 일종의 자기분열을 수반하는, 복합적인 형태의 자기의식이다. 반성은 어떤 종류의 내적 복수화를 야기한다. 이는 자기분할 또는 자기거리두기를 수반하는 방식으로 주체의 삶을 주제화한다(아세미센Asemissen 1958/1959, 262쪽을 보라).

우리는 반성을 반성하는 경험과 반성되는 경험으로 구분할 수 있다. 전자는 후자를 그 대상으로 취한다. 반성되는 경험은 반성에 선행해서 이미 자기의식적이고, 또 우리가 보아 왔듯이 이 선행하는 자기의식은 비반성적이고 비정립적(비관찰적)인 종류의 것이다. 즉, 이것은 반성 구조를 갖지 않으며, 이것이 알아차리는 것을 대상으로서 정립하지 않는다. 사르트르는 이렇게 썼다. "여기에 무한소급은 없다. 왜냐하면 의식은 그 자체를 의식하기 위해서 반성하는 의식을 전혀 필요로 하지 않기 때문이다. 의식은 결코 그 자체를 대상으로 정립하지 않는다"(1957, 45쪽).

사르트르를 따라 우리는 의식은 전반성적인 것과 반성적인 것이라는 두 가능한 존재 양식을 갖는다고 말할 수 있다. 전자는 후자와 독립적으로 존재하기 때문에 우선권을 갖는 반면, 반성적 자기의식은 항상 전반성적 자기의식을 전제한다. 사르트르가 쓴 바대로, "반성은 반성되는 의식보다 탁월한 것이 아니다. 반성되는 의식을 그 자체로 드러내는 것은 반성이 아니다. 이와는 정반대로, 반성을 가능하게 하는 것이 바로 비반성적 의식인 것이다"(1956, Iiii쪽).

명료하게 밝혀야 할 점

사르트르는 때때로 우리는 우리의 경험을of 전반성적으로 알아차리고 있으며 자기를of 전반성적으로 의식하고 있다고 쓰고 있다(프랑스에서 자기의식—conscience de soi—은 문자 그대로 자기의 의식을 의미한다). 그 때문에 그는 전반성적 자기의식조차 대상을 취하는 것이라고 암시하는 듯이 보인다. 그러나 사르트르가 명시적으로 지적하고 있듯이, 그로 하여금 이러한 어구를 사용하도록 강요하는 것은 오직 구문의 필요성이다. 따라서 사르트르는 'of'(또는 'de')의 사용이 자기의식이 단순히 대상의식의 하위 유형임을 시사하고 있기 때문에 불운하다는 점을 기꺼이 인정했다. 마치 우리가 우리 자신을of 알아차리는 방식이 우리가 사과나 구름 등을of 알아차리는 방식과 구조적으로 유사한 것처럼 말이다. 우리는 'of'를 사용하지 않을 수 없지만, 문법적 요구를 만족시키기 위해서 단지 그것이 거기에 있다는 것을 보여주기 위해서 그렇게 하는 것이다. 사르트르는 그 단어를 괄호 안에 넣고, 'conscience (de) soi'와 'conscience (de) plaisir' 등에 대해 자주 말하고 있다(사르트르 1956, Iiv쪽). 따라서 사르트르는 의식적인 마음의 상태들을 갖기 위해 우리가 그것들을 대상으로 알아차리고 있어야 한다고 오도되게 암시할 수도 있는 어떤 어구도 피하고자 무척 신경을 썼다.

반성적인 것과 전반성적인 것 간의 이러한 예비적인 구분은 반성을 충분히 설명하는 것이 아니다. 반성적인 자기의식과 전반성적 자기의식 간의 엄밀한 관계에 대해서 더 자세한 고찰이 요구된다. 이 문제에 대해서는 방법론적 적절성이 분명해야 한다. 반성은 우리로 하여금 어느 정도까지 체험[살아지는 경험]lived experience의 구조를 열어보일[개시할]disclose 수 있게 하는가? 앞 장에서 보았듯이, 현상학적 방법은 반성에 의존한다. 예를 들어 만약 반성이 일차 단계의 전반성적 경험을 왜곡한다면 우리는 이것을 고려할 필요가 있다. 현상학자든 인지과학자든 경험에 대한 진실한 기술ve-ridical description에 도달하기 위해서 현상학적 (반성적) 방법을 사용한다는 점과 관련해서 이는 중요한 문제이다.5)

후설과 현상학자들은 우리의 경험이 암묵적으로 자기의식적이라고 주장하지만, 그 경험은 우리가 반성하는 데 유용하기도 하다. 오직 우리가 전반성적으로 그 경험을 의식하고 있기 때문에, 그것은 반성될 수 있으며 이로써 우리의 주의를 불러일으킬 수 있다. 이 과정의 특별한 지향적 구조에 대한 고찰은 이 주장을 구체화할 수 있다. 반성적 자기의식은 종종 주제적이고, 분절되어 있으며, 강화된 자기의식으로 여겨지는데, 또 그것은 최초의 지향적 경험을 초점으로 가져오기 위해 보통 개시된다. 후설이 지적하듯이, 파악grasping에 선행해서 이미 경험되고 있었던 어떤 것을 파악하는 것은 반성의 본성 안에 있다. 반성은 그것의 주제를 산출함producing에 의해서가 아니라 열어보임disclosing에 의해서 특징지워진다.

> 내가 '나'라고 말할 때, 나는 나 자신을 단순한 반성 속에서 파악한다. 그러나 이 자기경험(Selbsterfahrung)은 모든 경험(Erfahrung), 특히 모든 지각과 같다. 그런데 이는 나에 대해서 이미 거기에 있었던 어떤 것, 이미 의식적이었지만 주제적으로 경험되지 않았고 주목되지 않았던 어떤 것으로 나 자신을 향하게 하는 것이다.
>
> —후설 1973b, 492~493쪽

우리가 반성 속에서 주의를 기울여 향하는 경험은 부각된다(herausgehoben). 후설이 시사하듯이, 반성은 체험 속에 암묵적으로 담겨 있던 모든 그 성분과 구조를 열어보이고, 풀어주고, 해명하고, 분절하는 것이다(후설 1966a/1991, 129쪽; 1966b/2001, 205쪽; 1984, 244쪽; 또한 예를 들어 이 책의 4장과 6장의 여러 분석을 보라). 반성은 체험lived experiences의 무형태formless, 무구조의 동요하는 통일체를 드러내는 것이 아니라 이와는 반대로 개념적 분절이 접근할 수 있는 형태론적morphological 구조와 내적 분화를 드러내는 것이다. 물론 어떤 것에 주의를 기울임으로써, 그것을 부각하거나 분절함으로써 우리는 그것이 나타나는 방식을 변화시킨다. 또한 이것은 반성에 관한 한 진실이다. 반성은 단지 본래의 경험을 복사하거나 반복하는 것이 아니라, 오히려 그것을 변형하는 것이다. 그러나 이 변형이 일차 단계의 경험에 이미 현전하지 않는 요소들이나 국면들을 반드시 도입할 필요는 없다. 비록 그 국면들이 나타나는 방식을 변화시킨다 하더라도 말이다. 반성적 분절은 외부로부터 반드시 강요되는 것이 아니다. 이것은 문제가 되고 있는 경험에 반드시 소원한 것은 아니다. 후설이 말하듯이 우리는 처음에 어떤 말 없는 경험에 직면하고, 그 다음에 — 반성을 통해서 — 필연적으로 그 자신의 의미를 분절하게 된다(후설 1950/1999, 77쪽). 이 분절은 현상학적 방법에 의해 고지되는 숙련된 해석을 요구한다(2장을 보라).

하이데거도 비슷한 방식으로 주장한다. 그 역시 우리의 체험은 의미mean-ing로 가득 차 있다고 주장한다. 체험은 내적 분절과 합리성을 갖고 있으며, 또 중요하게도, 자발적이고 직접적인 자기이해를 소유하고 있는데, 그래서 그것은 궁극적으로 그 자체로부터 또 그 자체의 측면에서 해석될 수 있는 것이다. 현상학적 탐구는 경험적 차원이 이미 그 자체에 갖고 있는 친숙성fa-miliarity 위에 건립되어야 한다. 또 그 탐구는 암묵적이고 전반성적인 자기지시적 차원, 의식의 흐름 바로 그 속에 내장되어 있는 자기self에 대한 끈질긴 관심에 의지해야 한다. 진정한 현상학적 기술은 경험의 위반을 조성하거나 경험 차원에 소원한 체계성을 부과하려고 시도하는 것이 아니라, 오히려 경험적 삶 자체에 뿌리내리고 또 이에 의해 동기부여되는 어떤 것이다.

　체험되는[살아지는] 의식lived consciousness에 대한 반성적 전유專有를 어떻게 평가해야 하는가? 반성은 우리가 전반성적 차원에 접근가능하도록 만들 수 있는가? 아니면 오히려 근본적으로 왜곡하는가? 반성적 변양은 필연적인 보충이나 불가피한 손실을 수반하는가? 한편으로 우리는 반성이 단지 전반성적 경험을 충실히 복사하거나 반영한다는 견해를 갖지만, 다른 한편으로는 반성이 살아지는 경험을 왜곡한다는 견해를 갖고 있다. 중간 노선은 반성이 득과 실을 수반한다는 것을 인정하는 것이다. 후설, 사르트르, 메를로-퐁티에게 반성은 전반성적으로 살아지는 것에 의해 제약된다. 반성은 경험적 사실에 부응할 수 있지만, 구성적으로 자기충족적이지는 않다. 그러나 동시에 그들은 주제적인 자기경험으로서의 반성이 살아지는 경험을 변경하는 일 없이 단순히 재생산하는 것이 아니며, 또 이 점은 정확히 반성을 인지적으로 가치 있게 만드는 것임을 인정했다. 이는 현상학자들이 반성은 항상 신뢰할 만하다고 주장한다고 말하는 것이 아니다. 오히려 그들이 말하고자 하는 요지는 단지 반성이 반드시 신뢰할 수 없는 것만은 아니라는 것이다.

　이것에 대해 말하는 한 가지 방식은 반성과 반성되는 전반성적 경험 사이의 관계가 왔다갔다 하는 해석 과정을 수반한다는 것이다. 반성되는 경험은 이미 전반성적 자기의식을 수반하므로, 그것에 대한 우리의 반성적 독해를 확증하거나 반증할 수 있는 자원들을 갖고 있다. 경험에 대한 그릇된 독해는 더 경험하고 새롭게 반성함으로써 수정될 수 있다. 이 점에서 반성에는 보장되거나 손쉬운 것이 아무것도 없다. 게다가 현상학적 반성이 상호주관적인 보고 및 실증적인empirical 탐구와 균형을 이룰 수 있는 한, 반성적 보고들, 행동 측정, 생리학적 측정 간의 일치(또는 불일치)를 포함하는(예를 들어 스쿨러Schooler와 슈라이버Schreiber 2004, 22ff.쪽을 보라. 이들은 상상 과제, 마음의 놀람, 쾌락 평가의 연구에 의거해서 증거를 검토한다) 다양한 기법들은 반성의 각각의 결과를 확증하거나 반증하는 것을 도와줄 수 있다.

예를 들어, 우리는 반성적 자기의식이 전반성적 자기의식 수준에서는 마주치지 않는 일종의 **자기분할**이나 **자기분열**을 수반한다는 것에 주목할 수 있다. 이러한 관찰은 적어도 존재론적, 방법론적, 규범적인 차원에 걸치는 세 가지 중대한 함축을 지닌다.

• 만약 반성이 일종의 자기분열self-fission을 수반한다면, 어떻게 그 분열된 자기의식이 아마도 통일되어 있을 전반성적 자기의식에서 일어날 수 있는지 설명할 필요가 남는다. 사르트르가 통렬하게 우리에게 상기시키는 바와 같이, 문제는 모든 곳에 있는 전반성적 자기의식의 사례를 발견하는 것이 아니라, 의식의 존재를 구성하는 이 자기의식으로부터 어떻게 해서 그것에 정초하는 반성적 자기인식으로 이동할 수 있는지를 이해하는 것이다(사르트르 1967). 따라서 반성적 자기의식으로의 이행이 이해불가능하게 되는 방식으로 전반성적 자기의식에 대해 생각하는 것은 적절하지 않다. 사르트르는 결코 반성적 자기의식과 전반성적 자기의식의 차이를 부정하려고 하지 않았지만, 그래도 자기의식의 두 가지 양태는 어떤 친연성, 어떤 구조적 유사성을 공유하지 않으면 안 된다고 주장했다. 그렇지 않으면 도대체 어떻게 전반성적 경험이 반성을 발생시킬 수 있는지 설명하는 것이 불가능할 것이다. 반성적 전유를 가능하게 하는 것이 우리 체험의 중차대한 특질이다. 오직 전반성적 자기의식만을 설명할 수 있는 자기의식 이론은 오직 반성적 자기의식만을 설명하는 이론보다 훨씬 더 좋은 것은 아니다. 다르게 말한다면, 우리가 전반성적pre-reflective 자기의식에 대해 말하는 것은 우연이 아니다. 단어의 선택은 어떤 연관이 잔존한다는 것을 보여준다. 반성이 영원한 가능성으로 남아 있는 이유는 전반성적 자기의식이 이미 시간적인 분절 및 분화된 하부구조를 수반하고 있기 때문이다(사르트르 1956, 153~155쪽). 따라서 대부분의 현상학자들(미셸 앙리Michel Henry는 주목할 만한 예외이다)은 전반성적 자기의식은 정적인 자기동일성으로서가 아니라 동적이며 시간적인 자기분화로서 생각되지 않으면 안 된다고

주장할 것이다. 우리는 다음 장에서 시간성의 문제로 돌아갈 것이다.

• 만약 반성이 일종의 자기분열self-fragmentation을 특징으로 한다면, 주체의 삶에 주제화되지 않은 지점이 항상 남아 있을 것이다. 반성은 그 자체를 파악하는 것이 필연적으로 차단되어 있기 때문에, 모든 반성은 순진성naïveté의 계기를 함유하고 있을 것이다(후설 1962, 478쪽). 경험적 삶은 스스로를 주제화하고 개시할 수 있지만, 결코 철저하고 완전하게 그렇게 할 수는 없다. 메를로-퐁티가 우리의 시간적 실존은 우리의 자기이해의 조건이면서 또 장애라고 썼을 때 이러한 통찰을 반복하고 있었던 것이다. 시간성은, 우리의 과거 경험을 반성적으로 탐구하도록 우리가 그 경험으로 돌아가는 것을 가능하게 하는 내적 분열을 함유하고 있지만, 바로 이 분열은 또한 우리가 우리 자신과 완전히 일치하는 것을 차단한다. 살아지는 것과 이해되는 것 사이에는 항상 차이가 남아 있게 되는 것이다(메를로-퐁티 1962, 344~345쪽). 그래서 후설과 메를로-퐁티 모두 반성의 절대적인 힘에 의문을 가졌다.

• 반성은 자기비판적 고찰의 선행조건이다. 만약 우리가 우리의 다양한 믿음들과 욕구들을 비판적이고 규범적인 평가를 받게 하려 한다면, 단지 문제가 되고 있는 상태의 1인칭적 경험을 갖는 것만으로는 충분하지 않다. 그것들을 직접적으로 또 함축적으로 알아차리는 것으로는 충분하지 않다. 오히려, 반성할 때, 우리는 진행 중인 심적 활동들에서 뒤로 물러나는데, 리처드 모란Richard Moran이 최근에 지적해 왔듯이, 이러한 물러남은 거리두기distancing와 분리separation의 비유일 뿐만 아니라, 관찰observation과 직면confrontation의 비유이기도 하다. 이 반성적 거리두기는 우리가 우리의 심적 상태들에 비판적으로 관계하고, 의문을 갖는 것을 가능하게 하는 것이다. 궁극적으로 반성은 우리가 이유를 갖고 행위하도록 강요한다(모란 2001, 142~143쪽).[6]

결론: 집으로 운전해가기

마지막으로, 우리의 차로 되돌아가서, 어떻게 여기에 오게 되었는지 이해할 수 있는가 알아보자.

쉬지 않고 아주 먼 거리를 운전해 왔다면, 여러분은 이 조건들 속에서 일어날 수 있는 자동운동automatism의 신기한 상태를 경험했을지도 모른다. 하고 있었던 일을 알아차리지 못하다가, 또는 실로 어떤 것도 알아차리지 못하다가, 우리는 먼 거리를 운전해 왔다는 것을 갑자기 '알게 되고' 깨달을 수 있다. 아마도 브레이크나 클러치를 사용해서 차를 도로에서 운전해 왔겠지만, 하고 있었던 일을 전혀 알아차리지 못하고 그렇게 했던 것이다.

—암스트롱 1981, 12쪽

겉보기에 무의식적unconsciously으로 운전하기 때문에(암스트롱은 운전자가 비의식적으로non-consciously 길을 지각한다고 말할 것이다), 어떻게 집에 오게 되었는지 잊고 있는 운전자에 대한 암스트롱의 예는 맹시와 비슷한 경우로 언급되는 일이 종종 있다(예를 들어, 캐러더스 2005를 보라). 그러나 이 두 종류의 경험은 분명히 다르다. 맹시의 경우에서 우리는 비의식적 지각이나, '나는 시각 자극을 전혀 의식하지 못한다'는 피험자의 정당한 주장을 발견한다고 말할 수 있다면, 집으로 운전해 가는 경우에서는 그렇지 않다. 나는 운전할 때 (암스트롱, 캐러더스 등께는 죄송한 말씀이지만) 그렇게 무의식적으로 하지 않는다. 만약 조수석의 친구가 나에게 차선을 넘나드는 저 차를 보고 있는지를 묻는다면, 내가 "아니, 미안해, 아무 차도 보이지 않아. 어디가 길인지 모르겠어" 하고 답하지는 않을 것이다. 내가 이와 같이 대답했다면, 운전면허를 취득했을 것 같지는 않다.

우리가 집으로 운전해 갈 때 우리는 교통 상황을 분명하게 의식하고 있으며, 설사 생각에 빠져 있다 하더라도, 도중에en route 길을 잃은 것은 아니다. 그런데 왜 우리는 어떻게 집에 왔는지 기억할 수 없는가? 이것을 설명하는 한 가지 방법은, 어떤 상황에서는, 의식하긴 하지만 의식한 것을 금방 잊는 것이 전적으로 가능하다는 것을 보여주는 증거에 호소하는 것이다(와이더Wider 1997, 167쪽). 따라서 운전의 경우는 의식한 후 금방 잊음 consciousness-plus-quick-forgetting의 한 사례로 설명될 수 있다. 자기의식은 어떠한가? 암스트롱은 운전자가 자기의식적이라는 것을 부인한다. 그러나 이 장에서 말해 왔듯이, 만약 운전자가 의식적이라면 그는 또한 전반성적으로 자기의식적이다. 집으로 운전해 갈 때, 나는 내가 무엇을 하고 있는지 알고 있고, 교통상황에 대한 질문에 쉽게 대답할 수 있다. 그러나 왜 나는 이동할 때의 세부사항들을 기억하지 못하는가? 이것은 주의 결핍의 문제가 아니다. 오히려, 우리가 하고 있는 것에 자기의식적일 때, 우리의 알아차림과 우리가 기억하는 것은 보고가능한 가장 적절하고 실용적인 수준에서 특정화된다는 것이 실용적인 행위의 본질적인 측면이다. 우리 행위의 어떤 국면들에서는, 이와 관련된 지각-운동perceptual-motor의 세부사항들, 예를 들어 핸들로부터 기어로 손을 뻗칠 때 내 손이 취하는 모양을 알아차리지 못한다는 것을 우리는 (신체화에 대한 장에서) 보게 될 것이다. 우리 행위의 또 어떤 국면들에서는, 주변 대상(예를 들어 자동차, 도로)을 반드시 알아차릴 수 있으며, 최소한 우리 자신의 운동에 대해 자기의식적이다. 훨씬 더 낮은 수준의 기술에서 특정화되는 후자와 같은 알아차림의 유형은 반드시 잊혀지게 되며, 빠르면 빠를수록 더 좋다. 이는 우리가 세부사항들을 금방 잊는 대부분의 자동행동motor behaviour(그리고 운전행동motoring behaviour)의 자연스런 구성요소이다. 만약 우리가 그렇게 하지 않으면 무슨 일이 일어날지 생각해보라. 우리의 주의는 운전 과정에서 우리가 이전에 수행한 세부사항들로 쉽게 되돌아가게 될 수 있다. 예를 들어, 내가 커브길에서 다른 차를 추월하려고 어렵게 운전대를 돌리고 있다. 그렇게 하고 나서 수 분 후 그 행위를 다시 하거나 다시 생각하길 원하지 않는다. 오히려 새로운 교통 여건에 주의할 필요가 있는 것이다. 만약 일화기억의 경로를 따라서 내 행위의 모든 세부사항들을 처리해야 한다면, 내 마음은 현재의 운전 활동을 방해할 수 있는 쓸모없는 정보로 가득 차게 될 것이다. 가장 훌륭하게 수행하기 위해서는, 이전 경험의 세부사항들이 그냥 흘러가게 내버려두는 것이 필요하며, 또 현재의 상황에 내 주의를 고정시킬 수 있는 인지적 에너지가 필요하다. 나는 회사로부터 집으로 방금 운전해 왔다는 것(저 행위를 위한 가장 적절하고 실용적인 수준)을 여러분에게 말할 수 있게 되리라는 것은 의심할 여지가 없다. 그러나 내가 몇 대의 차를 지나쳐 왔는지 세부사항들을 말할 수 없게 되리라는 것, 심지어 통상의 경로를 가로질러온 것을 기억할 수 없게 되리라는 것에도 충분한 이유가 있는 것이다. 이것은 내가 행위할 때에는 존재하지만, 기억을 위해서 마음에 간직하지 않는 의식적이고 자기의식적인 경험의 수준이다.

시원적인 형태의 전반성적 자기의식의 존재를 옹호하는 일이 의식과 자기의식에 대한 현상학적 탐구의 전체를 구성한다고 생각하는 것은 잘못일 것이다. 이와는 달리, 의식과 자기의식의 관계에 대한 현상학적 탐구는 지향성·신체화·행위·자기성·시간성·주의·사회성 등의 본성과 같은, 다수의 관련된 문제들을 동시에 검토하는 맥락 속에 통합되어 있고, 그 속에서 발견될 수 있다는 사실에 의해 특징지어진다. 의식의 구조에 대한 분석의 일부로서, 현상학자들은 또한—주제를 몇 가지 언급하면— 다음과 같은 것을 논의한다. (1) 의식의 자아론적 설명을 선택해야 하는가, 비자아론적 설명을 선택해야 하는가, 즉 경험하기의 모든 일화들이 항상 경험의 주체를 수반하는가, 그렇지 않은가, (2) 의식 흐름의 시간성을 어떻게 이해하는가, (3) 전반성적 자기의식이 내적 분화 또는 하부구조에 의해 특징지어져 있는가, (4) 자기의식이 어느 정도까지 항상 신체화되어 있고 내장화되어 있는가, (5) 사회적 상호작용이 자기의식의 구조를 어떻게 변화시키는가, (6) 반성이 전반성적 의식의 구조를 개시할 수 있는가, 아니면 그 내용을 필연적으로 왜곡하는가, (7) 자기의식은 그 자체 대상의식의 한 형태가 아니지만, 그럼에도 불구하고 어느 정도까지 세계와의 지향적 마주침을 전제하는가 등이다. 우리는 후속하는 장들에서 이 많은 문제들로 돌아갈 것이다.

더 읽을 책들

— José Luis Bermúdez, *The Paradox of Self-consciousness*. Cambridge, MA: MIT Press, 1998.

— Natalie Depraz, *La conscience: Approches croisées des classiques aux sciences cognitives*. Paris: Armand Colin, 2001.

— Henry Ey, *Consciousness: A Phenomenological Study of Being Conscious and Becoming Conscious*. Bloomington: Indiana University Press, 1978.

— Manfred Frank (ed.), *Selbstbewußtseinstheorien von Fichte bis Sartre*. Frankfurt am Main: Suhrkamp, 1991.

— Uriah Kriegel & Kenneth Williford (eds), *Self-representational Approaches to Consciousness*. Cambridge, MA: MIT Press, 2006.

— Jean-Paul Sartre, *Being and Nothingness*. Trans. H.E.Barnes. New York: Philosophical Library, 1956.

— Jean-Paul Sartre, Consciousness of self and knowledge of self, *in Readings in Existential Phenomenology*, N.Lawrence and D.O'Connor (eds). Englewood Cliffs, NJ: Prentice Hall, 1967, 113~142.

— Evan Thompson (ed.), *The Problem of Consciousness: New Essays in Phenomenological Philosophy of Mind*. Calgary: University of Calgary Press, 2003.

— Max Velmans & Susan Schneider (eds), *The Blackwell Companion to Consciousness*. Oxford: Blackwell, 2007.

— Dan Zahavi, *Self-awareness and Alterity: A Phenomenological Investigation*. Evanston: Northwestern University, 1999.

— Philip D. Zelazo, Morris Moscovitch & Evan Thompson (eds), *The Cambridge Handbook of Consciousness*. Cambridge: Cambridge University Press, 2007.

4
시간

우리가 세계를 어떻게 경험하는지 생각해보라. 일상 활동에서 우리는 사물들과 부딪치지 않고 세계 속을 뚫고 이동해 나아간다. 예를 들어, 좁은 복도에서 나를 향해 걸어오는 매력적인 사람을 본다고 하자. 나는 우리가 서로 부딪치는 것을 피해야 할 필요가 있는 지점이 있으리라 예기한다. 우리는 서로의 움직임을 예기할 수 있는 것 같으며, 순조롭게 서로 지나쳐가는 데 보통 아무 문제가 없다. 동시에 나는 이 사람이 매우 낯이 익다고 생각하고 있을지도 모른다. 전에 이 여자를 어디에서 본 적이 있나? 맞아, 있다. 나는 어젯밤 철학 강의에 이 여자가 있었다는 것을 기억한다. 이 여자가 바로 지금 나를 지나쳐갈 때, 나는 멈춰서 돌아서며 말한다. "이봐요, 어제 저녁 철학 강의에 있지 않았나요?" 실제로 이 여자는 내 문장을 이해하는 것 같으며, 멈춰서 "왜 알고 싶어 하죠?" 하고 대답한다. 나는 즉시 이 대화가 어디로 이어질지 궁금해 하기 시작한다.

매일같이 일어나는 이런 종류의 마주침, 그리고 우리가 종사하는 모든 종류의 활동에는 실로 시간성의 국면들이 스며들어 있다. 우리는 곧 발생할 어떤 일들, 예를 들어 복도에서 다가오는 사람을 피해서 움직일 지점을 예기한다. 우리는 과거에 일어났던 어떤 일들, 예를 들어 어젯밤 철학 강의에서 있었던 일을 기억한다. 그러나 우리는 또한 방금 일어난 일에 대한, 작동하고 있는 느낌sense을 유지해야 한다. 예를 들어, 이 사람이 막 나를 지나쳐갔고 지금은 바로 내 뒤에 있다는 것을 알고 있으며, 그 여자가 어떻게 생겼는지에 대한 지각적 느낌을 아직 갖고 있다. 내가 말하기 위해 돌아설 때, 그 여자가 아직 거기에 있을 것이라고 예기한다. 내 문장의 표현, 그리고 그것을 이해하고 응답하는 그 여자의 능력은 짧은 시간에 걸쳐 펼쳐지는 의미 단위들을 산출하고 파악하는 능력을 필요로 한다. 나의 기대는, 내가 이 사람에게 어떤 기대를 갖는다면, 그 기대가 충족되든 꺾이든 간에, 아직 형태를 갖추지 않은 미래로 투사된다.

길을 잃지 않고 경험의 흐름을 항해할 수 있기 때문에, 우리는 일관성 있고 의미 있는 세계에 살고 있으며, 그리고 공간을 이동해 나아가는 능력이나 사회 세계에서 관계 속으로 길을 찾아가는 능력과 같은, 우리의 다른 능력들은 전적으로 우리의 시간적 항해에 의존한다. 만약 우리 경험의 시간적 구조들이 붕괴한다면, 무엇이 일어날지 생각해보라. 매우 좁게 국한된 경험의 영역, 가령 시각에서 이와 비슷하게 일어날 붕괴를 생각해보라. 안쪽 측두엽 피질medial temporal cortex(MT)의 신경구조들은 운동에 대한 시각적 탐지를 전담하고 있다. 만약 이 부분의 피질이 가령 타격에 의해 손상되면, 모양과 색깔에 대한 시각적 지각이 보존되더라도 운동에 대한 지각은 붕괴되어서, 운동맹motion blindness 또는 운동실인증motion agnosia 이라는 상태가 초래된다. 운동실인증에 걸린 사람은 세계가 움직임이 없이 수 초 동안 제자리에 얼어붙은 듯한 경험을 하게 된다. 그때 세계의 사물들은 갑자기 새로운 위치로 재배치된 것처럼 보인다. 운동실인증 환자들은 비록 그들이 모양, 거리, 색깔 등에 대해 분명한 시각을 갖고 있을지라도 환경을 다루는 데 심한 어려움을 겪는다. 아마 청각적 단서를 통해 여러분이 차들을 보고 그것들이 움직이고 있다는 것을 알기는 하지만 차들의 움직임을 볼 수는 없는 분주한 거리를 가로지른다고 상상해보라(쉥크Schenk와 질Zihl 1997; 질 등 1983을 보라).

운동실인증에 나타나는, 운동에 대한 시각적 경험의 붕괴는 세계를 이해하고 그 안에서 행위하는 사람의 능력을 혼란에 빠뜨린다. 아리스토텔레스는 운동과 시간 사이의 밀접한 관계에 주목했다. 또 통상 우리의 운동 지각과 우리 자신의 운동은 세 가지 시간적 차원 모두를 관통하여 뻗어 있는 응집성을 갖고 있지만, 연속적이고 봉합이 없는 듯 보이는 흐름 속에서 그러하다는 게 사실이다. 시간 연속성은 우리의 일상 경험의 의미를 이해하는 데에 절대적으로 본질적인 것으로 보인다. 이것은 불연속성도 있다는 것을 부인하는 게 아니다. 우리는 한 활동에서 다른 활동으로 빠르게 이동할 수 있고, 한 상황에서 완전히 다른 상황으로 움직일 수 있다. 또 심지어 정보나 활동의 흐름이 완전히 혼란스럽게 된 붕괴와 와해를 경험할 수도 있다. 결국, 이 경험들에 의미를 복구시키려 한다면, 우리는 그것들을 더 응집성이 있는 시간 체재 속으로 이동시켜야 한다. 운동 지각의 어려움에도 불구하고, 운동실인증 피험자는 경험의 대부분을 응집성 있는 시간 구조에 어떤 닻을 내려 유지하고 있기 때문에 여전히 기능할 수 있는 것이다.

시간 경험의 훨씬 더 심각한 붕괴에 대해 생각해보라. 진행 중인 우리의 현재 경험이 시간 응집성을 결여하면 어떻게 될까? 예를 들어, 바로 이전 순간의 경험을 적어둘 만큼 길게 마음속에 간직할 수 없다면, 또는 다음 순간의 사건들을 예측할 수 없다면 어떻게 될까? 내 경험은 조금이라도 어떤 의미를 만들어낼 수 있을까? 내가 방금 전에 스쳐지나간 여자에게 돌아보면서 말을 걸 수 있을까? 아니면 심지어 그렇게 하도록 동기부여될 수 있을까? 또는 그녀가 눈앞에서 사라지면 마음에서 완전히 사라지는가? 만약 그녀가 나에게 말을 건넨다면, 그 문장을 하나의 전체로서 이해할 수 있기 위해 그 문장의 처음 단어들을 마음속에 간직할 수 있을까? 혹은 시간 통합을 결여하면 내 경험은 의미를 결여하게 될까?

미비한 설명

기억 연구 — 인지심리학, 인지신경과학, 신경병리학 등 상이한 많은 학문 분야를 포함하는 연구 영역 — 의 핵심적인 발견들 중 하나는 기억이 마음의 단일한 능력이 아니라는 점이다. 오히려 기억은 다양한 별개의 분리 가능한 과정들로 구성되어 있다. 단기간의 정보를 보존할 수 있을 때, 기술을 학습하고 습관을 습득할 때, 일상의 사물을 알아볼 때, 개념적인 정보를 보유할 때와 관련된 기억이 있으며, 또 물론 우리가 과거의 특정 사건을 회상할 때와 관련된 기억도 있다(샥터Schacter 1996, 5쪽). 표준적인 교재들은 일화기억, 작업기업, 절차기억, 의미기억을 구분할 것이다. 즉 그 교재들은 지난 여름휴가에 대한 회상을, 전화버튼을 누를 수 있을 만큼 충분히 길게 8자리 전화번호를 읽어서 보유하는 능력, 자전거를 타는 법(여러 해 전에 습득한 기술)에 대한 기억, 현 유엔 사무총장의 이름(한 번 학습한 이름)에 대한 기억과 구분할 것이다.

무엇이 상이한 유형의 기억들의 구분에 동기를 부여하는가? 그 구별은 현상학적으로도 개념적으로도 입증될 수 있다. 그러나 표준적인 문헌에서는 종종 신경병리학에, 그리고 여러 뇌영상기법들brain imaging techinques(BIT)의 발견들에 호소하고 있다. 만약 상이한 기억 과제에 참여하도록 요청받은 사람들의 뇌를 스캔하면, 그들이 참여한 기억 과제의 유형에 따라 그들 뇌의 상이한 부분들이 특수하게 활동적이 되는 것 같다. 더욱 흥미로운 것은 아마도 상이한 유형의 뇌 손상을 갖고 있는 사람들이 다른 기억들은 보유하면서도 한 유형의 기억을 잃을 수 있다는 병리학적 발견들이리라.

선행성 기억상실증anterograde amnesia 곧 기억상실memory loss의 경우, 새로운 사건들은 일화기억에 포착되기에 충분할 만큼 오래 마음속에 간직되지 않는다. 선행성 기억상실증을 갖고 있는 사람은 일단 그의 주의가 어떤 새로운 사건으로 옮겨가면 경험에 관한 어떤 것도 기억하지 못한다.

이에 대한 흥미로운 예가 영화 <메멘토Memento>에서 제공되었다. 주인공인 레오나드는 범죄를 해결하려 하고 있지만, 일어나는 일을 끊임없이 잊고 있으며, 심지어 범죄를 해결하려 하고 있다는 사실조차도 잊기 때문에, 그는 경험하고 있는 모든 것을 경험하고 있을 때에 적어놓아야 한다. 그는 중요한 정보 및 계획들의 목록을 잊지 않기 위해서 그것들을 자신의 피부에 문신으로 새겼다. 그의 과거의 붕괴는 또한 그의 미래를 붕괴시킨다. 그에게 중요하게 생각될 수 있는 계획들은 그의 과거의 경험에 의해 결정되며, 그래서 만약 그의 과거의 경험이 완전히 없어진다면, 유의미한 미래도 없어진다.

유명한 실제 사례는 환자 HM에 관한 것이다. 그는 심각한 간질을 앓았고, 결국 편도체뿐만 아니라 해마 앞부분의 2/3를 제거하기로 결정되었다. 수술 후 깨어났을 때, HM은 이전 2년 동안 일어난 일을 기억할 수 없었다(당시 27살이었다). 그는 약 25살 무렵까지의 사건들에 대해서는 정상적인 기억을 갖고 있었지만, 그 이후는 아무것도 남아 있지 않았다. 게다가 HM은 최근의 과거를 기억하지 못했을 뿐 아니라, 수술 후에 경험한 모든 일들이 몇 분간만 그에게 머물다 사라져 갔다.[1] 그래서 HM은 사실상 작은 타임캡슐에 갇혔다. 그의 개인적인 인생은 25살이었을 때 끝났다. 후년에 질문을 받으면 그는 사람들에게 자기가 젊은이라고 말한다. 그는 오래 전에 죽은 친구들과 가족 구성원들에 대해 마치 그들이 아직 살아있는 것처럼 이야기한다. 거울이 주어졌을 때, 그는 자신을 바라보는 노인의 얼굴을 보고는 몸서리쳤다. 그가 갖고 있는 유일한 위안은 (그는 이 점을 모르지만) 몇 분 이내에 그 일화를 잊어버릴 것이라는 점이다. 그는 사람을 만날 때면 언제나 처음 만난다는 듯이 한다. 그에게는 심리검사들이 모두 새롭기 때문에, 지루한 검사들을 마쳐야 하는 점에 대해서 결코 불평하지 않는다. 그러나 HM은 절차기억을 보유하고 있다. 그는 비록 학습한 적이 있다고 회상하지는 못하지만, 새로운 운동 기술들을 습득할 수는 있다(샥터 1996, 137~139, 164쪽).

이와 관련된 사례 이야기는 심각한 역행성 및 선행성 기억상실증을 갖고 있는 환자에 관한 것이다. 일화기억이 결여되었지만 그는 열렬한 골프 선수였는데 파, 버디, 웨지와 같은 전문 용어를 사용하게 해주는 의미기억을 보유했을 뿐 아니라, 또한 절차기억 및 잘 칠 수 있는 능력과 기술을 보유했다. 그러나 그는 일화기억의 결여로 인해 수색이 지연되면 공을 찾을 수 없을 것이다. 그는 공이 떨어진 곳을 잊어버리고 말 것이다(앞의 책, 135쪽).

다양한 기억 장애의 대단히 충격적인 결과들은 더욱 근본적인 견해, 다시 말해 시간성 그리고 일정한 시간구조들은 경험, 지각, 행위에 절대적으로 본질적이라는 견해에 대한 예증으로서 이바지할 수 있다. 실로 메를로-퐁티가 쓴 바 있듯이, 시간을 분석함으로써 우리는 주관성의 구체적 구조에 접근할 수 있을 것이다(1962, 410쪽). 만약 우리가 우리 경험들의 역동적 성격을 정당하게 평가하고자 한다면, 우리는 시간의 역할을 무시할 수 없다. 이 시간구조는 무엇이고 또 그것은 어떻게 작동하는가? 이 물음에 대답을 전개할 때 처리해야 할 몇 가지 사안들이 있다. 우선, 경험은 결코 고립되어 일어나지 않는다. 우리는 시간적인 원자들의 단순한 집합체와 대면하고 있지 않다. 의식의 흐름은 어느 하나의 시간에 또 시간에 걸쳐서, 공시적으로 또 통시적으로 통일돼 있는 경험들의 앙상블이다. 우리는 이 시간 통일성과 연속성에 대해 설명해야 한다. 게다가, 우리는 이전 경험들을 회상할 수 있고 그것들을 우리 자신의 것으로 인식할 수 있을 뿐 아니라, 또한 지속하는 곧 시간적으로 연장된 노래나 문장과 같은 대상과 사건을 지각할 수 있다. 그래서 우리는 시간을 가로지르는 동일성 같은 어떤 것을 의식하기 위해서 의식이 어떻게 구조화되어야 하는지 하는 문제에 직면하게 된다. 우리는 또한 현재의 경험과 인지과정이 과거의 경험 및 미래의 기획과 기대 이 둘의 결합에 의해 형성되고 영향을 받는지 고려해야 한다.

우리는 경험의 시간성 또는 현상학자들이 '시간의식'이라 부르는 것에 대한, 단순하고 미비한 설명이라고 생각될지도 모르는 것을 신속히 묘사함으로써 시작할 수 있다. 일상생활에서 우리는 모두 변화와 지속persistence에 대한 직접적인 경험을 갖고 있다고 생각한다. 움직이지 않는 피라미드나

새의 비행을 볼 수 있듯이, 우리는 멜로디를 들을 수 있다. 그러나 어느 주어진 순간에, 우리가 바로 여기와 지금 이 좁은 순간에 우리에게 지각적으로 현전하는 것을 알아차리기만 하는 것이라면, 우리는 도대체 어떻게 시간적으로 연장된 대상을 지각할 수—상상한다든가 기억한다든가 판단한다는 것은 말할 것도 없이—있겠는가? 한 가지 자연스런 제언은 우리의 (청각적, 시각적 등) 지각들이 그 자체 시간적으로 연장된 과정임을 인정하기만 하면 된다는 것이다. 멜로디에 대한 지각은 멜로디가 시작될 때 시작하고, 멜로디가 끝나는 순간과 정확히 동일한 순간에 끝나게 된다(그림 4.1을 보라).

그러나 불행히도 사태는 그렇게 단순하지 않다. 만약 어떤 지각이 그 자신의 지속을 갖고 있다면, 그것은 그 자신의 시간위상들temporal phases을 담고 있을 것이다. 즉, 지각의 첫 번째 두 순간(A와 B)이 지나가고, 세 번째

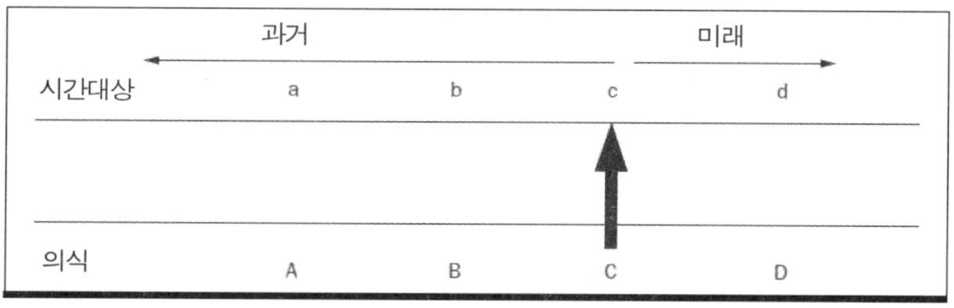

그림 4.1 지속하는 의식

순간(C)이 현재하고, 미래의 순간(D)이 아직 존재하지 않는 하나의 시간이 존재할 것이다. 그래서 C가 현재하고 일어나고 있을 때, 시간대상의 현재 조각(가령 멜로디의 한 음)인 c음에 대한 알아차림이 있을 것이다. 그러나 그것은 바로 우리가 매 순간 현재하는 것을 알아차린다는 것을 의미하지 다른 어떤 것을 의미하는 것은 아니다.

게다가 더 자세히 숙고해보면, 그런 의식 위상들의 단순한 계기succession가 그 자체로 계기에 대한 의식을 우리에게 제공하지 않을 것임은 명백하다.

하나의 대상을 시간을 통과하며 지속하는 것으로 실제로 지각하기 위해서는, 의식의 계기하는 위상들이 어떻게든 경험적으로 통일되어야 하는데, 결정적인 난관은 무한소급을 일으키지 않고, 즉 일차 단계의 의식을 통일하는 것이 과제인 시간적으로 연장된 또 다른 의식을 정립해야 하는 등 무한정 뒤로 나아가지 않고, 이 시간 결합을 설명해야 하는 것이다. 즉 이 문제를 피하기 위하여, 많은 이론가들은 데인튼Dainton이 최근에 동시적 알아차림의 원리Principle of Simultaneous Awareness(2000, 133쪽)라 불러 온 원리를 채택하도록 유혹받고 있다. 이 원리에 따르면, 나는 시간대상의 현재 조각 이상의 것을 동시에 알아차린다. 실로 만약 대상의 시간 조각들의 잇달음sequence 곧 계기succession가 단일한 순간적 의식 작용에 의해 동시에 포착된다면, 이는 오직 잇달음 또는 계기로서만 경험된다(그림 4.2). 이는 다수의 19세기 심리학자들(가령 로체Lotze 1887)에 의해 전개된 것이며, 윌리엄 제임스(1950)에 의해서도 또한 채택되었다.

동시적 알아차림의 원리는 보통 시간대상에 대한 지각은 그 자체 시간 속에서 뻗어 있는 것이 아니라 순간적이라는 주장을 동반한다. 왜 우리는 시간 잇따름 전체를 아우르는 순간적인 지각 작용을 상정할 필요가 있는가? 만약 순간적인 작용이 연장된다면, 지속하는 의식은 그 자체 지속에 대한 의식이 아니라는 문제에 다시 한 번 봉착할 것이기 때문에, 우리는 순간적인 작용을 필요로 한다. 우리가 시간적으로 연장된 어떤 것, 직접적 과거를 포함하는 어떤 것을 알아차릴 때, 알아차림 그 자체는 결과적으로 현재에 위치해야 한다. 그것은 점과 같은 것이어야 하며, 순간적인 것이어야 한다(데인튼 2000, 133쪽). 동시적 알아차림의 원리가 계기하는 세 음을 듣는 것과 세 음을 동시에 듣는 것 간에 차이가 있음을 부인하지 않는다는 것은 명백하다. 이 원리는 계기로서 포착되기 위해서 계기는 단일한 순간적인 알아차림 속에서, 즉 분할불가능한 점이나 순간instant으로서 이해된 순수 지금에 위치하고 있는 알아차림 속에서 하나의 전체로서 포착되어야 한다고 단순히 주장하고 있을 뿐이다.

만약 이 모델을 선택하면, 그것의 여러 버전 중에서 하나를 선택해야 한다. 한 선택은 순간적인 알아차림의 작용이 실제적인 시간연장을 갖고 있는 내용content의 계기succession를 직접적으로 포착한다고 주장하는 것이다. 이 견해에 따르면, 알아차림의 작용은 순간적이지만, 그것의 범위는 그렇지 않다. 하지만 이 설명은 반복되는 내용들의 문제problem of repeated contents라 불리어 온 어려움에 직면한다. 왜냐하면 어떠한 알아차림의 작용도 그 범위가 제한되어야 하기 때문인데, 이를 논증하기 위해서 알아차림이 계기하는 두 음의 포착에 제한된다고 가정해보고, 그 다음 도-레-미 세

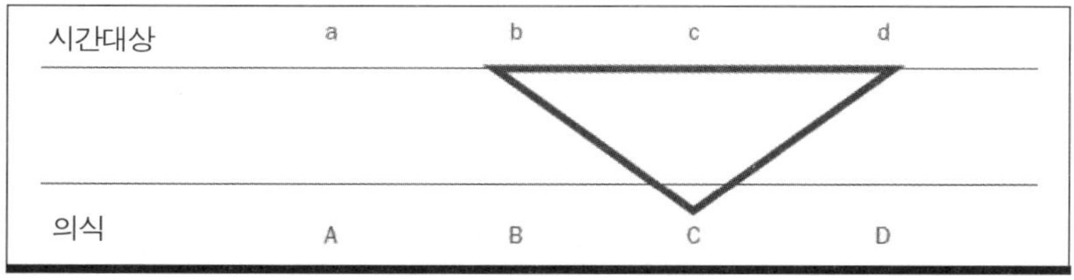

그림 4.2 동시적 알아차림의 원리

음의 잇따름에 대한 알아차림을 예로 취해보자. 첫째, 우리는 도-레를 포착하는 작용(C)을 갖고, 그런 다음 레-미를 포착하는 또 다른 작용(D)을 갖게 될 것이다. 동시적인 알아차림의 원리에 따라 이 두 순간적인 작용이 별개라고 가정한다면, 같은 내용이 C에서 한번 D에서 한번, 결국 두 번 경험되게 되는 것이다(그림 4.3). 그러나 물론 그것은 경험에 충실한 것은 아니다. 우리는 레를 두 번 듣지 않고, 한번만 듣는다(앞의 책, 141쪽).

또 다른 선택은 순간적인 알아차림의 작용에 의해 포착되는 내용은 그 자체가 순간적인 작용과 동시라는 견해를 취하는 것이다. 그러나 이것은 시간적으로 연장된 대상의 상이한 시간 조각들이 동시에 주어지지 않기 때문에 명백히 문제가 있다. 그때 우리는 다음과 같은 생각에 이르게 된다. 대상의 현재 조각은 지각적으로 주어질 수 있는 반면, 대상의 이전 조각은 더 이상 현재하지 않는데, 그러므로 현재 조각이 발생할 때 그 대신 재-현전

되어야re-presented 한다. 따라서 시간적으로 연장된 발생들occurrences을 우리가 직접적으로 알아차리는 것처럼 보이지만, 실제로는 우리는 그러한 발생들의 재현전들representations을 알아차릴 뿐이다(데인튼 2003, 8쪽). 이 입장의 많은 옹호자들에 의해 도출된 하나의 결론은 시간 과정에 대한 진정한 지각이 불가능하다는 것이다. 시간 잇따름에 대한 우리의 알아차림은 항상 재현전적이다. 그것은 시간적으로 연장된 대상의 재현전들로서 기능하는 잡다한 내용들의 동시적인 주어짐에 토대를 두고 있다. 시간적으로 분산된 대상의 재현전은 결과적으로 지각적 현시presentation를 특징짓는 대향성directness과 직접성immediacy을 결여한다. 동시적 알아차림의 원리의 이 버전은 반복되는 내용의 문제를 주어짐의 시간양상temporal modes of givenness을 강조함으로써 피할 수 있다. 동일한 내용은 같은 방식으로 두 번 주어지지 않으며, 오히려 매번 그것은 상이한 시간양상 속에서 처음엔 지금, 그 다음에는 방금 지나간 것just-past, 그 다음에는 더 멀리 지나간 것further-past 등으로서 주어진다. 따라서 같은 시간양상의 현시 속에서 같은 내용을 반복적으로 경험하는 것이 아니라, 우리는 그것을 과거로 순조롭게 가라앉는 것으로서 경험한다. 그러나 해결하려는 이 시도에도 불구하고, 물음은 결국 우리가 변화와 계기를 직접 경험한다는 것을 부인하는 설명이 만족할 만한 것인지의 여부이다. 모든 지각적으로 경험되는 대상의 조각은 아무리 짧더라도,—가령 멜로디의 한 음은 그 자체 지속을 갖고 있다—그 자체가 필연적으로 어떤 시간연장을 갖는다는 것을 명심해야 한다. 그래서 결국 방금 개요가 서술된 견해는 결코 찰나적인 현재가 아닌

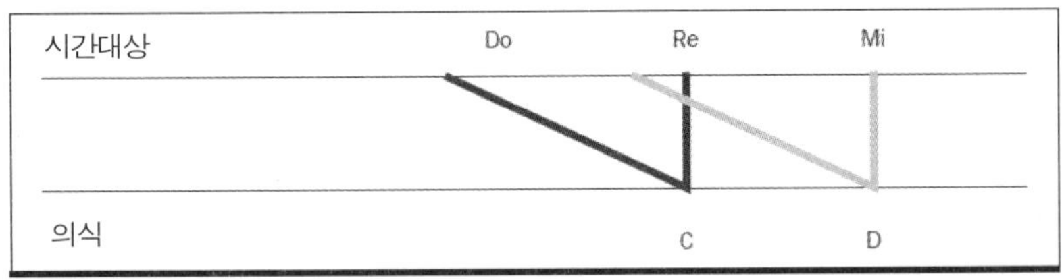

그림 4.3 반복되는 내용의 문제

지각의 가능성을 그야말로 부인하지 않을 수 없는 것으로 보인다. 우리는 온전한 한 음조차 들을 수 없게 될 것이다. 이것은 우리의 경험과 모순되는 것 같다(갤러거 2003c를 보라).

지금까지 숙고된 논의들은 그다지 유력해 보이지 않는다. 대안적인 한 모델, 후설이 고안해낸 모델을 살펴보기로 하자. 후설은 그의 현상학에서 우리가 사물들을 경험하는 방식을 공정하게 보여주려고 시도하고 있다.

시간의식의 현상학

아우구스티누스의 『고백록』(Book 11, Ch. 14)에 나오는 유명한 말을 인용하면서 시간에 대한 논의를 시작하는 것은 일반적인 관행에 가깝다. "그렇다면 시간이란 무엇인가? 만약 아무도 나에게 묻지 않는다면 나는 시간이 무엇인지 안다. 그러나 나에게 묻는 사람에게 시간을 설명하고자 한다면, 나는 시간이 무엇인지 알지 못한다." 후설도 시간의식의 문제에 대해 강의했을 때 이 관행을 따르면서, 우리가 시간의식에 대해 설명하려고 애쓰는 순간 "우리는 가장 이상한 어려움들, 모순들, 혼동들에 휘말리게 된다"(1966a/1991, 4쪽)고 덧붙였다. 사실, 시간의식에 대한 분석은 종종 현상학에서 가장 어려운 주제 중 하나를 이루는 것으로 여겨진다.

후설의 주된 주장은, 만약 의식이 우리에게 대상의 순간적이거나 순수한 지금 조각만을 제공한다면, 그리고 만약 의식의 흐름 그 자체가 마치 진주목걸이처럼 경험하기experiencing의 연결되지 않은 점들의 연쇄series라면, 계기와 변화에 대한 지각은 물론이고 시간적으로 연장된 대상에 대한 지각은 불가능하리라는 것이다. 만약 우리의 지각이 바로 지금 존재하는 것을 의식하는 데 제한된다면, 시간 연장 및 지속을 가진 어떤 것도 지각할 수 없을 것인데, 왜냐하면 고립된 점적인 의식 상태의 계기는 그 자체 우리로 하여금 계기와 지속을 의식할 수 없게 하기 때문이다. 우리가 명백히 계기와 지속을 경험하기 때문에, 우리는 우리의 의식이 어떻게 해서든 바로 지금 주어져 있는 것 이상을 아우를 수 있다는 것을 인정해야 한다. 즉, 의식은 방금 있었던 것, 그리고 막 일어나려 하는 것을 함께 의식해야 한다. 결정적인 의문이 남는다. 우리는 어떻게 더 이상 존재하지 않거나 아직 존재하지 않는 것을 의식할 수 있는가? 어떤 사람은 상상이나 기억이 결정적인 역할을 할지도 모르며, 이 능력들이 우리로 하여금 점적인 지금을 초월하게 한다고 제언해 왔다. 우리는 바로 지금 일어나는 것을 지각하고, 더 이상 있지 않는 것을 기억하며, 아직 일어나지 않는 것을 상상한다. 그러나 후설에 따르면, 우리는 직접적으로 변화와 지속을 경험하는 것과, 단지 그것을 상상하거나 기억하는 것을 구분할 필요가 있다. 그의 견해로는, 우리는 계기의 직관적인 현시를 갖는다. 따라서 후설은 (시간 속에서 필연적으로 연장하는) 움직임을 보는 것 또는 멜로디를 듣는 것과, 이 둘을 기억하는 것 또는 상상하는 것 간에는 현저한 현상학적 차이가 있다고 주장할 것이다. 더구나, 그는 방금 지나간 것의 현재적 재현전representation에 대한 포착이 방금 지나간 어떤 것에 대한 직관적인 알아차림을 우리에게 제공할 수 있다는 것을 부인할 것이다.

자신의 분석에서, 후설은 현재presence의 '폭' 또는 '깊이'를 강조했다. 내가 멜로디를 경험할 때, 나는 단순히 한 음의 칼날 같은 현시를 경험하는 것이 아닌데, 왜냐하면 그때 그 음은 완전히 씻겨 내려가서 다음 음의 칼날 같은 현시에 의해 대체되기 때문이다. 오히려 의식은 내가 두 번째 음을 들을 때 첫 음의 감각sense을 보유하며, 그것에 대한 들음은 또한 다음 음(또는 적어도, 내가 그 멜로디를 모르는 경우에, 어떤 다음의 청각적 사건)에 대한 예기로 인해 풍부해진다. 이를 예증하면, 우리가 C, D, E음으로 이루어진 잇따름을 듣고 있다고 상상해보자. 만약 우리가 이 지각의 마지막 부분, 곧 E음이 울릴 때 일어나는 부분에 초점을 둔다면, 우리는 오직 E음만을 배타적으로 의식하는 의식이 아니라, 이전의 두 음인 D음과 C음을 여전히 의식하는 의식을 발견한다. 이것은 현재하는 E음에 대한 의식과, D음과

C음에 대한 의식 간에 어떤 차이도 없다는 것을 의미하는 게 아니다. D와 C는 E와 동시적이지 않다. 반대로 우리는 시간 계기를 경험한다. D와 C음은 있었던have been 음이며, 그 음들은 과거로 가라앉는 것으로 지각되는데, 그래서 갑자기 서로를 대체하는 고립된 음들을 경험하는 것이 아니라 그 음의 시간 지속 속에서 현실적으로 잇따름을 경험할 수 있게 된다.2) 달리 말해서, 후설에 따르면, 우리가 멜로디를 지각할 수 있는 이유는 의식이 이 시간적 현시를 허용하도록 구조화되어 있기 때문이다. 내가 어떤 것을 경험하고 있을 때, 일어나는 매 순간의 의식은 단순히 다음 순간에 사라지는 것이 아니라 지향적 흐름currency 속에 간직되고, 그렇게 해서 경험된 시간 지속을 넘어 뻗어나가는 응집성을 구성하는 것이다. 제임스식의 어떤 용어를 채택하면, 살아지는 현재lived presence의 기본 단위는 '칼날의' 현재present가 아니라 '지속 구역duration-block' 즉 현재, 과거, 미래의 3가지 시간 양상을 합해서 이루어져 있는 시간적 장이다(제임스 1950 참조). 그림 4.4를 보라.

후설은 이 의식의 시간구조를 기술하기 위해 세 가지 전문용어를 사용한다. 엄밀하게 국한된, 대상의 지금 조각으로 협소하게 향하는directed (1) '근원인상'이 있다. 근원인상은 결코 고립되어 나타나지 않으며, 혼자서는 우리에게 시간대상에 대한 지각을 제공할 수 없는 추상적 요소이다. 근원인상은 (2) '파지' 또는 파지적 국면을 수반하는데, 파지는 우리에게 대상의 방금 경과된 조각에 대한 의식을 제공하며, 이렇게 해서 과거로 향하는past-directed 시간 맥락을 근원인상에게 제공한다. 또 근원인상은 (3) '예지' 또는 예지적 국면을 수반하는데, '예지'는 다소 명확하지 않은 방식으로 발생하려는 대상의 조각을 지향하며, 이렇게 해서 미래로 향하는future-oriented 시간 맥락을 근원인상에게 제공한다(후설 1962/1977, 202쪽). 우리가 대화를 들을 때면, 청각 신호가 더 이상 거기에 없는 이후에도 문장 단어들의 지향적 의미sense를 접할 수 있도록 유지하게 해주는 것은 바로 파지적 국면이다. 게다가 내가 문장을 말할 때면, 나는 문장이 어디로 가고 있다는,

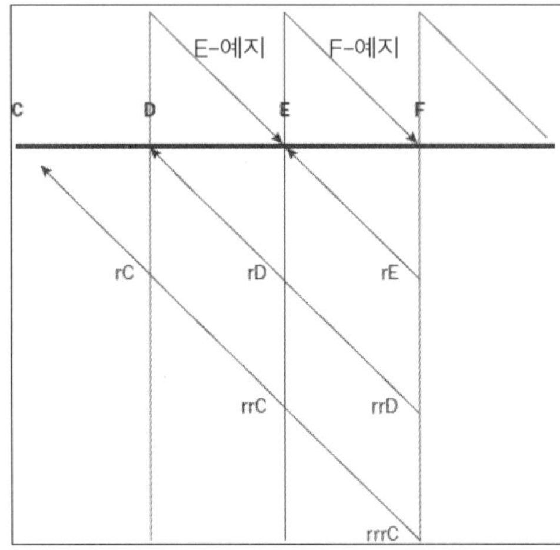

그림 4.4 시간의식의 구조

혹은 적어도 문장이 어떤 종류의 결말로 향하고 있다는 어떤 예기적 느낌 sense을 갖는다. 문장(사고)이 어디로 향하고 있다는 것을 아는 이런 느낌은, 비록 완전하게 확정적이지 않더라도, 내가 유의미한 방식으로 말하는 경험에 있어 본질적인 것으로 보인다. 막 발생하려는 어떤 것에 대한 이 지향적 예기를 우리에게 제공하는 의식은 바로 예지적 국면이다. 후설 역시 지적하듯이, 놀라움의 경험을 허용하는 것은 바로 예지이다. 내가 좋아하는 멜로디를 듣고 있을 때 어떤 사람이 틀린 음을 치면, 나는 놀라거나 실망한다. 어떤 사람이 문장을 완성하는 데 실패한다면, 나는 불완전하다는 느낌을 경험하는데, 이는 부분적으로 의식은 경험의 임박한 노정이 무엇을 제공할지 하는 예기를 수반하며, 또 이 경우들에서 실제로 발생하는 것이 나의 예기와 합치하지 못하기 때문이다. 그러나 예지의 내용은 항상 완전히 규정적인 것은 아니며, '다음에 어떤 일이 발생해야 한다'는 가장 일반적인 느낌에 접근하는 것일 수도 있다.[3]

　후설의 설명에 따르면, 파지retention는 우리가 지각하는 의식 내의 한 개별적인 사물a particular thing이 아니다. 오히려 우리는 방금 지나간 음이 보유되기retained 때문에 그것을 방금 지나간 것으로 듣는다. (현재하는cur-rent) 의식의 파지적 국면과 (방금 지나간) 보유되는 것 사이에는 동시성이 없다. 방금 지나간 음은 어떤 잔향처럼 의식 내에 남아 현재하는present 것이 아니다. 오히려 그것은 방금 지나간 것으로서 의식에 현시된다presented. 파지는 실재적인real 내용을 보유하지 않는다(방금 지나간 음은 결코 물리적으로 현재하지 않는다). 오히려 의식은 그것을 지향적 내용으로 보유한다. 그것은 의식적으로 방금 지나갔다는 느낌을 보유한다. 따라서 파지는 지향성의 특유한 형태로 인정되어야 한다. 근원인상과는 달리, 파지는 지나간 것을 지향한다. 일화기억과는 달리, 파지는 지나간 것을 현시한다. 파지는 지나간 것을 단지 재-현전하는 것이 아니다. 요컨대, 파지는 우리에게 방금 지나간 것에 대한 직접적인 직관적 파악을 제공하기에, 현재하는 어떤 것에 대한 특수한 포착이 아니다. 후설이 쓰고 있듯이, "파지는 오직 변양된 형태로만 인상적 자료들을 내실적으로really(reell) 보존하고 있는 변양modification이 아니라, 일종의 지향성 ─ 실로 그 자신의 특정한 성격을 갖고 있는 지향성 ─ 이다"(1966a/1991, 118쪽). 이것을 한 번 더 강조하면, 대상이나 사건의 방금 지나간 조각을 파지적으로 알아차리는 일은 왜곡된 어떤 이상한 방식을 통해 방금 지나간 조각을 감각적으로 함께 현재하게 하는 일을 수반하지 않는다.

구체적 예를 들어보자. 만약 거리를 건너가고 있는 보행자를 바라본다면, 우리의 지각은 그의 움직임의 지속 없는 지금 조각을 포착하는 데에 제한되지 않을 것이다. 지각적으로, 그것은 보행자가 갑자기 난데없이 나타나는 것과 같지는 않을 것이다. 그리고 게다가, 우리는 그의 현재 위치의 시간 맥락을 확립하기 위해서 명시적으로 기억하는 작용에 종사할 필요가 있는 것도 아니다. 또 그의 움직임의 모든 이전의 조각들이 그의 현재 위치와 동일한 방식으로 지각적으로 현전하는 경우도 아닐 것이다. 만약 그 경우라면, 보행자는 그가 방금 횡단해 온 전체 공간을 지각적으로 채울 것이다. 그러나 우리는 또한 그의 움직임에 대한 지나간 조각들이 어떤 모호한 유령 같은 방식으로 시각적으로 현전한다는 생각도 삼가야 한다. 과거 속으로 시간적으로 '희미해져 가는 것fading'은 지각적으로 현재하는, 희미해져 가는 이미지의 희미해져 감과 동등한 것이 아니다. 파지는 보행자를 보는 방금 지나간 내 경험의 느낌을 보유하지만, 의식 속에서 희미해진 이미지를 간직함으로써 그렇게 하는 것이 아니다. 오히려 파지가 의미하는 것은 매 순간 우리가 지각하는 것이 시간 지평 속에 내장화된대[묻혀 있다]는 것이다. 그것의 의미는 여전히 지향적으로 보유되는, 전에 지나간 것에 의해 영향을 받는다. 방금 지나간 음이 지향적으로 보유된다는 것은 그것의 의미 meaning나 뜻significance이 방금 지나간 것으로서 보유된다는 것이다.

파지는 문제의 대상을 재-현전하는 기억이 아니라, 대상이 방금 지나갔다는 느낌의 직관을 우리에게 제공한다(후설 1966a/1991, 41쪽). 그것은 계기에 대한 지각을 가능하게 하고자 한다면 정확히 요구되는 것이다. 후설은 의식 상태들의 단순한 계기가 계기에 대한 의식을 보장하지 않는다는 것에 동의하겠지만, 그러나 이것이 지속과 계기에 대한 지각이 불가능하다는 것을 함의하는 것은 아니다. 만약 우리가 또한 지각이 단순한 지금-점now-point을 파악하는 것으로 환원된다는 생각 — 이는 정확히 후설이 거부하는 생각이다 — 을 수용하지 않는다면 말이다. 지각은 한낱 지금 있는 것에 대한 지각일 수 없다. 오히려 대상의 현재 조각에 대한 어떤 지각도 방금 지나간 조각에 대한 파지와 막 발생하려고 하는 것에 대한 예지를 포함한다(1966b/2001, 315쪽). 그러므로 지각적 현전은 점적이지 않다. 그것은 지금, 지금 아님, 아직 지금 아님이 지평적 게슈탈트에 주어져 있는 장이다. 이것은 지속하는 대상에 대한 지각을 가능하게 하고자 한다면 요구되는 것이다.

파지가 현재의 시간지평을 구성한다는 점을 고려할 때 — 파지가 은유적으로 말해 시각 주변부의 시간적 등가물로 간주될 수도 있는 것을 구성한다는 점을 고려할 때 — 그것은 보통 그렇게 이해되고 있는 기억의 한 형태로서가 아니라 지각적 의식의 부분으로서 간주되어야 한다. 언젠가 제임스가 말했듯이, "회상되는 대상은, 그 용어의 고유한 의미에서, 의식에 전적으로 부재해 온 것이고, 지금 새롭게 부활하는 것이다. 이를테면 무수히 많은 다른 대상들과 함께 묻혀 시야에서 사라진 그것의 저수지로부터 다시 가져온 것[상기된 것]이고, 다시 불러온 것[회상된 것]이고, 끌어올려진 것이다'(1950, I, 646쪽). 우리는 현재했다가 지금은 과거가 된 어떤 것만을 기억할 수 있다. 이 정의를 고려할 때, 파지는 처음으로 현재하는 어떤 것을 만드는 바로 그 과정에 수반되는 것이기 때문에, 그것은 기억의 한 형태라고 말할 수 없다. 그러나 확실히 이 견해는 기억이 결국 무엇인가에 대한 다소 협소한 정의를 전제하고 있다. 더 자유롭게 독해하면, 기억은 시간이 흐르면서 정보가 보유될 때마다 수반되는 것이며, 또 이렇게 독해할 때 파지는 (작업) 기억의 한 형태를 형성할 것이다.

후설의 분석에 따르면, 어떤 종류의 경험(지각, 기억, 상상 등)도 공통의 시간구조를 가지므로, 경험의 어떤 순간도 경험의 지나간 순간들에 대한 파지적 지시, 현전하는present 것으로의 현재의current 개방성(근원인상), 막 발생하려고 하는 경험의 순간들에 대한 예지적 예기를 담고 있다. 의식은 살아지는[체험되는] 현재lived presence의 장을 창출하는 것이다. 이 장의 구체적이고 충만한 구조는 의식의 예지-근원인상-파지 구조에 의해 결정된다. 비록 이 구조의 특정한 경험 내용은 순간순간 점진적으로 변화하지만, 어느 주어진 순간에도 이 3중 구조는 통일된 전체로서 (공시적으로) 현전한다. 이 분석은 제임스, 브로드Broad 및 다른 사람들에게서 발견되는 연장된 지금의 개념에 대한 설명을 제공한다. 이 저자들에게서, 우리가 칼날 같은 현재보다 더 많은 것을 경험한다는 사실은 시간 지각의 문제에 대한 해법으로 제시되지만, 그 자체로 설명되지는 않는다. 살아지는 현재를 조야하게 주어진 것으로 단순히 간주하지 않고, 의식의 파지적-근원인상적-예지적 구조에 대한 세부묘사를 통해 그것의 구성에 수반되는 역동성에 대해 현상학적 설명을 제공하기 때문에, 후설의 분석은 그들 이론에 대한 개선책이다 (갤러거 1998을 보라).

의식과 자기의식의 미세구조

지금까지 언급했듯이, 모든 의식 작용들의 구조적 특질인 파지와 예지와, 특정한 유형의 심적 작용들로 이해되는 회상과 기대를 구분하는 것이 중요하다. 한편으로는 멜로디를 듣는 동안 방금 울린 음을 파지하고 곧 울릴 음을 예지하는 것과, 다른 한편으로 지나간 휴가를 기억하거나 다음 휴가를 기대하는 것 사이에는 분명한 차이가 있다. 회상과 기대는 파지와 예지의 작업을 전제하는 반면, 예지와 파지는 우리가 가질 수 있는 모든 발생하는 경험들(그것이 지각이든, 회상이든, 환상이든 간에)의 내재적 구성요소이다. 회상과 기대와는 달리, 예지와 파지는 우리의 능동적이거나 의도적 기여 없이 일어나는 수동적(비의지적)이고 자동적인 과정이다. 파지와 회상을 비교하면, 파지는 직관이지만 부재하는 어떤 것, 방금 있었던 어떤 것에 대한 직관인 반면, 회상은 완료된 과거의 사건에 대한 재현전이다. 내가 회상할 때, 과거의 사건은 내 현재의 경험 속에서 재생산되지만, 그 회상된 사건은 이 시간에 발생하고 있는 것으로서 현시되지 않는다. 정확히 과거의 것으로서, 현재와 관련해서 완전히 끝난 것으로서 주어진다. 과거의 것으로 경험되려면, 지금 현전하는 것과 함께해서 또 이와 대조해서 과거의 것으로서 주어져야 한다. 이 거리 또는 차이에 대한 경험은 회상에 본질적이다. 만약 그 경험이 누락된다면, 과거의 사건이 마치 현전하는 것처럼 되살아난다면, 우리는 회상하고 있는 것이 아니라 환각을 보는 것이리라.

파지와 예지는 우리가 인식하고 경험할 때에 의식의 시간적 흐름을 가능하게 만드는 불변하는 구조적 특질이다. 다른 말로 해서, 그것들은 모든 것을 경험할 때 '동일성의 종합'이 있을 가능성의 선험적a priori 조건이다. 예를 들어 내가 더 충실한 지각적 현시를 얻기 위해 나무를 돌 때, 나무의 서로 다른 측면들—나무의 앞, 옆, 뒤—은 분리된 조각들로 나타나지 않고 종합적으로 통합된 순간들로 지각된다. 시간적 종합은 의미적 통합을 수반하는 지각적 종합을 위한 전제 조건이다. 따라서 시간의식은 모든 대상의 지각을 위한 가능성의 형식적인 조건으로 간주되어야 한다.

그런데 내적 시간의식 구조에 대한 후설의 분석은 이중적인 목적에 이바지한다. 그것은 어떻게 시간연장을 가진 대상을 알아차릴 수 있는지는 물론이고, 어떻게 우리 자신의 경험의 흐름을 알아차릴 수 있는지를 설명하려고 의도된 것이다. 달리 말해, 후설의 연구는 어떻게 우리가 시간적으로 연장된 단위를 알아차릴 수 있는지는 물론이고, 어떻게 의식이 시간을 가로질러 그 자체를 통일하는지를 설명하려고 의도된 것이다.4) 우리가 살펴보았듯이 어떤 멜로디의, 가령 지나간 음의 파지는 (마치 내가 그 음을 두 번 듣거나 혹은 현재의 음과 동시에 듣듯이) 그 음의 '실재적real' 또는 말 그대로의 재-현전re-presentation에 의해 성취되지 않고, 그 멜로디에 대한 나의 방금 지나간 경험의 파지에 의해 성취된다. 의식의 각 위상은 의식의 이전 위상에 대한 파지를 포함한다. 이전 위상은 그 자신의 이전 위상에 대한 파지를 포함하므로, 선행하는 경험을 통해서 뒤로 뻗쳐나가는 파지적 연속체가 있다. 예를 들어 멜로디를 알아차리는 동시에, 나는 경험의 파지적 구조를 통해 멜로디에 대한, 진행하고 있는 내 경험을 같이 알아차리는 것이다(자하비Zahavi 2003b).

따라서 이 파지적 연속성에는 두 중요한 측면이 있다. 첫째, 파지는 의식의 이전 위상들에 대한 파지이므로, 파지의 '종적 지향성'(Längsintentionalität)은 의식 자체의 지향적 통일을 제공한다. 둘째, 의식의 이전 위상들은 경험되는 대상에 대한 그들 각각의 근원인상들을 담고 있으므로, 그 경험되는 대상의 연속성 또한 수립된다. 후설은 이를 파지의 '횡적 지향성'(Querintentionalität)이라 부른다(1966a/1991, 85쪽). 비록 예지가 여러 점에서 파지와 비대칭적일지라도(갤러거 1979; 바렐라Varela 1999), 예지에는 분명히 종적 측면이 있다. 즉, 멜로디의 다음 음, 혹은 내 문장이 나아가고 있는 곳, 혹은 내가 계속해서 생각하게 될 것 등에 대한 예기적인 느낌은 또한, 암묵적으로, 이 경험들은 나에 대한 경험들일 것이다, 혹은 나는 듣거나, 말하거나, 생각하는 사람일 것이다 하는 예기적인 느낌이다. 사실상 예지는 내가 곧 하게 되거나 경험하게 되는 것에 대한 예기적인 느낌을 포함하고 있다.

경험을 나의 의식의 흐름의 부분으로 느껴지게 해주는 것은 이 암묵적, 비관찰적, 전반성적 자기의식이다. 따라서 경험에 대한 소유권 또는 나의 것이라는 느낌은 반성적, 2차적, 메타인지를 수반하지 않는다. 반대로, 내적 시간의식(파지-근원인상-예지)의 구조에 대한 후설의 설명은 정확히 전반성적 자기의식의 (미세)구조에 대한 분석(3장과 자하비 1999, 2003b)으로 이해될 수 있다. 작용 그 자체의 가장 내밀한innermost 구조에 속하기 때문에, 그것은 내적inner 시간의식으로 불린다. 이런 이유 때문에 무한소급이 발생하지 않는 것이다.

> 내재적 시간을 구성하는 의식의 흐름은 존재할exists 뿐 아니라, 매우 놀랄 만하게 하지만 이해할 만하게 짜여 있어서 흐름의 자기나타남은 필연적으로 그 흐름 속에 존재하고exists, 따라서 흐름 자체는 필연적으로 흐름 속에서 포착될 수 있어야 한다. 흐름의 자기나타남은 제2의 흐름을 요구하지 않는다. 반대로 그것은 그 자체를 그 자체에 있어서 현상으로서 구성한다.
>
> —후설 1966a/1991, 83쪽

시간의식과 동역학체계이론

시간의식에 대한 현상학적 분석을 인지과학과 관련시키기 위해, 몇몇 이론가들은 예지적-파지적 과정이 자기조직화하는self-organizing 동역학체계로 설명될 때 가장 잘 설명될 수도 있다는 생각을 탐색해 왔다(반 겔더Van Gelder 1999; 바렐라 1999). 지각-운동perceptual-motor 행동에서부터 인간의 추론에 이르기까지 모든 인지적 경험은 기능적으로 구분되고 지형학적으로 분산된 뇌의 여러 영역들의 동시발생적인 참여와 그것들의 감각 운동적 신체화를 통하여 일어난다(바렐라 등 2001). 이 상이한 신경 분담단위들neuronal contributories의 통합은 지속의 3가지 상이한 등급들의 통합으로서 이해될 때 가장 잘 이해되는 과정을 포함하는데, 그 중 처음 둘은 예지적-파지적 과정과 직접적으로 관련이 있다(푀펠Pöppel 1988; 바렐라 1999; 바렐라 등 1981).

(1) 기본 등급(1/10등급, 10밀리초에서 100밀리초까지의 범위)
(2) 통합 등급(1등급, 0.5초에서 3초까지의 범위)
(3) 기억을 수반하는 서사적 등급(10등급)

첫 번째 등급에 대한 증거는, 두 자극이 비동시적인 것으로 의식적으로 지각되는 데 필요한 최소량의 시간에서, 각 감각양태sensory modality에 따라 달라지는 역치에서 발견된다. 신경생리학적으로 이 기간은 10밀리초(개재介在뉴런interneuron 방출 리듬)에서 100밀리초(피질 피라미드뉴런에서 일어나는 흥분성 시냅스후전위(EPSP)/억제성 시냅스후전위(IPSP)의 순차적 지속) 범위 내에 있는 신경 방전의 내재적인 세포 리듬에 상응한다. 그러고 나서 그런 과정들은 체험되는experienced 살아 있는 현재에 상응하는 두 번째 등급, 정상적인 인지적 작동이 완전하게 형성된 수준으로 통합된다. 신경생리학적인 수준에서 이것은 강력한 상호 연결을 지닌 분산된 뉴런들의 부분집합인 세포군들cell assemblies의 통합을 의미한다(바렐라 1995; 바렐라 등 2001을 보라). 동역학체계 모델의 면에서, 세포군은 반드시 완화시간relaxation time을 가지며, 뒤이어 분기 또는 위상 전이phase transition, 다시 말해 경험이 일어나고 자라고 가라앉지만 또 다른 사이클을 시작하는 창발emergence의 시간을 갖는다. 통합은, 바렐라가 제언하듯이, 다양한 영역들에서 나오는 위상결속 신호들phase locked signals의 일시적인 합집合集aggregates을 형성하는 신경활동에 기인한다. 따라서 우리는 1/10등급에서 한 지속을 갖는 뉴런적 수준의 기본적인 사건들을 가지며, 압축할 수는 없지만

1등급에서 완전한 인지 작용들로서 현출하는 합집들을 (위상결속을 통해) 동시화하고 이렇게 해서 형성한다.5) 완료시간completion time은 객관적 시간으로 측정할 수 있는 고정된 통합 주기에 의존하지 않으며, 오히려 수많은 산개된 세포군들에 역동적으로 의존한다. 이 시간 창temporal window은 필연적으로 유동적(0.5에서 3초 사이)이며 맥락, 피로, 감각양태, 피험자의 나이 등 많은 요인들에 의존한다. 바렐라(1999)는 1등급 수준에서의 이 통합-완화integration-relaxation 과정이 살아 있는 현재the living present에 상응하며, 예지적-파지적 구조에 의해 기술될 수 있다고 제언한다.

이 뉴런적 통합의 결과는 전역적全域的 수준에서 인지적 행위나 행동으로 현출한다. 이와 관련된 자기조직화는 추상적 계산이 아니라 (가령, 경험하는 주체가 하려고 의도하거나 방금 행한 것으로 특정화된) 초기 조건들과 (가령, 지각 조건이나 주의 조절에서의 변화들인) 비특정적 매개변수들의 영향을 받는 신체화된 행동이다(갤러거와 바렐라 2003; 톰프슨 2007; 톰프슨과 바렐라 2001; 바렐라 1999). 톰프슨이 말하듯이, "어떤 인지적 행위의 창발도 많은 상이한 능력들(주의, 지각, 기억, 동기부여 등)과 그것들을 보조하는 광범위하게 분산된 신경체계의 신속한 협응을 요구한다. 이 거대 규모의 협응을 위한 신경생리학적 기질基質은, 강력한 상호 연결을 지닌 뉴런들의 분산된 부분집합으로 정의될 수 있는 신경군neural assembley이라고 추정된다."

자료들data과 동역학적 모델은 통합하는 동시화가 동적으로 불안정하며, 따라서 끊임없이 또 잇따라서 새로운 군들을 발생시킨다는 것을 보여준다 (이 변형들은 체계[시스템]의 궤적을 규정한다). 각 창발은 그것의 초기 조건들과 경계 조건들에 의해 결정되는 방식으로 이전 것들로부터 두 갈래로 분기한다. 선행하는 창발은 (현상학적 수준의 파지에 상응하는) 동역학적 궤적의 흔적으로서 잇따르고 있는 것 속에 여전히 현존하고 있다. 초기initial 조건들과 경계boundary 조건들은 여기서 중요하다. 그것들은 행위, 행동, 인지적 작용의 신체화된 경험적 맥락에 의해 규정된다. 경계 조건들은 전역적 수준에서 행위를 형성하며, 행위가 발생하는 맥락적 환경에서 일어나는 독립된 조절은 물론이고 수행되는 과제의 맥락적 환경(가령, 동기부여 속의 새로운 자극들이나 내생적 변화들)을 포함한다(바렐라 1999).

여기에서 기술된 동역학체계the dynamical system는, 세계의 기계적 묘사에서 유래하는 고전적인 안정성 개념과도 일치하지 않고, 인지의 계산적 묘사와도 일치하지 않는다. 후자들의 경우, 안정성은 초기 조건과 경계 조건이 그 체계system가 존속하는 위상공간의 한 작은 영역, 곧 한 점끌개 point attractor나 한 한계궤도limit cycle에 집중되어 있는 궤적으로 이끈다는 것을 의미한다.[1] 이와 대조적으로, 생물학적 체계는 불안정성을 정상적인 기능성normal functioning의 기반으로 본다는 것을 증명하고 있다―구성적 인 불안정성은 정상적인 것이다(바렐라 1999, 경험적 근거에 대한 요약을 보라). 이 불안정성은 진행 중인 경험의 형식적인 흐름의 속성을 설명한다. 비선형 체계는 체계의 내용에 (매개변수의 범위 내에서) 의존하지 않는 자기운동self-movement을 제공한다. 다른 말로 해서, 나의 시각적 지각물의 경험적 내용이 사람이든 피라미드이든 간에, 내재적 또는 내적인 동력은 유적으로 동일하고, 자기추진적 운동이다. 자기구성적인 의식의 흐름은 영속적인 변화를 수반하는데, 이는 (지속의 1등급에서) 순간적인 작용들의 근저를 이루는 일시적인 합집에 의해 구두점을 찍는다. 초기 조건과 경계조 건의 변화들은, 미리 결정된 궤적을 따라서는 예측할 수 없는 방식으로, 변형들을 새로운 동역학적 위상들이 되도록 동기부여함으로써 이 흐름을

* * *

1. 끌개는 주어진 운동 조건 하에서 물체의 운동의 궤적이 이끌리듯이 같은 궤적에 도달하는 점/상태를 의미한다. 예를 들어, 단진자 운동을 보통의 공간이나 위상공간에서 궤적으로 나타냈을 때, 일정한 시간이 흐른 뒤 그 궤적이 끌려가는 점 혹은 그러한 점들의 집합을 말한다. A 지점부터 B 지점까지 운동하는 단진자 운동의 경우, 마찰로 에너지를 소모하는 진자운동에서는 원점이 끌개가 된다. 만약 마찰이 없다면 진자는 느려짐 없이 끊임없는 주기적인 운동을 하게 될 것이고, 그 궤적을 위상공간에 표시하면 타원 위를 끊임없이 맴도는 타원이 끌개가 된다. 전자의 경우는 점 끌개가, 후자의 경우는 한계궤도 끌개limit cycle attractor가 된다.

추동해 간다.

바로 여기서, 예지는 그 흐름의 자기운동에서 중요한 역할을 한다. 신경학적 수준에서, 예지의 기저를 이루는 메커니즘 같은 것은 국소화된 기능의 면에서보다는 광범위하게 분산된 동역학적 과정의 면에서 생각하는 것이 더 적절하다. 예지는 신체화되고 맥락화된 상황을 반성하는 주체적인 정동적 색조subjective affective tonality와 연결되어 있다. 그렇기에 예지는 방금 기술한 신경동역학을 위해 특정한 경계조건과 초기조건을 규정하는 데 도움을 준다(톰프슨 2007; 바렐라와 데프라즈Depraz 2000). 지향적인 인지적 행위를 개시할 때, 예를 들어 만약 주위에서 특정한 대상을 찾고자 결정할 때, 나는 지각에서 변화를 예기하는 정서적 성향의 색칠이 입혀진 변형을 유도한다. 어떤 경험을 예측할 때 나는 위상공간의 기하학을 변경시키는 외인 질서 매개변수exogenous order parameter를 도입한다.[6]

보유되는 방금 지나간 것과 예기되는 막 발생하려 하는 것을 포함하는 의식의 지금 위상은 1등급의 (가변적인) 창에 상응하는 동역학적인 지금이며, 그것은 그 안에서 1/10등급의 기본적 사건들을 통합시킨다. "그러므로 그것은 정확히 칼날 같은 현재가 아니라, 전방과 후방, 이물과 고물을 지니는 지속 구역이다. 바렐라에 의하면, 이 신경동역학적 '지금'은 현전하는 인지적 순간에 대한 신경적 기반이다. 다른 말로 해서, 경험의 시간구조, 구체적으로 말해 '지금'의 뒤쪽을 돌아보고 '지금'의 앞쪽을 바라보는 일은 뇌가 그 자체의 활동을 동역학적으로 분석하는 방식에 달려 있다"(톰프슨 2007, 334쪽).

시간과정에 대한 의식은 그 자체가 시간적으로 연장되는가?

시간과정에 대한 의식은 그 자체가 시간적으로 연장되며 객관적 시간 속에서 측정가능한가? 한편으로, 비록 심리학자들은 시간이 경험의 어떤 인지적 측면들에 의존해서 천천히 또는 빨리 지나갈 수 있다고 인정한다고 해도, 그들은 종종 시계로 시간경험을 측정하려고 한다(예를 들면 프리드먼 Friedman 1990을 보라). 다른 한편으로, 많은 현상학자들은 객관적 시계의 시간이 우리가 현실적으로 경험하는 시간을 제대로 다룰 수 있는지에 대해 의문을 가져 왔다. 간단한 예를 한 가지 들어보면, 시간경험(예를 들어 3가지 상이한 시간차원들의 상호작용)이 희망, 불안, 불면증, 지루함과 같은 다양한 상태들 속에서 상이하게 분절되는 방식을 생각해보라. '동일한' 30분이 여러분이 불안하거나, 지루하거나, 푹 빠져 있거나의 여부에 따라서 상이하게 경험될 수 있는 방식을 생각해보라. 이것은 초시계가 어떤 것을 측정할 수 없다고 말하는 것이 아니라, 물음은 측정되고 있는 것이 정확히 무엇인가 하는 것이다. 연쇄적인 '시계의 시간'은 문제의 경험에 고유한 시간성의 한 형태인가, 아니면 후속하는 대상화의 결과인 파생된 시간성의 한 형태인가?

아리스토텔레스가 시간에 관한 본질적인 역설, 즉 '지금'은 동일한 것을 변화시키기도 하고 존속시키기도 한다고 주목한 이래로, 시간의 문제를 숙고해 온 철학자들은 그것을 풀려고 노력해 왔다. 그것은 항상 **지금**now이며, 이 지금과 관련해서 항상 과거와 미래가 있다. 시간의 그 구조는 변화하지 않는다. 그런데도 각각의 지금은 연속해서 사라지는 것 같으며, 우리는 하나의 **지금**이 또 다른 하나의 지금을 따르며, 그래서 어떤 특정한 지금도 점점 더 과거로 이동해 간다고 말한다. 후설과 대략 같은 시기에 저술활동을 한 영국의 철학자 맥타가트McTaggart(1908)는 A시리즈(과거-현재-미래)와 B시리즈(이전-지금-이후)를 구별함으로써 이 역설을 해결하려고 했다. A 시리즈는 비록 그것이 동일한 구조를 유지한다 해도, 끊임없는 되기becoming(끊임없이 현재로 오고 그런 다음 과거로 이동하고 그런 다음 더욱더 과거로 이동하는 사태)를 수반하는 계기succession에 대한 심리적인 경험이다. B시리즈(이전-지금-이후)는 사건들 간의 영원한 관계를 유지하는 계기이다(미국은 콜럼버스가 발견하기 전에 바이킹이 발견했는데, 그 시간 관계는 바뀌지 않을 것이다). 맥타가트 그리고 많은 다른 사람들은 시간이 실제로 B시리즈이며, A시리즈는 객관적으로 실재적이지 않고 오히려 주관적이거나 심리적 현상이라는 생각을 옹호한다.

후설은 그의 학문 여정에서 이 기본적인 물음을 상이한 관점에서 상이하게 다룬다. 1904년에 그는 "시간 그 자체에 대한 의식은 시간을 (요구한다). 지속에 대한 의식은 지속을, 계기에 대한 의식은 계기를"(1966a/1991, 192쪽; 1966a/1991, 22쪽 참조)이라고 쓰고 있다. 그러나 만약 경험적 지속 및 음 잇따름의 통일체가 의식에 의해 구성된다면, 그리고 그 음 잇따름에 대한 우리의 의식이 그 자체로 지속과 통일체로 주어진다면, 우리는 이 지속과 통일체의 주어짐을 설명하기 위해 또 다른 의식을 정립하고 등등 이렇게 무한하게 나아가지 않을 수 없지 않은가(후설 1966a/1991, 80쪽)? 후설은 결국 이들 문제점을 깨닫게 되었고, 그래서 다음과 같이 말했다.

> 시간의 흐름을 객관적인 운동으로 간주하는 것은 내재적으로 불합리한 것인가? 그렇다! 다른 한편, 기억은 확실히 그 자체 그것의 지금을 갖는, 가령 한 음과 동일한 지금을 갖는 어떤 것이다. 그렇지 않다. 근본적인 잘못이 도사리고 있다. 의식의 양상들의 흐름은 과정이 아니다. 지금에 대한 의식은 그 자체 지금이 아니다. 지금에 대한 의식과 '함께' 존재하는 파지는 '지금'이 아니고, 지금과 동시적이지 않으며, 그래서 동시적이라고 말한다면 이는 이치에 맞지 않을 것이다.

> —후설 1966a/1991, 333쪽

시간경험은 시간 속에서 일어나는 대상이 아니지만, 그러나 그것은 단지 시간에 대한 의식도 아니다. 오히려 그것은 그 자체 시간성의 한 형태이고, 결국 문제는 시간적 술어들을 시간 그 자체에 귀속시키는 것이 이치에 맞는가 하는 것이다. 아마 이런 우려가 후설의 다소 수수께끼 같은 진술들을 설명할 수 있을 것이다. 의식의 역동적이며 자기분화하는self-differentiating

성격 때문에, 비록 우리가 어떤 종류의 시간성을 의식의 흐름에 귀속시키더라도, 우리는 의식 그 자체에 내재적인 시간성을 의식의 대상에 속하는 종류의 시간성과 융합하지 않아야 한다. 후설은 의식의 흐름과 그것이 의식하는 시간대상이나 사건 사이에 시간적인 부합이 있다는 주장을 거부할 것이다. 예지, 근원인상, 파지 간의 관계는 시간적 흐름 내에 위치하는 항들 사이의 관계가 아니다. 오히려 이 관계는 문제의 그 흐름을 구성한다. 요컨대 우리는 예지, 파지, 근원인상에 의해 구조화되는 방식에 의해 시간대상으로 구성되는 대상과, 의식의 구성하는 구조 사이의 관계를 구분해야 한다. 마치 붉은 원에 대한 나의 경험이 둥글지도 않고 붉지도 않듯이, 지향적 대상에 대한 시간적인 주어짐과 경험 그 자체에 대한 시간적인 주어짐 사이에는 차이가 있다. 그것들은 동일한 방식으로 시간적이지 않다. 후설이 쓰고 있듯이, 시간을 구성하는 현상들(근원인상, 파지, 예지)에 대해서 경험적 대상이 있는 방식으로 '현재', '과거', '미래'가 있다고 말하는 것은 이치에 맞지 않다(1966a/1991, 75, 333, 375~376쪽). 오히려 현재, 과거, 미래에 대한 느낌들senses을 가능하게 만드는 것이 바로 그 시간을 구성하는 현상들의 결합인 것이다.

가끔 후설은 시간의식을 현재의 변화불가능한 형식이라고(nunc stans[서 있는 지금]라고) 말한다(2002, 384쪽). 그것은, 제임스의 은유를 사용하면, 자신을 통과하며 흘러내려가는 사건들에 의해서 변화되지 않는 그 자신의 성질을 지니는, 폭포 위의 무지개처럼 영원히 서 있다(제임스 1950, I, 630쪽). 그러나 후설이 서 있는 현재standing presence가 세 가지 시간 양상들 중에서 단지 하나를 지칭하는 것으로 이해될 수 있다는 것—오히려 그것은 세 가지 시간 양상들 모두를 아우른다—을 명시적으로 부인한다는 것은 주목할 만하다(후설 2002, 384쪽). 그리고 1인칭적 관점에서 내가 즐거움을 경험했거나 꽃을 지각했다고 말하는 것, 그리고 이 경험들이 지속되었고 지금 중단되었고 과거가 되었다고 말하는 것은 확실히 의미가 통하는 반면—결국, 그렇지 않으면 내가 이전의 경험을 기억할 수 있다고 말하는 것은 거의 의미가 통하지 않을 것이다 ─ 예지-근원인상-파지의 구조 그것, 따라서 현전과 부재를 허용하는 경험하기의 장 그 자체는 나에 대해for me 과거가 되고 부재하는 것이 될 수 없다.

의식의 흐름을 기술하는 과제를 고려해볼 때, 그것을 표현하는 어떤 특정한 방식은 그것을 포착하느냐 혹은 포착하지 못하느냐, 말하자면 흥하느냐 혹은 망하느냐 둘 중의 하나이다. 그리고 이것은 부분적으로는 상호주관적인 방식으로 풀어내야 하는 어떤 것이다. 우리의 견해로는, 파지의 개념은 이론적인 해결이라기보다는 현상학적으로 적법한 기술적인 추상이다. 한 곡의 음악을 듣는 일에 대한 현상학은, 예를 들어 멜로디의 일련의 음들이 연주될 때 나는 멜로디를 듣는 것이지, 막 한 음을 듣고 나서 또 지금 다른 한 음을 듣고 또 지금 다른 음을 듣고 …… 하는 것이 아니다. 이전에 울린 음들이 지향적 경험 속에서 보유되고, 그래서 내가 지금 울리고 있는 음을 들을 때 나는 그것을 음들의 연속성의 부분으로서 듣는다. 이것은 계속되는 감각자료들 없이도, 또 내가 이전 음들의 기억을 활성화할 필요 없이도 발생한다. 후설의 텍스트에서 우리는 바로 그런 경험에 대한, 매우 정확한 것으로 보이는 현상학적 기술들을 발견한다. 그런 경험과 그것에 대한 기술에 기초해서, 후설은 경험의 바로 그런 국면을 특징짓는 시도로서 파지라는 개념을 제안한다. 파지는 기술적 추상이며, 현상학자와 관련 있는 유일한 물음은 그것이 경험을 포착하는가 아니면 왜곡하는가이다. 가끔 후설은 너무 구체화된 방식으로 사물을 기술한다. 즉, 마치 우리가 직접 경험할 수 있는 요소들이라는 듯이 의식의 횡단면 및 개별적인 파지들과 예지들을 기술한다. 그런 경우 과제는 그것을 표현하는 더 적절한 방식을 발견하거나 여러 유보 사항들을 도입함으로써 그런 추상들을 경험에 더 가깝게 도로 끌어당기려 노력하는 것이다. 이것이 이론화 과정의 시작일지도 모르겠지만, 그러나 그것은 현상학적으로 산출되는 것이다. 어떤 경우에도 후설은 항상 현상학을 상호주관적인 기획이 되도록, 수정에 열려 있도록 의도했다. 그런 정신 속에서 후설은 어떠한 개선책도 기꺼이 받아들일 것이다.

역사성

　우리의 일상 경험들에는 보통 일종의 시간적인 초강력 접착제가 스며들어 있다. 그것들은 강력하고 실용적으로 중요한 구조에 의해 매우 짧은 기간 동안 결속되어 있다. 복도를 걸어 내려갈 때 주위를 통과하는 내 자신의 움직임에 대한 나의 경험이 정합적이듯이, 내가 다른 사람과 마주치는 일, 간단히 대화를 나누는 일도 그러하다. 이것이 파지-근원인상-예지라는 의식의 구조가 설명하는 것이다. 그러나 우리 삶에는 짧은 마주침이나 잠깐 동안의 경험보다 더 많은 것이 있으며, 또 인간 존재의 시간성에는 예지와 파지의 상호작용보다 더 많은 것이 있다.

　예를 들어, 보다 약한 종류의 접착제를 지닌 기억은, 우리의 경험들을 이해하기 위한 더 크긴 하지만 어떤 때는 덜 정합적인 체재를, 어떤 때는 명시적으로 또 어떤 때는 암묵적으로 제공한다. 우리가 경험하는 것을 이해할 때 상황들과 사건들에 대한 우리의 과거의 지식은 노력을 들이지 않아도 연속해서 활성화된다. 그러나 우리는 이 지식에 기초하고 있는 추론들을 알아차리지 못한 채 있을 수 있어서, 때때로 그 추론들은 우리의 회상에 슬며시 파고들어가 우리의 기억을 왜곡한다. 사실 우리의 기억이 왜곡될 수 있다는 것은 분명하다. 이렇기 때문에 바틀레Bartlett(1932)에서 샥터(1996)에 이르는 많은 심리학자들과 인지과학자들은 우리에게 기억이 실재에 대한 수동적이거나 문자 그대로의 기록이라는 신화를 포기하라고 촉구해 왔다. 샥터(앞의 책, 5쪽)가 말하듯이, 기억은 "마음이라는 사진 앨범에 저장된 일련의 가족사진"과 같은 것이 아니다.

　한 가지 중요한 오류의 근원은 원기억source memory이 손상된 데에 있다. 여러분은 전에 어떤 사건을 보거나 듣거나 경험한 것을 기억한다는 것에 대해서는 바를 수 있지만, 회상의 근원에 대해서는 틀릴 수 있다. 예를 들어, 한 슈퍼마켓에서 미덥지 않은 한 잡지에 쓰여 있던 유명한 사람에 관한 머리기사를 보았을지 모른다. 여러 달 후 여러분은 그 사람의 정직함에 대해 논의하면서, 부정적인 기사를 기억하지만 더 이상 그것의 근원이 무엇이었는지는 기억해내지 못한다. 그것이 미덥지 않은 근원으로부터 왔다는 것을 잊었다는 사실로 인해서 여러분은 그 기사를 더 믿고 싶어 한다. 이렇게 해서 원기억에서의 실패는 부당한 신념의 형성에 문호를 개방할 수 있다(샥터 1996, 116~117쪽). 이것은 우리의 인지체계가 어떻게 우리의 과거 경험들의 한계와 영향에 의해 형성되는지(때때로 잘못 형성되는지)에 대한 한 보기이다.

확실히, 현상학자들은 암묵적인 기억의 영향, 즉 이것이 바로 그것이라는 것을 명시적으로 알아차리는 일 없이 과거 경험에 의해 사람들이 영향을 받는 상황을 인정해 왔다. 가장 직접적 경험으로서 나타나는 것조차 이전의 경험들이나 획득된 지식에 의해서, 또한 문화와 언어의 보다 큰 힘들이 형성하는 배경 지식에 의해서 침투되어 있고 영향을 받고 있을지도 모른다. 딜타이Dilthey가 한때 말했듯이, 우리는 역사의 관찰자이기 전에 먼저 역사적 존재이며, 오직 역사적 존재이기 때문에 역사의 관찰자가 되는 것이다(딜타이 1992, 277~278쪽). 계속하여 동일한 선상에서, 딜타이는 또한 인간 본성의 풍부함이 오로지 역사 속에서 펼쳐진다고 주장할 것이다. 우리가 역사적이라고 말하는 것은 우리가 세계 속에 있는 것과 같이 역사 속에 있다고 말하는 것이다. 나는 단지 현재 속에 실존하면서, 우연히 미래를 예상하고 과거를 기억하는 능력을 갖고 있는 것이 아니다. 오히려 인간 실재는 일종의 시간적 뻗침temporal stretch에 의해 특징지어진다. 과거는 연속해서 우리의 현재 경험의 지평과 배경으로 이바지한다. 또 행위에 열중할 때 우리의 초점, 우리 관심의 중심은 현재에 있는 것이 아니라, 우리가 의도하거나 기도하는 미래의 목표들에 있게 된다. 현재와 과거가 배경을 형성할 때 미래는 돌출되어 온다. 인간이 된다는 것은 세계 속에 처해 있는 것이고, 태어나겠다고 선택하는 일 없이 세계 속에 태어난(어떤 현상학자들이 말하듯이, 던져진) 것이고, 나의 환경들 속에 현존하는 것이고, 미래 기도에 있어서 자기 자신보다 앞서 가는 것이다(하이데거 1986/1996 참조).

인간 실존은 시간지평이 현재를 형성하고 주조한다는 의미에서 역사성에 의해 특징지어진다. 역사성은 내가 단순히 역사의 어떤 지점에 위치하고 있다는 것을 의미하는 것이 아니라, 나의 역사를 짊어지고 다닌다는 것을 의미한다. 나의 과거 경험은 내가 세계를 이해하고, 세계 속에서 마주치는 사람들을 이해하는 방식에 영향을 준다. 기억하는 한 나는 타자들 가운데 존재해 왔으며, 나의 예기는 전승된 형태의 통각 및 이해와 일치해서 구조화되어 있다(후설 1973a, 117, 125쪽; 1973b, 136쪽 참조). 나는 타자들이 보는 방식으로 사물을 본다. 나는 타자에게서 규범적인 것normal을 배우며, 이렇게 해서 일련의 세대들을 거쳐서 머나먼 과거로까지 뒤로 뻗쳐나가는 공통의 전통에 참여한다. 규범성nomality은 한 전통이 정해놓은 일단의 규범들norms 속에 반영되어 있다. 이렇기 때문에 후설은 정상적인normal 사람이라면 누구든 역사적인 공동체의 구성원으로서 역사적이라고 주장한다(1973b, 138~139, 431쪽). 나는 나 자신을 전통의 후계자이며 계승자로서 이해하며, 혹은 후설이 말하듯이,

> 나는 '시대의 자식'이다. 나는 넓은 의미에서 우리-공동체의 일원이다. 이 공동체는 그 자신의 전통을 갖고 있고, 또 이 전통은 세대적generative 주체들, 다시 말해 가장 가까운 선조들 또 가장 먼 선조들과 진기한 방식으로 연결돼 있다. 그리고 이들은 나에게 영향을 미쳐 왔다. 나는 계승자로서의 나인 것이다.
>
> —후설 1973a, 223쪽

이 의미에서 인간의 시간은 의식의 주관적 시간도, 우주의 객관적 시간도 아니다. 오히려 그것은 현상학적 시간과 우주적 시간의 사이에 다리를 놓아준다. 인간의 시간은 우리의 삶 이야기들life stories의 시간이다. 그것은

이야기된 시간이며, 서사들의 상징적 매개에 의해 구조화되고 분절화된 시간이다(리쾨르Ricoeur 1988, 244쪽). 나 자신의 이야기의 시작은 항상 이미 나를 위해 타자들에 의해 만들어져 온 것이며, 또 이야기가 전개되는 방식은 오직 부분적으로만 나 자신의 선택과 결정에 의해 결정된다. 사실 어떠한 개인적 삶의 이야기도 항상 (부모, 형제, 친구 등) 타자들의 이야기와 섞여 짜여있을 뿐 아니라, 항상 이보다 거대한 역사적이고 공동체적인 의미를 부여하는 구조에 내장화되어[묻혀] 있다. 우리는 9장과 10장에서 사회성과 서사에 대한 문제들로 돌아갈 것이다.

더 읽을 책들

— David Carr, *Time, Narrative, and History.* Bloomington: Indiana University Press, 1986.

— Barry F. Dainton, *Stream of Consciousness: Unity and Continuity in Conscious Experience.* London: Routledge, International Library of Philosophy, 2000.

— William J. Friedman, *About Time: Inventing the Fourth Dimension.* Cambridge, MA: MIT Press, 2000.

— Shaun Gallagher, *The Inordinance of Time.* Evanston: Northwestern University Press, 1998.

— Martin Heidegger, *Being and Time.* Trans. J. Stambaugh. Albany: SUNY Press, 1996.

— Edmund Husserl, *On the Phenomenology of the Consciousness of Internal Time (1893~1917).* Trans. J. Brough. Collected Works IV. Dordrecht: Kluwer Academic Publishers, 1991.

— Toine Kortooms, *Phenomenology of Time.* Dordrecht: Kluwer Academic Publishers, 2002.

— Paul Ricoeur, *Time and Narrative III.* Transl. K. Blamey and D. Pellauer. Chicago: Chicago University Press, 1988.

5
지각

메를로-퐁티의 가장 유명한 강연의 제목인 『지각의 우위성*The Primacy of Perception*』은 우리에게 대부분의 현상학자들이 지각을 어떻게 보는지에 관해 암시를 주고 있다. 지각은 근본적인 것으로 간주된다. '사태들 그 자체로'라는 현상학적 격률은 모든 과학적 개념화와 분절화에 선행하고 전제조건이 되는 지각적 세계로 돌아갈 것을 요구하는 것으로 볼 수 있다. 결과적으로 이는 과학주의에 대한 비판으로, 다시 말해 "과학은 모든 사물들의 척도, 무엇이 사실이고 무엇이 사실이 아닌지의 척도이다"라는 견해에 대한 거부로 해석될 수 있다(셀라스Sellars 1963, 173쪽). 이런 비판은 결코 과학적 합리성을 거부하는 것으로 해석되어서는 안 된다. 실재에 대한 과학적 탐구가 그릇되고, 타당하지 않으며, 불필요하다는 것이 아니다. 비판의 표적은 과학 자체가 아니라, 과학의 어떤 과장된 자기해석이다. 메를로-퐁티와 후설이 지적하듯이, 과학적 합리성에서 표명되는 세계와의 관계보다 더 본원적인 세계와의 관계가 있다. 우리가 과학 이전에 세계와 지각적으로 마주칠 때, 세계는 구체적으로, 감각적으로, 직관적으로 주어진다. 일상생활에서 우리는 이념적이고 이론적인 대상과 교류하는 것이 아니라, 공구나 가치와 교류하고, 그림, 조각, 책, 식탁, 집, 친구, 가족과 교류하며(후설 1952/1989, 27쪽), 그리고 우리의 생활은 실용적 관심을 따라 인도된다. 과학적 지식을 포함하는, 세계에 대한 우리의 지식은 1인칭적 관점에서 일어난다는 것을, 또 과학은 이 경험적 차원이 없으면 무의미하다는 것을 결코 잊어서는 안 된다. 과학적 담론은 경험의 세계, 경험적 세계 속에 내장화되어 있으며, 만약 과학의 성과와 한계를 이해하고자 하면, 우리는 과학이 높은 단계에서 분절화하는, 세계의 본원적인 경험을 탐구해야 한다(메를로-퐁티 1962, viii-ix쪽). 가장 정밀하고 추상적인 과학적 결과물조차도 직관적으로 주어지는 주체-상관적인 생활세계의 명증을 전제한다. 이 명증은 과학적 지식으로 향하는 불가피한 중간 지점, 그렇지 않으면 무관한 중간 지점으로 기능하는 것이 아니라, 의미와 정당화의 영원하고 필수불가결한 원천으로서 기능하는, 한 형태의 명증(후설 1970, 139쪽)이다. 정밀한 측정을 제공하는 절차의 표준화와 도구의 개발은 3인칭 자료들의 창출과 축적 및 상호주관적 합의의 수립을 촉진해 왔다. 그러나 그것들을 해석하고 논의하는 의식 주체 없이는 계량 장치 설정, 컴퓨터 출력, 엑스레이 사진 같은 것은 무의미하다. 과학적 지식은 (물론 배타적이지 않게) 주체의 관찰과 경험에 의존한다. 이것은 경험하는 주체들의 공동체가 공유하는 지식이다.

일반적으로 인지와 행위와 관련해서 볼 때, 지각은 기본적이며 일차적이다. 그 때문에 현상학자들의 목록에 항상 첫 번째로 오르는 것이다. 예를 들어 후설은 종종 대상이나 사태를 지향하는 의미적, 상상적(회화적), 지각적 방식을 구분한다. 한 번도 본 적이 없으나 뒷마당에 있다고 들은 바 있는 시들어가는 참나무에 대해서 말할 수 있고, 참나무에 대한 상세한 그림을 볼 수 있다. 또는 내 스스로 참나무를 지각할 수 있다.[1] 이와 비슷하게, 나는 집 없는 사람들이 거리에서 자는 것이 얼마나 끔찍한 일인지에 대해서 말할 수 있고, 이에 관한 TV 프로그램을 볼 수 있고, 내 스스로 그 상황을 경험해 볼 수 있다. 후설에게는 이 지향하는 서로 다른 방식들이 서로 관계가 없는 것이 아니다. 그렇기는커녕, 그 양식들은 가능한 한 직접적으로, 본원적으로, 최적으로 대상을 우리에게 주는 능력에 따라 등급이 매겨질 수 있다는 의미에서 그것들 사이에는 엄격한 위계적 관계가 있다. 그 대상은 더 직접적이거나 또는 덜 직접적으로 경험될 수 있다. 다시 말해 그것은 더 현전하는 것이거나 또는 덜 현전하는 것일 수 있다.

대상이 지향될 수 있는 가장 낮으며 가장 공허한 방식은 의미작용이다. 확실히 이 (언어적) 작용은 지시물을 갖고 있지만, 이것 말고 그 대상은 살이 입혀진fleshed out 방식으로 주어지지 않는다. 상상(회화)작용은 어떤 직관적 내용을 갖고 있지만 의미작용처럼 대상을 간접적으로 지향한다. 의미작용이 우발적 표상(언어기호)을 경유해서 대상을 지향하는 반면, 회화작용은 어떤 특정한 관점에서 보여지는 대상과 일정한 유사성resemblance을 지니는 표상(회화)을 경유해서 대상을 지향한다. 그러나 대상을 직접적으로 우리에게 주는 것은 오직 현실적인actual 지각뿐이다. 이것은 대상 그 자체를 몸을 갖춘 현전bodily presence(leibhaftig)으로, 또는 후설이 말하듯이 몸소propria persona 우리에게 주는 유일한 유형의 지향이다. 따라서 후설주의자들의 설명을 따르면 지각은 우리를 대상의 그림이나 이미지와 대면하게 하지 않고—물론 우리가 그림이나 사진을 지각하는 경우는 제외하고—대상 자체와 대면하게 한다. 따라서, 우리가 어떤 것이 지각적으로 나타난다고 말할 때, 이를 지각적으로 주어지는 것은 다른 어떤 것의 그림이나 기호라는 의미로 이해해서는 안 된다(후설 2003, 107쪽).

우리는 또한 상이한 인식적 수준들에 대해 말할 수 있다. 한 공책에 대해 말하는 것, 그 공책의 이미지를 보는 것, 그 공책에 무언가를 쓰는 것은 세 상이한 공책들과 대면하는 것이 아니라, 세 상이한 방식으로 주어지는 동일한 공책과 대면하는 것이다. 만약 내가 공책을 찾고 있고 그렇게 해서 그것을 발견한다면, 우리는 발견된 공책이, 보다 정확히는 지각적으로 주어진 공책이 내 지향을 만족시키거나 충족시키는 상황을 다루고 있는 것이다. 처음에는 단순히 의미적 지향만을 갖고 있었던 반면, 지금은 그것이 새로운 지향에 의해 충족되고 있다. 이 새로운 지향에서는 동일한 대상이 지각적으로 주어지고 있다. 처음에는 생각되었던 것이 지금은 보여지고 있는 것이다. 후설은 공허하게 언어적으로 지향하는 일과 이것이 지각에서 충족되는 일의 관계를 개념/사고와 직관의 고전적인 관계에 빗대고 있다(후설 2001a, II, 184쪽).

지각적 충족fulfilment 관념은 넓은 범위를 갖고 있다. 이는 (절대적인) 충족이 있거나 아니면 전혀 아무 충족도 없거나 하는 둘 중의 하나를 선택하는 경우가 아니다. 반대로, 다양한 정도의 충족이 있을 수 있다. 그 범위가 달라질 수도 있지만, 그 명료성이 달라질 수도 있다. 내가 멀리서 시들어가는 참나무를 본다면, 그때 나는 확실히 참나무 자체를 대면하는 것이다. 참나무는 직관적으로 현전해 있다. 그러나 내가 더 가까이 다가가서 더 상세한 것을 식별할 수 있다고 해서 그만큼 최적으로 주어지는 것은 아니다(후설 2001a, II, 238쪽; 1976/1982, 143~144쪽). 동시에, 후설이 빛과 공간 정위spatial presence 같은 매개변수로 최적의 주어짐을 정의하는 것이 아니라는 점도 또한 강조되어야 한다. 어둠 속에서 대부분의 사물을 보는 것은 어려울 수 있지만, 별들은 예외에 속한다. 후설은 보통 최적의 주어짐을 가능한 한 많은 정보를 갖고서, 가능한 한 분화된 방식으로 대상을 우리에게 내주는 종류의 주어짐으로 이해한다(후설 1966b/2001, 205쪽).

후설과 메를로-퐁티 모두 언어적 지향이 지각적 지향보다 덜 본원적이고 덜 근본적이라고 생각한다. 그들은 모두 전자가 세계와 선언어적이고 선술어적으로 마주치는 데에 뿌리내리고 있다고 주장하고, 따라서 모든 의미가 본성상 명제적이라는 견해에 반대할 것이다.[2] 의미sense(Sinn)와 감각적인 것the sensuous(Sinnlichkeit)을 서로 분리하거나, 대상의 지각과 그 술어적 표현 간의 연속성을 부인하는 것은, 지각되는 것이 어떻게 언어적 분절에 대한 지침으로 기능할 수 있는지를 이해할 수 없게 만드는 주지주의적 개념화의 산물일 것이다. 선언어적 인지의 존재를 부인한다면, 또 어떤 것을 어떤 것으로 파악하는 일은 모두 언어 사용을 전제조건으로 한다고 주장한다면, 이는 우리가 도대체 처음에 어떻게 언어를 습득하는지를 이해할 수 없게 만들 것이다. 이런 맥락에서 접두사 선pre-을 사용하는 것은 문제의 경험이 시간적으로 언어(또는 언어-습득)에 선행한다는 사실뿐 아니라, 세계에 대한 우리의 지각적 친밀지가 언어적 의미의 영원한 조건이자 근원이라는 사실을 가리킨다. 비록 어떤 사람이 '진홍색crimson', '주홍색scarlet', '주색朱色vermilion' 같은 용어들을 알고 있다 해도, 눈이 멀었다면 이와 대응하는 개념에 대한 고유한 지식을 결여할 것이며, 따라서 이 색깔들을 볼 수 없을 것이다.

지각적 지향성에 대한 현상학적 접근방식의 특징 중 하나는 그것의 직접적 또는 무매개적 본성을 강조하는 것이다. 후설이 말하듯이, 모든 유형의 재-현전화re-presentation(Vergegenwärtigung)—기억이든 상상이든—는 탁월한 경험의 직관적 양식인, 고유의 현전화(Gegennwärtigung)에서 유래한다(후설 2001a, II, 260쪽; 1976/1982, 90~91쪽). 따라서 현상학자들은 지각의 표상이론을 전적으로 무시해 왔다. 이 견해의 고전적 공식에 따르면, 우리의 마음은 혼자서는 대상 자체에 내내 다다를 수 없으며, 따라서 만약 우리가 지각을 이해하고 설명하려면 마음과 세계 사이에 어떤 종류의 접점을 도입할 필요가 있다는 것이 전형적인 주장이었다. 세계에 대한 우리의 인지적 접근은 어떤 종류의 심적 표상들representations에 의해 매개된다는 것이 전형적인 주장이었다. 그때 이 내적 표상들은 우리가 지각한다고 통상 주장하는 일상의 대상들과, 외적 원인에 대한 내적 결과로서 관계한다고 상정된다. 세계를 지각한다는 것은 마음 안에 어떤 종류의 표상 구조—외적 실재를 표상하는 그림이나 지도 같은 어떤 것—를 창출한다는 것이다. 극단적으로는, 지각을 마음 안에서 창출되는, 세계를 일대일로 기술적으로 표상하는 일의 한 종류로 보거나, 원자적 감각들의 집합을 정합적으로 재조직하는 일로 보거나, 또는 망막 자극들의 끊임없이 변화하는 패턴들을 수집해서 대조하는 일로 본다. 예증하기 위해서, 내가 빨간 장미를 보고 있다고 가정해보자. 이 경우 장미에 대한 경험을 갖고 있지만, 물론 이는 물리적 대상으로서의 장미가 물리적으로 내 의식 속에 현전한다는 것을 의미할 수 없다. 지각의 표상이론은 장미가 내 감각기관에 영향을 미치고, 이것이 장미의 심적 표상을 내 의식 속에 일어나게 한다고 주장한다. 그러니까 이 이론에 의하면, 모든 지각은 마음 바깥의 대상과 마음 안의 표상이라는.(적어도) 두 상이한 존재물을 함축하고 있다. 먼저, 이 표상주의에 대한 고전적 표현을 살펴보자.

> 나는 짐짓 가르치려 하는 것이 아니라, 알아보려 하는 것이다. 그러므로 외적 감각과 내적 감각이 내가 찾을 수 있는, 지성understanding에 이르는 유일한 앎의 길이라는 것을 여기서 다시 고백하지 않을 수 없다. 내가 발견할 수 있는 한, 이것들만이 어두운 방 안으로 빛을 들어오게 하는 창문이다. 왜냐하면, 내가 생각하기에 지성은 오직 어떤 작은 구멍만이 남겨져 있어서 외부의 가시적인 유사물들resemblances 혹은 바깥 사물들의 관념들ideas을 이리로 들어오게 하는, 빛이 완전히 차단된 벽장과 크게 다르지 않기 때문이다. 그와 같은 어두운 방으로 들어오는 그림들이 거기에 머물고 정연하게 놓여 있기만 하다가 때로 발견된다면, 이는 모든 시각의 대상 및 그 대상의 관념과 관련해서 사람의 지성과 매우 많이 유사할 것이다.
>
> —로크 1975, 162~163쪽

현상학자들은 마음-세계의 관계를 해명하려는 이런 시도를 어떻게 평가하는가? 우리는 내가 알아차리는 대상이 내 의식 바깥에 있다고 말하는 것보다 더 자연스러운 것은 없어 보인다고 인정할 수 있다. 그리고 지각이든 다른 종류의 심적 작용들이든, 나의 경험이 나에게 대상을 현시할 때, 어떻게 이것이 어떤 표상적 개입을 경유하지 않고 일어날 수 있을까? 내가 의식하는 대상은 내 의식 바깥에 있지만, 나는 나의 의식 안에서 이 대상의 표상(그림과 기호)을 발견하며, 그리고 이 내부 대상은 나로 하여금 외부 대상을 의식할 수 있게 한다. 그러나 후설이 지적하듯이, 이 이론은 실증적으로em-pirically 그릇될 뿐 아니라 완전히 무의미하다. 이 이론은 의식을 외부 대상을 닮은 표상을 담는 상자로 생각하지만, 표상이 사실 외부 대상의 표상이라는 것을 주체가 안다고 어떻게 상정할 수 있는지 묻는 것을 잊고 있다. 어떤 사람들은 그림은 그것이 묘사하는 것과 닮은 어떤 것이라고, 또 그 그림을 표상적 성질로 가득 채우는 것은 닮음resemblance이라고 주장해 왔다. 이는 그림 표상의 닮음 이론으로 알려져 있다. 그러나 x가 y를 닮음으로써 y를 표상한다는 것을 이해하기 위해서는 x에 의해 매개되지 않는 y에 접근해야 하고, 또 그렇게 해야 닮음을 알아보기 위해 둘을 비교할 수 있게 된다. 내가 오직 표상만을 안다면 나는 그것이 표상된 대상을 닮았다는 것을 알 수 없다. 게다가 심적 표상을 일상의 표상(사진, 회화, 심볼)과 같다고 생각하면, 즉시 이른바 난장이 문제에 바로 직면하게 된다.

> 자아는 그림을 보고 난 후 외부 대상을 내부 대상과 비교하기 위해 상자를 이따금 떠나는 상자 속의 난장이가 아니다. 그림을 관찰하는 그러한 자아에게 그림은 그 자체 외부의 어떤 것일 것이다. 그것은 그 자신에 대응하는 내부의 그림을 요구할 것이고, 이렇게 해서 등등 무한소급이 될 것이다.
>
> —후설 2003, 106쪽

게다가 후설은 그림이나 기호가 모양, 크기, 색깔과 같은 다른 성질들 이외에 또한 내재적인 그림 성질이나 기호 성질을 갖는 대상이라는 것을 부인한다. 후설에 의하면, 그림이나 기호는 다른 어떤 것의 표상으로 기능하기 위하여 그림이나 기호로서 파악되어야 한다(2003, 106~107쪽). 그것은 특수한 인지적 파악에 의하여 그것의 표상적 성질을 획득할 뿐이다. 만약 x가 y를 표상하려고 한다면, x는 y의 표상인 것으로 해석될 필요가 있다. 이것은 정확히 말해 해석interpretation, 즉 x에게 그것의 표상적 기능을 수여하는 특정한 형태의 지향성이다. 더 구체적으로 말하면, 만약 x(회화, 사진, 아이콘, 심볼 등)가 다른 어떤 것의 표상으로 역할을 하려면, 우리는 그때 그것에 그것의 표상적 성질을 수여하기 위해서 먼저 x를 지각할 필요가 있다. 이것은 지각의 표상 이론이 거부되어야 하는 또 다른 이유이다. 이것은 설명하려고 하는 것을 전제하고 있다.

그러나 이 고전적이고 꽤 조악한 표상 이론은 표상주의의 현대적 버전이 아니라고 반대할 수도 있다. 결국 내부의 그림을 언급하는, 지각에 대한 로크식 설명은 대부분 폐기되었다. 그러나 주로 철학자에 의해서 폐기되었다고 답으로 첨언할 수 있겠다. 이런 견해의 (헤르만 본 헬름홀츠Hermann von Helmholtz의 작업에 영향을 받은) 어떤 버전은 수많은 신경과학자들에 의해 여전히 지지를 받고 있다. 예를 들어 다마지오Damasio의 다음 인용문을 비교해보라.

여러분과 내가 우리 바깥의 대상을 바라볼 때, 우리는 각자의 두뇌에 상사한 이미지를 형성한다. 여러분과 나는 그 대상을 매우 유사한 방식으로 세밀한 것까지 묘사할 수 있기 때문에 우리는 이것을 잘 안다. 그러나 이는 우리가 보는 이미지가 바깥의 대상과 비슷한 것의 복사물이라는 것을 의미하는 것은 아니다. 바깥의 대상이 무엇과 비슷하든, 우리는 절대로 그것을 모른다.
—다마지오 1999, 320쪽[3]

비슷한 생각을 프랜시스 크릭Francis Crick도 제기하는데, 그는 이른바 결합 문제binding problem의 묘사에서 시각 세계의 내부 그림의 두드러진 특질 중의 하나는 그것이 아주 잘 조직되어 있다는 것이며(1995, 232쪽), 비록 뇌의 시각 부분들이 어떻게 그림(시각 장visual field)을 분리하는지를 우리가 안다고 해도 두뇌가 어떻게 그것을 모두 결합하는지 우리는 여전히 모른다고 주장한다(앞의 책, 22쪽). 더 일반적으로 말하면, 많은 시각 과학자들은 아직도 시각을 기부基部에 현존하는 것에 기초해서, 즉 머리나 눈 속의 이미지들에 기초해서 세계 속 저 바깥에 현존하는 것을 (추론의 방법으로) 발견하고자 하는 과정으로서 생각하고 있다. 가령 리처드 그레고리Richard Gregory는 "우리는 눈 속에 작고 비뚤어진 거꾸로 된 이미지가 주어져 있으며, 우리는 주변 공간 속에서 입체 대상들을 본다. 망막 위의 자극 패턴으로부터 우리는 대상들의 세계를 지각하는데, 이는 기적이나 다름없다"(1997, 9쪽)고 쓰고 있다.

이런 종류의 견해가 우리는 실제로 내부 그림을 지각한다는 것을 시사하려고 의도하는 한, 이는 현상학적 비판을 받을 여지가 있다. 이 견해는 현상학적 명증과 일치하지 않을 뿐 아니라, 또한 '지각'과 '그림' 개념을 무척 문제적으로 사용하고 있다. 지각하는 두뇌가 지각되는 세계의 내부 표상을 짓는다고 말하는 것보다 오히려, 우리 두뇌가 우리로 하여금 시각 장면을 볼 수 있게 한다고 단순하게 주장하는 것이 훨씬 더 논쟁의 여지가 적을 것이다. 이에 반해서, 그 주장이 외부 대상에 대한 우리의 지각적 경험을 설명하기 위하여 우리가 하부인격 수준에서 여러 표상과정을 언급해야 한다는 것이라면, 현상학적 비판이 처음에는 실효가 없어 보일지도 모른다. 과연 현상학자들이 어떻게 하부인격 수준에서 일어나는 일을 특정화하는 입장에 설 수 있겠는가? 그러나 아마도 이는 사실 현상학적 논증의 힘을 어느 정도 과소평가하는 것이리라. 하부인격적 수준에서 표상이 엄밀하게 무엇을 의미하는지 하는 물음이 있을 뿐 아니라, 또한 더 중요하게도 하부인격적 수준의 표상들에 대해 정합적으로 말하고 있다고 우리가 (마지 못해) 인정했다 할지라도, 그러한 존재물의 존재existence가 지각에 대한 표상주의자의 설명을 지지하는지 아닌지는 여전히 해결되지 않은 문제이다. 하부인격적 수준의 표상이 지각을 가능하게 하는 내적 조건 중의 하나라는 주장이 있는가 하면, 지각 그 자체가 성격상 표상적이라는 또 다른 주장도 있다.

지향성 개념을 더 넓게 다루는 6장에서 마음에 대한 표상주의자의 설명에 반대하는 이 이상의 주장들을 살펴볼 것이다. 지금은, 현상학자들은 지각적 경험의 현전적인presentational — 재현전적representational이 아니라 — 성격을 주장한다고 말하는 것만으로 충분하다고 해두자. 노에Noë는 최근에 지각에 대한 비표상주의자의 대안적인 견해를 다음과 같이 꽤 깔끔한 표현으로 내놓았다.

> 지각 경험은 세계에 관여해 있음이라는 성격을 갖는다—경험은 사물 및
> 상황과의 마주침이다—는 이 주장은 지각과 그 본성에 관한 모든 오래된
> 형이상학적 그림 혹은 실증적인empirical 그림과 양립할 수 없다. 왜냐하면
> 지각 경험을 상황과 사물에 관여해 있음involvement이나 연루해 있음en-
> tanglement의 한 종류로 제시할 때, 현상학은 경험을 상황과 사물이 부재하면
> 일어날 수 없는 어떤 것으로 제시하는 것이다. 이때 현상학은 지각함이란
> 마주친 세계의 현존함과 세계에 관여해 있음에 본질적으로 의존하는 본성을
> 지니는 상태라는 것을 드러내 보인다. 만약 대상이 없거나 상황이 없다면,
> 그것들에 접촉할 수도 관여할 수도 없을 터이니, 그렇다면 이는 바로 지각
> 경험이 있을 수 없다고 말하는 것이다.
>
> —노에 2007, 235쪽

지각적 전체론

현상학에서 지각의 우위성을 강조하는 것이 우리에게 경험주의를 떠오르게 할지 모르지만, 더 자세히 조사해보면 수많은 차이가 있다는 것이 분명해질 것이다. 18세기에 프랑스 철학자인 콩디악Condillac은 사고실험을 제안했다. 그는 우리가 모든 지각능력을 상실한 조각상을 생각하고서, 시각·촉각·청각 등의 영역에서 지각의 효과를 고찰하기 위해 한 번에 하나씩 감각양태sensory modality를 부가해볼 것을 제안했다. 그러나 문제는 조각상, 즉 움직일 수 없는 존재물이 과연 지각 경험을 향유할 수 있을지 여부이다. 게다가 콩디악은 한 번에 한 양태씩 감각 경험을 건립하는 것이 이치에 어긋나지 않는다고 전제했다. 경험론자로서, 그는 고립된 감각자료들이 어떻게 대상 지각으로 조직되는지를 고찰함으로써 우리가 감각함sensing을

이해할 수 있다고 생각했다. 현상학과 과학은 우리에게 지각이 이와 같은 방식으로 작동하는 것은 아니라고 말해주고 있다. 우리는 지각이 감각자료들의 작은 원자들로부터 세워진다고 생각해서는 안 된다. 혹은 지각이 분리된 감각양태들의 집합이라고 생각할 수도 없다. 실로 우리는 지각은 그 자체보다 큰 전체의 일부라고 생각할 충분한 이유를 갖고 있다. 이 주장들을 하나하나 순서대로 살펴보도록 하자.

『지각의 현상학』에서 메를로-퐁티는 지각이 경험의 단위들로 취해진 감각들로 이루어진다는 경험주의자의 생각을 비판했다. 그가 지적하듯이, 우리는 단순히 감각들 그 자체를 경험하는 것이 아니다.——"이 관념은 우리 경험의 어떤 것과도 부합하지 않는다"(1962, 3쪽). 또는 하이데거가 지적하듯이,

> 우리는 결코 처음에 사물의 나타남 속에서 감각들의 집단, 가령 음들과 소음들을 지각하는 것이 아니다 …… 오히려 우리는 굴뚝에서 획획하는 폭풍 소리를 듣고, 삼발 비행기 소리를 들으며, 폭스바겐과는 즉각적으로 구별되는 메르세데스 벤츠 소리를 듣는다. 모든 감각들보다도 우리에게 훨씬 더 가까운 것은 사물들 그 자체이다. 우리는 집에서 문이 닫히는 소리를 듣는 것이지 단적인 소리의 음향 감각들을 듣는 것이 아니다. 벌거벗은 소리를 듣기 위해서는 사물로부터 떨어져서, 귀를 사물로부터 다른 데로 돌려서 들어야 한다. 즉, 추상적으로 들어야 한다.
>
> —하이데거 1964, 656쪽

감각은 지각 경험의 진정한 기본적인 구성요소가 아니라, 이론적인 건립물constructs이다. 배경에 대항하는 흰색 천조각에 대한 가장 간단한 경험을 고찰해보자.

천조각의 모든 점들은 그것들 자체를 한 '모양'으로 형성하는 어떤 일정한

‘기능’을 공유한다. 그 모양의 색깔은 배경의 색깔보다 더 강렬하고, 이를테면 더 저항적이다. 흰 천조각의 가장자리들은 천조각에 ‘속해 있으며’, 비록 배경에 인접해 있지만 배경의 부분은 아니다. 천조각은 배경 위에 놓여 있는 것으로 나타나지 배경을 분할하는 것은 아니다. 각 부분은 그것이 담고 있는 것 이상의 기대를 불러일으키며, 그러므로 이 기본적인 지각은 이미 의미로 채워져 있다.

—메를로-퐁티 1962, 3~4쪽

천조각의 각 점이 최종의 구성물composition에 기여하고 이를 가중시키기 때문에, 우리는 오직 각 점을 감각함으로써만 전체에 대한 지각을 성취한다고 하는 반대가 있을지 모르겠다. 그러나 메를로-퐁티가 지적하듯이, 이것은 우리가 어떤 게슈탈트 내에서, 어떤 배경 속에서 각 점을 지각한다는 사실을 무시하는 것이다. —“지각적인 ‘어떤 것’은 항상 다른 어떤 것의 가운데에 있으며, 그것은 항상 한 ‘장field’의 부분을 형성한다”(메를로-퐁티 1962, 4쪽). 게다가 경험주의는 또한 지각의 주체를 망각하는데, 그러나 지각되는 대상은 그것의 물리적 주변뿐 아니라 지각자의 특정한 목표와 관심에 의해서, 지각자가 종사하거나 종사할 수 있는 특정한 행위와 잠재적 행위에 의해서, 그리고 감각양태들을 가로질러서 또 정서들 속에서 구성되는 경험의 다른 국면들에 의해서 항상 맥락화된다. 그러한 양태교호적inter-modal[1] 경험, 정서, 행위, 맥락과 관련해서만 우리는 지각의 본성을 포착할 수 있다. “현실적인 지각의 구조만이 지각이 무엇인지를 우리에게 가르쳐줄 수 있다”(앞의 책).

지각적이고 실용적인 맥락의 역할은, 복합적이고 가변적인 신경생리학적 처리과정 내의 감각체계와 운동체계의 ‘협동collaboration’과 함께, 지각의

1_ 시각, 청각, 촉각, 미각, 후각 등의 감각양태들(modalities)이 서로 교환될 수 있는 것을 말한다.

불안정성 내에서 안정성을 창출하는 것이다. 그 안정성 속에서, 또 통합의 처리과정 속에서 우리는 고립된 감각자료들이 아니라, "이미 의미가 부여된, 보다 큰 전체와 이미 결합돼 있는 형성물"을 발견한다(앞의 책, 9쪽). 감각 이론—지각자의 맥락과 실용적 목적을 무시하는 이론—에 대한 이 현상학적 비판은 어떻게 인지과학을 해야 할 것인가에 관한 보다 큰 일단의 물음을 함축하고 있다. 우리가 실험하고 이론을 세울 때, 우리는 실제로 거기에 존재하지 않는 이론적 메커니즘을 정립할 위험이 있다. 경험을 객관적 용어들로 설명하려고 노력하는 과학은 "경험이 유의미한 패턴들이 있다는 것을 보여주는 곳에서, 사물들인 감각들을 도입한다. …… 본성상 지각되는 것은 모호한 것이고 교호하는 것이며, 그것의 맥락에 의해 형성된다는 것을 깨닫지 못한 채 …… 과학은 지각되는 두 선이 두 (객관적으로 측정 가능한) 선과 같이 동등하거나 동등하지 않아야 한다고 요구한다"(앞의 책, 11쪽).4)

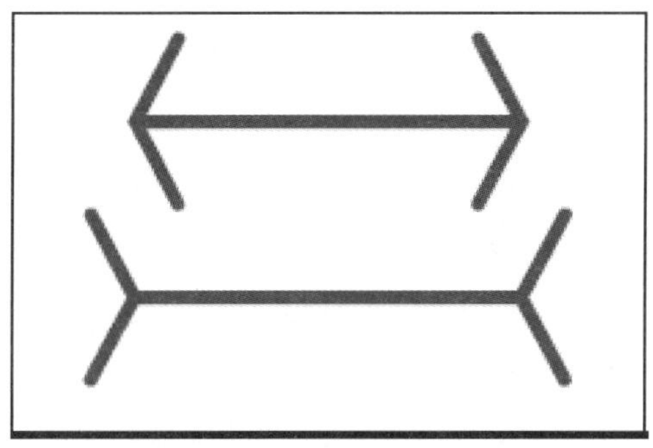

그림 5.1 뮐러 라이어 착시

잘 알려진 뮐러 라이어 선들Müller-Lyer lines(그림 5.1)을 생각해보라. 객관적으로 동등한 길이의 이 선들이 왜 다른 길이의 선들로 나타나는가? 이 선들에 화살표 또는 꼬리가 그려져 있다는 사실이 이것들을 변화시키기 때문에 지각적으로 동등하지 않다. 만약 이 선들이 내가 집어 들고 사용할 수 있는 물리적 대상, 가령 쇠막대라면, 내가 어떻게 이것들을 잡을 것이며 이것들을 갖고 무엇을 할 수 있을까 하는 점에서, 나는 필연적으로 이것들을 동등하지 않은 것으로 취급할 것이다. 나의 지각은 이 실용적 측면들을 읽어서 이를 시각적으로 평가한다. 화살표와 꼬리를 지우면, 우리는 두 동일한 사물을 갖게 될 것이며, 이것들의 동등한 길이를 쉽게 볼 수 있을 것이다. "즉, 고립된 객관적인 선, 그리고 그림에 실린 동일한 선은 (행위를 위해서 또 실용적 목적을 위해서를 의미하는) 지각을 위해서 동일한 길이의 선이 되길 그친다"(같은 책).

'에빙하우스 착시Ebbinghaus illusion'(그림 5.2)에서 좌측의 중앙 원은 우측의 중앙 원보다 작게 지각된다. 그러나 객관적으로는 동등한 지름의 원들이다. 이 발견을 어떻게 기술하고 해석해야 하는가? 보통 이것은 착시의 확고한 사례로 제시되며, 그런 의미에서 우리가 바르지 않게 지각하고 있다고 말할지도 모른다. 그러나 대안적 설명은 우리가 이 원들을 정확히 올바른 방식으로 지각하고 있다는 것이며, 맥락이 부분들에 영향을 미친다는 고전적인 게슈탈트 원리의 생생한 예증에 단지 직면하고 있다는 것이리라. 실로 우리가 두 개의 중앙 원을 동등한 크기의 원으로 지각한다면, 유효한 지각 게슈탈트를 지각하지 못할 것이기 때문에, 이는 정확하고 진실한 지각이 아니라, 그릇된 지각이며 지각의 실패가 될 것이다.5)

감각자료들의 혼합이란 측면에서 지각을 설명하려는 시도가 실패하는 또 다른 이유는, 우리가 감각적으로 주어지는 것보다 많게 보기도 하고 적게 보기도 한다는 것이다. 이것은 진기한 생각이지만, 후설에 의해 제공된 지각에 대한 기본적인 분석에서 발전된 것이다. 내가 대상을, 이를테면 안락의자를 지각할 때, 그 대상은 결코 그것의 총체성에서 주어지지 않고, 항상 불완전하게 어떤 특정한 제한된 일면profile이나 음영adumbration에서 주어진다. 그 대상은 직관적으로 주어지는 그것의 앞면, 뒷면, 밑면, 내부를 포함하는 총체적인 안락의자가 결코 아니며, 가장 완전한 지각에서조차도 그렇다. 이러함에도 불구하고, 정확히 내 지각의 대상은 나타나고 있는 대상이지 음영이 아니다. 예를 들어 나는 의자를 지각하는 것이지, 의자의 앞면, 뒷면, 앉는 면, 다리와 같은, 관점적으로 주어지는 표면을 지각하는 것은 아니다. 물론, 내가 (의자 전체 대신) 다리의 표면을 지향하기 위해 초점을 바꿀 수 있지만, 그것 또한 일면들에서 주어질 것이다. 결과적으로 우리의 지각적 의식은, 우리가 대상 그 자체를 파악하기 위해서 관점적으로 나타나고 있는 일면을 계속해서 초월한다는 사실에 의해 특징지어진다. 즉, 비록 지각되는 대상의 일부만 직관적으로 주어진다 해도 지각은 온전한 대상의식을 우리에게 제공한다(후설 1973c/1997, 49~50쪽).6) 핵심적인 물음은, 이것이 어떻게 가능한가이다. 후설에 의하면, 비록 직관적으로 현전하는

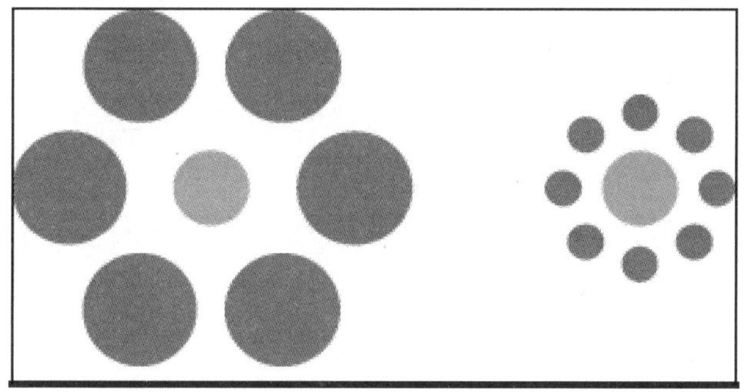

그림 5.2 에빙하우스 착시

것은 실제로는 오직 단일한 일면뿐이라 해도, 우리가 안락의자 그 자체를 지각하는 이유는 그가 지평적 지향성horinzonal intentionality이라고 명명한 것의 참여 때문이다. 후설은 대상의 현전하는 일면에 대한 우리의 직관적 의식에는 항상 대상의 부재하는 일면들의 지평horizon of absent profiles에 대한 지향적 의식이 동반된다고 주장한다(후설 1970, 158쪽). 우리가 직관적으로 주어지는 것으로 향하기만 한다면, 바로 그 대상에 대한 지각적 의식은 가능하지 않을 것이다.

> 비충전적으로improperly 나타나는 대상적인 규정들은 함께-파악되지만, '감각가능하게 되는' 것이 아니며, 감각가능한 것을 통해서, 즉 감각의 질료를 통해서 현시되는 것이 아니다. 그 규정들은 함께-파악된다는 것이 분명하다. 그 이유는, 그렇지 않으면 우리는 눈앞에 대상들을 전혀 갖지 못하게 될 것이며, 또 한 측면a side은 오직 그 대상을 통해서만 실로 측면일 수 있으므로 심지어 이것조차 갖지 못하게 될 것이기 때문이다.

—후설 1973c/1997, 55쪽

비록 그 자신의 의미에 따른다면 사물 그 자체를 직접적으로 파악하는 것이 지각이라 할지라도, 모든 (보통은 '외적 지각'이라 명명되는) 시공의spatiotemporal 지각은 기만적일 수 있다. 그 자신의 의미에 따른다면, 그것은 예기적이며,— 예기(Vorgriff)는 함께-지향되는 어떤 것에 관한 것이다— 또 지각적으로 그 자체로 주어지는 것의 내용에서조차도, 면밀히 성찰해보면, 예기의 요소가 있을 정도로 철저한 방식으로 그러하다. 사실, 지각에 있어서 그 어떤 것도 순수하게 또 충전적으로adequately 지각되는 것이 아니다.

—후설 1959, 45쪽

현시되는 일면의 의미는 대상의 부재하는 일면들과의 관계에 의존하며, 또 만약 우리의 알아차림이 직관적으로 주어지는 것에 제한된다면 대상에 대한 지각적 알아차림은 가능하지 않을 것이다. 달리 말해서, 지각이 대상에 대한 지각perception-of-an-object이 되기 위해서는 부재하는 일면들을 지향하고, 그것들을 어떤 간접현시appresentation로 가져오는 지평적 지향성이 지각에 스며들어 있어야 한다(후설 1970, 158쪽; 1962/1977, 183쪽; 더 자세한 간접현시 개념은 아래를 보라). 이것은 시각의 경우뿐 아니라, 이를테면 촉각의 경우도 마찬가지다. 보지 않으면서 내 손보다 큰 대상을 잡을 때, 내 손의 표면은 대상의 부분만을 덮지만, 그럼에도 대상이 내가 만지는 바로 그 표면보다 더 많은 것으로 이루어져 있다는 느낌을 갖는다(노에 2004, 60쪽). 게다가 대상에 대한 나의 지각은 배경에 있는 다른 대상들, 외적 지평 구조outer horizontal structure라 부를 수 있는 것에 의해서도 영향을 받는다.

방금 개괄한 의미에서, 우리는 우리가 보는 것보다 많은 것을 볼 뿐 아니라, 또한 우리가 본다고 생각하는 것보다 적은 것을 본다. 만약 어떤 사람이 내 뒤에서 새빨간 사과를 들고 차츰 그것을 내 시각 장의 주변으로 움직이면,

그것이 내 주변 장에 들어옴에 따라 그 대상의 색깔을 확실히 식별할 수 있을 것이라고 보통 추정할 것이다. 사실 데넷(1991)이 지적하듯이, 우리는 주변 시각 장에서 색깔을 식별할 수 없으며, 우리가 그 색깔을 지각할 수 있고 사과를 사과 자체로 지각할 수 있는 것은 오직 사과가 시각의 초점까지 가까이 다가왔을 때뿐이다. 따라서 우리의 시각적 알아차림은 그것이 사과라고 생각해도 좋을 만큼 충분히 상세하지 않다. 당신의 주의를 이 단어에 고정하라. 고릴라. 만약 당신이 눈을 움직이지 않으면 (부탁컨대, 엿보지 말고), 비록 (이것들을 포함하여) 이 페이지의 다른 많은 단어들이 확실히 시각 장에 있을 테지만, 여러분은 이를 처리할 수 없을 것이다(앞의 책, 49쪽). 이런 발견에 대한 가능한 한 가지 해석은 우리는 정보를 추구해야 한다는 것이며, 또 그것을 필요로 할 때 그렇게 한다는 것이다. 모든 것이 우리 마음속에 담겨지는 것은 아니다. 만약 그렇다면 눈을 감고서도 우리가 갖고 있다고 추정되는 표상으로부터 페이지의 남은 부분을 읽어낼 수 있을 것이다. 해보고, 얼마나 읽을 수 있는지 확인해보라. 다른 실험들은 우리가 종종 바로 우리 눈앞에서 벌어지는 일들을 볼 수 없다는 것을 보여준다. 이것은 변화맹change blindness 또는 부주의맹inattentional blindness이라 부르는 것이다.7) 이 실험들에서, 우리는 점진적으로 변화하는 장면을 관찰할 때 또는 심지어 극적으로 변화하는 장면을 관찰할 때조차도, 우리가 특정하게 어떤 특질에 주의를 기울이고 있든, 심지어 변화하고 있는 바로 그것을 찾고 있든, 변화를 알아채는 우리의 능력이 지극히 형편없다는 것을 발견한다.

우리는 실용적인 지각자이다. 우리가 필요로 하는 정보는 우리 주변 어디에서나 쉽게 입수될 수 있기 때문에, 끊임없이 갱신해야 할 표상들이나 내적 모델들로 우리의 마음을 어수선하게 채워서는 안 된다.8) 물론, 우리는 선택적으로 그것을 추구해야만 한다. 우리는 눈을 움직여야 하고, 머리를 돌려야 하고, 몸의 자세를 다시 잡아야 한다. 사물들을 조사할 수 있도록 우리는 그것들로 손을 뻗어야 하고, 잡아야 하고, 우리에게 더 가까이 당겨야 하고, 다루어야 하며, 또는 만약 너무 크면 그것들을 향해 걸어 다가가야 한다.

　지각의 현상학은 행위화enactive 지각 이론으로 알려져 온 이론을 지지한다. 비록 행위화 지각의 사상이 표상주의자의 견해에 맞서 실현가능한 대안을 이루기 위해 최근에 과학적인 자원과 현상학적 자원을 이용해 왔지만, 이는 이전부터 존재해 왔던 것이다. 존 듀이John Dewey는 그의 1896년 시론『심리학에서의 반사호反射弧 개념*The Reflex Arc Concept in Psychology*』에서 지각을 다룰 때면 우리가 시작하는 감각이론에 반대하며 이렇게 주장했다.

> (지각은) 감각 자극에서가 아니라, 감각-운동 협응에서 (시작한다) ……
> 1차적인 것은 운동이고, 2차적인 것은 감각인바, 몸과 머리와 눈 근육의
> 운동이 경험되는 것의 성질을 결정한다. …… (청각에서) 소리는 단적인
> 자극이거나 단적인 감각이 아니다. 그것 또한 일종의 행위act이다 …… 도망
> 가는 것이 (무서운) 소리에 대한 반응이듯 소리의 감각이 운동 반응에서
> 일어난다고 말하는 것은 그만큼 사실이다.
>
> ―듀이 1896, 358쪽

　사실상, 지각은 정보를 수동적으로 받아들이는 것이거나, 안전하고 안정적인 표상이 되도록 정보를 기계적으로 처리하고 수집해서 배열하는 것이 아니다. 지각은 활동activity, 가령 우리 몸의 운동을 수반한다. 깁슨Gibson(1986, 53, 205쪽)이 지적하듯이, 우리는 한 장소에서 다른 한 장소로 이동할 수 있는 몸에 붙어 있고 돌릴 수 있는 머리에 자리 잡은 움직일 수 있는 눈으로 본다. 정지해서 보는 방식은 다만 움직이며 보는 방식의 한정된 경우이다. 우리가 보고 듣고 만지고 맛보고 냄새맡는 것(또는 냄새맡기를 피하는 것 등)은 우리가 하는 것과 우리가 할 수 있는 것―우리의 실용적인 가능성 및 몸의 감각운동 능력―에 의해 형성된다. 일상 경험에서 지각과 운동은 항상 통일되어 있다. 나는 팔을 움직여서 어떤 것을 만진

다. 나는 머리와 눈을 움직여서 어떤 것을 본다. 지각되는 것은 가깝거나 먼 방식으로 지각되며, 접근될 수 있고 탐색될 수 있는 어떤 것으로서 지각된다.

예를 들어, 후설은 지각과 운동감각kinaesthesia[키네스테제] 사이의 밀접한 연관을 지적했다. 우리의 신체화된 운동은 봄·만짐·들음 등에 참여하고, 이렇게 해서 세계에 대한 지각적 파악에 정보를 준다. 우리의 지각기관(눈, 손, 귀 등)은 우리 신체의 운동감각적kinaesthetic 경험과 함께 기능한다. 나의 운동, 나의 어떤 것을 함은 '포괄적인 통일체 속에서 함께 묶여 있는 것'이다. 대상이 지각 속에 나타나는 방식은 운동감각적 차원과 독립적이지 않다. 그것들은 함께 작동해서 대상에 대한 충족된 의미를 생산해낸다(후설 1970, 106쪽을 보라).

우리는 후설의 생각을 구체적인 예를 가지고 예증할 수 있다. 나는 지금 친구의 새 이중 연료 자동차를 쳐다보며, 그 앞에 서 있다. 차의 앞면은 내 몸의 특정한 위치와 상관관계를 맺고 있는 반면에, 함께-지향되어 있지만 순간적으로 부재하는 그 차의 일면들(그 차의 뒷면, 옆면, 밑면 등)의 지평은 내 운동감각적 지평, 즉 내 가능한 운동의 능력과 상관관계를 맺고 있다. 부재하는 일면들은 '만약 ~라면, 그러면~if-then'이란 지향적 연관과 연결되어 있다. 만약 내가 이쪽으로 움직이면, 그러면 이 일면은 시각적으로나 촉각적으로 접근가능하게 될 것이다. 내 쪽에서 매우 특정한 신체적 운동을 실행하면 그 차의 뒷면이 현전할 수 있게 되기 때문에, 내가 보지 못하는 그 차의 뒷면은 '내가 지금 지각하고 있는 동일한 그 차의 뒷면'이라는 의미를 갖는다. 결과적으로 우리는 지각적 지향성은 움직이는, 그렇기에 신체화된 주체를 전제한다고 말해야 할 것이다(후설 1973c/1997, 176쪽). 요컨대, 후설이 말하는 중요한 점은 우리가 운동을 지각할 수 있다는 것이 아니라, 바로 그 우리의 지각은 운동을 전제한다는 것이다(후설 1970, 161쪽; 1966b/2001, 15쪽을 보라). 지각을 이해하는 것은 우리 자신의 몸의 지향성을 이해하는 것이다(후설 1962/1977, 196~197쪽).

우리가 어떤 것을 파악할 때 활성화되는 특정한 '표준운동'뉴런'canonical' neuron이 단순히 망치 같은 어떤 것을 볼 때, 또는 여느 다룰 수 있는 대상을 주시할 때 또한 활성화된다고 해서, 지각적인 경험이 단순히 감각적인 입력에 의해 활성화되는 뉴런의 상태들에 의해 결정되는 것은 아니다(리졸라티 Rizzolatti 등 2000). 또 몸이 운동하고 행위할 수 있도록 지각적으로 준비시키는 배측背側 시각 경로의 뉴런적 과정들에 의해서도 전적으로 결정되는 것은 아니다. 그것은 또한 지각자의 감각-운동 기술과 환경에 의해 유도되는 가능성에 의존한다. 원칙적으로 지각은 신체화된, 환경에의 대응이다. 메를로-퐁티는 시각과 지각은 보다 일반적으로는 행위의 형태들이라고 주장하며(1962, 377쪽), 이것은 바로 행위화enactive 지각의 지지자들이 표현하는 바로 그 견해이다. 예를 들면, 알바 노에가 그의 책『지각에서의 행위 *Action in Perception*』의 초두에서 말한, 강령적인 진술을 숙고해보자.

> 지각은 우리에게 또는 우리 안에서 발생하는 어떤 것이 아니다. 그것은 우리가 하는 어떤 것이다. 일시에가 아니라 시간을 거쳐 가면서, 능숙하게 살피며 움직이면서, 맹인이 감촉으로 그 공간을 지각하면서 어수선한 공간 여기저기를 톡톡 두드리면서 길을 가는 모습을 생각해보라. 이것은 우리가 지각하는 것이 무엇인지 보여주는 전형적인 예이고 또는 적어도 그래야 한다. 세계는 물리적 운동과 상호작용을 통해 지각자가 세계를 만날 수 있게 만든다. …… 모든 지각은 이런 식의 감촉 같은 것이다. 지각적 경험은 우리가 신체적 숙련을 소유하는 덕분에 내용을 획득한다. 우리가 지각하는 것은 우리가 행하는 것에 (또는 어떻게 행할지 아는 것에) 의해 결정된다. 그것은 우리가 행할 준비가 되어 있는 것에 의해 결정된다. 내가 정확하게 하려고 하는 방식으로 우리는 지각적 경험을 행위화한다enact. 우리는 그것을 행위로 표출한다act it out.
>
> —노에 2004, 1쪽

행위화 이론가에게, 행위가 있는 곳은 뇌 속이 아니다. 시각은 한 네트워크의 뉴런들 속에서 출현하는 표상이 아니다. 오히려 환경을 탐색하는, 전체로서의 유기체의 행위이다. 우리가 세계 속에 있고 우리의 필요와 관련 있는 환경적 세부사항들에 접근할 수 있다면, 그 세부사항들과 중복되는 여분의 복사물인 내적 표상을 만들어낼 필요가 없다. 마치 내가 친구와 얘기할 필요가 있고 그녀가 바로 앞에 서 있을 때 그녀에게 전화하면 이상한 것처럼, 환경이 직접적으로 현전하는데도 우리가 그것을 지각하기 위해서 그것의 표상 모델을 필요로 한다고 생각하는 것은 이상한 일이다. 환경이 어떻게 우리의 인지 능력을 도울 수 있는지에 대한 좋은 예증이 초보 바텐더와 능숙한 바텐더를 비교하는 최근 연구에서 발견된다. 칵테일 주문을 받을 때, 숙련자는 서로 모양이 구별되는 잔을 골라서 배열할 것이다. 이때 그들은 그 주문을 기억하고 순서대로 배열하는 일을 도울 수 있도록 지속적인 단서들을 이용할 것이다. 균일한 유리잔이 사용되는 실험에서 숙련자의 성과는 확 떨어지겠지만, 반면에 초보자의 성과는 영향을 받지 않을 것이다(깁스Gibbs 2006, 143쪽). 보다 일상적인 예로서, 여러분이 우유를 더 살 필요가 있는지 없는지를 어떻게 결정하는지를 그저 생각해보라. 여러분이 샀던 우유병의 수를 기억해서 여러분이 비운 우유병의 수를 모두 빼거나, 단순히 냉장고 안을 들여다봄으로써 그렇게 할 것이다(호지랜드Haugeland 1998).

그러나 지각이 행위라고 강조하는 일이, 보다 수동적 지각의 측면에 대한 숙고를 배제해서는 안 된다. 비록 지각이 나의 가능한 행위를 항상 확실히 수반한다고 해도, 지각은 전적으로 행위인 것은 아니다. 나의 몸이 세계 속으로 그 자체를 맞추어 가는 방식과 관련해서 환경이 중립적이지 않다는 사실에 기인하는 지각의 수동적인 측면들이 있다. 하이데거의 개념인 '손안에 있는 것[용재자]ready-to-hand'과 깁슨의 개념인 행동유도성affordance이 보여주듯이, 세계에 대한 우리의 지각은, 우리에게 영향을 미치고 또 우리의 행위를 이끌어내는 환경에 대한 지각이다. 지각의 행위화 이론에서 설명되었듯이, 이것은 또한 '강제적 현전forcible presence' 개념과도 일치한다.

> 강제적 현전이란, 나의 역사에 대한 지식과 같은 다른 심적 상태들과는
> 달리, 예를 들어 감각적 경험은 그 자체를 바깥에서부터 나에게 강요하고,
> 내가 일체 마음의 노력을 하지 않아도 나에게 현전하며, 실로 나의 의지적
> 통제를 거의 벗어나 있다는 사실이다.
>
> —민Myin과 오레곤O'Regan 2002, 30쪽

세계는 신체적 현전bodily presence에서 주어진다. 이것은 내가 세계 속에 in-the-world 있다고 말하는 또 다른 방식이며, 나의 경험은 나의 신체화되고 행위화하는 관심만큼이나 세계의 강요에 의해 형성된다고 말하는 또 다른 방식이다.

후설은 능동성activity과 수동성passivity을 구분한다. 능동성 곧 적극적인 인지적 활동을 하는 일은 주의하기, 판단하기, 평가하기, 희망하기 등의 작용들에서 분명히 알 수 있다. 수동성은 사물들이 나에게 일어날 때 영향을 미치는 비의지적 경험에 관한 것이다. 그러나 후설은 재차 수용성receptivity 과 촉발성affectivity을 구분한다. 수용성은 나를 수동적으로 촉발하고 있는 어떤 것에 반응한다는 뜻을 포함하고 있다. 그것은 선행하는 촉발을 전제한 다(자하비 1999, 116쪽을 보라). 촉발affection은 정동情動affect 및 영향받고 있거나 섭동攝動되고perturbed 있다는 느낌feeling에 관한 것이다. 지각에 있어서 여러분이 주목할 만한 것은 무엇이든지 이미 여러분을 촉발해 오고 있었음에 틀림없다. 여러분의 주의를 사로잡을 때 그것은 스스로 현출하는 촉발적 힘을 미리 수립하고 있었음pre-established에 틀림없다. 환경 속의 움직임들과 큰 소음들이 그러하다. 그것들은 지각적으로 부각돼 있다. 우리가 원하든 원하지 않든 그것들은 우리의 주의를 사로잡는다.

타자의 역할

내가 대상을 맥락 내에 있는 것으로서 지각하는 일은, 대상을 지각하는 일에다 맥락을 지각하는 일을 더하는 것이 아니다. 그것은 항상 맥락 속의 대상object-in-context을 지각하는 일이다. 그런데 지각은 단일한 운동하는 주체에 의해 성취될 수 있는 어떤 것인가, 아니면 문제의 그 맥락은 또한 항상 사회적인가? 지각은 또한 정의상 다른 주체들을 수반하는 과정인가?

이 물음은 다수의 현상학자들에 의해 추적되어 왔다. 어떤 학자들은 지각 대상의 공공적 성격에서 사회성을 위한 자리를 찾으려고 노력해 왔다. 메를로-퐁티가 주장하듯이, 지각적인 세계는 나의 세계, 나 자신의 의식의 상관물로서 경험될 뿐 아니라, 내가 마주칠 수도 있는 모든 의식의 상관물로서 경험된다(1962, 338쪽). 내가 만약 다른 어떤 사람과 대화를 나누기 시작할 때, 나는 "개입된 기호들의 매개를 통하여 나의 감각들과 간접적으로 관계를 맺고 있는 사적 감각들의 흐름과" 대화를 나누고 있는 것이 아니다. 오히려 나는 "나의 세계와 동일한 세계에 대한 살아 있는 경험을 갖고", 이 세계 속에서 나와 함께 현존하며, 또 "그 세계를 통해서 내가 의사소통하고 있는" 어떤 사람과 대화를 나누고 있는 것이다(405쪽). 그러므로 우리 각자가 우리 자신의 사적 세계를 갖는다는 것은 사실이 아니다. 대신에, 내가 타자가 있는 저곳에 있다면 나는 타자가 경험하는 것을 경험할 것이며, 역으로 타자가 지금 여기에 있다면 타자는 내가 경험하는 것을 경험할 것이다. 따라서 세계에 대한 내 자신의 관점은 확정된 경계를 갖는 것이 아니라, 자동적으로 타자의 관점에 미끄러져 들어가고 포개진다(메를로-퐁티 1968, 61, 142쪽). 결국 이런 관찰을 통해서 메를로-퐁티는, 나는 존재에 대해 지각적 독점권을 갖지 않는다, 오히려 대상은 오직 그 자체를 부분적으로 나에게 내보일 뿐이며, 따라서 "나 이외에 다른 많은 증인들을" 요구할 권리를 갖고 있다고 주장한다(메를로-퐁티 1964, 15~16, 170쪽). 달리 말해, 나의 지각 대상은 나를 위해 나타나도 고갈되지 않는다. 오히려 각 대상은

항상 함께-존재하는 일면들의 지평을 갖고 있어서, 비록 내가 잠깐 접근할
수 없다 해도—나는 의자의 앞면과 뒷면을 동시에 볼 수 없다—그것은
다른 주체가 아주 잘 지각할 수 있는 것이다. 지각 대상은 항상 다른 사람들
을 위해서도 거기에 존재하므로, 사실 그런 다른 주체들이 현장에 나타나든
그렇지 않든, 그 대상은 그런 다른 주체들을 지시하며, 또 바로 그 이유
때문에 지각 대상은 내재적으로 상호주관적이다. 대상은 단독으로 나를
위해서만 존재하는 것이 아니라 상호주관성을 지시하며, 또한 나의 지향성
도 내가 상호주관적으로 접근가능한 대상을 향할 때마다 상호주관성을
지시한다.9)

이 주장을 명료하게 밝혀보자. 우리가 이미 보아 왔듯이 대상을 지각할
때 우리는 부재하는 일면들을 간접현시하거나 함께-지향한다. 부재하는
일면들은 가능한 지각들과 상관관계를 맺고 있다. 만약 우리가 이것을 체계
적으로 추적하고자 시도한다면, 두 가지 가능한 설명이 실행가능할 것 같다.

(1) 부재하는 일면들은 나의 과거의 지각 또는 가능한 미래의 지각과
상관관계를 맺고 있는 일면들로서 간접현시된다. 따라서 램프의 뒷면은
내가 보아 왔거나 미래의 지각에서 지각할 수 있을 면side으로 간접현시된
다.

(2) 다른 가능성은, 부재하는 일면들은 가상의fictitious 함께-현전하는
co-present 지각들의 상관물로서 간접현시된다는 것이다. 그 일면들은, 만약
내가 (여기에 있지 않고) 지금 거기에 있는 것이 가능했다면 내가 가질
수 있었을 지각들과 상관관계를 맺고 있다. 따라서 램프의 함께-지향되는
뒷면은, 만약 내가 지금 뒷면을 마주하고 있다면 내가 보았을 면으로서
가상으로 주어진다. 램프의 앞면과 뒷면은 원리상 동일한 의식에 동시에
지각적으로 주어질 수 없기 때문에, 이 경우 우리는 가상적이며 현실화할
수 없는 가능성을 다루고 있는 것이다.10)

그러나 더 자세히 검토해보면 이 설명들 중 어느 것도 실로 만족스럽지 않다는 것이 분명해질 것이다. 첫 번째 설명은 대상을 일련의 시간적으로 분리된 일면들의 통일체로 생각하는 것이다. 그러나 이 개념은 우리의 경험과 일치하지 않는다. 내가 램프를 지각할 때, 나는 바로 그 순간 한 현실적인 일면을 소유하는 어떤 것을 지각하는 것이 아니며, 여러 다른 일면들을 이전에 소유했고 또 이후에 소유할 어떤 것을 지각하고 있는 것이 아니다. 현전하는 앞면은 과거의 뒷면이나 미래의 뒷면과 관련해서 앞면이 아니라, 현전하는 앞면이 현전하는 함께-존재하는 뒷면을 지시함으로써 결정된다. 따라서, 그것은 어떤 주어진 순간에도 함께-존재하는co-exiting 일면들의 복수성을 소유한다는, 대상의 초월성 개념에 속한다.

그러나 이런 반대는 또한 두 번째 설명에도 영향을 미친다. 비록 지각이 오직 대상의 부분적 현시만을 우리에게 준다 해도, 대상 전체는 실재적인 것으로 경험된다. 그래서 만약 우리가 대상을 수많은 가상의 조각들로 구성되도록 한다면, 우리는 이 실재를 공정하게 평가할 수 없다.

어떤 대안적인 설명이 있는가? 다음을 생각해보라. 함께-지향되는 부재하는 일면들은 가능한 지각들과 상관관계를 맺고 있다. 우리가 보아 왔듯이, 이 가능한 지각들은 동시에 현실화가능해야actualizable 하기 때문에, 그것들은 내 자신의 현실적인 지각과 양립가능해야 한다. 대상의 부재하는 일면들에 대한 나의 지평적 간접현시는 그것들의 성격을 현실적으로 함께-존재하는actual co-existing 일면들로 보존해야 한다. 그렇지만 나의 이전이나 이후의 지각들은 물론이고 나의 가상의 지각은 이 양립가능성을 결여한다. 결과적으로, 부재하는 일면들은 나의 가능한 지각과 상관관계를 맺을 수 없다. 그러나 후설이 그때 제언하듯이, 부재하는 일면들은 타자들의 가능한 지각들과 상관관계를 맺을 수 있다(자하비 1997). 후설의 견해를 요약해서 사르트르는 이렇게 쓰고 있다.

따라서 각 대상(가령, 식탁, 벽)은, 칸트의 경우처럼 주체와의 단순한 관계에 의해 결코 구성되는 것이 아니라, 나의 구체적 경험 속에서 다가적多價的인 것으로 나타난다. 그것은 무한정적인 복수성의 의식을 지시하는 체계를 소유하는 것으로 본원적으로 주어진다. 고려 중인 대상이 영속적으로 지시하는 것으로서 나에게 드러나는 것은, 타자가 피에르나 폴과 같이 구체적으로 나타나는 경우는 물론이고, 바로 (이 대상,) 식탁, 벽(에 의해서)이다.

—사르트르 1956, 233쪽; 번역 개정판

따라서 기본적인 생각은, 지각 대상들의 지평적 주어짐에 대한 분석을 통해서 우리는 복수적인 가능한 주체들의 지각(지향)을 조회하게 되며, 또는 후설이 그것을 칭하듯이, '열린 상호주관성open intersubjectivity'을 조회하게 된다는 것이다.

따라서 경험할 때, 일차적으로는 지각할 때 내 앞에 서 있는 대상적인 모든 것은 자기와 타자의 가능한 경험에 대한 통각적 지평을 갖는다. 존재론적으로 말해, 내가 갖는 모든 나타남은 바로 그 시작부터 열린 무한한 것open endless의 부분이지 동일한 것의 가능한 나타남들이 명시적으로 실현된 총체성이 아니므로, 이 나타남이 속해 있는 주관성은 열린 상호주관성이다.

—후설 1973a, 289쪽; 1973b, 497쪽 참조

그러나 지각은 항상 사실적인factual, 개별적 주체가 떠맡는 활동이 아닌가? 이것은 부인하기 어려운 것처럼 보인다. 내가 나 혼자서 대상을 지각할 때, 그 대상은 나만에 의해 지각된다. 그러나 이 주장은, 내가 이 활동을 수행할 수 있는 것은 단지 나의 지평적 지향성이 다른 가능한 지각자의 지각에 대한 구조적 지시들을 수반하기 때문이며, 또 정확히 그 이유로 나의 지평적 지향성의 구조는, 원리상, 복수적인 주체들의 가능성을 부인하는 어떤 유아론과도 양립할 수 없다는 것이다. 메를로-퐁티가 언명하듯이, "각각의 지각 속으로 또 각각의 판단 속으로 나는 현실적으로 나의 것이

아닌 감각적인 기능들이나 문화적 환경들을 가져온다"(1962, 358쪽). 내가 지각하고 지향하는 대상들은 초월성에 의해, 또 그들의 존재를 다른 주체들을 위해 드러내는 나타남의 지평적인 방식에 의해 특징지어진다. 나의 지각 대상은 항상 다른 주체들이 지각할 수 있는 일면을 소유하기 때문에, 그것은 계속해서 그들을 지시하며, 그 결과 내재적으로 상호주관적이다.

> 지각되는 세계는 나의 세계일 뿐 아니라, 또한 내가 다른 사람들의 행동이 형성되는 것을 보는 세계이기도 하다. 왜냐하면, 그들의 행동은 동등하게 세계를 겨냥하기 때문이다. 세계는 내 의식의 대응물이자 내가 마주칠 수 있는 모든 의식의 대응물이다.
>
> —메를로-퐁티 1962, 338쪽

비록 다른 사람을 지각하는 일과 대상을 지각하는 일 간에는 중요한 차이가 있겠지만(9장을 보라), 그럼에도 불구하고 이 두 종류의 지각이 상호의존적이라는 것은 또한 사실이다. 내가 어떤 사람을 지각할 때, '거기에' 위치하고 있는 또 다른 살아 있는 신체를 지각하고 있을 뿐 아니라, 그 사람을 내가 거주하는 동일한 세계의 지각자로서 지각한다. 사르트르는 사물에 대한 나의 관계는 다른 어떤 사람이 바로 이 동일한 사물을 주시하고 있는 것을 내가 경험할 때 근본적 변화를 겪는다고 쓰면서, 이것을 극적인 공식화로 제시한다.

> 이렇게 해서 갑자기 한 대상이 나타나서 나에게서 세계를 훔쳐가 버렸다. 모든 것은 제자리에 있다. 모든 것이 여전히 나에 대해서 존재한다. 그러나 모든 것은 보이지 않는 비행에 의해 횡단되고 새로운 대상의 방향으로 정비된다. 그러므로 세계 내에서 타자the Other의 나타남은 전 우주의 정비된 활주와 상응하며, 내가 동시적으로 가져오는 집중화를 허무는, 세계의 탈집 중화와 상응한다.

―사르트르 1956, 255쪽

타자가 현장에 나타나자마자 세계는 나에게 소외된 것으로 나타난다. 왜냐하면, 세계는 이미 보여졌던 것으로 ― 실로 모든 면에서 '개간되고, 탐사되고, 반복해서 작업이 이루어졌던 것'으로서 나에게 주어져 있기 때문이다. 이런 방식으로, 타자의 현전은 이미 주어져 있는 의미의 복합체들을 드러내 보이는 기능을 갖고 있다(사르트르 1956, 520쪽). 그러나 동시에, 나에게 집중된 세계가 다른 사람에 의해 경험될 때 세계도 역시 탈중심화된다. 왜냐하면 타자는 내 세계의 도구적인 사물들에게 지시관계의 새로운 중심으로서의 타자를 소급해서 지시하는 질서를 부여하기 때문이다(앞의 책, 255쪽). 타자는 세계 내에서 단순히 또 다른 대상으로서 경험되는 것이 아니라 세계에 대한 주체로서 경험된다.

발달론적 관점에서, 타자들은 우리가 태어났을 때부터 이미 현존한다. 우리가 최초로 대상들을 지각할 때 우리는 공동주의joint-attention 속에서 그것들을 지각하는 것을 배우며, 우리는 그것들을 어떤 목적과 관련된 존재로서 지각하는 것을 배운다. 어떤 것이 손안에 있는 것[용재자]ready-to-hand이거나 행동유도성affordance인 것은 그것이 행위를 위한 우리의 신체화된 가능성들과 관계가 있는 방식 때문만이 아니라, 또한 타자들한테서 우리의 행위들을 배워 왔고 사물들이 무엇을 위한 것인지를 배워 왔기 때문이다. 어떤 것이 손 안에 있는 것이고, 또 어떤 것이 나에게 가능성들을 유도하는af-fords 것은, 오직 그 가능성들의 일부를 타자들이 현실화하는 것을 보아 왔기 때문이다. 이 타자들은 물건을 들어올려 사용하는 타자들이며, 나에게 놀거나 일하기 위한 물건들을 제공하는 타자들이다. 그때 나의 지각은 이 경험들에 의해 형성된다. 타자들은 내가 홀로 있을 때 존재하기를 그치지 않으며, 비록 그들이 지각적으로 현전하지 않을지 모르지만, 그들은 잠재적으로 또 암묵적으로 나의 지각구조 바로 그것과 관련되어 있다. 우리가 지각하는 세계는 물리적으로 맥락화되어(내적 지평과 외적 지평에 의해 특징지어져) 있을 뿐 아니라 사회적으로 맥락화되어 있다.

이런 이유 때문에, 콩디악의 조각상에게 모든 표준적인 감각양태들을 부여한다 해도 충분치 않을 것이다. 만약 그 조각상이 갑자기 정교한 로봇보다 더 잘 만들어진다면, 다시 말해 동물적인 본성을 가지며, 보고 듣고 만지고 맛보고 냄새맡을 수 있을 뿐 아니라, 또한 그 자신의 몸을 느끼고 세계 속에서의 몸의 움직임을 느끼도록 갑자기 변형된다면, 과연 그것은 세계를 그 자신의 체계 내에서 창출된 허상, 표상, 엄청난 환상 이외의 어떤 것으로 지각할 수 있을까? 인간은 세계 속에서 이미 행위하고 지각하는 타자들에 의해 태어나고 길러진다. 우리가 지각하는 세계의 실재, 사물의 실재에 대한 느낌sense은 이것에 의존하는 것이다.

더 읽을 책들

— P. Sven Arvidson, *The Sphere of Attention: Context and Margin.* Dordrecht: Springer, 2006.

— Susan L. Hurley, *Consciousness in Action.* Cambridge, MA: Harvard University Press, 1998.

— Edmund Husserl, *Thing and Space: Lectures of 1907.* Trans. R. Rojcewicz. Dordrecht: Kluwer Academic Publishers, 1997.

— Maurice Merleau-Ponty, *Phenomenology of Perception.* Trans. C. Smith. London: Routledge and Kegan Paul, 1962.

— Maurice Merleau-Ponty, *The Primacy of Perception.* Trans. W. Cobb. Evanston: Northwestern University Press, 1964.

— Alva Noë, *Action in Perception.* Cambridge, MA: MIT Press, 2004.

— A. David Smith, *The Problem of Perception.* Cambridge, MA: Harvard University Press, 2002.

6
지향성

이 단어들을 읽을 때 여러분은 무언가를 의식하고 있다. 여러분의 눈이 책의 행들을 스치듯 읽으며 지나갈 때, 아마 여러분은 이 단어들을 의식하고 있거나, 혹은 주로 이 단어들의 의미를 의식하고 있을 것이다. 만약 고개를 든다면, 여러분이 어떤 환경 속에 있다는 것을 알게 될 것이다. 아마 여러분은 책상 위에 이 책을 놓고 앉아 있거나, 혹은 욕조에 몸을 담그고 한 잔의 샴페인을 조금씩 마시며 이 책을 읽고 있을 것이다. 실로 여러분은 비범한 방식으로 여러분의 철학을 연구하고 있을 수도 있다. 어쨌든 고개를 들면 여러분은 무언가를 보게 될 것이다. 우리의 목적을 위해서는 그것이 무엇인지는 중요하지 않다. 책을 읽고 있든, 방을 둘러보고 있든, 샴페인을 맛보고 있든, 옆방에서 나는 소리를 듣고 있든, 이것이 바로 의식이 작동하는 방식이기 때문에 우리는 여러분이 무언가를 의식하고 있다는 것을 안다. 만약 아무것도 의식하고 있지 않다면, 언젠가 사르트르가 말했듯이, 여러분은 무의식적이 될 것이다. 현상학의 전통에서, 의식은 항상 무언가에 대한 의식consciousness-of-something이라는 이 생각은 의식의 지향성으로 일컬어진다. 이 장에서 우리는 이것이 왜 인지작용을 이해하기 위해 중요한 개념인지 분명히 밝히고자 한다.

다음과 같은 물음으로 시작해보도록 하자. 의식 이론은 지향성에 대한 논의를 포함해야 하는가, 만약 그렇다면 왜 그래야 하는가? 데이비드 차머스는 그의 책 『의식적 마음*The Conscious Mind*』에서 의식의 '쉬운 문제들'과 '어려운 문제' 간의 구별을 도입했는데, 이는 이후 활발하게 논의되어 왔다. 쉬운 문제들은 어떻게 마음이 정보를 처리할 수 있고, 환경의 자극들에 반응할 수 있으며, 식별력·범주화·내성과 같은 의식 능력들을 보여줄 수 있는지 하는 물음과 관련된 것들이다(차머스 1996, 4쪽; 1995, 200쪽). 이 모든 능력들이 놀랍기는 하지만, 차머스에 따르면, 이것들은 인지과학의 표준적인 레퍼토리에 의해 모두 다루어질 수 있고 계산적 메커니즘과 뉴런적 메커니즘에 의해 설명될 수 있기 때문에, 형이상학적으로 불가해한 것이 아니다. 이 과제는 여전히 어려울 수 있겠지만, 과학은 그것을 다룰 방법들을 갖고 있다. 이와 반대로, 어려운 문제는 — 또한 의식의 고유한 문제the problem of consciousness라고도 알려진(차머스 1995, (201쪽)) — 마음의 현상적이고 경험적인 측면을 설명하는 문제이다.

차머스는 후에 주의, 기억, 지향성 등과 같은 개념들은 쉬운 측면과 어려운 측면을 모두 내포하고 있다고 제언함으로써 자신의 입장을 해명했다(차머스 1997, 10쪽). 예를 들어, 지향성을 충분히 그리고 포괄적으로 이해하는 데에는 결과적으로 어려운 문제를 해결하는 일이 수반된다는 것이다. 혹은 달리 말하면, 경험적 측면을 무시한 사고, 믿음, 범주화 등에 대한 분석은 단지 의사pseudo 사고 또는 의사 믿음이라 부를 수 있는 것에 대한 분석에 지나지 않는다는 것이다(위의 책, 20쪽). 이 해명은 차머스가 이미 『의식적 마음』에서 행한 관찰, 즉 우리는 믿음의 수축적deflationary 개념과 팽창적inflationary 개념을 각각 운용할 수 있다는 관찰과 잘 일치하는 것이다. 첫 번째 개념은 의식적 경험에 대한 어떠한 언급도 포함하지 않는 순전히 심리학적인 (기능적인) 개념인 반면, 두 번째 개념은 진정한 지향성을 위해

의식적 경험이 요구된다는 점을 함의하고 있다(차머스, 20쪽). 1997년에 차머스는 자신이 이 문제로 갈피를 못 잡고 있었으며, 시간이 가면서 점차로 두 번째 개념에, 그리고 의식이 의미의 일차적 원천이라는 생각에 동조하게 되었다는 것을 인정한다. 이와 같이 그는 지향적 내용은 사실 현상적 내용에 근거할지도 모른다는 생각에 이르게 되었는데, 그러나 그는 이 문제는 더 많은 검토가 필요하다고 생각하고 있다(차머스, 1997, 21쪽).

우리는 이 해명을 환영하지만, 차머스가 이토록 많은 것을 양보할 준비가 되어 있다는 것은 또한 다소 놀랍기도 한 것이다. 왜냐하면, 의식의 쉬운 문제와 어려운 문제의 구별 바로 그것은 우리가 팽창적 개념을 택하는 순간 의심스러운 것이 되기 때문이다. 이 개념을 고려한다면, 사실 의식의 쉬운 문제들은 결코 없을 것이다. 진정으로 쉬운 문제들은 모두 의사pseudo 지향적 상태들, 즉 비의식적non-conscious 정보처리 과정에 관한 문제들일 것이다. 이 문제들을 다루는 일을 우리가 인간 존재들 속에서 마주치는 의식적 지향성과 같은 것을 설명하는 일과 혼동해서는 안 된다. 다시 말해서, 그 과정들에서 행해지는 주관적 경험의 역할을 이해하고 나서야 우리는 비로소 어떻게 인간 존재들이 의식적으로 의도하고, 식별하고, 범주화하고, 반응하고, 보고하고, 내성하는지 등을 이해하게 될 것이다(참조, 호지슨 Hodgson 1996).

어려운 문제에 대한 차머스의 논의는 무시될 수 없는 의식의 한 측면을 식별해내는 것이긴 하지만, 쉬운 문제와 어려운 문제를 규정하고 쉬운 문제와 어려운 문제를 구분하는 독창적인 방식은, 차머스가 반대하는 바로 그 환원주의에 힘입은 것이다. 만약 우리가 인지와 지향성이 기본적으로 마음을 갖지 않는 컴퓨터에서도—혹은 차머스 자신이 좋아하는 예를 사용한다면, 경험을 갖지 않는 좀비에서도—원리상 잘 진행될 수 있는, 정보처리과정과 인과적 공변자causal covariation의 문제라고 생각한다면, 실로 의식에 특징적인 모든 것은 그 질적이거나 현상적인 측면이라는 인상이 우리에게 남게 된다. 그러나 이는 몇몇 무상한 감각질qualia을 제외하면, 지향성을 포함하는 의식에 관한 모든 것이 환원주의적 (계산적 혹은 뉴런적) 용어로 설명될 수 있다는 것을 시사하는 것이다. 그리고 이 경우에 우리는 부수현상론—의식은 그저 부산물일 뿐이며, 인지나 행동에서 아무 인과적 역할을 하지 않는다는 발상—을 결국 쉽게 받아들이게 될지도 모른다.

차머스가 행한, 의식의 어려운 문제와 쉬운 문제의 구별은 환원주의의 맹공격에 대항하여 의식을 수호하려는 최근의 분석철학 내의 다른 많은 시도들과 공통의 특질을 공유하고 있다. 그 시도들은 모두 반대쪽에다 지나치게 많은 것을 승인해주고 있다. 환원주의는 분리해서 통치하라는 고전적인 전략을 전형적으로 행해 오고 있다. 의식에는 기본적으로 두 가지 측면이 있다. 지향성과 경험이다. 현시점에서 우리는 후자인 경험의 측면을 어떻게 환원시키는지를 알지 못하므로, 두 측면을 분리해서 전자인 지향성의 측면에 집중하자. 그렇게 해서 만약 우리가 지향성을 환원적으로 설명하는 데 성공한다면, 경험의 측면은 그다지 중요할 리가 없다. 많은 비환원적 유물론자들은 바로 이와 같은 전략을 무비판적으로 채택해 왔다. 그들은 주관성을 부수현상론적epiphenomenal 감각질과 동일시함으로써 주변화해 왔으며, 그리고는 환원주의를 피하는 것은 바로 이 측면이라고 주장해 왔다.

이 분할을 의문시하며, 경험과 지향성의 문제들은 밀접하게 연결되어 있다고 주장하는 것이 현상학의 지배적인 경향이었다. 실로 다음에서 우리가 보겠지만, 현상학자들에 따르면 경험, 1인칭적 관점, 1인칭적 의미론 등을 고려하지 않은 채 지향성을 제대로 탐구하는 것은 불가능하다. 그리고 역도 마찬가지다. 우리가 지향성을 무시한다면 주관성 및 경험의 본성을 이해하는 일은 불가능하다. 이와 다른 방식으로 생각한다면 '세계-내-존재'라는 어구로 포착되는 모든 것을 무시하는 데카르트식의 주체-세계의 이분법을 복권시키는 위험을 무릅쓰게 될 것이다.

지향성이란 무엇인가?

　지향성 개념은 적어도 아리스토텔레스까지 거슬러 올라가는 긴 역사를 갖고 있다. 지향성 개념은 중세 스콜라 철학의 인식론에서 중심적인 역할을 했지만, '지향성'이라는 용어의 근대적 부활은 브렌타노에게서 기인한다. 그의 영향력 있는 저서인 『경험적 관점에서 본 심리학*Psychology from an Empirical Standpoint*』(1874)에서, 브렌타노는 심리학의 영역과 자연과학의 영역 사이에 명확한 경계를 수립하려고 노력했다. 그가 쓰고 있듯이, 심리학은 정신적psychical 현상들에 대한 과학인 데 반해, 자연과학은 물리적physical 현상들에 대한 과학이다(1973, 97~100쪽). 이 두 부류의 현상 간의 차이는 무엇인가?

> 모든 심적 현상의 특징은 중세의 스콜라 철학자들이 대상의 지향적 (또는 심적) 내존재inexistence라고 부른 것에 의해 특징지어진다. 그리고 다소 애매하지 않은 것은 아니지만, 우리는 그것을 내용을 지시하는 것, 대상(여기서 이 말은 사물을 의미하는 것으로 이해되어서는 안 된다)으로 향하는 것, 또는 내재적 대상성이라 부를 수 있을 것이다. 모든 심적 현상은, 모두 같은 방식으로 그렇게 하는 것은 아니지만, 그 자체 내에 대상으로서의 어떤 것을 포함하고 있다. 표상함에서는 어떤 것이 표상되고, 판단함에서는 어떤 것이 긍정되거나 부정되고, 사랑함에서는 어떤 것이 사랑을 받고, 미워함에서는 어떤 것이 미워함을 받고, 욕구함에서는 어떤 것이 욕구된다 등등. 이 지향적 내재는 오직 심적 현상만을 특징짓는다. 물리적 현상에서는 이와 같은 어떤 것도 보이지 않는다. 그러므로 우리는 심적 현상들을 지향적으로 대상을 그 자체 내에 포함하고 있는 현상들이라고 말함으로써 정의할 수 있다.
>
> ―브렌타노 1973, 88~89쪽

　브렌타노에 따르면, 모든 정신적 곧 심적 현상들은 지향성을 보이지만 물적 현상들은 그렇지 않다. 그 때문에 그는 지향성이 심적인 것을 정의하는 표지라고 주장할 수 있었을 뿐 아니라, 또한 물리적인 것과 심리적인 것은 별개의 영역이라고 주장할 수 있었다. 이 맥락에서의 '지향적'의 의미는 우리가 행위할 때 마음속에 목적을 갖는다는 보다 친숙한 의미와 혼동해서는 안 된다. 현상학적 의미에서 그것은 지향성의 한 종류에 불과하다. 오히려 '지향성'은 (이 말은 과녁을 향해 활을 당겨서 겨누는 일과 유사하게, 특정한 방향으로 겨눈다는 것을 뜻하는 라틴어 intendere에서 온 것이다.) 의식에 고유한, 그 자체를-너머서-가리키기pointing-beyond-itself'를 나타내는 총칭적인 술어이다. 지향성은 의식의 향해 있음directedness, ~에 대한 것임of-ness, ~에 관한 것임aboutness과 관계가 있다. 즉 지향성은, 우리가 지각하거나 판단하거나 느끼거나 생각할 때 우리의 심적 상태는 어떤 것에 관한 것 또는 어떤 것에 대한 것이라는 사실과 관계가 있다.

브렌타노의 논지는 영향력을 발휘해 왔다. 그러나 그의 지향성에 대한 기술과 정의는 다소 난해할 뿐만 아니라, 또한 꽤 부적절한 것이다. 후에 치솜Chicholm이 주장했듯이, 브렌타노의 기술은 존재론적 논지와 심리학적 논지 간의 긴장을 포함하고 있다(치솜 1967, 6쪽). 한편으로, 브렌타노는 분명 스콜라 철학의 술어를 채택해서 의식 속의, 대상의 지향적 '(내)존재(in)existence'에 대해 말하고 있다. 이 경우 '내존재'란 '내부 존재existence within' 또는 '내적 존재inner existence'로 읽혀야 한다. 의식의 대상은 정신적 작용 속에 내재적으로 포함되고, 그래서 이 대상의 존재적existential 양식, 존재론적 지위는 지향적이라고 불린다. 다른 한편으로, 브렌타노는 또한 정신적 현상은 대상으로 향해 있음directedness 또는 대상을 지시함reference 에 의해 특징지어진다고 주장한다(1973, 97쪽). 이렇게 해서 우리는 한 번은 대상의 지향적 내존재에 대해, 또 한 번은 심적 작용의 지향적 향해 있음에 대해 이야기할 수 있다. 이 두 특질은 결코 동일하지 않지만, 그럼에도 불구하고, 의식은 지향적으로 내존재하는(in)existing 대상에 지향적으로 향해 있다고 그가 주장하는 한, 그것들은 브렌타노의 (초기) 지향성 이론에서 하나로 합쳐지고 있다. 따라서 브렌타노는 오로지 마음속에만 존재하는 대상을 지시하거나 그 대상으로 향해 있는 마음의 능력에 초점을 두는 것 같다.

우리는 곧 지향적 대상의 존재론적 지위에 관한 이 미묘한 문제로 되돌아 갈 테지만, 지금은 일단 브렌타노의 논의가 뜨거운 논쟁을 일으켜 왔다는 것을 주시하도록 하자.

브렌타노는 지향성을 마음의 환원불가능한 특질로 간주하고, 또 이 기초 위에서 심리학을 자율적인 과학으로 수립하려고 했다. 이와 대조적으로, 우리는 분석철학과 인지과학에서 지향성에 대한 대략 세 가지 다른 접근방 식을 발견할 수 있다.

- 첫 번째 언어-철학적 접근방식은 심리학적 현상들을 기술하는 데 사용되는 문장을 특징짓는 논리적 속성을 신중하게 검토함으로써 의식의 지향성을 밝히려고 해 왔다.[1]
- 두 번째 접근방식은 콰인Quine, 데닛Dennett, 포더Fodor, 드레츠키 Dretske, 처치랜드 부부the Churchlands 등과 같은 인물들이 좌우해 왔는데, 이들은 주로 지향성을 어떻게 자연화해야 하는가 하는 물음, 즉 비지향적 메커니즘의 측면에서 어떻게 지향성을 설명해야 하는가 하는 물음에 전념 해 왔다. 포더가 쓰고 있듯이, "우리는 지향성에 대하여 어느 정도 환원주의 자가 되지 않고서 어떻게 실재론자가 될 수 있는지 …… 알기 어렵다. …… 만약 '~관한 것임aboutness'이 실재적real이라면, 그것은 실재적으로 really 다른 어떤 것이어야만 한다(1987, 97쪽)." 지향적 상태들을 행동, 신경 생리학, 궁극적으로는 물리학으로 하향 환원함으로써 지향성을 자연화하 든, 혹은 그러한 환원은 불가능하다고 주장하고 나서 지향적이라는 어휘는 공허한 말이니 과학적 담론에서 제거되어야 한다고 결론을 내리든, 결과적 으로 둘 중의 하나가 상정되어 왔다.
- 마지막 접근방식은 가령 썰Searle, 스트로슨Strawson, 지베르트Siewert,

크레인Crane의 최근 연구에서 발견할 수 있는 것이다. 이들 모두는 자신들의 탐구에 1인칭적 관점을 포함하는 것이 필요하다고 생각하며, 지향성의 구조들에 대한 신중한 기술은 의식에 대한 철학적 탐구에 필수불가결한 부분이라고 주장한다.

지향성에 대한 현상학적 설명은 지향성의 문제에 접근하는 처음의 두 방식과는 다르다. 현상학자들은 주로 의식의 결정적 특질로서의 지향성에 일차적으로 관심이 있다. 더욱이 그들은 1인칭적 관점으로부터, 즉 주체의 시점으로부터 지향성을 설명하는 데 특히 초점을 맞추고 있다. 만약 지향성을 자연화하는 일이 비지향적인 메커니즘과 처리과정에 호소함으로써 지향성을 환원적으로 설명하려는 시도로 이해된다면, 사실 현상학자들은 어느 누구도 이 일에 종사하지 않고 있다. 만약 지향성 이론이 환원적인 설명으로 귀결되어야만 한다고 생각한다면, 우리는 지향성을 현상학적으로 다루는 일이 실망스럽다는 것을 알게 되지 않을 수 없을 것이다.
그렇다면, 지향성에 대한 현상학적 설명의 목적은 무엇인가? 무엇보다도 먼저, 의식적 지향성의 구조들에 대한 기술적인 분석을 제공하기 위해서이다. 그러나 그렇게 하면서 현상학자들은 또한 (마음과 뇌의 관계가 아니라) 마음과 세계의 관계를 해명하려고 한다. 이 후자의 탐구는, 기본적으로 마음의 세계관여적인world-involving 성격을 입증하고자 하고, 또 의식은 의식을 통해 드러나는 세계와 독립적으로 존재하는 주관적 영역이라는 견해를 거부하는데, 이는 몇 가지 더 포괄적인 철학적 함의들을 갖고 있다. 우리는 이 장의 마지막 부분에서 이 점들을 논할 것이다.

닮음, 인과성, 심적 표상

지향성에 대한 현상학적 설명을 더 상세히 다루기 전에, 몇몇 비현상학적 대안들을 간단히 고찰해보도록 하자. 혹시 일어날 수 있는 오해를 불식시키기 위해, 우리는 바로 그 '표상representation'이라는 용어에 관해 몇 가지 논평을 하면서 시작할 필요가 있다. 분석철학과 인지과학에서 이른바 심적 표상에 대한 언급이 빈번히 나오고 있다. '표상'이란 용어를 이렇게 사용하는 일은 그 용어를 현상학적으로 사용하는 일과 어떻게 관련이 되는가? 이미 우리가 보았듯이, 현상학자들은 그 용어를 사용할 때, 일반적으로 첫 번째 음절에 강조점을 둔다. 표상이란 다시re 현전하는present 어떤 것이다. 그것은 우리가 표상되는 대상과 파생적으로 또 매개적으로 접촉할 수 있도록 해주는 어떤 것이다. 실례로, 에펠탑을 지각하는 일과 에펠탑의 사진을 보는 일의 차이를 생각해보자. 두 경우 모두 말할 나위 없이 우리는 동일한 대상 곧 에펠탑에 지향적으로 향해 있지만, 첫 번째 경우에서 우리는 에펠탑 그 자체를 직접적으로 대면하고 있는 반면에, 두 번째 경우에서는 간접적 지향성의 한 형태를 예화하고 있다. 우리는 중간에 매개하는 존재물entity, 즉 에펠탑의 사진이나 회화적 재현물representation로 향해 있는 것이다.

앞의 '제5장 지각'에 대한 논의에서 보았듯이, 일부 논자들은 '심적 표상'에 대해 말할 때 중간에 매개하는 심적 존재물 같은 것이 정말로 있다고 생각해 왔지만, 오늘날 대부분의 논자들은 지향성을 보여주는 심적 상태를 가리키기 위해 단순히 이 용어를 사용하고 있다. 연기는 불을 표상할 수 있고, 국기는 한 국가를 표상할 수 있고, 장미는 사랑을 표상할 수 있고, 지각은 물리적 환경 속에 있는 다양한 대상들을 표상할 수 있다(다양한 대상들에 관한 것일be about 수 있고, 향해 있는 것일be directed at 수 있다). 실로 이 용어가 다소 혼란스럽게 하는 내포적 의미를 지니고 있긴 하지만, 우리가 세계와 인지적으로 접촉하는 일은, 심적 이미지들이든, 감각자료들이든, 또는 그와 같은 어떤 것들이든, 어떤 중간에 매개하는 존재물을 수반한다는 생각을 하게 한다는 의미로 '표상'이란 용어를 사용하는 일은 결코 없다.

그런데, 조금 전에 언급했듯이, 많은 노력이 지향성을 자연화하려는 시도에, 즉 심적 상태가 어떻게 무언가에 관한 것일 수 있는가(무언가를 표상할 수 있는가)를 환원적으로 설명하려는 시도에 바쳐져 왔다. 비지향적인 메커니즘의 측면에서 지향성을 설명하려는 열망이 있어 왔으며, 또 심적 상태들을 뇌에 저장되어 있는 복잡한 정보 처리과정의 사건들로 환원시키려는 열망이 있어 왔다. 현재, 사계에는 고도로 전문적인 수많은 제안들이 있다. — 하긴 지금까지 일반적인 인정을 얻어낸 것은 아무것도 없지만. 만약 우리가 모든 상이한 제안들을 공정하게 평가하려고 시도하고자 한다면 이는 너무 멀리 떨어진 곳으로 데려가므로,2) 우리는 그 대신에 두 가지 표준적인 — 사실 오랜 계보를 갖고 있는 — 제안, 즉 닮음resemblance과 인과성causation의 측면에서 표상을 설명하려는 시도를 아주 간략하게 개괄할 것이다.

닮음은 처음에는 자연적인 형태의 표상의 꽤 그럴듯한 후보로 보일지도 모르겠다. 거울의 영상이 거울이 비추는 것을 표상하는 방식, 또는 그림이나 사진이 그것이 묘사하는 것을 표상하는 방식을 생각해보라. 그러나 겉보기와는 달리 닮음은 표상을 위한 충분조건이 아니다. (단어들은 그것들이 표상하는 것과 닮지 않아도 표상할 수 있기 때문에, 명백히 닮음은 필요조건도 아니다). 숲은 서로서로 닮은 수많은 나무들을 담고 있지만, 한 나무가 다른 한 나무를 표상하게 하는 것은 아니다. 모든 대상은 그 자체와 닮았지만, 모든 대상이 그 자체를 표상하는 것은 아니다. 더구나 닮음은 상호관계인 반면, 표상은 그렇지 않다. 즉, 덴마크의 여왕은 그녀의 초상을 닮을 수 있는 반면, 그녀는 그 초상의 표상은 아니다.

만약 우리가 지향성을 자연화하길 원한다면, 만약 우리가 지향성을 자연적으로 발생하는 표상의 형태로 환원시키길 원한다면, 인과성은 또 다른 유망한 후보인 것 같다. 어떻게 연기가 불을 표상하고, 붉은 반점이 풍진을 표상하는가를 생각해보라. 이 두 경우에 우리는 그저 표상과 표상되는 것 간의 인습적인 관계를 다루고 있는 것이 아니다. 오히려 연기와 붉은 반점에는 각각 불과 홍진에 자연적으로 관계맺고 있는 무언가가 있다는 것이다. 실로 두 경우에 표상되는 것과 표상 간에 인과적 관계가 있다(그런데, 그렇기 때문에 무언가를 대신하는for 기호라기보다는 오히려 무언가를 직시하는 of 기호라고 지적하는 것이 더 적절할 수도 있다). 인과성이 또한 마음과 세계를 연결시키는 접착제일 수는 없을까? 그래서 만약 의식적 상태가 문제의 대상에 필요충분하게 '적합한appropriate 형태의 인과적 고리'에 의해 연결된다면, 그 의식적 상태는 대상을 표상한다고(대상으로 향해 있다고) 말할 수 있지 않을까? 만약 그렇다면, 지향성을 자연화하는 것은 실로 가능할 것이다. 그러나 이 꽤 조악한 인과적인 설명은 몇몇 명백한 난관들에 봉착한다. 한 가지 문제는 아직 증명되지 않은 것을 사실로 가정하면서 '적합한'(또는 '적절한relevant')이 의미하는 것을 특정화하는 것과 관련이 있다. 내가 멀리 떨어진 언덕을 쌍안경으로 볼 때, 우리는 통상 나의 지각 대상은 언덕이라고 말할 것이다. 그러나 언덕이 (곧 언덕에서 반사되는 빛이) 인과적으로 나의 시각 체계에 영향을 미치긴 하지만, 그것은 확실히 유일한 원인이 아니라, 단지 꽤 원위적遠位的인 원인에 불과하다. 나는 내 망막의 근위적近位的인 자극은 말할 것도 없고 쌍안경의 렌즈들을 지각(표상) 하고 있지 않은가? 또 다른 문제는 인과성의 개념은 너무 조잡해서 지향적 지시의 측면적aspectual 본성을 포착할 수 없다는 것이다. 우리는 결코 대상을 순일하게simpliciter 의식하지 않는다. 우리는 항상 대상을 특정한 관점으로부터든, 특정한 개념이나 특정한 기술 아래에서든, 특정한 방식으로 의식한다.

　게다가 나의 직접적인 물리적 환경에서 존재하는 실재적인 공간적 대상들, 즉 실재적인 인과적 힘을 지니고 있는 것으로 보이는 사물들은 내가 의식할 수 있는 것의 아주 작은 부분을 구성할 뿐이다. 나는 책상에 앉아서 달의 뒷면에 관해서 생각할 수 있을 뿐 아니라, 또한 둥근 사각형, 유니콘, 내년 크리스마스, 무모순율에 관해서 생각할 수도 있다. 그러나 어떻게 이 부재하는 대상, 불가능한 대상, 허구적 대상, 미래의 대상, 이념적인 대상이

나의 사고에 인과적 영향을 미친다고 할 수 있겠는가? 존재하지 않는 대상들을 지향하는 것이 가능하다는 사실은, 내가 대상을 의식하고 한다면 대상은 반드시 나에게 인과적으로 영향을 미쳐야 한다고 주장하는 이론에 반대하는 결정적인 논거로 보인다. 마지막으로, 표상 이론은 착오표상misrepresentation은 물론이고 오류가능성도 설명할 수 있다는 것이 결정적으로 중요하다. 왜냐하면, 표상의 중심적 특질들 중 하나는 표상이 진리치와 진리조건을 갖는다는 것이기 때문이다. 표상은 참일 수도 있고 또는 거짓일 수도 있으며, 표상을 참이게 하는 조건들이 있고 참이 아니게 하는 조건들이 있다. 하지만 이것은 인과 이론에게 문제를 제기한다. x가 y를 표상할 때 x가 필요충분하게 y에 의해 적합한 방식으로 인과적으로 야기되었다면, 착오표상은 거의 불가능하게 된다. 이 여러 가지 어려움들에 맞서기 위해서 더 세련된 형태들의 인과 이론들이 이후에 발달해 왔지만, 지금까지 그 이론들이 그렇게 하는 데 성공했다는 일반적인 동의는 없다.

긍정적인 설명

후설의 『논리 연구』는 지향성에 관한, 최초의 올바른 현상학적 탐구를 담고 있다. 브렌타노처럼 후설도 우리는 단순히 사랑하고, 두려워하고, 보고, 판단하는 것이 아니라 사랑하는 것을 사랑하고, 두려워하는 것을 두려워하고, 물체를 보고, 사태를 판단한다고 주장한다. 지각, 사고, 판단, 환상, 의심, 기대, 회상 등 무엇을 말하고 있든 상관없이, 이 모든 의식의 다양한 형태들은 지향하는 대상들에 의해 특징지워지며, 그것들의 객관적인 상관물 곧 지각되는 대상, 의심되는 대상, 기대되는 대상 등을 살피지 않고는 올바르게 분석될 수 없다. 그 역도 역시 참이다. 지향적 대상은 그것의 주관적인 상관물인 지향적 작용을 살피지 않고는 올바르게 분석될 수 없다. 지향적 대상도, 그 대상을 지향하는 심적 작용도 다른 하나로부터 떨어져서는 이해될 수 없다. 의식의 작용과 의식의 대상은 본질적으로 상호의존적이다. 그들의 관계는 외적인 관계가 아니라 내적인 관계이다. 다시 말해서, 관계 맺고 있는 각 항을 먼저 확인하고 나서 그 다음에 그들의 관계를 탐색할 수 있는 것이 아니다. 오히려, 관계맺고 있는 다른 항을 참조함으로써만 관계 속의 각 항을 확인할 수 있다.

브렌타노는 지향성을 경험과 대상 간에 맺고 있는 이원적 관계라고 생각했다. 지향적 관계는 이른바 양 관계항의 실존existence을 전제하는 통상적 관계라고 가정하면서, 그는 실존하지 않는 존재물로 향해 있음이라는 문제를 해결하기 위해 지향적 내존재in-existence라는 개념을 특별히 도입했다. 파우누스[1]를 상상하고 있을 때, 혹은 분홍색 코끼리를 환각으로 보고 있을 때 나는 여전히 지향적으로 향해 있지만, 파우누스도 분홍색 코끼리도 실제로in reality 존재하는 것은 아니다. 결과적으로 이원적 접근방식은 파우누스와 분홍색 코끼리는 (지향적 내)존재라는 매우 독특한 형태를 갖는 대상이라고 주장하지 않을 수 없게 된다. 이는 그 자체 아주 만족할 만한 해결책이 아니며, 통일된 지향성 이론의 필요성을 고려한다면, 실제적인veridical 지각을 설명하려 할 때, 이는 심각한 문제를 일으키기도 한다. 예를 들어 꽃이 피고 있는 사과나무를 보고 있을 때, 나는 매우 독특한 존재론적 지위를 갖는 지향적 대상 — 만약 사과나무를 단순히 환각으로 보고 있다면 보고 있을 대상과 같은 지위를 갖는 어떤 것 — 을 실제로in reality 보고 있는가? 그리고 사과나무를 환각으로 보는 것과 지각하는 것의 유일한 차이가, 후자의 경우 특이한 지향적 대상이 통상적인 실재적 대상과 상응한다는 (현상적으로 탐지할 수 없는) 사실인가?

후설은 이 문제와 부딪치지 않는 지향성 개념을 전개한다. 그에게 지향성이란 특이한 대상과 맺는 통상적인 관계가 아니라, 통상적인 대상과 맺는

1_ 목신木神인 파우누스는 고대 그리스 로마 신화에 나오는 숲의 신으로, 남자의 얼굴과 몸에 염소 다리와 뿔이 있는 모습을 하고 있다.

특별한 종류의 관계이다. 이는 대상이 실존하지 않더라도 맺을 수 있는 특별한 관계이다. 또 대상이 실존하기를 그치더라도 존속할 수 있는 관계이다. '비실재적인' 대상들로 향해 있는 지향에 관한 한, 후설의 견해에 의하면, 그 지향은 통상적인 지각에 못지않게 향해 있음에 의해 특징지워져 있다. 그러나 통상적인 지각과 달리, 그 지시물은 마음 안에도 마음 바깥에도 존재하지 않는다. 환각의 경우, 분홍색 코끼리는 의식의 내부에도 외부에도 존재하지 않지만, 환각은 여전히 분홍색 코끼리에 관한about 것이다. 이 설명 덕분에, 작용의 지향성을 보존하기 위해 특별한 종류의 존재 (또는 지향적인 내존재)를 환각의 대상에 귀속시킬 필요가 없게 된다. 후설은 다음과 같이 쓰고 있다.

> 내가 내 자신에게 신, 천사, 예지계의 물자체, 물리적인 사물, 둥근 사각형 등을 표상한다면, 나는 각각의 경우에 명명된 초월적 대상, 달리 말해 나의 지향적 대상을 의미하는 것이다. 이 대상은 실존하든, 상상적이든, 불합리하든 아무 상관이 없다. '대상은 단순히 지향적이다'란, 물론, 대상이 지향—대상은 이 지향 속에서 내실적(reelles) 부분을 이룬다—속에서만 실존한다든가, 혹은 대상의 어떤 그림자가 실존한다는 것을 의미하지 않는다. 오히려 이는 지향, 곧 그렇게 한정된 대상에 대한 지시가 실존한다는 것을 의미하지, 그 대상이 실존한다는 것을 의미하는 것은 아니다. 만약 지향적 대상이 실존한다면, 지향, 지시만이 실존하는 것이 아니라 지시되는 사물도 또한 실존하는 것이다.
>
> —후설 2001a, II, 127쪽

요컨대, 마음의 독특한 특질 중 하나가 실존하지 않는 대상들에 대해 생각할 수 있는 능력이긴 하지만, 우리는 실존하지 않는non-existent 대상들의 실재성을 받아들여서는 안 된다. 어떤 지향적 대상들이 실존하지 않는다고 주장하는 것은 실존하지 않는non-existing 대상들이 있다고, 즉 어떤 실존하지 않는 지향적 대상들이 실존한다고 말하는 것이 아니다. 오히려, 이는 지시물이 존재하지 않을 때조차 지향적 상태들은 어떤 것을 지시할 수 있다는 것을, 어떤 것에 관한about 것일 수 있다는 것을 단순히 의미할 뿐이다.3)

지향적 대상은 특별한 종류의 대상이 아니라, 오히려 어떤 특정한 지향적 상태가 무엇에 관한 것이냐는 물음에 대한 대답이다. 만약 그 대답이 어떤 실존하지 않는 대상을 지시한다면 지향적 대상은 실존하지 않는다. 만약 그 대답이 어떤 실존하는 대상을 지시한다면 지향적 대상은 저 실재적인 사물이다. 그래서 만약 내가 나의 만년필을 본다면, 나의 지향적 대상인 것은 바로 이 실재적인 만년필이지 그 만년필에 대한 어떤 마음의 그림, 모사물, 표상이 아니다(크레인 2001, 26쪽; 후설 1976/1982, 207~208쪽; 1979, 305쪽).

지향적 향해 있음의 특질들을 더 특정화해보자. 지향적 '관계들'을 측면적aspectual이라거나 관점적perspectival이라고 말하는 것은 통례적인 일이다. 우리는 대상을 의식할 뿐만 아니라, 항상 특정한 방식으로 대상을 의식한다. 우리는 항상 대상에 대한 어떤 특정한 관점perspective 또는 시점point of view을 갖고 있다. 대상은 항상 주체에 대해 어떤 특정한 방식으로, 또는 어떤 특정한 측면aspect 하에서 현시된다. 그러나 더 구체적으로는, "대상의 규정 방식"과 "대상의 소여성 방식"을 구별할 필요가 있다(후설 1976/1982, 303~304쪽). 간단한 예를 들면, 빨간 스포츠 자동차를 지각하는 경우를 생각해보자. 우리는 항상 한 관점이나 또 다른 한 관점에서 그 차를 본다. 그 차를 그것의 총체성 속에서 단번에 보는 것이 아니다. 뿐만 아니라, 그 차는 항상 어떤 특정한 조명 속에서, 어떤 특정한 배경과 함께 우리에게 나타난다. 더욱이 그 차는 또한 어떤 특정한 맥락 속에서 규정적인 의미를 갖고서 나타난다. 내 이전의 경험들과 현재의 관심들에 의존해서, 나는 그 차를 필요한 교통수단, 즐거움의 원천, 돈을 낭비하게 하는 두통거리 ― 작동하지 않으면 정비공장으로 가져가야 하기 때문에 ―, 후기자본주의의 악덕 산물, 지구 온난화 문제의 원인이 되는 것 등등으로서 볼지도 모른다. 현상학자들은 이 점을 순전한 지각 내용이, 말하자면, 그 위에 부가되는 외적 사고들에 의해 완성되는 경우로 묘사하지 않고, 지각과 사고작용의 연속성을 지각의 내재적인 유의미성만큼이나 강조해 왔다. 위의 경우에 그 차에 대한 나의 지각은 유의성誘意性valences[2], 느낌, 과거의 경험, 참조와 관심의 체재들에 의해 다양한 방식으로 정보를 받고 있고, 그것들이 내가 실제로 사물을 보는 방식을 형성한다고 말하는 것이 결과적으로 더 낫다. 하지만 대상의 상이한 속성들을 지향하는 것 외에도, 내가 지향하고 있는 대상이 현시되는 모습을 변경하는 것 외에도, 나는 또한 지향성 그 자체의 형태를 변경할 수 있다. 그 차를 지각하는 대신에 나는 또한 그 차를 상상할 수도 있고, 판단할 수도 있고, 기억할 수도 있다 등등.

요컨대, 모든 지향적 경험은 두 상이한, 그러나 분리할 수 없는 계기를 소유하고 있다. 모든 지향적 경험은 그것이 판단함이든, 희망함이든, 욕구함이든, 후회함이든, 기억함이든, 긍정함이든, 의심함이든, 궁금해함이든, 두려워함이든 특정한 유형의 경험이다. 후설은 경험의 이 측면을 **지향적 성질 intentional quality**이라고 불렀다. 모든 지향적 경험은 또한 무언가로 향해 있다. 그것이 사슴이든, 고양이든, 수학적 사태든 지향적 경험은 무언가에 관한about 것이다. 후설은 어느 대상이 지향되느냐뿐만 아니라 그 대상이 무엇으로 파악되는지apprehended 또는 개념파악되는지conceived를 특정화하는 이 구성요소를 경험의 **지향적 질료intentional matter**라고 불렀다(후설 2001a, Ⅱ, 119~120쪽). 후설이 지향적 질료와 지향적 성질을 구별하는 것은

<hr>

2_ 레빈(K. Lewin)이 처음으로 사용한 개념이다. 심리적 환경에서는 개체의 요구에 따라서 목표가 되는 사물에 끌려가거나 반발하는 성질이 주어지는데, 이것이 유의성이다. 예를 들면 공복일 때는 음식물을 섭취하고자 하는 성질을 생기게 하여 개체에 행동을 유발시킨다. 유의성은 유발되는 행동의 방향에 따라 두 종류로 나누어진다. 하나는 대상에 심리적으로 다가가려는 적극적 유의성, 다른 하나는 대상에서 심리적으로 멀어지려는 소극적 유의성이다. 유의성은 물리적 대상 그 자체의 고유한 성질이 아니라, 개체의 요구에 따라 일어나는 성질이다. 체육학대사전(이태신, 민중서관, 2000) 참조

결과적으로 명제적 내용과 명제적 태도라는 현대의 구별과 어떤 일정한 유사점을 지니고 있다(비록 후설이 모든 지향적 경험들을 결코 본성상 명제적인 것으로 여기지 않았다는 것을 강조하는 것이 중요하지만).

말할 필요도 없이, 동일한 대상이 상이한 형태의 현시작용presentation과 결합될 수 있고, 동일한 형태의 현시작용이 상이한 지향적 대상과 결합될 수 있다. '백합은 희다'는 것을 부인하는 것이 가능하고, '백합은 희다'는 것을 판단하는 것이 가능하고, '백합이 희다'는 것을 묻는 것이 가능하듯이, '인플레이션이 계속 될 것이다'는 것을 의심하는 것이 가능하고, '선거가 공정했다'는 것을 의심하는 것이 가능하고, '그 사람의 다음에 나올 책은 국제적인 베스트셀러가 될 것이다'는 것을 의심하는 것이 가능하다.

흥미롭게도, 더구나 후설은 이 인지적 차이들을 체험적experiential 차이들이라고 여겼다. 덴마크가 내년 FIFA 월드컵 때 우승할 것이라고 기대하는 것과 이를 의심하는 것 사이에 체험적 차이가 있듯이, 헤겔이 독일 관념론자 중 가장 위대한 사람이라고 긍정하는 것과 이러한 같은 생각을 부정하는 것 사이에는 체험적 차이가 있다. 한 유형의 지향적 의식 상태에 있을 때의 느낌what it is like과 또 다른 유형의 지향적 의식 상태에 있을 때의 느낌what it is like은 다르다.4) 마찬가지로, 상이한 지향적 대상들은, 그것들이 경험될 때, 경험의 현상적 성격의 원인이 된다. "정의가 승리할 것이다"고 믿는 것과 "동등한 것들에서 각각 동등한 양을 빼면 그 결과는 각각 동등한 양이 된다"고 믿는 것 사이에 체험적인 차이가 있듯이, "에펠 탑은 엠파이어 스테이트 빌딩보다 더 높다"는 것을 부인하는 것과 "북한은 독자적으로 성장할 수 있는 경제력을 갖고 있다"는 것을 부인하는 것 사이에는 체험적인 차이가 있다. 따라서 후설이라면, 오직 감각적이고 정서적인 상태들만이 현상적 성질들을 갖는다는 현재에 널리 퍼져 있는 견해를 거부할 것이다. 그의 견해에 따르면, 감각적이든 인지적이든 간에 상관 없이 의식 상태 속에 있다는 것은 어떤 느낌이 따른다는 것something it is like이다. 사실, 현상성phenomenality을 감각의 '순전한 느낌raw feel'으로 환원하는 것은 현상적 의식을 경시하고 폄하하는 것이며, 그것의 인지적 중요성을 올바르게 이해하려 할 때 해로운 것이다.5)

그러나 사고들에 독특한 현상성이 있다는 것을 부인하는 자도 있을 수 있다. 그 논증은 이렇게 진행될 것이다. 추상적 사고들에는 심적 이미지가 수반되어 있고, 추상적 사고 속에서 마주치게 되는 현상적 성질들은 사실 이 심적 이미지에 의해 구성되지 사고 그 자체에 의해 구성되는 것은 아니라고 말이다. 그러나 우리가 생각하고 있는 사고들이 사실 어떤 이미지도 수반하지 않을 때가 간혹 있다. 예를 들어, '홀수차의 모든 대수 방정식은 적어도 하나의 실근을 갖는다'와 같은 사고가 그렇다. 그러나 그렇다고 해서 문제의 그 사고가 완전하게 현상성을 결여한다는 것을 함의하는 것은 아니다. 더욱이 어떤 일련의 의미 없는 소리들을 처음으로 듣는 경우를 생각해보고, 바로 그 동일한 일련의 소리들을 이번에는 그 의미를 이해하고 파악하면서 듣는 경우와 비교해보라. 이 두 경우에 뚜렷한 현상적 차이가 있다는 것을 누가 부인하겠는가(후설 2001a, I, 193~194쪽). 후설은 이를 독특한 인지적 현상성을 위한 증거, 즉 감각 상태들이나 심적 이미지들의 현상성으로 단순히 환원될 수 없는 증거로 받아들인다. 그는 다음과 같이 쓰고 있다.

어떤 아라베스크 무늬나 도형이 우리를 심미적으로 촉발하고, 이어서 돌연 상징이나 언어 기호를 다루고 있다는 것을 우리가 알게 된다고 상상해보자. 이 차이점은 무엇에 있는가? 혹은 한 남자가 단어이리라고는 꿈에도 생각해 본 적이 없는, 완전히 낯선 단어를 소리 복합체로 주의 깊게 듣고 있는 경우를 취해보자. 그리고 이를 후에 같은 남자가 대화 과정에서 그 단어를 들을 때 그 의미를 이제는 익히 알게 되었지만 직관적으로 그것을 보여주지 못하는 경우와 비교해보자. 상징적으로 기능하는 표현에 대한 이해와, 이해되지 않은 말소리를 구분해주는 잉여 요소는 일반적으로 무엇인가? 구체적인 대상A를 단순히 보는 것과, 그것을 '모든 A'의 대표물로서 취급하는 것 간의 차이는 무엇인가? 이 경우에서, 그리고 헤아릴 수 없이 많은 이와 유사한 경우에서 그것은 상이한 작용성격들act-characters이다.

—후설 2001a, Ⅱ, 105쪽6)

이런 종류의 분석을 통해서 현상학은 의식이 내재적 지향성에 의해 특징 지워진다고 주장하며, 지향성에 대한 환원적인 설명을 제공하려는 시도, 예를 들어 인과성과 같은 비지향적 요인들에 호소해서 이를 설명하려고 하는 시도에 항거한다. 그러나 지향성은 정확히 어떻게 작동하는가? 우리는 대상들을 어떻게 지향하는가? 이것은 의미의 개념이 중심적이게 되는 지점 이다. 현상학자들에게, 지향성은 의미meaning의 문제이다. 우리는 그것에 관해 어떤 것을 의미함으로써 대상을 지향한다(후설 2001a, I, 201쪽)7)

지향주의

우리는 지금까지 대상으로 향해 있는 지향성을 고찰해 왔지만, 많은 경험 들—예를 들어 통증의 느낌과 구토의 느낌, 그리고 불안, 우울, 권태 같은 기분들moods—은 대상으로 향해 있지 않다. 지향성 개념을 대상으로 향해 있음object-directedness으로 제한하는 철학자들은 그런 경험들이 지향적이 라는 것을 부인한다(가령 썰, 1983). 그러나 현상학자들은 대상으로 향해 있음object-directedness으로서의 지향성과, 너머 가리키는 것pointing-beyond 으로서의 지향성 곧 주체 이외의 것으로 열려 있음openness으로서의 지향성 을 구별할 때 더 넓은 [지향성] 개념을 갖고 있다. 슬픔, 권태, 향수, 불안과 같은 편재하는 기분들은 사과를 욕구함, 혹은 어떤 특정한 사람을 찬양함과 같은 지향적 느낌들과 구별되어야 한다는 것은 사실이다. 그렇기는 하지만 기분들이 세계를 지시하지 않고 있는 것은 아니다. 기분들은 우리를 우리 자신들 안으로 닫아가두지enclose 않고, 세계가 우리에게 열려보여지는disclosed 방식에 깊은 영향을 미치는, 편재하는 분위기로서 체험된다. 호기심, 초조함, 행복함 같은 기분들은 우리의, 세계 속에 내장화되어 있음[묻혀 있음]embeddedness을 열어 보이며, 또 우리의 실존적인 가능성들을 분절화하거나 변양시킨다. 그 기분들은 우리 경험들의 지향적 구조 속에 자리를 잡고 있다. 하이데거가 주장했듯이, 기분들은 단순히 부수적인 현상들이 아니라, 열어보임[개시함]disclosure의 근본적인 형태들이다. "기분은 이미 항상 세계-내-존재[세계-속에-있음]를 전체로서 개시해[열어보여] 왔으며, 자기자신을 어떤 것으로 향하게 하는 것을 최초로 가능하게 한다"(하이데거 1986/1996, 129쪽).

통증은 어떠한가? 사르트르가 『존재와 무』에서 행한, 눈의 피로에 대한 고전적인 분석은 이 경우를 조명하고 있다. 여러분이 늦은 밤 책을 마저 다 읽으려고 앉아 있다고 상상해보라. 여러분은 거의 하루 종일 책을 읽어서 눈이 아프다. 이 통증은 당초에 어떻게 현출하는가? 사르트르에 따르면, 처음에는 반성의 주제적 대상으로서가 아니라 여러분이 세계를 지각하는 방식에 영향을 미침으로써이다. 여러분은 들뜨게 되고 짜증이 나게 되어서, 초점을 맞추고 집중하는 데 어려움을 겪는다. 페이지에 있는 단어들이 흐릿해진다. 통증은 아직 그 자체로는 파악되지는 않지만, 그렇다고 이것이 의미하는 바가 통증이 인지적으로 부재하거나 무의식적이라는 것을 의미하는 것은 아니다. 오히려 통증은 세계에 대한 여러분의 지향적 경험의 구조 바로 그것을 알리고 있다.

> 책을 읽다가 눈이 피로해지면, 책을 읽는 사람은 피로를 먼저 지각하는 것이 아니라, 빛이 너무 약하다거나 또는 그 책이 정말 지루하거나 이해하기 어렵다는 것을 지각한다. …… 환자들은 처음에는 신체의 어느 기능에 장애가 있는지 규명하지 못하고, '더 이상 아무것도 할 수 없고', '일이 잘 되지 않는다'는 사실에, 즉 환경이 '짜증나게 하고', '지치게 한다'는 사실에 대해 불평한다.

—뵈이텐디예크Buytendijk 1974, 62쪽

통증은 아직 하나의 심적 경험으로서 반성되지 않고, 오히려 세계가 경험되는 어떤 일정한 방식으로서, 세계와의 지향적 상호작용에 영향을 미치는 정동적인affective 분위기로서 주어진다(사르트르 1956, 332~333쪽을 보라).

최근에 여러 분석철학자들은 현상적 성질들이 그 자체 비지향적이라는 견해를 비판해 왔으며, 그 대신에 그들은 현상적 성질들에 대한 지향주의적 해석이라고 부를 수도 있는 것을 옹호해 왔다. 출발점은 어떤 대상들에 대한 기술과, 이 바로 동일한 대상들을 경험하는 것에 대한 기술을 구별하는 일이 종종 아주 어려울 수도 있다는 관찰이었다. 1993년으로 돌아가서, G. E. 무어Moore는 이 사실에 주의를 환기시키고, 그것을 경험 특유의 투명한diaphanous 성질이라고 명명했다. 여러분이 경험의 내재적 특질에 주의를 모으려고 할 때, 여러분은 항상 결국은 경험이 무엇에 대한of 것인지에 주의하게 된다고 생각된다. 타이Tye가 주장하듯이, 이 투명성transparency의 교훈은 "현상학은 머릿속에 있지 않다" 는 것이다(1995, 151쪽). 그것이 무엇과 같은지[어떤 느낌인지]what it is like를 발견하기 위해서 여러분은 지향적으로 표상되고 있는 것을 살펴볼 필요가 있다. 따라서 그 주장에 따르면, 경험은 그것들 자체의 내재적이고 비지향적인 성질들을 갖는 것이 아니다. 드레츠키가 쓰고 있듯이, 오히려 경험의 질적 성격은 대상이 갖고 있다고 경험되는 질적 속성들에 전적으로 놓여 있다(1995, 1쪽). 소리의 시끄러움, 표면의 부드러움, 맛의 달콤함, 냄새의 얼얼함은 경험의 성질들이 아니다. 그것들은 표상된 사물들의 성질들이다. 그것이 무엇과 같은지[어떤 느낌인지]의 차이들은 현실적으로 지향적인 차이들이다. 따라서 상이한 종류의 대상들이 표상된다는 사실 덕분에 붉은 사과에 대한 경험은 노란 해바라기에 대한 경험과 주관적으로 구별되는 것이다. 경험은 바깥 세계를 표상함으로써 단순히 그것들의 현상적 성격을 획득할 뿐이다. 결과적으로, 모든 현상적 성질들은 그 자체로 표상적이다. 비지향적 경험은 결코 없는 것이다.

따라서 타이에게 통증이란 오직 신체적 손상이나 장애에 대한 감각적 표상에 지나지 않는다(1995, 113쪽).

드레츠키와 타이의 현상적 성질에 대한 해석은 어떤 종류의 감각자료 이론도 피할 수 있는 큰 이점을 갖고 있다. 이미 언급했듯이, 그것은 또한 현상학에서 보이는 견해와 어떤 유사성을 품고 있다. 메를로-퐁티가 지적하듯이, 붉음이나 푸름과 같은 색깔은 "감각이 아니라, 감각된 것이며, 성질은 의식의 요소가 아니라 대상의 속성이다"(1962, 4쪽). 감각된 것이 의식의 요소라고 생각하는 것은 "경험의 오류"를 저지르는 것이고, 또 지각된 사물로부터 지각을 만들어내는 것이다(위의 책, 5쪽). 사르트르의 지향성에 대한 해석에서 이런 실수에 대해 특히 철저하게 비판하는 것을 찾아볼 수 있다. 사르트르에 따르면, 의식의 지향성을 긍정하는 것은, (어떤 종류의 감각자료들이나 감각질을 포함하여) 어떠한 종류의 심적 내용의 실존existence도 부정하는 것이다. 대상이든, 심적 표상이든, 의식에는 아무것도 존재하지 않는다(1956, lix쪽). 그것은 완전히 비어있다. 따라서 사르트르에게 지향적 의식의 존재being는 초월적인 존재를 드러내는 데에 있다(위의 책, lxi쪽). 결과적으로 사르트르가 현상적 성질들을 세계의 대상들의 성질들로 이해하지, 의식 내에 위치하는 것으로 이해하지 않는다는 것은 확실하다. 그러나 의식은 초월적 존재를 드러내는 것 이외의 아무것도 아니라는 사실로부터 (또는 아마도 타이와 드레츠키라면 의식은 외적인 실재를 표상하면서 그 자체를 고갈시킨다는 사실로부터라고 말할 테지만), 사르트르는 지향적 의식이 과학적 환원주의를 위해 아무 문제가 되지 않는다고 추론하지는 않을 것이다.

타이와 드레츠키는 우리의 정신적 삶mental lives의 지향적, 표상적 측면과, 현상적, 주관적 또는 느껴진 측면 간에 날카로운 구분을 긋는 시도를 명시적으로 비판한다. 그러나 무척 흥미롭게도, 이런 구분을 공격하는 그들의 이유는 우리의 이유와 정반대다. 현상성에 대한 지향주의적 또는 표상주의적 해석을 제안함으로써 그들은 어려운 문제를 전적으로 피할 수 있기를 희망한다. 무엇 때문인가? 만약 현상성이 기본적으로 지향성의 문제이고, 지향성이 기능적 관계나 인과적 관계에 의해 환원적으로 설명될 수 있다면, 우리는 현상성의 실존을 수용할 수 있게 되면서도(드레츠키도 타이도 제거주의자는 아니다) 여전히 물리주의자로 남을 수 있게 되기 때문이다(타이 1995, 153쪽, 181쪽).

이 결론은 틀린 것 같다. 환원주의의 결정적인 난점은, 부수현상적인 감각질, 즉 원자적이고 비관계적이고 형언불가능하고 비교불가능하고 수정불가능한 심적 현상들이란 의미에서의 감각질qualia이 실존한다는 점이 아니다. 그리고 그런 존재물의 실존을 (정당하게) 부정할지라도, 또 현상적인 것을 '내부'가 아니라 '외부'에 말하자면 재배치시킨다 할지라도, 어려운 문제는 사라지지 않는다. 어려운 문제는 경험의 비물리적non-physical 대상들의 실존이 아니라, 주관적 경험 그 자체의 실존에 관한 것이다. 대상들이 우리에게 주어져given 있다는 바로 그 사실에 관한 것이다(러드Rudd 1988 참조).

더욱이 타이와 드레츠키는 '어떻게 느껴지는가what it is like'라는 물음에 두 가지 측면이 있다는 것을 깨닫지 못하고 있다. 대상이 지니고 있다고 경험되는 속성에 관해 묻는 것(대상이 지각하는 자에게 어떻게 느껴지는가, 예를 들어 탁자의 표면은 얼음덩이의 표면과 어떻게 다르게 느껴지는가)과, 대상의 경험의 속성에 관해 묻는 것 (지각하는 자에게 지각함이 어떻게 느껴지는가, 예를 들어 얼음덩이를 지각하는 것은 얼음덩이를 상상하는 것과 어떻게 다르게 느껴지는가) 간에는 차이점이 있다. 두 물음 모두 현상적 차원에 관한 것이지만, 첫 번째 물음은 세계의 속성에 관한 것인 반면에 두 번째 물음은 경험의 속성에 관한 것이다.8) 드레츠키와 타이가 주장하고 있는 것과 달리, 우리는 결과적으로 (1) 주관에게 대상은 어떻게 느껴지는지와, (2) 주관에게 대상의 경험이 어떻게 느껴지는지를 구별할 필요가 있다 (캐러더스Carruthers 1998; 매킨타이어McIntyre 1999 참조). 심지어 G. E. 무어조차도 이 점을 알아차린 것 같은데 이는 주목할 만한 가치가 있다. 우리가 의식에 주의를 고정시키려고 하면 의식은 사라지는 것 같다고 말하고, 또 푸른색에 대한 감각작용sensation을 내성하려고 하면 감각작용 그 자체는 투명한 것처럼 보이므로 우리가 볼 수 있는 모든 것은 푸른색이라고 말하고 난 후, 모어는 계속해서 "그러나 충분히 바라본다면, 그래서 찾아야 할 어떤 것이 존재한다는 것을 안다면, 그것은 구분될 수 있다"고 말한다(1903, 450쪽).

현상학자가 주장하듯이, 우리는 결코 대상을 순일하게 의식하는 것이 아니라, 항상 대상을 어떤 특정한 방식으로 나타나는 것으로서 의식한다. 판단되는 것으로서, 보여지는 것으로서, 기술되는 것으로서, 두려워지는 것으로서, 기억되는 것으로서, 냄새맡아지는 것으로서, 예기되는 것으로서, 맛보아지는 것 등등으로서 말이다. 만약 이 대상들을 나타나게 하는 경험(맛보기, 냄새맡기, 보기, 감촉하기)이 자기주어짐이 아니라면, 우리는 대상(맛보아지는 레몬, 냄새맡아지는 장미, 보이는 식탁, 감촉되는 실크 조각)을 의식할 수 없다. 이는, 가령 레몬에 대한 우리의 접근이 비직접적indirect이라거나, 레몬이 경험에 대한 우리의 알아차림에 의해 매개되거나, 오염되거나, 차단된다고 말하는 것이 아니다. 왜냐하면 경험은 그 자체 레몬과 동등한 대상이 아니라, 나타나고 있는 레몬에 대한 바로 그 접근을 구성하기 때문이다. 그러나 정확히 동일한 세계의 속성들을 갖는 동일한 대상은 다양한 방식으로 현시할 수 있다. 그것은 지각된 것, 상상된 것, 회상된 것 등으로서 주어질 수 있다. 다양한 대상들을 현상적으로 친밀하게 알고 있다면, 나는 마음맹mind-blind 또는 자기맹self-blind이 아니다. 대상들은 거기에서 나에 대해서for me 주어짐[소여성]의 다양한 양상들로 (상상된 것, 지각된 것, 회상된 것, 기대된 것 등등으로서) 존재하고, 그래서 '나에 대해서'라는 이 성질이, 즉 경험의 이 나의 것임mineness이, 현시되는 대상의 외적 특질이라고 말하는 것은 별로 의미가 없다. 실로 타이와 드레츠키의 주장과 달리, 현상성은 세계–현시적world-presenting일 뿐 아니라 또한 자기–관여적self-involving이라는 것을 인정해야 한다.

요컨대, 현상적 성질들에 대한 지향주의적 해석으로부터 이끌어내는 그릇된 결론은 의식의 어려운 문제는 없고 오직 (정보 처리과정으로 환원할 수 있다고 생각되는) 지향성의 쉬운 문제만 있다는 것이다. 이끌어내야 할 올바른 결론은 지향성은 자신을 어려운 문제의 일부로 만드는 1인칭적 측면을 갖는다는 것이고, 또 그것은 현상성이 환원적인 설명을 거부하는 것과 동일한 정도로 환원적인 설명을 거부한다는 것이다.

지향성과 의식

비록 지향성과 현상성이 관계가 있다는 것이 사실일지라도, 이 관계의 본성은 여전히 논의할 여지가 남아 있다. 이 관계는 내재적인가 아니면 외재적인가? 본질적인가 아니면 단지 우발적일 뿐인가? 우발적이라고 주장하는 것은, 즉 지향성이 의식적 매체를 통해 일어나든, 무의식적 매체를 통해 일어나든 문제될 것이 없다고 주장하는 것은, 매긴McGinn이 매체 개념Medium Conception이라 부르는 어떤 것에 동의하는 것이다. 이 견해에 따르면, 의식과 지향성의 관계는 표상이라는 매체와 표상이 전달하는 메시지의 관계와 같다. 한 측면에서 우리는 소리, 모양, 또는 경험이라는 매체를 갖고 있고, 다른 한 측면에서 우리는 의미와 지시라는 내용을 갖고 있다. 두 측면의 관계는 완전히 우연적이기 때문에, 각 측면은 다른 측면과 분리되어 탐구될 수 있다. 따라서 이 견해에 따르면, 의식은 상대적으로 세속적인 mundane 어떤 것, 즉 지향성이 우발적으로 내장화되어 있는 (꽤 신비로운) 매체에 불과할 뿐이다(매긴 1991, 35쪽). 그러나 이는 정말 설득력이 있는가?

일견하면, 경험이 무엇과 같은지what the experience is like와 경험이 무엇에 대한 것인지what it is of는 결코 독립된 속성들이 아니다. 현상학자들은 일반적으로 모든 나타남은 어떤 사람[누군가]에 대한 어떤 것[무언가]의 나타남이라고 주장해 왔다. 매긴은 이와 똑같은 점을 주장하며, 경험은 야누스의 얼굴을 갖고 있다고 주장한다. 경험은 세계로 향해 있는 측면을 갖고 있어서 세계를 어떤 특정한 방식으로 현시하지만, 동시에 그것은 또한 주체에게 현전하고, 그래서 주관적 시점을 수반한다. 요컨대, 경험은 주체 이외의 무언가에 대한 것이고, 또 경험은 주체에 대해 무언가와 같은 것이다. 또 매긴은 그런 뒤 다음과 같이 말한다.

> 그러나 이 두 얼굴은 서로 다른 표정을 짓고 있지 않다. 왜냐하면 경험이 무엇과 같은가는 경험이 무엇에 대한 것인가의 함수이기 때문이고, 경험은 무엇에 대한 것인가는 경험은 무엇과 같은가의 함수이기 때문이다. 경험이 진홍색의 공에 대한 것이라고 듣는다면 여러분은 그 경험을 갖는 것이 무엇과 같은지를 안다. 또 만약 여러분이 경험을 갖는 것이 무엇과 같은지를 안다면, 여러분은 그 경험이 사물들을 어떻게 표상하는지를 안다. 말하자면, 이 두 얼굴은 서로 맞물려 있다. 주관적인 것과 의미론적인 것은 서로 얽어져 있다.
>
> —1991, 29~30쪽

달리 말하면, 경험의 지향적/의미론적 내용은 경험의 현상적 성격과 밀접한 관계 속에 있으며, 그 역도 마찬가지다. 그러나 만약 우리가 무엇을 알아차리는가가 그것이 우리에게 어떻게 나타나는가와 불가분하게 결합되어 있다면, 현상적 의식은 부수현상이 아니라 오히려 인지적으로 필수불가결한 것이다.

이는 비의식적인non-conscious 지향성의 가능성에 관한 물음을 제기한다. 만약 지향성과 현상성의 밀접한 관계가 모든 의식적 상태들은 어떤 형태의 지향성을 내보인다는 것을 함의한다면, 그것은 또한 의식은 진정한 지향성을 위해서 충분할 뿐만 아니라 필요하기도 하다는 것을 함의하는가? 그것은 무의식적인unconscious 믿음을 갖는다는 것이 불가능하다는 것을 의미하는가? 물론 이 문제에 대해 서로 다른 다양한 견해를 발견하는 것은 가능하다.

혹자는 오직 의식만이 진정한 지향성을 소유하고 있으며, 다른 것에 귀속된 지향성은 파생적이거나 은유적이라고 말할 것이다(썰 1998, 92~93쪽). 이러한 견해에 따르면, 그림·기호·상징·포스터·단어 등은 실로 지시작용을 한다. 그것들은 무언가에 관한 것이다. 그러나 그것들이 내보이는 지향성은 그림이나 기호에 본원적이거나 내재적인 것이 아니라, 파생적인 것이다. 그것들은 지향성을 마음에 의해 해석된다는 사실에 힘입고 있다. 그것들의 지향성은 마음에 의해 수여된다. 마음이 이것을 수행할 수 있는 이유는, 마음이 (이와 대조적으로) 내재적이거나 비파생적인 형태의 지향성을 소유하고 있기 때문이다. 마음의 지향성은 한낱 말하는 방식이나, 혹은 마음에 대한 다른 사람들의 해석적 태도stance에서 파생된 것이 아니다(그렇다면 우리는 무한 소급에 직면하게 될 것이다). 이러한 견해에 찬성하는 논증의 한 방식은 경험, 의미, 그리고 지향성 간의 내재적 연관을 강조하는 방식이리라. 갤런 스트로슨Galen Strawson은 다음과 같이 말한다.

> 의미meaning는 항상 어떤 것이 어떤 것을 어떤 것에 대해 의미하는 문제이다. 이런 뜻에서 경험 없는 세계에서는 아무것도 어떤 것을 의미하지 않는다. 경험 없는 행성에서는 어떠한 의미도 가능하지 않고, 그래서 어떠한 의도도 가능하지 않고, 그래서 어떠한 지향성도 가능하지 않다(……). 이 우주에는 어떤 것을 의미하는 아무 존재물도 없다. 어떤 것에 관한 아무 존재물도 없다. 의미론적 평가도 없고, 참도 없고, 거짓도 없다. 경험이 시작되지 않는 한 그 어떤 것도 이 속성들 중의 아무것도 소유하지 않는다. 의미, 또 그래서 지향성이 오직 의식적인 순간에만 실존하는 데에는 분명하고 근본적인 뜻이 있다(……).
>
> —1994, 208~209쪽

결과적으로 스트로슨은 경험은 진정한 '~에 관한 것임aboutness'을 위한 필요조건이라고 주장하며, 그는 잠자고 있는 사람도 믿음과 선호하는 것

등을 소유하고 있다고 말들 할 때의 그 뜻과, CD플레이어에 의해 작동되지 않을 때에도 CD는 음악을 담고 있다고 말들 할 때의 그 뜻 사이에는 유사한 점이 있다고 말한다. 단순히 물리적 체계로 간주된다면, 그것들 중 어느 것도 내재적으로 다른 것이 아닌 바로 이것에 관한 것이 아니며, 그것들 중 어느 것도 아무 내재적인 (심적인 또는 음악적인) 내용도 갖지 않는다. 엄밀하게 말하면, "CD가 그 케이스에 있을 때 내재적인 음악적 내용을 갖고 있는 CD의 상태들이 있다고 말하는 것은 사실이 아닌 것과 마찬가지로, 루이스가 꿈도 없고 경험도 없는 잠 속에 있을 때 내재적인 심적 내용을 갖고 있는 뇌의 상태들 또는 루이스의 상태들이 있다고 말하는 것도 사실이 아니다"(위의 책, 167쪽). 후설 같은 현상학자는 이 견해에 동의할 것이며, 또한 의식을 지향성과 의미의 원천이라고 생각할 것이다.

그러나 진정한 비의식적 지향성의 존재를 전면적으로 부정하는 것과는 별도로, 또 다른 선택이 열려 있다. 혹자는 비의식적 형태의 지향성의 존재를 수용하지만, 비의식적 지향성과 의식적 지향성은 아무런 공통점이 없고 (또는 거의 없고) 그 이유 때문에 첫 번째 유형의 지향성에 대한 설명은 우리가 의식적 삶에서 발견하는 그런 종류의 지향성에 아무런 빛을 던져주지 못한다고 주장한다. 경험의 현상적 국면도 같이 설명하지 않고는 경험의 지향성을 설명하는 것은 가능하지 않으며, 지향성을 언급하지 않고는 경험의 현상적 국면을 설명하는 것은 불가능하다. 현상적 의식의 문제를 생략한 지향적 의식에 대한 어떠한 논의도 (또 그 역도 마찬가지인데) 심각한 결함이 있을 것이다. 요컨대 의식적 지향성에 관한 한, 우리는 통합적인 접근방식이 필요하다.

물론 아직 다루지 못한 채 남아 있는 추가적인 많은 문제들이 있다. 몇 가지를 언급해보면, 무의식적인 것의 존재에 관한 문제가 있고, 이른바 성향적 믿음들에 관한 문제가 있다. 그것들은 어떻게 위에서 제시한 체재에 들어맞는가?9) 지향성과 경험의 밀접한 관계를 주장하려는 시도는 어떤 미묘한 형태의 심리학주의를 함의한다는 그 반대는 어떠한가? 이해의 특수한 경험이 존재한다고 주장하는 것은 비트겐슈타인주의자들을 틀림없이 자극할 것이다. 어떻게 우리는 그들의 비판을 진정시켜야 하는가? 끝으로, 심적 내용과 관련해서 내재주의와 외재주의를 둘러싼 거대한 논의도 있다. 일반적으로 외재주의자들은 사고 속의 차이들은 현상 외적으로 정의될 수 있다고 주장한다. 만약 이것이 사실이라면, 그것은 지향성과 경험의 관계에 어떤 영향을 미치는가? 그렇다면 현상적 성질들에 대한 지향주의적 해석은 어떻게 환각의 사례들을 다룰 수 있는가 하는 문제가 있다. 이런 문제들 모두 더 다룰 필요가 있는 주제들이지만, 그러나 이 장의 결론을 내리기 위해서 우리의 고찰을 지향성에 대한 현상학적 설명이 어떻게 내재 주의자와 외재주의자 간의 논쟁에 관련되어 있는지에 제한하겠다.

현상학, 외재주의, 형이상학적 실재론

'내재주의'와 '외재주의'는 포괄적 용어이다. 어떤 사람이 내재주의자인 지 아니면 외재주의자인지 막연하게 묻는 것은, 그 대답이 그 사람이 마음속 에 품고 있는 특정한 종류의 내재주의 아니면 외재주의에 의존할 것이기 때문에, 결과적으로 충분하지 않다. 그러나 현재 맥락에서 내재주의는 주관 의 믿음들과 경험들이 전적으로 그 주관의 마음속에서 일어나는 것에 의해 구성되고, 그래서 주관의 자연적인 환경과 문화적인 환경 내의 요인들은 그것들의 내용과 아무 관계가 없다고 이해된다. 따라서 이 견해에 따르면, 심적 상태들은, 그 내용을 위해서, 그 심적 상태들을 갖는 주체에 외적인 어떤 것에도 의존하지 않는다. 즉, 마음은 세계의 존재방식과 전적으로 독립해서 그 지시적 힘들을 갖고 있다고 여겨진다. 이는 심적 상태들 중의 일부가, 예를 들어 지각이 인과적으로 외적인 요인들에 의존할 수도 있다는 것을 부인하는 것이 아니다. 중요한 것은 단순히 — 어떻게 그것들이 야기되 는 방식과는 무관하게 — 내적 상태들이 우리가 의식하는 것을 규정한다는 점이다. 이와 대조적으로, 외재주의는 심적 상태들은 외적으로 개별화된다고 주장한다. 우리가 생각하는 것, 우리가 지시하는 것은 (물리적, 사회적, 문화적) 환경 속에서 실제로 존재하는 것에 의존한다. 우리의 경험은 문제의 심적 상태들을 소유하고 있는 주체에 외적인 요인들에 의존한다.

내재주의-외재주의 기준에 의거할 때 우리는 현상학을 어디에 놓아야 하는가? 후설은 고전적인 데카르트적 내재주의자인 데 반해, 하이데거·사르트르·메를로-퐁티 같은 실존론적 현상학자들은 모두 마음은 본질적으로 세계와의 지향적 관계에 의해 규정된다는 견해에 완전히 경도되어 있었기 때문에 외재주의의 한 형태를 선호했다고 주장하는 경향이 광범위하게 존재해 왔다(드레이퍼스Dreyfus 1991; 켈러Keller 1999; 맥클램로크McClamrock 1995; 롤랜즈Rowlands 2003 참조). 후대의 현상학자들이 지향성의 실용적인 형태와 신체적인 형태의 중요성을 후설보다 다소 더 많이 강조했다는 것은 상당 부분 사실이긴 하지만,— 후속하는 일부 장들에서 보게 되겠지만, 하이데거는 용재재[손안에-있는-존재자]entities that are ready-to-hand로 향해 있는 행동comportment의 한 형태에 대해 말하고, 메를로-퐁티는 운동 지향성motor-intentionality의 중요성을 강조하면서 의식은 일차적으로 "나는 생각한다"가 아니라 "나는 할 수 있다"라고 주장한다—이런 해석은 여전히 지나치게 단순화된 것이다. 이는 후설의 현상학이 어떤 특정한 종류의 외재주의와 친연성을 갖는다는 것을 시사하는 풍부한 증거들을 무시하고 있다(자하비 2004a, 2008a 참조). 그러나 동시에, 하이데거나 메를로-퐁티가 곧이곧대로의 외재주의자들로 분류될 수는 있다는 것도 결코 명백하지 않다. 예를 들어, 비록 하이데거가 '세계-내-존재'라는 용어를 사용해서 근본적인 자기 the self의 세계-관여world-involvement를 강조하고 싶어 했지만,—현존재(인간 실존)는 컵 안에 든 물처럼 세계 속에 있음으로써가 아니라, 자기초월이라는 근본적인 형태에 의해서 탈자적으로 세계 속에 있다—, 그는 또한 (체험적) 삶의 자기충족성self-sufficiency(Selbstgenügsamkeit)에 대해서도 반복해서 말했고(하이데거 1993, 261쪽 참조), 그래서 지각은 대상이 실존하지 않는다면 지향성을 상실한다고 하는 식으로 대상이 어떻게든 지각과의 관계 속으로 들어갈 때야 지각이 지향적이 된다는 생각을 부정했다. 하이데 거가 쓰고 있듯이, 지각인 한 그것은 지각되는 것이 실제로in reality 눈앞에 있는지의 여부와 상관 없이 내재적으로 지향적이다.(하이데거 1979, 40쪽 참조) 후에 하이데거는 지향성을 정신적 주체와 물리적 대상 간의 관계로 해석한다면 이는 결정적인 실수일 것이라고 덧붙여 말하고 있다. 이 문제의 진실은 현존재가 그 자체 내에서 지향적으로 구조지어져 있다는 것이다. 지향성은 대상의 현실적 현존actual presence을 통해 최초로 일어나는 것이 아니라, 실제적인 것veridical이든 환영적인 것illusory이든, 지각함 그 자체에 있다는 것이다(하이데거 1975/1982, 83~85쪽). 우리가 하이데거를 이해할 때, 이러한 진술들 밑에 깔려 있는 전제는 (1) 심지어 착오지각misperception, 환영illusion, 환각hallucination조차도 마찬가지로 세계-관여적인 지향적 작용이라는 것이고, (2) 문제의 세계-관여는 바깥으로부터 첨가되어 있는 것이 아니라, 작용 그 자체들에 내재하는 어떤 것이라는 점이다.

그러나 이 짧은 개요는 우리에게 어떤 수수께끼 같은 것을 남긴다. 마음- 세계의 관계에 대한 현상학적 설명은 일반적으로 내재주의와 외재주의 둘 모두의 방향을 가리키는 특질에 의해 특징지워진다고 결론지어야 하는 가? 그것은 혼란을 반영하는가? 아니면 현상학자들이, 내재주의적 직관과 외재주의적 직관을 조화시키려고 하는 이중적 구성요소 이론을 택한다는 것을 시사하는가? 아니면 그것은 오히려 마음-세계의 관계에 관한 현상학 적 개념에 있어서, 내재주의와 외재주의 중 하나를 택하는 것 — 외부와 내부를 분할하는 데 기초해서 하나를 택하는 것 — 은 적용불가능하다는 사실을 가리키는가?

답에 접근하기 위해서 의미의 문제로 돌아가보자. 만약 외재주의가 지향 성은 의미에 의해 규정되고 주관성에 의해 조건지어진다는 것을 부정하고, 오히려 인과적 공변자causal co-variation 같은 것으로 환원될 수 있다고 주장 한다면, 현상학자들은 그 누구도 외재주의자에 포함되지 않을 것이다. 그러나 이는 외재주의를 정의하는 유일한 방법이 아니다. 문제가 되고 있는 의미가 외재적으로 내장화되어 있거나, 혹은 세계에 관여하고 있는 한, 외재주의는 내재주의와 마찬가지로, 의미가 지시를 규정한다고 주장할 수 있다. 맥도웰McDowell은 의미에 관한 외재주의적 설명은 마음에 관한 외재주의적 설명에 의해 보완되어야 한다고 명시적으로 주장해 왔다. 퍼트남Putnam은 의미들은 "머릿속에만 있는 것이 아니다ain't"라고 주장해 온 것으로 유명한데(1977, 124쪽), 그러나 맥도웰이 부가하듯이, 마음 또한 머릿속에만 있는 것이 아니다(1992, 36쪽). 마음과 의미를 모두 환경적으로 내장화되어 있는 것으로 여기는 순간, 내재적 지시성 또는 세계로 향해 있음world-directedness을 마음에 귀속시키는 일은 전혀 신비로울 게 없게 된다. "생각thinking을 세계에 연결해주는 이론적 '고리hook'를 건립할 필요가 생기지 않는다. 왜냐하면 우리의 시계視界 안에 들어와 있는 것이 바로 생각thought이라면,──가령 우리가 물이 떨어지는 소리를 듣는다는 생각thought에 잠겨 있다면──우리의 시계 안에 들어와 있는 것은 이미 세계에 걸려들어hooked 있는 것이기 때문이다. 그것은 실재로의 지시적 향해 있음을 소유하고 있는 것으로서 이미 시계 안에 들어와 있다"(위의 책, 45쪽) 매컬럭McCulloch에게서 이와 견줄 만한 견해를 찾아볼 수 있는데, 그는 자족적인 마음과 마음 없는 세계라는 이원론을 거부할 필요가 있다고 주장해 왔다. 주관적인 것은 마음의 내부에 있는 것이 아니며 객관적인 것은 마음의 외부에 있는 것이 아니다. 매컬럭은 맥도웰에 동조하면서, 의미들은 머릿속에 있지 않고 마음 속에 있지만, 마음은 머릿속에만 있는 것이 아니다ain't라고 쓰고 있다(2003, 11~12쪽). 그의 견해를 따르면, 현상학과 외재주의 이 둘이 제대로 이해되기만 하면 서로 간의 긴장은 결코 없다(위의 책, 12쪽).

그것은 올바른 문법은 '아니지만ain't', 이것에는 어느 정도 진실된 점이 있다. 현상학자들이라면 (후설주의적 현상학자들도 포함해서) 맥도웰과 매컬럭이 옹호하는 생각에 어느 정도 동조할 것이고, 그들 모두가 공동의 적을 갖고 있다는 것도 분명하다. 그들은 데카르트적인 유물론이라고 알려진 그런 종류의 내재주의, 즉 마음은 뇌와 동일시될 수 있고 뇌는 세계로부터 고립되어 이해될 수 있는 자족적인 기관이라는 견해를 거부할 뿐만 아니라, 또한 지향성과 지시를 조야한 인과적 메커니즘으로 환원하려고 하는 것과 같은 그런 종류의 외재주의에 반대할 것이다.

후설이 의미가 지시를 규정한다고 설파하고 있긴 하지만, 그의 이론이, 대상의 속성들을 상세하게 기술함으로써 의미내용meaning-content이 어떤 특정한 대상을 규정한다는 그런 유형의 지시를 다루는 데에 적합하도록 맞춰져 있다고 생각한다면, 이는 잘못일 것이다. 이와는 반대로, 후설은 우리가 구할 수 있는 의미는 한정 기술definite description과는 상관 없이 개별자를 지칭하는 것을 가능하게 하는 구성요소를 포함한다고 주장한다. 지시사적 지시의 경우가 바로 그렇다. 그래서 이미 초기에 후설은 '이것'이 라는 단어는 한정사적으로attributively가 아니라 직접적으로 지시한다는 것 을 알아차리고 있었고, 더욱더 중요하게도, 그는 지각이 어느 정도까지 지시사적 의미 내용content of sense을 포함하는가도 깨닫고 있었다. 내가 하나의 붉은 공을 볼 때 그 공이 나의 지향적 대상인 것은, 그것이 '붉은 공the red ball'이라는 일반적 의미를 충족시켜서가 아니라, '이 붉은 공this red ball'이라는 지시사적 내용을 충족시키기 때문이다. 대상을 지각한다는 것은 단순히 어떤 특정한 유형의 대상, 즉 내용에 의해 지시되는 유형의 속성들을 갖는 모든 대상을 지각한다는 것이 아니라, 이 개별적인 대상을 지각한다는 것이다. 어떤 사람들은 지시사적 지시의 직접적 성격은 의미가 아니라 인과성에 기초하고 있다는 사실에 기인한다고 주장할 것이다. 이 주장에는, 의미가 개별자를 '포착하는capture' 유일한 방식은 한정사적으로, 즉 한정 기술을 기초로 해서 그렇게 하는 것이라는 것이 가정되어 있다. 그러나 후설의 논점은 '이것'은 비기술적 의미이며, 직접적으로 또 비한정 사적으로 지시한다는 것이다. 후설에게, 지시사적 지시의 직접성directness 은 직관의 직접성immediacy에 정초되어 있다.

내재주의인가, 외재주의인가 하는 선택을 제시하는 자연적 방식은 다음과 같은 물음을 제기하는 것이다. 지향성은 마음 내적인 요인들에 의해 규정되는가, 아니면 마음 외적인 요인들에 의해 규정되는가? 그러나, 구할 수 있는 선택지를 제시하는 이 겉보기에 간단명료한 방식은, 더 면밀하게 검토해보면, 상당히 부적절하다. 왜냐하면 내재주의가 일반적으로 마음과 세계 간의 틈을 상정하는 데 반해, 외재주의는 세계는 마음 외적인 것이 아니라고 주장하기 때문이다. 그러나 외재주의를 마음과 세계는 서로 분리될 수 없다는 견해로 보는 순간, 지향성을 이 전체의 내적 요인들에 의해 규정되는 것으로 보는 견해로 아주 쉽게 정의할 수 있게 된다. 이렇게 정의되면 외재주의는, 지향성이 마음 내적인 요인들에 의해 규정된다고 주장하면서도, 충분하게 넓은 견지에서 마음을 이해하고 있는, 그런 종류의 내재주의와 구별하기가 어렵다. 한 독해에 따를 때, 후설의 철학은 마음과 세계 간의 모든 상식적인 구분을 허물고자 하는 그런 시도에 정확히 해당한다고 말할 수도 있겠다. 제2장에서 내성內省에 관한 논의에서 보았듯이, 후설은 이미 『논리 연구』에서 내부와 외부라는 안이한 구분은 지향성을 이해하기 위해 적절하지 않다고 거부했으며, 후의 한 텍스트에서 쓰고 있듯이, "따라서 대상, 객관적인 존재, 그리고 의식은 선험적으로a priori 분리불가능하게 함께 속한다"(후설 2003, 73쪽)[10] 하이데거에게서도 이와 관련된 논점을 찾아볼 수 있는데, 그는 현존재와 세계의 관계가 '내부'와 '외부'라는 개념의 도움을 받아서 파악될 수 있다는 것을 부인한다.

> 스스로를 무언가로 향함에 있어서 …… 또 무언가를 파악함에 있어서, 현존재는 처음에는 내적 영역에 갇혀 있다가 거기로부터 우선은 밖으로 나오는 것이 아니라, 그의 일차적 종류의 존재에 있어서, 이미 발견된 세계에서 마주친 어떤 존재와 함께 언제나 이미 바깥에 있는 것이다. 또, 현존재가 인식되어야 할 존재와 함께 거주하고 그것의 성격을 규정할 때, 어떤 내적 영역도 폐기되지 않는다. 오히려 이 대상과 함께 '밖에 나가 있음'에서조차 현존재는 바르게 이해된 '안에' 있는 것이다. 즉, 현존재 그 자체는 인식하는

세계-내-존재로서 존재한다. 다시 또, 인식되는 것의 지각은, 밖으로 나가
노획물을 획득하고 난 후 이를 갖고서 의식의 '캐비닛' 안으로 되돌아옴으로
써 일어나는 것이 아니다. 오히려 지각함, 보존함, 간직함에 있어서, 인식하는
현존재는 현존재로서 바깥에 여전히 남아 있다.

—하이데거 1986/1996, 62쪽

내재주의와 외재주의의 개념은 내부-외부의 구분에 여전히 매여 있는데,
이는 현상학이 의심을 두고 있는 구분이다.

현상학자들이 지향성, 마음-세계의 관계에 대해 고찰하는 방식을 숙고해
보면, 그들의 견해를 외재주의나 내재주의에 경도해 있는 것으로 분류하는
것이 실제로 큰 의미가 있는지는 의심스럽다. 이 두 용어를 피한다 해도
모든 문제를 해결하게 되지 않으리라는 것은 명백하지만, 최소한 우리들의
탐구가 오해의 소지가 있는 은유들에 의해 인도되는 것을 막아줄 수 있을지
모른다. 마음은 용기도 아니고 특별한 장소도 아니다. 그러므로 세계는
틀림없이 마음의 내부에 있다거나 외부에 있다고 말하는 것은 별로 의미가
없다. 궁극적으로, 우리는 현상의 가능성의 구조와 조건에 관한 현상학적
탐구가 내부성과 외부성의 그 어떠한 구분보다도 선행한다는 것을 이해해
야 한다. 왜냐하면 그것은 — 외적이든 내적이든 — 모든 대상을 현출하게
하는 차원에 관한 탐구이기 때문이다(하이데거 1986/1996, 419쪽; 발덴펠스
Waldenfels 2000, 217쪽 참조). 현상들을 마음의 물품목록의 일부로서 유심론
적으로 해석하는 실수를 저지르지 말고, 우리는 현상들에 현상학적으로
초점을 두는 것을, 주관-객관subject-object의 분열 자체를 문제삼고자 하는
시도로서, 즉 마음과 세계의 공동 창발co-emergency을 강조하고자 하는 시도
로서 보아야 한다. 여기서 배울 수 있는 것은, 내재주의와 외재주의 사이에서
선택을 강요하는 것은 잘못된 일이라는 것을 현상학이 우리에게 가르쳐
줄 수 있다는 것이리라. 다른 선택을 할 수도 있다.11)

앤소니 러드Anthony Rudd는 자신의 저서인『세계를 표현하다Expressing the World』에서 실재론적 외재주의와 칸트적 외재주의의 구별을 도입했다 (2003, 44쪽). 두 형태의 외재주의는 지향성을 진지하게 받아들인다. 둘 다 마음의 자족적 성격을 부정하며, 마음이 세계에 매여 있다고 주장한다. 그러나 그때 칸트적 외재주의는 그 역도 참이라고 주장함으로써 한 차례 비틀기를 가한다. 칸트는 관념론 논박에서, 내가 오직 내 주변의 세계를 알아차릴 때만 내 자신을 알아차릴 수 있다고 논했다. 그러나 마음이 묶여 있는 세계는 현상적 세계이며, 그 세계도 마찬가지로 마음에 묶여 있다. 이러한 진전으로 인해 칸트는 마음과 세계 사이에 쐐기를 박아놓으려 하는 회의론을 거부할 수 있게 되었지만, 이어서 — 적어도 표준적인 해석을 따르자면 — 현상적 세계와 사물들 자체의 본체적 실재를 구별했기 때문에, 칸트는 회의론의 문제를 단지 다시 배치한 것뿐이라고 말할 수도 있겠다(러 드 2003, 5쪽). 더 철저한 진전은 현상학자들에 의해 이루어졌는데, 그들은 본체적인 물자체Ding an Sich의 개념을 이해불가능하고 무의미하다고 하며 거부했다(하이데거 1975/1982, 422쪽; 후설 1950/1964, 38쪽 참조). 그들의 견해에 따르면, 마음과 세계는 별개의 존재물이 아니다. 오히려 구성적으로 함께 묶여 있다. 메를로-퐁티는 다음과 같이 말한다.

> 세계는 주체와 분리될 수 없는데, 이는 세계의 기투에 다름아닌 주체와 분리할 수 없다는 것이다. 또 주체는 세계와 분리될 수 없는데, 이는 주체 는 그 자체 기투하는 세계와 분리될 수 없다는 것이다. 세계의 직조texture와 분절articulation은 주체의 초월 운동에 의해 그려지기 때문에, 주체는 세계-내 -존재이고 세계는 늘 '주체적인 것'이다.
>
> —1962, 430쪽

다른 말로 하면, 일반적으로 현상학자들은 마음과 세계의 관계는 내적 관계, 곧 그 관계항들relata을 구성하는 관계이지, 인과성이라는 외적 관계가 아니라고 주장할 것이다. 놀랄 것도 없이, 현상학적 설명과, 인지에 관한 행위화적 견해가 제시하는 설명 간에는 몇 가지 꽤 명백한 유사점들이 있다. 왜냐하면 후자는 미리 주어진[선소여된] 외적 세계를 회복하는 것으로서의 인지(실재론)의 스킬라Scilla와 미리 주어진 세계를 투영하는 것으로서의 인지(관념론)의 카리브디스Charybdis[3] 사이의 중도中道를 성사시키려는 명시적인 목표를 갖고 있기 때문이다(바렐라 등, 1991, 172쪽).

　마음과 세계의 상호의존을 주장하는 것은 어떠한 형태의 현상론, 형이상학적 관념론, 또는 범심론으로도 귀결되지 않는다. 만약 실재를 더 면밀하게 살펴본다면, 우리는 모든 곳에서 의식을 발견할 수 없을 것이다. 만약 물리적 대상을 분석한다면, 그것은 의식으로 분해되지 않고 원자와 분자로 분해된다. 따라서 식물학적 또는 지질학적 사태에 관한 진술은 추후에 다시 심적 내용에 관한 진술로 해석될 수 있는 것은 아닌 것 같다. 그러나 '한 실재적인 대상이 있다'거나 '한 실재가 있다'는 취지의 주장은 무엇이든 어떤 인식론적인 연관을, 어떤 의식적인 작동을 소급해서 지시하며, 대상들의 존재와 모든 객관적 사태들이 그 의미를 획득하는 것은 바로 이것들[4]과 관련해서이다(후설 2003, 28~29쪽). 현상학에서 우리가 발견하는 것 — 그런데 이것은 제2장에서 논의된, 몇 가지 더 포괄적인 철학적 함의들로 우리를 데려다준다 — 은 존재론과 인식론 간의 구별을 의도적으로 흐릿하게 하는 것이며, 형이상학적인 실재론의 거부를 함의하는 것이다.

더 읽을 책들

• • •

3_ 스킬라와 카리브디스는 호메로스의 『오디세이아』에 나오는, 오디세우스의 항로를 방해한 바다의 괴물들이다. 불가항력적 괴물들로, 진퇴양난의 상황을 비유하는 데 쓰인다.
4_ 인식론적인 연관, 의식적인 작동.

— Franz Brentano, *Psychology from an Empirical Standpoint*. Trans. A. C. Rancurello, D. B. Terrell & L. L. McAlister, London: Routledge and Kegan Paul, 1973.

— Tim Crane, *Elements of Mind*. Oxford: Oxford University Press, 2001.

— John J. Drummond, *Husserlian Intentionality and Non-foundational Realism*. Dordrecht: Kluwer Academic Publishers, 1990.

— Edmund Husserl, *Logical Investigations I- II*. Trans. J. N. Findlay. London: Routledge and Kegan Paul. 2001.

— Edmund Husserl, *Ideas Pertaining to a Pure Phenomenology and to a Phenomenological Philosophy. First Book*. Trans. F. Kersten. The Hague: Martinus Nijhoff, 1982.

— John Searle, *Intentionality: An Essay in the Philosophy of Mind*. Cambridge: Cambridge University Press, 1983.

— David W. Smith & Ronald McIntyre, *Husserl and Intentionality*. Dordrecht: D. Reidel, 1982.

7
신체화된 마음

몸과 마음이 완전한, 온전하게 인지하는 인간에서 출발하자. 그리고 인지하는 마음을 여전히 보유하고 있는 상태에서 우리가 무엇을 빼낼 수 있는지 물어보자. 그런 사고실험은 인지체계 또는 마음이 실제로 무엇인지 정확히 목표를 정해 나아가는 데 도움이 될지 모른다.

마침 완전한 몸과 마음을 갖고 있는 우리들 중 어느 한 사람을 예로 들어, 평이한 방식으로 이를 이해해보도록 하자. 물론 우리들 중 누군가는 신체적으로 완전하지 않을 수도 있다. 지금 이 책을 한 손으로 쥐고 있는 여러분들 중 누군가는 사고나 절단수술로 인해 다른 한쪽 손을 잃어버렸을지도 모른다. 어쨌든, 사지가 다 있는 사람을 예로 들어보자. 이제 우리는, 만약 그 사람이 사지 중 하나 또는 그 이상을 잃어버렸다면, 사고하거나 상상하거나 기억하는 능력과 관련해서, 또는 대부분의 인지활동을 하는 능력과 관련해서 어떤 차이가 생겼는가 하고 물어볼 수 있다. 그렇다, 인지활동을 하는 데에는 사지가 모두 필요 없어 보인다. 그렇다면 사지를 다 제거해보자. 그런 일을 하면서 우리는 관련 없는 다른 신체 부분들, 즉 생각을 하는 데 필요하지 않아 보이는 신체 부분들을 모두 제거해도 좋을 것이다. 이런 종류의 사고실험이 진행됨에 따라, 심지어 감각 입력조차 인공적으로 제공될 수 있기 때문에 우리는 보통 결국 뇌가 되어버린다. 예를 들면, 우리는 감각정보의 등록을 담당하는 뇌의 부분들을 직접 자극할 수 있고, 이렇게 해서 아마도 감각기관들이 그 정보를 전달한다면 하게 될 경험과 똑같은 경험을 하게 될 수 있을 것이다. 널리 알려진 이 사고실험은 통속의 뇌the brain-in-the-vat라고 불리는데, 그 이미지는 인공영양분으로 생명을 유지하며, 세계에 관한 정보나, 이 실험을 행하는 미치광이 과학자the mad scientist[1]가 투입하길 원하는 모든 것에 관한 정보를 운반하는 다양한 전극에 의해 계속 정보를 받는, 화학물질의 통 속에 떠다니는 뇌의 이미지이다.

데넷(1981)은 이 사고실험을 한 단계 더 진전시켰다. 그는 그의 뇌를 떼어내서 이를 통 속에 보관하게 하는 한편, 무선전파를 통해 몸과 계속해서 연결되어 있게 하는 임무를 띠고 파견되는 일에 대해 이야기한다. 그러나 데넷의 임무는 위험한 것이어서, 그 과정 중에 그의 몸은 생물학적 기능을 멈추고 실제로는 죽는다. 그러나 그의 뇌는 통 속에서 여전히 살아 있다. 그가 다음과 같이 흥분하는 것도 무리는 아니다.

공황, 심지어 구토의 파도들이 나를 휘덮쳤고, 정상적인 몸에 의존하는 사람들의 현상학이 부재한 탓에 더욱더 무시무시해졌다. 아드레날린의 쇄도로 팔이 따끔거리는 일도 없었고, 심장이 두근거리는 일도 없었고, 침이 나오려는 증상도 없었다. 어느 순간 나는 내 창자 속으로 쿵 가라앉는 듯한 무서운 느낌이 들었으며, 그리고 이것이 나를 순간적으로 속이며, 나를 곤경에 빠뜨리는 과정과 반대의 일 — 탈신체화에서 점진적으로 벗어나는 일 — 을 겪고 있다는 그릇된 희망을 갖게 했다. 하지만 고립감과 그 통증의

<hr>

1_ 공상과학소설이나 영화에 나오는, 과학을 악용하는 과학자.

독특함은 이내 나에게 이것은 여느 절단환자들처럼 아주 자주 겪을 수 있는 환영신체의 환각phantom body hallucinations이 최초로 발병한 것일 뿐이라는 것을 확신시켰다.

—1981, 225쪽

시간이 지남에 따라서 데넷은 새로운 몸을 제공받았고 이 몸을 다루기가 힘들다는 것을 알았지만, 적응기간이 지나자 좋아 보였다. 그는 아마도 이것이 대규모의 성형수술이나 성전환수술을 겪는 것과 유사하다고 생각했으리라. 그러나 데넷은 나중에 기술자들이 그의 뇌의 기능적 구조와 뇌 속의 모든 정보들을 컴퓨터 프로그램으로 복제했으며, 그가 이중으로, 즉 한쪽으로는 그의 뇌와, 또 한쪽으로는 똑딱스위치를 눌러서 그의 인공뇌를 작동시키는 컴퓨터와 연결되어 있다는 것을 알았다. 그는 스위치를 눌러 뇌와 컴퓨터를 오가며 연결될 수 있었지만, 그의 경험의 차이를 말할 수는 없었다.

만약 우리가 데넷의 추리 노선을 따라서 이 이야기를 통 속의 뇌에 관한 표준적인 사고 노선과 결합한다면, 이 이야기의 교훈은, 우리가 알맞는 종류의 하드웨어 상에서 운용되는 프로그램과 정보를 갖추기만 하면, 경험과 인지를 위해 몸이 필요하지 않을 뿐만 아니라, 심지어 뇌도 필요하지 않을 수 있다는 것이다. 이는 뇌 단독으로 창출할 수 있는 것과 동일한 심적 경험들을 인공 신경망 정보처리과정이 창출할 수 있다는 기능주의적 관점을 형성한다. 중요한 것은 물리적 예화가 아니다. (소프트웨어를 정교한 신경망 컴퓨터상이 아니라 MAC이나 PC 상에서 운용하려고 한다면 이것이 영향을 미칠 공산이 있기 때문에, 확실히 숙고할 문제이긴 하지만.) 오히려 중요한 것은 나를 창출하고 나의 인지적 삶을 창출하는 데 요구되는, 한 체계의 본질적인 부분을 구성하는 소프트웨어 프로그램과 정보이다. 일단 올바른 정보와 뇌를 복제하기 위한 적절한 문법syntax을 갖기만 한다면, 프로그램을 운용할 수 있는 어떤 기계에서도 여러분의 인지적 경험들을 창출할 수 있게 될 것이다.

이는 몸이 인지 체계[시스템]에 중요한 어떤 것도 기여하지 않는다는 것을 의미하는가? 물론, 우리는 예비의 인공뇌를 갖지 않는 모든 정상적인 경우에서 뇌가 중요하다고 말할 수 있다. 그리고 데넷조차도 무언가를 하고, 어떤 방식으로 행동을 취하기 위해서는 사람에게 어떤 종류의 몸이 필요할지도 모른다고 시사하고 있다. 하지만 우리는 로봇의 몸도 인공뇌에 (무선 송신기를 통해) 적절하게 연결되기만 하면, [인간의 몸만큼] 잘 할 수 있다고 생각할지 모른다.

통 속의 뇌 이미지는 심지어 기능주의를 반대하는 사람들에게도 놀라울 정도로 영향을 끼쳤다. 그래서 반기능주의적 관점을 취하고 신경생물학의 중요성을 강조하는 썰은, 그럼에도 불구하고 급진적 형태의 내재주의를 옹호할 때 동일한 이미지에 호소한다.

> 설령 내가 통 속의 뇌라 할지라도, 즉 세계에서의 나의 모든 지각들과 행위들이 환각이라 할지라도, 또 외적으로 지시하는 모든 나의 지향적 상태들의 충족조건이 사실상 충족되지 않는다고 할지라도, 나는 내가 갖고 있는 지향적 내용을 실로 갖는 것이니, 따라서 만일 내가 통 속의 뇌가 아니면서 그 특정한 지향적 내용을 갖고 있다면 갖게 될 것과 정확히 동일한 배경을 필연적으로 갖는다. 내가 어떤 특정한 일단의 지향적 상태들을 갖고 있다는 사실that과 배경을 갖고 있다는 사실that은 내가 내 주위의 세계에 대해 사실상 어떤 관계들에 있어야 한다는 것을 논리적으로 요구하지 않는다. …….
>
> —썰, 1983, 154쪽

몸의 인지적 중요성에 대한 이러한 종류의 부인에는 오랜 전통이 있다. 플라톤의 대화편 파이돈에 나오는 다음의 진술을 [이와] 비교해보라.

절대적으로 필요한 경우를 제외하고는 할 수 있는 한 많이 몸과의 모든 접촉과 결합을 피한다면, 그리고 우리 자신을 몸의 본성에 물들게 하지 않고 신 그 분이 우리에게 구원을 베풀 때까지 우리 자신을 몸으로부터 정화한다면, 우리가 살아 있는 한 우리는 지智knowledge에 계속해서 가장 가까이 있으리라 보인다.

—플라톤, 1985, 67a

이러한 마음에 대한 탈신체화된 견해는 고전적 인지과학에서도 발견된다. 왜냐하면 고전적 인지과학은 지적 행동을 마치 어떠한 특정한 신체적 형태와도 독립되어 있다는 듯이 고찰했기 때문이다. 실로, 최근까지, 신경과학자들이 몸에 대해 생각하는 한, 그것은 오직 체성감각피질somatosensory cortex에서의 몸의 표상이었을 뿐이다.

이제 혹자는 신체화 없는 인지는 없다는 점을 보여주는 것이 현상학자나 신체화된 인지에 관한 이론가들의 의무라고 생각할지도 모르겠다. 하지만 여기에 두 가지 물음이 있다. 첫째는 탈신체화된 뇌(통 속의 뇌)라는 개념이 도대체 이해가능한 것인지에 대한 원리상의 물음이다. 둘째는 첫 번째 물음에 대한 답이 무엇인지에 관계없이, 우리는 인간의 실질적인de facto 인지가 탈신체화되는지를 물을 수 있다는 것이다. 우리는 통 속의 뇌라는 사고실험이 이해불가능한 사고실험이라는 점을 입증하지 않고도 두 번째 물음에 (부정적으로) 대답할 수 있다. 그것은 바로, 우리는 실로 신체화되어 있고, 우리의 지각과 행위는 우리가 몸을 갖고 있다는 사실에 의존하며, 인지는 우리의 신체적 실존에 의해 형성된다는 실증적empirical 사실이다. 이것은 이른바 '머리를 쓸 필요가 없는 것no-brainer'이다. 하지만 우리는 첫 번째 물음에 대한 대답으로 다음을 주목할 수 있다. 통 속의 뇌라는 사고실험은 지각과 행위가 어떤 종류의 신체화를 필요로 한다는 점을 현실적으로 보여준다. 순전하게 통 속의 뇌라 할지라도 신체가 정상적으로 제공하는 모든 것들 — 예를 들어, 감각 입력과 생명유지 장치 — 을 절대적으로 필요로 한다. 실로 신체의 중요성은, 탈신체화된 뇌와 그것과 함께 진행된다고 추정되는 경험을 지탱하기 위해 정확히 무엇이 드는지 생각할 때 평가될 수 있다. 통 속의 뇌에게 가능한 것은, 적절하게 균형 맞춰진 영양, 적절하게 균형 맞춰진 호르몬과 신경전달물질의 혼합, 그리고 감각양태 상호간inter-modal의 결합에 사실상 수반되는 시간적 차이에 맞춰 적절하게 조정된 복잡한 흐름의 감각정보가 그 뇌에 제공될 경우에만 가능한 것이다. 시각 입력에 대해서만 생각해보면, 우리 인간의 시각 경험을 복제하고자 시각피질을 탐색하는 모든 일은 그 세부항목까지 매우 특정화되어야 하기 때문에, 아날로그나 디지털 입력 메커니즘은 인간의 눈만큼 복잡하고, 화학적으로 복합적이고, 행위화적이어야 할 것이다. 즉, 통 속의 뇌가 우리가 경험하는 대로 사물들을 경험하는 것이 가능하기 위해서, 혹은 달리 말해, 통 속의 뇌가 단지 물리적으로 통 속에 존재하는 것이 아니라 현상학적으로 세계 내에 존재하는 것이 가능하기 위해서 온전하고 비범한 유지 체계가 요구된다면, 이는 이미 우리의 일상적 실존을 유지하고 있는 신체적 체계를 복제해야 할 것이다.

통 속의 뇌가 실제적으로 가능하든 아니든 간에, 우리의 인지적 경험이 신체화된 뇌에 의해 형성된다는 것은 확실하다. 실로 우리가 갖고 있는 뇌는 우리가 갖고 있는 몸에 의해서, 또 우리의 실재적인 세계 행위에 의해서 형성된다는 것은 점점 더 받아들여지고 있다. 인지는 신체화되어 있을 뿐만 아니라 정황적이다. 물론 그것은 신체화되어 있기 때문에 정황적인 것이다.

직립한다는 사실은 인간 종에 특유한 것이다. 이 생물학적 사실은 많은 다른 생물학적 사실들을 수반하며, 지각 능력과 행위 능력과 관련해서, 또 우리의 인지적 삶 전체와 관련해서 암묵리에 광범위한 결과를 낳고 있다. 예를 들면, 어윈 스트라우스Erwin Straus는 "인간의 몸의 형태와 기능은 거의 모든 그 세부항목이 직립 자세에 의해서, 또 이 자세를 위해서 결정된다"고 지적했다(1966, 138쪽). 간단한 한 목록을 살펴보자.

• 첫째, 인간의 해부학적 구조 및 골격 구조의 면에서 보면, 직립 자세는 사지의 비율은 물론 인간의 발, 발목, 무릎, 엉덩이, 척추의 특정한 형태와 구조를 요구하며, 또 이 모든 것들은 특정한 근육조직과 신경체계의 설계를 요구한다. 진화의 면에 보면, 직립 자세를 위해 몸을 형성하는 일은 또한 어깨, 팔, 손, 두개골, 얼굴을 특정하게 인간답게 발달하는 것을 가능하게 한다. 여기에서 중요한 것은, 이 해부학적 구조들이 우리의 역량들을 규정하고, 또 그렇게 해서 무엇이 세계로 간주되는가를 규정한다는 점이다. 깁슨 Gibson(1986)은, 우리가 갖고 있는 그런 종류의 몸이 주어지면 환경 속의 대상들은 상이한 종류의 행위를 유도할 수 있다는 생각을 전개했다. 이런 행동유도성affordance은 우리의 신체적 형태와 우리의 행동 능력과 밀접하게 결합해 있다. 인간의 몸이 무릎을 굽힌다든가 하는 행위 등을 할 수 있기 때문에 의자는 앉는 행동을 유도한다. 앉거나 어떤 다른 자세를 취할 수 있는 역량들은 무엇보다도 운동적motor이다. 하지만 이 능력들은 계산 및 수학의 발달 같은 가장 추상적이고 이성적인 인지 능력으로까지 확장된다(존슨Jonson 1987, 2007; 레이코프Lakoff와 누녜스Nuñez 2001; 쉬츠-존스톤Sheets-Johnstone 1990을 보라).

• 둘째, 발달의 면에서 보면, 직립 자세의 획득은 인간에게는 더디게 이루어진다. 유아는 중력과 투쟁하면서 직립 자세를 학습하도록 요구받는다. 이는 기본적으로 의식적 깨어 있음을 요구한다. 만약 여러분이 잠이 들면 넘어지게 된다. 자세와 움직임은 잠이나 깨어 있음이라는 생물학적 상태와 직접적으로 관련이 있다. 서기에 앞서 초기에 기어 다니는 행동은 지각과 인지의 발달에 영향을 끼친다(캄푸스Campos 등, 1922). 서고 걷는 데서 오는 자세의 변화는 우리가 볼 수 있는 것, 주의를 기울일 수 있는 것, 파악하고 조작할 수 있는 것에 마찬가지로 영향을 미친다.

• 셋째, 우리가 사물들 및 다른 사람들과 관계하는 방식의 면에서 보면, 직립 자세로 인해 우리는 거리와 독립 ─ 지면으로부터의 거리, 사물로부터의 거리, 다른 사람으로부터의 어느 정도의 독립 ─ 을 유지하게 되었다.

서게 됨으로써 시각의 범위가 확장되었고, 그에 따라서 환경적 지평이 넓어지고 거리가 벌어지게 되었다. 지각과 행동을 위한 공간 체재가 재정의되었다. 직립은 뻗치고, 움켜쥐고, 사물을 다루고, 운반하고, 공구를 사용하고, 손가락으로 가리킬 수 있도록 손들을 자유롭게 해주었다. (진화와 관련하여) 계통발생적으로, 그리고 (개인의 발달과 관련하여) 개체발생적으로 이 변화들은 뇌 구조에 복잡성을 들여왔고, 이 복잡성은 결국 이성적 사고를 창출하도록 도와주었다(파이야르Paillard 2000).

 • 이번에는 다른 모든 인지 능력들을 형성하는 우리의 지각 능력의 면에서 보면, 진화론적 견지에서 직립 자세를 얻는다는 것은 후각의 중요성이 쇠퇴하고 시각이 일차적인 것이 된다는 것을 의미한다. 우리는 현재 위치하고 있는 곳에서 전방으로 멀리 볼 수 있게 되었으며, 그리고 이것이 전망을 수여하고 계획을 세우는 것을 가능하게 했다. (지면과 가까이 있을 때는 길을 찾는 데 필요했던) 후각 메커니즘이 축소하여 더 이상 얼굴 구조를 지배하지 않게 되었기 때문에, 손이 더 능숙하게 쥐고 잡을 수 있도록 자유로워진 반면에 입은 다른 목적들을 위해 자유로워졌다. 턱 구조는 우리가 먹는 것을 규정할 뿐만 아니라, 더욱 미세한 음성 근육의 발달과 함께 음성언어의 발달을 가능하게 했다. 그래서 만약 여러분이 아리스토텔레스에게 묻는다면, 그는 여러분에게 이것은 정치와 합리성의 발달을 의미한다고 대답할 것이다.

 몸은 들어오는 감각신호들을 '전前처리해서pre-process' 여과하고, 운동제어에 기여하는 원심성 신호들을 '후後처리해서post-process' 제한한다는 생각을 여기에다 덧붙여보라. 비교해부학은 예를 들어 귀의 형태와 상대적 위치는 우리가 소리의 방향을 결정하는 것을 가능하게 한다는 것을 보여준다(치일Cheil과 비어Beer 1997). 신체적 움직임들은 전적으로 뇌의 수준에서 결정되는 것이 아니다. 신체적 움직임들은 근육과 힘줄의 설계와 유연성, 다른 근육이나 관절과의 기하학적 관계, 그리고 이전의 활성화의 역사에 의해 재편성된다(자작Zajac, 1993). 따라서 "신경체계는 말초신경에 의해 변환되지 않은 정보는 처리할 수 없으며, 또 그 말초신경에게 물리적으로 불가능한 움직임들을 명령할 수도 없다"(치일과 비어 1997, 554쪽). 이 관찰들은 무엇이 몸을 형성하는지, 또한 몸을 형성하는 것이 어떻게 인지를 형성하는지에 관한 더 광범위한 이야기의 일부이다. 하지만 이 관찰들은 생물학적 몸(그 구조, 기본적인 자세, 운동 역량에 의해 가능하게 하고 또 배제하는 것)이 우리가 세계에 관해서 지각하고 생각하는 방식을 형성하는 몸이라는 것을 지적하기 위해 충분하다.

로봇의 몸과 생물학적 몸

이것들은, 체계[시스템]의 많은 측면들을 언뜻 보기에 무시하면서 생각해도 될 것 같은 사고실험을 통해서가 아니라, 생물과학의 '실제 세계real world'에서는 물론이고 첨단 로봇공학에서 어렵게 얻은 교훈이다. MIT의 로드니 브룩스Rodney Brooks 같은 로봇 공학자들은 하향식top down으로 로봇을 개발하려고 하는 전통적인 접근방식이 유효하지 않다는 점을 발견했다. 이 접근방식은 탈신체화된 문법syntax에서 시작해서 중앙 지능컴퓨터에서 오는 명령에 주의를 기울이는 기능주의적 인공신체를 부가하려고 하는 것이었다. 브룩스 등이 더 최근에 새롭게 세우는 계획은, 상향식으로 로봇을 설계해서, 실제 시간 속에서 수집되는 정보를 사용함으로써 환경 속을 이리저리 움직일 수 있는 단순하고, 실용적으로 명령을 받고, 생물학적으로 영감을 받고, 감각운동적인 기계를 만들려고 시도하는 것이다. 그런 로봇은 '물리적으로 기반을 두고 있는데physically grounded', 이는 로봇이 물리적 환경 속에 내장화된 물리적 존재물이지만, 그것의 표상들이 실제 세계를 실용적으로 참조하는 방식으로 그렇다는 것을 의미한다. 그런 로봇은 행위화적으로 지각하는 기계이며, 수행되어야 할 과제의 견지에서 세계를 파악하고 있다.

> 새로운 인공지능은 물리적 기반 가설physical grounding hypothesis에 기초하고
> 있다. 이 가설은, 지능적인 체계를 세우기 위해서는 그 체계의 표상들이
> 물리적 세계에 기반을 두는 일이 필요하다고 진술하고 있다. 이 접근방식을
> 통해 우리가 경험하는 것은, 일단 이 수행이 실시되면, 전통적인 상징적
> 표상들의 필요성은 이내 완전히 사라진다는 것이다. 핵심적인 관찰은 세계
> 가 이 접근방식의 가장 좋은 모델이라는 것이다. 이 체계는 항상 최신의
> 정보를 반영하고 있고, 알려져야 할 모든 세부사항들을 항상 보유하고 있다.
> 적절하게 또 충분히 자주 그것을 감지하는 것이 그 비결이다. 물리적 기반
> 가설에 기초하는 체계를 세우기 위해서는 일단의 감지기sensor와 작동기ac-
> tuator를 통해 세계에 그 체계를 연결하는 일이 필요하다.
>
> —브룩스, 1990, 5쪽

그러나 브룩스가 이 중요한 깨달음에 이르른 것은, 로봇을 몸으로 생각함
으로써가 아니라 몸을 로봇으로 생각함으로써이다.

> 몸, 곧 생체 분자들의 덩어리는 특정가능한 일단의 법칙들에 따라 행위하는
> 기계이다. …… 우리의 배우자, 우리의 아이들, 우리 강아지들이 그렇듯이
> 우리는 기계이다. …… 나는 내 자신과 나의 아이들이 모두 한낱 기계에
> 지나지 않는다고 믿는다.
>
> —브룩스, 2002, 173~175쪽

몸을 이런 특수한 방식으로 개념파악하는 철학적 배경은 분명히 데카
르트적이다. 데카르트는 동물을 순전히 물리적인 자동인형 — 의식이 없
는 로봇 — 으로 특징지었다. 이는 라 메트리La Mettrie(1745)와 카바니스
Cabanis(1802)를 포함하는 여러 철학자들에 의해 인간으로 확장되었고, 호지

슨Hodgson(1870)과 헉슬리Huxley(1874)에 의해 더욱 개진되었다. 브룩스는 이 전통을 따를 수밖에 없었던 것으로 보이며, 이런 종류의 체계에서 의식을 닮은 지능이 창발하리라고 제안함으로써 이 전통을 마무리짓고 있다. 그러나 이를 대체할 수 있고, 신체화된 인지 개념의 배경을 이루는 철학이 살아 있고 건재하다. 이는 후설과 메를로-퐁티의 현상학적 견해에 입각해서 창안되어, 클락Clark(1997), 바렐라(1991), 톰프슨(2007), 톰프슨과 바렐라(2001), 쉬츠-존스톤Sheets-Johnstone(1990, 1999), 마이클 휠러Michael Wheeler(2005) 등과 같은 철학자들과 과학자들에 의해 더욱 최신의 이론으로 갱신되고 있다. 이 대안적 접근방식은 몸은 단순히 "고도로 세련된 기계"(1962, 76쪽)라는 생각을 거부한다는 점에서 메를로-퐁티의 뒤를 잇고 있다. 그러므로 신체화가 우리를 어떻게 상황에 처하게 하고, 어떻게 우리의 인지적 경험을 형성하는지 신체화의 의미를 더 깊게 파고들어가 보자.

몸의 현상학 — 아주 짧은 역사

신체화의 철학으로 가장 잘 알려진 철학자는 의심할 바 없이 메를로-퐁티이다. 하지만 메를로-퐁티가 살아지는 몸lived body에 관한 힘든 분석에 시간과 에너지를 바친 유일한 현상학자는 물론 아니다. 예를 들어 사르트르나 미셸 앙리 같은, 몸에 대해 광범위하게 글을 썼던 다른 프랑스 철학자들이 있을 뿐만 아니라, 신체화의 현상학과 프랑스 현상학을 동일시한다면 이는 잘못일 것이다. 1907년에 시작된 후설의 강좌 『사물과 공간』에서 이미 우리는 움직이고 감각하는 몸에 관한, 광범위한 현상학적 분석을 발견할 수 있다. 그리고 메를로-퐁티가 후설의 『이념들』 제2권에 있는, 몸의 분석에서 결정적으로 영감을 받아 『지각의 현상학』을 썼다는 것은 잘 알려져 있다. 후설의 이 원고는 그의 사후인 1952년에야 출간되었지만, 메를로-퐁티는 세계2차 대전이 발발하기 직전에 — 최초의 외국인 방문자 중 한 사람으로서 — 후설 아카이브Husserl Archives를 방문해서, 후설의 미간행 원고들을 읽을 기회를 가졌다

(자하비 1994, 2006 참조). 하지만 후설조차 최초가 아니었을 수도 있다. 미셸 앙리는 이원론자 중에서 가장 유명한 데카르트에게서 잠재적인 내용을 발견할 수 있다고 주장해 왔다(앙리 1975, 139쪽). 또 나폴레옹 전쟁 당시까지로 역사를 거슬러 올라가보면, 후에 후설, 사르트르, 메를로-퐁티의 저술들에서 발견할 수 있는 것보다 더 뛰어난, 몸의 현상학적 설명을 제공하는 — 이것도 역시 미셸 앙리에 따른 것이다 — 멘느 드 비랑Maine de Biran이라는 또 다른 프랑스 철학자의 저작과 마주칠 것이다.

몸에 관한 현상학적 탐구는 한 대상을 여러 대상들 중의 하나로서 분석하는 것이 아니다. 즉, 이것은 마치 현상학이 수많은 상이한 존재론적 영역들(논리학의 영역, 수학적 존재물의 영역, 도구의 영역, 예술작품의 영역 등)을 탐구할 때 또한 몸을 발견하고, 이어서 이를 세세하게 정밀조사를 받게 하는 것과 같은 것이 아니다. 이와는 달리, 몸은 경험의 가능성 바로 그것에 관여하기 때문에 구성적 원리나 초월론적 원리로 간주된다. 몸은 우리의 세계와의 관계, 우리의 타자와의 관계, 우리의 자기 관계 속에 깊게 함축되어 있고, 그래서 몸의 분석은 우리가 마음과 세계의 관계를 이해하는 데에, 자기와 타자의 관계를 이해하는 데에, 마음과 몸의 관계를 이해하는 데에 결정적으로 중요하다는 것이 판명된다.

몸을 현상학적으로 강조한다는 것은 데카르트식의 몸-마음의 이원론을 거부한다는 것을 함의한다. 하지만 이는 데카르트식 유물론과 같은 어떤 것을 지지한다는 것을 함의하지 않는다는 것이 그만큼 명백해져야 한다. 이원론을 '극복하는' 현상학적 방법은 몸과 마음의 구분을 유지하면서, 그리고는 그저 마음을 제거하는 것과 같은 일이 아니다. 오히려 신체화의 개념, 곧 신체화된 마음 또는 심화心化된minded 몸의 개념은, 파생물이자 추상물인 몸과 마음의 일상 개념들을 대체한다는 것을 의미한다. 메를로-퐁티는 몸의 애매한 본성에 대한 말로 유명한데, 그는 신체적 실존은 순전히 생리학적이고 순전히 심리학적인 것을 넘어서는 세 번째 범주라고 주장한다(1962, 350쪽). 살아지는 몸은 정신spirit도 아니고 자연도 아니며, 영혼soul도 아니고 육체도 아니며, 내부도 아니고 외부도 아니며, 주관도 아니고 객관도 아니다. 이 모든 대립되는 범주들은 더 근본적인 어떤 것의 파생물이다.

현상학자들은 연장된 사물res extensa과 사유하는 사물res cogitans 간의 형이상학적 분할에 반대한다. 만약 우리가 이러한 분할을 받아들인다면, 몸을 위한 유일한 장소는 연장된 사물 쪽에 있는 것으로 보일 것이다. 하지만 현상학자들은 몸이 그저 세계 속의 대상이라는 것을 부인한다. 몸은 그저 우리가 보고, 만지고, 냄새맡는 등의 경험의 대상에 불과한 것이 아니다. 오히려 몸은 또한 경험의 원리이기도 해서, 그것은 우리가 보고, 만지고, 냄새맡는 것 등을 가능하게 해주는 것이다. 분명히 몸은 또한 그 자체를 탐색할 수도 있다. 몸은 그 자체를 (또는 다른 사람의 몸을) 탐색의 대상으로 삼을 수 있다. 이는 생리학이나 신경학 등에서 전형적으로 일어나는 일이다. 하지만 몸을 하나의 대상으로 삼아 그렇게 탐구하는 것은 포괄적인 것이 되지 못한다. 사르트르의 유명한 지적처럼, 우리는 살아지는 몸에 대한 이해가 궁극적으로 시체corpse에 대한 해부학적 연구에 그 기원을 두고 있는 외부의 관점에 의해 결정되지 않도록 신중해야 한다(1956, 348쪽; 메를로-퐁티, 1962, 351쪽 참조). 그는 계속해서 『존재와 무』에서 다음과 같이 말하고 있다.

몸의 문제, 그리고 몸과 의식의 관계의 문제는, 몸은 처음부터 그 자체의 법칙들을 갖고 있고 외부로부터 규정될 수 있는 어떤 일정한 사물로 정립되는 반면 의식은 그것에 고유한 형식의 내적 직관에 의해 도달된다는 사실에 의해 흔히 모호해진다. 실제로 만일 내가 '나의' 의식을 그것의 절대적인 내면성에서 또 일련의 반성적인 작용들에 의해서 파악한 후에 그때 이 나의 의식을 신경계, 뇌, 선腺, 소화기관, 호흡기관, 순환기관으로 구성되고 이 물질은 다시 수소, 탄소, 질소, 인 등의 원자들로 화학적으로 분석될 수 있는 어떤 일정한 살아 있는 대상과 결합하려고 애쓴다면, 나는 극복할 수 없는 어려움들에 부딪히게 될 것이다. 하지만 이 어려움들은 모두 내가 나의 의식을 나의 몸이 아니라 타인들의 몸과 결합하려 한다는 사실에서 오는 것이다. 사실 내가 방금 묘사한 몸은 나에 대해서 있는 그대로의 나의 몸이 아니다.

—사르트르, 1956, 303쪽

마음-몸 문제를 해결하기 위해 현상학이 공헌한 바는, 현상학이 심적 인과성이라는 형이상학적 이론의 형태를 취하지 않았다는 것이며, 또 몸이 어떻게 마음과 상호작용하는지 설명하려고 하지 않았다는 것이다. 오히려 현상학은 우리의 신체화에 의해 어느 정도까지 우리의 세계 경험, 우리의 자기 경험, 우리의 타자 경험이 형성되며 또 영향을 받는지를 이해하려고 애쓴다. 하지만 초점의 이 변화를 통해서 현상학은 또한 마음-몸 문제를 최초로 정의하는 몇몇 구별들을 재고하고 의문시한다.

이루어져야 하는 일차적이고 가장 기본적인 현상학적 구별이자, 브룩스 박사가 그릇된 몸 개념을 갖고서 작업하고 있을지도 모른다는 것을 알게 해주는 구별은 객관적인 몸objective body과 살아지는 몸lived body(후설은 각각 Körper와 Leib로 구분하고, 메를로-퐁티는 le corps objectif와 corp propre 또는 corps vécu로 구분한다) 간의 구별이다. 이는 존재론적인 구별이 아니라 현상학적 구별이다. 이는 우리 각자가 두 개의 몸, 즉 객관적인 몸과 살아지는 몸을 갖고 있다는 것을 의미하려고 의도된 것이 아니다. 오히려 우리가 몸을 경험할 수 있고 이해할 수 있는 상이한 두 방식을 해명하려고 의도된 것이다(후설 1973a, 57쪽). 후자의 개념은 신체화된 1인칭적 관점으로써 이해되는 몸을 파악하는 것인 데 반해, 전자의 개념은 관찰자의 시점에서 보여지는 몸에 초점을 맞춘 것이다. 전자의 경우 관찰자는 과학자, 의사일 수 있으며, 혹은 심지어 신체화된 주체 그 자신일 수도 있다. 나는 나 자신의 몸을 마치 외부로부터 보는 양 바라볼 수 있다. 나는 내 손을 바라보면서 '음, 이것이 다섯 개의 꼼지락거리는 손가락을 갖고 있다니 참 이상하군'이라고 생각할 수 있다. 객관적인 몸은 다양한 정도에서 추상화되고, 또 (신경학적, 생리학적, 해부학적인) 다양한 관점에서 정의된, 지각된 몸이다. 그것은 또한 그럼에도 불구하고 살아지는 몸을 객관화한 것이다. 우리가 몸을 기계나 로봇을 이해하는 방식으로 분석할 수 있고, 해부할 수 있고, 객관적으로 이해할 수 있는 사물로서 바라보는 것은 생물 과학들, 의학, 그리고 아마도 로봇공학의 진보를 이룩하기 위해서 분명히 중요하다. 만약 우리가 몸에 대해 이 관점을 취하고 있다면, 우리는—주체로서의 우리가, 대상으로서 관찰할 수 있는 어떤 것으로서 몸을 고찰하는—3인칭적 관점을 취하고 있는 것이다.

이와 대조적으로, 물론, 우리가 그런 관찰이나 그밖의 모든 관찰을 행할 수 있는 유일한 방식은, 사실 우리가 경험하고, 감각운동하고, 살아 있는 몸일 때—우리가 보는 눈, 감촉할 수 있는 손, 듣는 귀 등을 갖고 있을 때—, 존재하는 것이다. 이 점에서 나는 나의 손을 관찰하거나 관조하지 않으면서 손을 뻗어 무언가를 잡는다. 객체로서의 몸, 경험되는 사물로서의 몸이 아니라 주체로서의 몸, 경험자로서의 몸, 행위자로서의 몸이다—이것은 데카르트적 전통이 놓친 기본적인 구별이다. 데카르트가—표준적인 해석에 따르면—자신이 사유하는 사물이지 연장된 사물인 몸이 아니라고 주장할 때, 그는 그의 몸이 사유하지 않고도 사유할 수 있다고 생각하고 있는 것이다. 그러나 사실 데카르트는 상호적으로 또 내적으로 고도로 연결되어 있는 뇌를 갖고 있는 살아 있는 몸이었기 때문에, 그런 사유내용들을 사유할 수 있었던 것이다. 우리가 알기로는, 데카르트는 그가 1650년 2월 11일 이른 아침 사망했을 때 이 사유내용들을 사유하기를 멈췄다. 그의 객관적인 몸을 부검했다면, 심각한 호흡기 감염이 사망의 원인이었음이 밝혀졌을 것이다.

살아지는 몸에 대한 기술은 현상학적 관점에서 본 몸에 대한 기술이다.

한편으로 그 기술은 몸이 경험 속에 나타나는 방식에 관한 것이다. 다른 한편으로 그 기술은 이를 훨씬 넘어서는 것인바, 몸이 우리의 경험을 구조화하는 방식에 관한 것이다. 몸은 나와 세계 사이의 스크린이 아니다. 오히려 몸은 우리의 세계-내-존재라는 일차적인 방식을 형성한다. 이는 또한 우리가 우선 몸을 그 자체로 탐색하고, 이어서 후에 몸을 세계와의 관계 속에서 고찰할 수 없는 이유이기도 하다. 이와는 달리, 몸은 이미 세계-내에 있고, 세계는 우리에게 신체적으로 드러난 것으로 주어져 있다. 실로 사르트르가 지적하듯이, 몸은 모든 지각에서 또 모든 행위에서 작동하고 있다. 몸은 우리의 시점視點과 출발점을 이룬다(1956, 326쪽).

> 나의 존재는 세계 속에 존재하는 것 외에는 세계와 접촉할 수 있는 다른 방법이 없기 때문에, 다르게 존재할 수가 없다. 내가 존재하지 않고, 그래서 나에 대해서 순전히 관조의 대상이 될 뿐인 세계를 내가 이해한다는 것은 불가능할 것이다. 하지만 이와는 반대로, 세계가 실존할 수 있기 위해서는, 또 내가 세계를 초월할 수 있기 위해서는 세계 속에 몰입하는 것이 필요하다. 따라서 내가 세계 속으로 들어왔다거나 '세계에 태어났다'고 말하는 것, 하나의 세계가 존재한다고 말하는 것, 내가 하나의 몸을 갖고 있다고 말하는 것은 모두 똑같은 것이다.
>
> —사르트르, 1956, 318쪽; 메를로-퐁티, 1962, 82쪽 참조[1]

우리는 몸이 무엇인가를 수행하고 있을 때 몸에 대한 감각[느낌]sense을 갖고 있다. 나는 (붐비는 곳이든, 활짝 열린 곳이든, 꽉 닫힌 곳이든) 내가 있는 공간에 대한 암묵적인 감각을 갖고 있다. 또한 앉아 있든 서 있든, 근육을 펴든 당기든 나는 고유수용감각을 갖고 있다. 물론 몸이 어디에 그리고 어떻게 있는지에 대한 이 체위감각postural sense과 위치감각positional sense은 나의 알아차림의 배경 속에 남아 있는 경향이 있다. 이 감각들은 암묵적이고 열성劣性이다. 이것들은 현상학자들이 '신체화된 것으로서의

나 자신에 대한 전반성적 느낌'이라 부르고 있는 것이다.2)

　이 신체화의 감각은 단지 공간적이지만은 않다. (예를 들어, 저녁식사를 많이 하고 났을 때) 나는 축 쳐지거나 둔탁함을 느낄 수 있다. 또는 (예를 들어, 운동이나 요가를 하고 났을 때) 나는 기운이 넘치고 환경에 온전하게 순응할 수 있음을 느낄 수 있다. 만약 내가 어떤 나쁜 소식에 우울해 있다면 나는 그것을 몸에서 느낄 수 있다. 만약 내가 좋은 소식에 신나 있거나 또는 임박한 도전에 의기양양해 있다면 나는 그것을 몸에서 느낄 수 있다. 이것들은 내가 신체적으로 느끼는 느낌들feelings이고 기분들moods이다. 만약 내가 화나거나 두렵거나 행복하고 편안하다면, 이것들은 내가 신체적으로 느끼는 정서들이다. 더구나, 이 모든 신체화의 국면들은 내가 세계를 지각하는 방식을 형성한다. 만약 내가 우울하다면, 세계는 우울해 보인다. 만약 내가 신나면, 세계는 앞날이 밝아 보인다. 만약 내가 배가 고프면, 윌리엄 제임스가 언급했듯이, 배가 부를 때보다 사과가 더 크게 나타난다. 이 몸은 내가 지각하고 행위하는 살아지는 몸이기 때문에, 세계와 끊임없는 연결 속에 있는 것이다. 그리고 이 연결은, 시체가 해부실험대 표면에 누워 있듯이, 그저 표면 대 표면의 접촉인 것이 아니다. 오히려 나의 몸은 세계와 통합되어 있다. 세계에 처해 있다는 것은 단순히 물리적인 환경 속의 어떤 장소에 위치해 있다는 것이 아니라, 신체적으로 유의미한 정황들과 화합하고 있다는 것을 의미한다. 그것은 내가 원하는 음료가 손에 닿지 않는 경우의 어떤 것을 의미한다. 맹수에 의해 쫓기고 있을 때나 버스에 치이려는 위험한 상태에 있을 때 내가 원하는 만큼 빨리 전력으로 달릴 수 없는 경우의 어떤 것을 의미한다. 내 몸이 가능하게 하는 그 가능성들, 내 몸이 방해하고 제한하는 꼭 그 활동성만큼 환경을 행동유도성affordance의 세계로 규정하는 그 가능성들, 그리고 무엇이 가능하고 가능하지 않은지 규정하는 그 가능성들, 이것들이 내가 갖고서with, 또 통해서through 살아가는, 환경을 의미의 상황situations과 행위를 위한 정황circumstances으로 규정하는 신체화의 국면들이다.

환경은 단순히 우리가 행위들을 수행하는 장소가 아니기 때문에, 몸-환경의 관계에 대해서 훨씬 더 많은 것을 말할 수 있다. 환경은 직접적으로 또 간접적으로 몸을 조절하기에, 어떤 의미에서 몸은 환경의 표현 또는 환경의 반영이다. 환경은 특정한 몸-양식body-style을 불러일으키고, 그래서 몸이 그 환경과 함께 작업하게 되고, 그 환경 속에 포함되게 된다. 어떤 상황에서 취하는 자세는 몸이 환경에 반응하는 방식이다. 몸은 그 자신을 이미 느낌, 충동 상태, 운동감각적 감각kinaesthetic sensation 등과 함께하는 것으로 발견하고, 그것들[2]은 몸이 기능하는 그 환경에 의해 부분적으로 규정된다. 항상성 있게homeostatically 또 자동적으로 기능하며, 무수한 생리학적이고 신경학적인 사건들로 구성되는 몸의 '내부 환경'은 단지 '외부' 환경의 내면화된 번역이자 연속일 뿐이다. '외부' 환경의 변화는 항상 '내부' 환경의 변화를 수반하는데, 예를 들어 "들이마시는 공기 속에 이산화탄소가 증가하거나 산소 분압이 감소하는 일 같이 (외부) 환경에서 변경이 일어나면 혈액 내에 변화가 유발되고, 또 환경의 온도가 변경되면 이 변경은 순환, 호흡, 내분비 활동에서 일어나는 적절한 변경에 의해 최소화된다"(겔혼 Gellhorn 1943, 15쪽). 이 모든 자동적인 조절들은 하부인격적이고 익명적인 신체적 수행 속에서 일어나고 살아진다. 이 익명적인 생명활동living의 결과가 주체의 경험 속에서 직접적이든 간접적이든 반성되는 게 확실하지만 말이다. '내부' 환경에 변화들이 있을 때 '외부' 환경이 돌연 상이한 의미를 띠는 것도 그런 경우이다. 즉, 환경은 경험적으로 달라질 수 있다. 환각 현상이 좋은 예이듯이, 눈의 피로가 시작되는 것도 좋은 예이다(갤러거 1986을 보라).

이 신체화 개념의 그 어떤 것도 몸이 마치 고정된 일단의 기술과 능력을 갖고 있다는 듯이 우리로 하여금 몸을 정적인 어떤 것으로 생각하도록 이끌지는 않는다. 상황은 아주 다르다. 몸은 새로운 기술과 습관을 습득함으

2_ 느낌, 충동 상태, 운동감각적 감각 등.

로써 감각운동의 레퍼토리를 확장해 갈 뿐만 아니라, 심지어 인공적인 기관 및 몸의 환경의 부분들을 체내화함incorporating으로써 그 능력을 확대할 수 있다(레더Leder 1990, 30쪽). 예를 들어 새로운 기술skill을 습득할 때 우리는 어떤 수행 규칙들에 긴밀하게 주의를 기울임으로써 시작할지 모른다. 그렇게 할 때 일반적으로 우리는 평소와 달리 고도로 우리 자신의 신체적 수행에 집중하고 이를 감찰한다. 하지만 이 새로운 능력을 성공적으로 습득하게 되면 신체적인 움직임을 명시적으로 감찰하지 않고도 수행하게 될 것이다. 그 기술은 적절한 맥락 내에서 완전히 신체화되고 내장화된다. 레더가 지적했듯이, "한때 외재적이었던 어떤 것이, 명시적인 규칙들이나 실례들을 통해서만 파악되었던 어떤 것이 이제 나 자신의 신체성corporeality에 구석구석 스며들게 되어, 하나의 기술은 최종적으로 또 완전하게 학습된다. 나의 팔은 어떻게 수영하는지를 알며, 나의 입은 마침내 언어를 구사할 수 있다. …… 하나의 기술은 나의 신체적인 '나는 할 수 있다I can'에 체내화되어 왔다"(1990, 31쪽). 이 체내화의 과정은 또한 현저한 시간적인 의미를 갖고 있다. 연습은 기술을 습관화하기 때문에, 연습하면 완벽하게 할 수 있게 된다. 과거에 연습한 것은 나의 현재의 신체적 레퍼토리에 내장화되고, 새롭게 생기는 상황에 대해 다르게 대처할 수 있게 해준다.

살아지는 몸의 능력들을 인공적인 확장을 통해 확장하는 것도 가능하다. 혹은 이를 달리 말한다면, 아마도 더욱더 인상 깊게 들리겠지만, 살아지는 몸은 생물학적 몸의 한계를 넘어서까지 확장된다. 살아지는 몸은 피부에서 멈추는 것이 아니다. 그 고전적인 예가 맹인의 지팡이다—헤드Head(1920)가 처음 언급한 이래 문헌에서 자주 인용되는 예이다—. 그런 지팡이를 처음 사용할 때는 손에 충격을 가하는 외부 대상으로서 경험된다. 하지만 그 공구를 잘 다루게 되었을 때는, 그것이 개시하는[열어보이는] 경험적 장場을 그것을 통해 느끼기 시작한다(레더 1990, 33쪽). 이에 대해 메를로-퐁티는 이렇게 쓰고 있다. "맹인의 지팡이는 그에게 대상이길 멈추었으며, 그 자체는 더 이상 지각되지 않는다. 지팡이 끝은 감수성의 영역이 되어,

감촉의 범위와 활동반경을 확장하고 시력에 필적할 만한 것을 제공한다.”(1962, 143쪽). 훨씬 더 복잡한 테크놀로지를 사용하는 경우에서도 이와 유사한 어떤 것이 일어날 수 있다. 예를 들어, 바크 이 리타Bach-Y-Rita의 잘 알려진 감각대체 실험과, 촉각시각 감각대체Tactile Vision Sensory Substiution(TVSS)로 알려져 있는 테크놀로지를 생각해보라(바크 이 리타 등 1969, 2003; 곤잘레스Gonzalez와 바크 이 리타 2003을 보라). TVSS는 맹인 피험자들에게 시각을 제공하기 위해 고안되었다. 이것은 비디오카메라의 이미지들을 등이나 배에 부착된 진동촉각vibrotactile 벨트로 사상寫像한다. 감각적 지각의 양태교호적intermodal 본성 때문에, 우리는 어떤 학습을 통해서 촉각이나 청각의 인공기관을 사용해서 주위환경을 '볼' 수 있다. 피부의 자극은 환경에 대한 의사–시각적인quasi-visual 경험을 창출한다. 최근의 이 테크놀로지의 발달에서 우리는 유사한 경험이 전기촉각적 혀 영상표시장치electro-tactile tongue display unit에 의해 창출된다는 것을 발견할 수 있다. 몸의 양태교호적 감각 체계는 피부에 감지되는 촉각 신호들을 외부 환경에 대한 시각 경험과 같은 어떤 것으로 번역한다. 일단 피실험자가 촉각 자극에 습관화되면 테크놀로지 그 자체는 대상이기를 멈추고 세계를 개시하는 방식으로 몸에 체내화된다. 이런 테크놀로지는 분명히 공학기술의 대상이지만, 감각운동적 수반성contingencies과 뇌의 가소성을 활용해서 우리가 살아가는 몸의 일부가 될 수 있다.

콜Cole 등(2000)은 인간 행위자를 나사NASA의 로봇에 연결하는 가상현실 설정을 기술함으로써 또 다른 예를 제공하는데, 이 설정을 통해 행위자는 자신의 팔을 움직임으로써 로봇의 팔을 조정할 수 있게 되고, 또 로봇 머리에 설치된 카메라를 통해 로봇의 시각 장을 볼 수 있게 된다. 이 테크놀로지를 몇 분 동안 연습한 후에 그 행위자는 로봇과 함께하는 강한 신체화의 감각sense을 갖기 시작한다(그림 7.1). 우리가 아는 한, 그리고 이것이 우리의 몸은 단지 로봇일 뿐이라는 주장(브룩스)과 대조를 이루는 한, 이것은 역으로는 작동하지 않을 것이다.

그림 7.1 나사의 로봇을 제어하는 인간 행위자

따라서, 나는 일단의 기술들과 잠재적 행위들을 확장할 수 있다. 나는 (춤, 운동 경기 등에서 볼 수 있듯이) 연습을 통하여 또는 (감각 대체 기술이나 로봇 공학에서 보듯이) 인공적 증강을 통하여 이렇게 할 수 있다. 우리가 현상학적 관점에서 살아지는 몸으로 기술하는 것은 객관적 관점에서 연구하는 생물학적 몸과 정확히 동일한 몸이다. 살아지는 몸은 생리학적 기반을 분명히 갖고 있으며, 또 그렇기 때문에 "해부학적 기관의 체재 내에 있는, 일정한 행위의 힘"(메를로-퐁티 1962, 109쪽)으로 정의될 수 있다. 그러므로 살아지는 몸은 증대를 경험하는 것은 물론 상실을 경험할 수도 있다. 따라서 뇌병변은 다양한 형태의 신체적 자기소외를 야기할 수 있다. 반신마비에 대한 질병 불각증不覺症anosognosia for hemiplegia이 하나의 예가 된다. 많은 우뇌 뇌졸중 환자들은 그들의 몸의 왼쪽 마비를 부인한다. 이러한 부인은 명확하게 나타나는 마비 증세에도 불구하고 대개 계속된다. 한 예를 들면, 왼쪽 마비인 환자는 자신은 걸을 수 있으며, 자신의 왼손으로 담당 의사의 코를 만질 수 있으며, 박수를 칠 수 있다고 주장했지만, 그렇기는커녕 이 환자가 하고 있는 것이라고는 오른쪽 손만 움직이고 있는 것이었다(라마찬드란Ramachandran과 블레이크슬리Blakeslee 1998). [마비를 인정하라는 의사의 말에] 궁지에 몰릴 때 환자들은 움직일 수 있는 그들의 능력을 옹호하며 움직일 수 없는 팔 다리가 다른 사람의 것이라고 말하거나, 혹은 그것은 팔 다리가 아니라고 말하면서, 현실의 영역을 완전히 벗어나려는 모험을 할지도 모른다. 한 환자가 자신의 마비된 손이 의사의 손이라고 주장한 유명한 일화가 있다. 의사가 자신의 두 손을 환자에게 보여주면서 어떻게 세 개의 손을 갖고 있을 수 있느냐고 묻자, 그 환자는 태연히 이렇게 대답했다. "손은 팔의 끝부분입니다. 당신은 세 개의 팔을 갖고 있으니 세 개의 손을 가졌다는 것은 당연한 결론입니다"(비작Bisiach 1988, 469쪽).

우뇌 뇌졸중은 편측성片側性 무시unilateral neglect의 증상을 초래할 수 있다. 환자들은 자신의 몸의 왼편에 주의를 기울이지 못하거나, 자극들, 대상들, 심지어 자신의 왼편에 위치하고 있는 사람들에게도 반응하지 못한다. 이 무시는 놀랄 만한 징후를 드러낸다. 예를 들어 식사가 차려지면 환자는 오른편에 있는 접시의 음식만 먹게 되고, 그리고는 병원이 자신을 굶기려 한다며 충분히 먹을 만큼 음식을 주지 않는다고 불평할 것이다. 만약 그림을 베껴보라고 하면, 그들은 반쪽을 베끼기만 할 것이다. 게다가, 이 무시가 시력에 영향을 미칠 뿐만 아니라 상상력과 기억력에도 영향을 미치고, 이렇게 해서 이 상이한 형태의 지향성들 사이에 뒤얽힌 상호작용에 압박을 가한다는 것이 최근에 밝혀졌다. 2분 동안 환자들에게 자신이 기억할 수 있는 만큼 프랑스 도시 이름을 언급해보라고 했다. 이 도시 이름들을 나중에 지도에 표시해보면, 언급된 도시들이 모두 프랑스의 동쪽에 위치한다는 사실이 발견되었다. 프랑스의 서쪽에(또는 왼쪽에) 있는 도시들은 하나도 언급되지 않았다. 또 다른 실험에서는 밀라노에서 온 환자들에게 그들이 이미 잘 알고 있는 두오모Duomo 광장을 생각해보라고 했다. 성당의 계단에 서 있고 거기로부터 먼 곳을 보고 있다고 먼저 상상해보라고 하고, 이어서 그들이 마음속으로 그리는 것을 묘사해보라고 했다. 그들은 그저 광장의 오른쪽만 묘사하려고 했다. 그런 뒤 그들에게 상상 속에서 광장의 반대쪽으로 이동해보라고 했다. 그들이 성당을 마주했을 때 마음속으로 그리는 것을 묘사해보라고 하자, 그들은 여전히 광장의 오른쪽만 묘사하려고 했다. 하지만 물론 이것이 의미하는 바는, 그들은 방금 전에 '잊어버렸던' 광장의 부분들을 지금 묘사하고 있었던 데 반해, 그들이 방금 전에 묘사했던 광장의 부분들은 지금은 그들에게 없어져버린 것들이라는 것이다(비작

Bisiach과 루자티Luzzatti 1978).

병리에 대한 이 몇 안 되는 언급은 주관성의 핵심적 특질이 병리학적인 왜곡에 대한 연구를 통해 예리하게 조명될 수 있다는 중요한 통찰을 지적하고 있다. 병리학적 사례들은 보통 그저 당연하다고 여기는 것을 드러내 보일 수 있는 발견적인 기능을 할 수 있다. 병리학적 사례들은 친숙한 것들을 더 잘 펼쳐보일 수 있도록 그것들로부터 거리를 두는 수단으로서 역할을 한다. 이는 현상학이 오랫동안 주장해 온 어떤 것이며, 그리고 무엇보다 임상병리학 영역이 현상학자들에게서 많은 주목을 받아 왔다는 것과, 프랑스와 독일에 오랜 현상학적 정신의학의 전통이 존재한다는 것은 결코 우연의 일치가 아니다. 민코브스키Minkowski, 빈스방거Binswanger, 타토시앙 Tatossian, 텔렌바흐Tellenbach, 그리고 블랑켄부르크Blankenburg가 중요한 인물들이다(파르나스Parnas와 자하비 2002; 파르나스 등 2002 참조).

이렇게 해서 우리는 우리의 신체화된 삶의 형태가, 가설적이거나 설득력이 없는 사고실험에서가 아니라 바로 습관 형성이라는 일상적인 사례들에서, 또 감각기관의 대체와 병리학적인 손상이라는 비일상적인 사례들에서 우리에게 존재할 때, 이를 가장 잘 이해하게 된다. 살아지는 몸이 어떻게 작동하고 어떻게 인지를 형성하는지를 이해하기 위해서, 고도의 테크놀로지와 로봇 공학을 활용할 수 있겠지만, 우리에게는 분명히 현상학과 생물학이 필요하다.

몸은 어떻게 경험의 공간을 규정하는가

인식에 대한 영향력 있는 한 사고방식은, 우리가 제2장에서 언급했듯이, 인식을 마음과 독립되어 있는 실재를 충실하게 반영하는 문제로 받아들인다. 우리가 진정한 실재를 인식하길 원한다면, 세계가 그 방식으로 존재한다고 믿어지는 것과 무관하게뿐 아니라, 세계가 우연적으로 우리 인간에게 현시하는 모든 방식과 무관하게 존재하는 방식을 기술하는 일을 목표로 삼아야 한다. 그러나 우리가 제언해 온 점은 이 목표가 환상에 불과하고 도달할 수 없다는 것이다. 과학을 수행하고 있을 때조차 우리는 결코 완전히 도피하지 못하는 신체화된 관점으로부터 시작해야 한다. 보는 지점이 없는 봄view from nowhere을 얻기 위해 라이프니츠가 행한 것과 유사한 제안에 응답하며, 메를로-퐁티(1962, 67쪽)는 "본다는 것은 항상 어딘가에서 본다는 것이 아닌가?" 하고 말한다. 이는 신체화된, 그리고 정황적[처해 있는]situated 지각과 완전히 일치하는 생각이다.

'어딘가somewhere'란, 지각하는 몸에 의해 설정된 제로-지점이다. 여기에서부터 관점적perspectival 공간성이 열린다. 객관적 몸은 이 관점적 공간 속에서 위치가 부여될 수 있지만, 살아지는 몸은 그럴 수 없다. "내 몸의 윤곽선outline은 일상적인 공간적 관계들이 가로지르지 못하는 경계선fron- tier이다. 이는 몸의 부분들이 독특한 방식으로 상호관계를 맺고 있기 때문이다. 그 몸의 부분들은 나란히 퍼져 있지 않고, 서로서로 감싸여 있다"(위의 책, 98쪽). 우리는 이 주장을 더 탐색할 필요가 있다. 이는 몸은 그 자신과 같은 종류의 공간에 거주하면서도 동시에 세계의 사물들이 나타나는 지각 공간을 위해 기점이 된다는 주장이라고 생각된다. 이것들은 상이한 두 종류의 공간인가?

사실, 우리는 세 종류의 공간 준거틀을 구분할 필요가 있다. 환경중심적al- locentric 공간 준거틀과 자아중심적egocentric 공간 준거틀 간의 표준적 구별은 그것들 중의 둘을 지명하고 있다. 환경중심적 공간은, 예를 들어 우리가 코펜하겐은 로마의 북쪽에 있다고 말할 때처럼, 위도와 경도에 의거해서 — GPS는 환경중심적 용어로 작동된다 —, 또는 나침반의 방향지시에 의거해서 규정될 수 있는 순수하게 객관적인 공간이다. 일단 여러분이 지구의 표준 지도를 채택한다면, 여러분이 마침 코펜하겐에 서 있든, 로마에 서 있든, 뉴욕에 서 있든 이는 중요하지 않다. 코펜하겐은 항상 로마의 북쪽에 있는 것이다. 이와 대조적으로, 자아중심적 공간은 지각하거나 행위하는 몸과 관련해서 규정되는 지각과 행위의 관점적 공간이다. 내 컴퓨터는 내 앞에 있다. 교회의 종소리가 들려오는 창문은 내 왼쪽에 있고, 사무실 문은 내 오른쪽에 있다. 만약 내가 180도 돌아선다면, 이 모든 것은 바뀐다. 내 컴퓨터는 내 뒤에 있다. 창문은 오른쪽에 있고, 문은 왼쪽에 있다. 이 자아중심적 준거틀이 실로 몸 중심의 준거틀이다. 칸트는 이 자아중심적이고 경험적인 공간 준거틀의 실용적 중요성을 인식하고 있었다.

> (……) 가장 정밀한 천체 지도가, 만약 별들 상호간에 상관적으로 그것들의 위치를 특정화하는 것 외에 또한 내 손과 상관적으로 그 차트의 위치를 준거로 해서 방향을 특정화하지 않는다면, 아무리 정밀하게 이를 마음속에 지닌다 하더라도, 알려진 방향에서는 예를 들어 북쪽에서는 내가 지평선의 어느 쪽에서 태양이 떠오를까 예상해야 할지 추리할 수 없게 될 것이다. 같은 것이 장소의 위치에 대한 지리학적 지식, 그리고 실로 우리의 가장 일상적인 지식에도 적용된다. 그러한 지식은, 우리가 그러한 지식 속에 정돈해놓은 사물들을, 그들 상호간의 위치 체계 전체와 더불어, 우리 몸의 측면들과 관련짓는 것에 의해서 정향할 수 없다면, 아무 쓸모가 없을 것이다.
>
> —1992, 367~368쪽

간단히 말하자면, 비록 코펜하겐이 나의 북쪽에 있다는 것을 알지라도 내가 향하고 있는 길과 상관적으로 북쪽이 어디에 있는지 알지 못한다면, 코펜하겐이 어느 길로 나 있는지 알 수 없다. 더 적확하게는, 이를테면, 나는 세계를 나의 몸 주위에 조직된 것으로 — 어떤 것들은 나의 왼쪽에, 어떤 것들은 나의 오른쪽에, 어떤 것들은 나의 위쪽에 있고, 어떤 것들은 나의 아래쪽에 있고, 어떤 것들은 나의 앞에 있고, 어떤 것들은 나의 뒤에 있는 것으로 — 지각한다. 내가 뭔가를 잡으려고 할 때, 나는 현재 내 손이 위치하고 있는 지점과 상관적인 어떤 각도에서 앞으로 또는 뒤로, 내 오른쪽 또는 왼쪽으로 손을 뻗어야 한다. 지각과 행위 모두 때때로 현상학자들이 살아지는 공간이라 일컫는 자아중심적 공간 속에서 눈금이 매겨진다. 하지만 자아중심적 공간은 아직 메를로-퐁티가 언급하는 몸의 공간은 아니다.

지각자와 행위자로서 우리는 내장화되고, 신체화된 행위자들이다. 모든 지각과 행위는 신체적인 자기경험의 구성요소를 수반한다. 나는 한 레스토랑에 앉아 있다. 나는 식사를 시작하고 싶고, 그래서 포크를 들어야 한다. 하지만 어떻게 내가 이런 일을 할 수 있단 말인가? 포크를 들기 위해서는 나 자신과 관련해서 포크의 위치를 알아야 한다. 즉, 포크에 대한 나의 지각은 반드시 나에 관한 어떤 정보를 포함하고 있어야 한다. 그렇지 않으면 나는 그런 행위를 할 수 없을 것이다. 저녁 식사 식탁에서 지각된 포크는 나의 왼쪽에 있고, 지각된 나이프는 나의 오른쪽에 있고, 지각된 요리가 담긴 접시와 와인 잔은 나의 앞에 있다. 지각의 이런 자기지시작용은 감각운동체계에 하부인격적으로 등록되고 있지만, 또한 그것은 나의 경험을 형성하기도 한다. 모든 관점적 나타남은, 신체화된 지각자 그 자신이 경험의 제로 지점이고, 모든 나타나고 있는 대상이 그것과의 관계 속에서 정향되는 지표적인indexical '여기'라는 것을 함의하고 있다. 경험하고 있는 신체화된 주체로서 나는 준거점인바, 이 준거점과의 관계 속에서 나의 모든 지각 대상들이 유일무이하게 관계를 맺는다. 나는 중심인바, 이 중심 주위에 또 이 중심과의 관계 속에서 (자아중심적) 공간이 그 자체를 펼친다. 또는 메를로-퐁티가 말하듯이, 내가 세계를 지각할 때 동시에 몸은 모든 대상들이 그들의 얼굴을 돌려서 향하는, 세계의 중심에 있는 지각되지 않는 항項으로 드러난다.

메를로-퐁티에 의하면, "확실히, 몸의 공간성은 전체에서 부분으로 아래로 작동하며, 왼쪽 손과 그 위치는 전체적인 신체적 설계 속에 함축되어 있고 그 설계 속에서 발생한다"(1962, 99쪽, 번역을 수정함). 그러나 그는 이 기술이 정적인 기하학적 관점에 매여 있는 한 부적절하다고 주의를 촉구하고 있다. 그러면서 그는 우리는 실용적인 행위에 의해서 이것에 살을 입혀야 한다고 제언하고 있다. 나의 몸은 현존하는 과제나 가능한 과제에 적합하게 맞춰져 있기 때문에, 몸의 공간성은 "외부 대상의 공간성이나 '공간적 감각들의 공간성 같은 위치의 공간성이 아니라, 정황의 공간성이다"(위의 책, 100쪽).3) 그렇다면 지각 및 행동과 관련해서 선천적인, 그 자신의 방식에서 절대적인 신체적 공간 준거틀이 있다고 우리는 말해야 한다. 그것은 환경중심적 준거틀이나 자아중심적 준거틀이 아니라, 지각자와 행위자로서의 살아지는 몸에 적용되는 준거틀이다. 정확한 용어로, 이것은 비관점적non-perspectival이고, 고유수용감각적인proprioceptive 준거틀이다. 이 신체적 공간을 더 상세히 기술해보도록 하자.

메를로-퐁티가 이미 지적했듯이, 몸은 현상적으로 경험되는 공간성의 기원이다. "내 몸은 나에게 공간의 조각에 불과한 것이 아니다. 내가 몸을 갖고 있지 않다면 나에게 어떠한 공간도 없을 것이다"(1962, 102쪽). 만약 세계에 대한 감각적 지각이 지각자의 몸의 위치를 준거로 해서 자아중심적으로 조직된다는 전제를 수용한다면, 그 준거의 기반은 그 자체가 무한소급의 위협 없이는 자아중심적 준거틀 속에서 있을 수 없다. 예를 들어, 나는 내 몸이 내 오른쪽에 있다거나 왼쪽에 있다고 말할 수 없다.4) 이 점은 몸의 경험적 투명성 개념 — 내가 세계를 경험할 때 내 몸에 대한 나의 경험은 고도로 약화되어 있다는 사실 — 과 밀접하게 결합되어 있으며 메를로-퐁티는 이 점을 정확하게 진술하고 있다.

> 나는 나의 몸으로 외부 대상을 관찰하고, 다루고, 조사하고, 그 주변을 걸어 다니지만, 나의 몸에 대해 말하자면, 나는 몸 그 자체를 (행위 속에서 또는 지각작용 속에서) 관찰하지 않는다. 그렇게 할 수 있으려면, 나는 그 자체는 관찰될 수 없는 두 번째 몸을 사용하는 일을 필요로 할 것이다.
>
> —1962, 91쪽, 번역 수정함

나는 세계 속의 어떤 대상에 대해서도 앞으로 다가가거나 뒤로 물러설 수 있는 데 반해, 몸 그 자체는 세계에 대한 나의 관점으로서 항상 여기에 있다. 즉, 몸 그 자체는 단순히 또 다른 관점적으로 주어지는 대상이 아니라, 내가 대상들을 관점적으로 지각하는 것을 가능하게 한다(사르트르 1956, 329쪽을 보라). 일차적인 의미에서, 나는 나의 몸을of 지향적 대상으로서 의식하지 않는다. 나는 나의 몸을 지각하지 않는다. 나는 나의 몸이다. 지각자로서 또 행위자로서 나는 지각할 때나 행동할 때 나의 몸에 대해 관찰적인 접근을 할 수 없다. 나는 내 몸의 바깥에 서 있는 것도 안에 서 있는 것도 아니다. 실로 이 경우 안에와 바깥에가 무엇을 의미하든 간에, 그것들은 내가 나의 몸이라는 데에 의존하고 있다(르그랑Legrand 2006을 보라).

나는 행위할 때 나의 몸에 관찰적인 접근을 할 수 없긴 하지만, 나는 행위할 때 몸에 대해 비관찰적인 고유수용감각적이고 운동감각적인 알아차림을 가질 수 있다.5) 고유수용감각은 나의 사지四肢와 전반적인 자세에 대하여 내가 갖고 있는 선천적이고 고유한 위치 감각이다. 그것은 내가 다리를 꼬아서 앉았는지 아닌지를 다리를 보지 않고도 아는 것을 가능하게 하는 '여섯 번째 감각'이다. 출생하기 전에도[태내에 있을 때도] 고유수용감각적 체계가 발달한다는 점에서 그것은 문자 그대로 선천적[생득적]이다. 어떤 종류의 공간적 준거틀이 고유수용감각적 알아차림에 관여하는가? 고유수용감각적 알아차림은 관점적 기원 주위에다 몸에 대한 차등적인 공간적 질서를 조직하는 것은 아니기 때문에 그것은 자아중심적이지 않다. 예를 들어 이 책은 저기에 있는 저 책보다 나에게 더 가까울 수는 있겠지만, 내 발이 내 손보다 나에게 더 가깝다는 것은 사실이 아니다. 호세 루이스 베르무데스José Luis Bermúdez가 지적하듯이, "고유수용감각의 신체적 공간과, 지각과 행위의 자아중심적 공간 사이에는 근본적인 비유비성disanalogy이 있다. …… 시각, 청각, 그 밖의 표준적으로 외수용감각적인exteroceptive 양태들과 달리, 신체적인somatic 고유수용감각에는 적용될 수 있어 보이지 않는 어떤 공간적 개념들이 있다"(1998, 152~153쪽). 구체적으로 그는 거리와 방향을 언급한다. 즉, 우리는 지각되는 대상의 거리와 방향에 대하여 그것이 얼마나 멀리 있는지, 어느 방향에 있는지의 면에서 물을 수 있다.

하지만 이 공간적 매개변수들은 관점적 기원을 갖고 있는 준거틀과 관련해서만 유의미하다. 이것은 고유수용감각에는 해당되지 않는다.

물론 자아중심적 권역을 몸으로 전환해 독해해서, 몸의 감각A는 몸의 감각B의 왼쪽이라고 말하거나 또는 감각A는 감각C보다 감각B로부터 더 멀리 떨어져 있다고 말하는 것이 가능하다. 어떤 과제—예를 들어 가려운 곳을 긁는 과제—와 관련해서 자세의 여하에 따라 나의 손은 무릎에서보단 발에서 더 멀리 떨어져 있을 수 있다. 혹자가 나에게 내 앞으로 손을 내밀라고 말해서 나는 내 가슴 앞에 손이 놓이도록 손을 뻗음으로써 명령에 따를 수 있을 것이다. 하지만 이는 단순히 어떤 약정을 채택하는 것이거나 또는 나의 가슴을 일시적인 원점과 같은 어떤 것으로 만드는 것에 불과하다. 손은 몸의 일부여서 그 자신 앞에 놓일 수 없기 때문에, 정말이지 우리는 손을 몸 앞에 놓을 수 없다. (내 코, 내 발가락 등이) 내 몸의 앞면에on the front side of 위치해located 있다는 것은 내 몸의 전방에in front of 있다는 것과 동등하지 않다. 왼쪽, 오른쪽, 중앙, 거리는 자아중심적인 공간 지각에 있어서 완전히 상대적인 공간적 매개변수들이다. 나의 오른쪽에 있는 것은 여러분에게는 왼쪽에 있는 것이 될 수 있다. 그리고 지금 나의 오른쪽에 있는 것은 내가 180도 돌아선다면 나의 왼쪽에 있는 것이 될 수 있다. 하지만 나의 오른쪽이 여러분에게는 왼쪽에 위치하고 있든, 내가 북쪽에서 남쪽으로 돌든, 신체내적으로intrabodily 나의 오른손은 고유수용감각적으로 그렇게 있고, 그래서 항상 나의 오른팔 끝에 있다. 만약 내가 오른쪽 어깨를 만지기 위해 왼손을 움직인다면, 왼손이 마침 내 몸의 오른쪽으로 움직인다고 해서 두 번째 오른손이 되는 것이 아니다. 만약 감각A가 감각B로부터 바로 이 거리에 있다면, 설사 내가 나의 몸을 객관적으로 또는 실용적으로 그 감각들을 더 가까워지게 하려고 (가령 그 감각들 중의 하나를 긁기 위해서) 몸을 뒤틀더라도, 나는 신체내적인 지도상에서는 그 감각들을 더 가까워지게 할 수 없다. 그러므로 신체내적인 공간성은 자아중심적이지 않다.

　그렇다면 우리는 고유수용감각적 준거틀이 환경중심적 준거틀이라고 생각할지 모른다. 몸의 부분들이 환경중심적인 지도상에 위치하고 있다고 생각하는 것은 확실히 가능하지만, 환경중심적이라는 것이 '지각자의 위치와는 무관한' 어떤 것이라는 것을 의미하는 한, 그 용어들로 고유수용감각적 사상寫像 mapping에 대해 생각하기는 어려운 일이다. 왜냐하면 문제가 되는 것은 바로 지각자의 몸이기 때문이다. 브라이언 오셔프네시Brian O'Shaughnessy(1995)는 고유수용감각은 오로지 몸 그 자체에 의해서만 틀이 짜이고 몸 그 자체에만 적용된다는 점에서 유일무이한 공간적 질서부여ordering의 체계라고 말한다. 그는 이 점을 고유수용감각의 직접성 — 고유수용감각적 알아차림은 몸에 대한 지각을 주의를 기울여 매개하지 않는다는 사실 — 에서 기인한다고 본다. 왜냐하면 만약 고유수용감각적 알아차림이 지각을 매개한다면, 그것은 질서부여 체계, 즉 몸과 독립해서 존재하는 공간적 준거틀을 요구하게 되기 때문이다. 따라서 고유수용감각은 환경중심적 준거틀을 수반하지도, 자아중심적 준거틀을 수반하지도 않지만, 암묵적 공간 준거틀에서의, 몸에 대한 비관점적인 알아차림은 수반한다.6)

　그렇다면, 이 고유수용감각적 준거틀은 자아중심적 준거틀을 위해 필요한 신체화된 기반이다. 내 왼쪽 부분이 어디에 있고 내 오른쪽 부분이 어디에 있는지 고유수용적 감각을 가짐으로써만, 내 오른손과 나의 왼손을 식별하고 내 오른발과 나의 왼발을 '식별함knowing'으로써만, 나는 어떤 것이 나의 왼쪽에 있다든가 나의 오른쪽에 있다는 것을 지각한다. 그렇다면, 자아중심적인 공간 질서는 항상 지각자/행위자의 몸으로 되돌아간다. 메를로-퐁티가 우리에게 말하고 있듯이, "우리가 공간을 개념파악할 수 있기 위해서는 우선적으로 우리가 우리의 몸에 의해 그 공간 속으로 밀려넣어졌어야 하는 일이 필요하며, 그리고 우리의 몸이, 공간을 객관적인 체계로 만들고 우리의 경험을 '즉자적으로in itself' 전개되는 대상들 중의 하나가 되는 것을 가능하게 하는 그런 전위transpositions, 등가equivalents, 동일화 identifications라는 최초의 모델을 우리에게 제공했어야 하는 일이 필요하다'(1962, 142쪽) 더욱이, 지각되는 공간과는 대조적으로 이 신체적 공간은 "공연을 돋보이게 하기 위해 극장에 필요한 어둠과 같은 것이다"(위의 책, 100쪽).

경험적으로 투명한 몸

이 '어둠'에, 혹은 몸이 사라지는 작용이라고 부를 수도 있는 어떤 것에 빛을 좀 비춰 보도록 하자. 우리는 행위할 때, 어떤 기도에 종사할 때 우리 자신의 몸에 관한 감각 피드백이 약해진다는 것을 지적한 바 있다(차키리스 Tsakiris와 해거드Haggard 2005를 보라).

> 신체적 매개는 매우 자주 나를 피해 간다. 내가 나의 관심을 끄는 사건들을 목격할 때, 나는 눈꺼풀의 깜박임이 그 장면에 부과하는 지각적 휴지休止들을 거의 알아차리지 못하며, 또 이것들은 나의 기억에 나타나지 않는다. ……
> 고유의 몸과 그 기관들은 내 의도의 기반들 또는 운반자들이며, 아직 '생리학
> 적 실재들'로 파악되지 않는다.
>
> —메를로-퐁티 1963, 188쪽, 또한 217쪽을 보라

몸은 우리가 과제를 잘 진행할 수 있도록, 방해가 되지 않도록 애쓴다. 몸은 지향적 목표로 향하는 길에서 그 자신을 지우는 경향이 있다. 제3장에서 이미 지적했듯이, 우리는 아주 일반적인 의미에서 우리의 몸에 대한 전반성적인 알아차림을 갖고 있긴 하지만, 보통은 명시적으로 의식적인 방식으로 우리의 움직임들을 감찰하지는 않는다. 나는 내가 달리고 있는지, 걷고 있는지, 앉아 있는지, 서 있는지를 말할 수 있고, 또 어떤 노력 또는 자세를 내가 취하려고 하고 있는지를 말할 수 있다. 하지만 이런 전반성적 알아차림은 아주 세밀하지는 않다. 나는 지금 컵을 쥐려고 손을 뻗고 있다고

말할 수 있다. 하지만 이 나의 감각은 내가 관여하고 있는 목표나 지향적 목적을 향해 정향되는 것이지 나의 움직임의 세부사항들을 향해 정향되는 것은 아니다. 내가 컵을 쥐기 위해서 어떻게 손 모양을 만드는지에 대해서는 결코 아주 많은 것을 말할 수가 없다. 사르트르가 말하듯이, 내가 나의 주의를 끈 어떤 것을 잡으려고 손을 뻗을 때, "내 손은 사라졌다. 손은 도구성의 복잡한 체계에서 이 체계가 존재하도록 하기 위해 없어졌다"(1956, 323쪽). 사르트르는, 살아지는 몸은 인식되는 것이known 아니라 실존적으로 살아지는lived 것이기 때문에, 그것은 비가시적으로 현전한다고 말한다(위의 책, 324쪽). 내가 탁구를 칠 때, 나의 움직임들은 지향적 대상들로 주어지지 않는다. 나의 사지四肢는 내 주의를 위해서 공과 경쟁하지 않는다. 만약 그러하다면, 나는 능률 있게 탁구를 칠 수 없을 것이다. 다음 장에서 상술하겠지만, 우리의 주의, 우리의 지향적 초점은 보통은 수행되어야 할 과제, 완수되어야 할 목적, 또는 우리의 행위와 유관하다고 보이는 어떤 세계의 사건에 놓인다. 우리의 주의는 신체적 움직임에 놓이지 않는다. 행위의 많은 부분은 의식역意識閾threshold of consciousness 아래에 있는 신체도식 과정들body-sche-matic processes에 의해 제어된다. 우리의 손은 뭔가를 쥐고 있을 때 손 그 자체의 모양을 만들며, 그리고 우리의 명시적인 알아차림 없이 자동적으로 그렇게 한다. 우리의 걸음걸이는 환경의 지형에 맞게 자동적으로 조정된다. 그러나 이런 종류의 자동성은 단순한 반사 움직임이 아니다. 그것은 어떤 목적을 위해서 뭔가를 쥐는 일, 혹은 목적지로 느릿느릿 걸어갈지 서둘러 뛰어갈지를 선택하는 일에 관여하는 우리의 지향적 행위의 일부이다. 더욱이 내가 움직임들을 행할 때 비록 제어하는 과정의 어떤 세부사항들이 비의식적으로 남아 있더라도 움직임들 그 자체는 비의식적이거나 단지 기계적이거나 불수의적인 것이 아니다. 오히려 이런 움직임들은 기능하고 있는 내 지향성의 일부이고, 직접적으로 또 전반성적으로 느껴진다(앙리 1975, 92쪽; 메를로-퐁티 1962, 144쪽).

신체상과 신체도식

신체상body image과 신체도식body schema 두 개념은, 수많은 학문 분야들에 걸쳐서 (과학 분야와 철학 분야 모두에서) 빈번하게 사용되는 개념이다. 유감스럽게도 이 두 개념의 사용법은 상당히 모호하고 혼란스러운 것이었다. 현상학의 문헌에서 이 상황은, 『지각의 현상학』의 영역에서 메를로-퐁티의 용어인 schéma corporel[신체도식](메를로-퐁티 1962, 98쪽 참조)이 '신체상body image'으로 번역되었다는 사실로 인해 호전되지 않았다.(메를로-퐁티 1962, 98쪽 참조). 우리는 아래의 정의를 제안하는 바이다. 신체상은 경험, 태도, 믿음의 체계로 구성되는데, 이 체계에서 그런 지향적 상태들의 대상은 자기 자신의 몸이다. 신체상을 포함하는 연구들은 흔히 세 지향적 요소들을 구별한다.

(1) 그/그녀 자신의 몸에 대한 주체의 지각적 경험
(2) (민속적 지식 그리고/또는 과학적 지식을 포함하는) 몸 일반에 대한 주체의 개념적 이해
(3) 그/그녀 자신의 몸을 향한 주체의 정서적 태도

신체상에 대한 개념적이고 정서적인 국면들은 의심할 여지없이 다양한 문화적 요인들과 대인관계적 요인들에 의해 영향을 받지만, 많은 점에서 그것들의 내용은 지각적 경험에서 기원한다.

이와 대조적으로 신체도식 개념은 두 국면을 포함한다. (1) 지향적 행위에 기여하기 위해서 항상적으로 자세와 움직임을 조절하는 과정의 거의 자동적인 체계. (2) 우리의 전반성적이고 비대상화하는 몸-알아차림body-awareness. 그래서 한편으로, 신체도식은 지각적 감찰의 필요성 없이도 기능하는 감각운동 역량과 활성화의 체계이다. 신체도식 과정은 운동제어를 담당하고, 움직임 및 자세 유지를 가능하게 하는 감각운동 역량capacities, 능력abilities, 습관을 수반한다. 그런 과정은 지각, 믿음, 느낌이 아니라 계속해서 작동하는 감각운동

기능이고, 지각의 지향적 대상이 자신의 몸이 아닌 다른 어떤 것일 때 많은 면에서 가장 잘 작동한다. 그러나 다른 한편으로, 신체도식은 또한 우리의 신체 행위에 대한 전반성적이고 고유수용감각적 알아차림을 포함한다(이는 메를로-퐁티의 용어 사용법을 반영하고 있다). 두 경우 모두에서 정상적인 성인이 세계 속에서 이리저리 움직이고 행위하기 위해서는 굳이 몸을 대상으로 간주하는 항상적인 몸 지각표상percept을 필요로 하지도 않고, 갖고 있지도 않다는 사실이 강조되어야 한다. 오히려 대부분의 지향적인 활동의 자기움직임에 있어서, 행위-속의-몸body-in-action은 그 자신을 지우고, 경험적으로 약해지는 경향이 있다(갤러거 1986; 레더 1990을 보라). 우리가 우리 자신의 신체를, 사지의 위치, 움직임, 자세, 쾌, 불쾌, 운동감각적 경험에 지각적 주의를 향하게 하거나 이것들을 감찰하는 식으로 명시적으로 지각하게 되는 한, 그런 알아차림은 신체상의 국면들을 이루는데, 이는 신체도식의 암묵적인 기여를 전제한다.

이는 신체도식 과정들과 관련이 있는 병리에서 분명하게 볼 수 있다. IW가 극적인 예이다. 그는 19세 때 병으로 인해 목 아래의 모든 촉각과 고유수용감각을 상실했다(콜 1995; 갤러거와 콜 1995). 장애가 시작된 직후, IW가 사지 또는 몸 전체를 움직여 보려고 했을 때, 그는 움직임을 시작할 수는 있었지만 움직임을 어디서 멈춰야 할지 통제할 수가 없었다. 그가 뭔가를 잡으려고 손을 뻗치면 손은 그걸 놓치거나 걷잡을 수 없이 더 나가버렸고, 손에 시선을 계속 고정시키지 않으면 손은 그도 모르게 '헤매기' 시작했다. 손은 더 이상 IW가 있다고 생각하는 거기에 있지 않았으며, 오직 시선을 통해서만 되돌릴 수 있을 뿐이었다. IW의 고유수용감각적 피드백의 결여는 두 가지 효과를 낳는다. 첫째, 신체적 움직임에 대한 정상적인 전반성적 고유수용감각적 알아차림이 IW에게서는 더 이상 작동하지 않았다. 둘째, 운동제어를 담당하는 그의 신체도식 체계가 전혀 갱신되지updated 않았고, 결국 그의 몸은 정상적인 방식으로 행위를 수행하는 데 필요한 운동제어를 획득할 수가 없었다. 그 후에 IW는 자신의 움직임을 통제하는 것을 배웠으나, 이는 오로지 강력한 마음의 집중과 끊임없는 시각적 경계vigilance를 통해서만 가능했다. 즉, 그는 사지의 움직임에 대한 시각적 고유수용감각과 시각적 지각의 결합에 의존하는 법을 배웠고, 이는 그를 움직일 수 있게 해주었다. 그러나 그 자신의 몸에 대한 알아차림은 완전히 변형되어버렸다. 그것은 전반성적 알아차림이 아닌 반성적 알아차림이다. 단 한 번의 움직임도 모두 주의를 기울여서 해야 했다. 의자에서 굴러 떨어지지 않고 제대로 의자에 앉을 때조차 끊임없는 주의가 필요했다. 자신의 발을 보고 있어야만 그는 서 있는 자세를 시작할 수 있고, 만약 제자리에서 얼어붙은 듯 꼼짝하지 않는다면 눈을 감는다거나 불빛이 꺼질 때 그는 쉽사리 넘어져버릴 수 있다. 만약 걷는 동안 재채기를 하면 마음의 집중이 붕괴되어, 걸려 넘어질 수 있을 것이다. 우리가 얼마나 우리 신체적 움직임에 대한 전반성적, 고유수용감각적-운동감각적 알아차림에 의존하는지를, 또 얼마나 행위를 수행하기 위해 신체도식 과정에 의존하는지를 IW가 분명히 보여주고 있다.

이 신체화의 신체도식적 국면은 후설이 '나는 할 수 있다I can'라고 부른 것, 즉 세계의 행동유도성과 상관관계를 맺고 있는, 행위를 위한 신체화된 역량을 이룬다. 지각에 관한 장에서 보았듯이, 만약 어떤 움직임이 실행되면 대상의 숨겨진 측면들은 현전할 수 있게 된다. 대상이 지금 현시하는 일면은 나의 현전하는 신체적 위치와 상관관계를 맺고 있는 반면, 부재하는 일면들은 모두 내가 택할 수 있는 위치와 상관관계를 맺고 있다. 이것이 의미하는 바는, 후설이 지적하듯이, 그 일면들이 나의 운동감각적kinaethetic (감각운동적sensorimotor) 체계와 상관관계를 맺고 있다는 것이다. 만약 내가 '나는 할 수 있다'의 형태로 신체적, 운동감각적 자기-알아차림을 소유하고 있지 않다면, 나는 대상의 부재하는 일면들을 지향할 수 없을 것이며, 결과적으로 대상 그 자체를 지각할 수 없을 것이다. 나는 내 몸을 우선 의식에 완전히 현전하지 않는 일단의 능력들로서 '안다know'(뵈이텐디예크 1974, 25쪽)—이는 물론 선언어적이고 비개념적인 형태의 앎knowledge, 또는 노하우

know-how이다 —. 그런데 이러한 앎의 한계점을 보다 명시적으로 알게 되는 것은 일이 잘못되었을 때이다.

여러분이 테니스를 치고 있다고 상상해보라. 여러분의 주의는 상대편의 위치뿐만이 아니라, 빠른 속도로 여러분을 향해 오고 있는 공에도 향해 있다. 여러분의 몸은 능숙한 스매시로 공을 되받아치기 위해 긴장하지만, 그러나 돌연 가슴에서 날카롭고 강한 통증을 느낀다. 스매시를 할 기회를 잃어버리고, 통증은 이제 여러분의 모든 주의를 끈다. 통증은 여러분이 원하든 원하지 않든 간에 여러분의 주의를 끈다. 한순간 전에는 중요했던 모든 것들 — 테니스공, 경기, 상대편 — 이 이제는 의미를 잃는다. 통증만큼 우리에게 신체화 — 우리의 상처받기 쉬운 취약성과 죽음을 피할 수 없는 운명 — 를 상기시키는 것도 없다. 더욱이 통증이 나는 몸은 때때로 생경한 것으로 경험될 수 있다. 이는 통증이 날 때 우리는 종종 몸에 대한 통제를 잃기 때문에 그렇다. '나는 할 수 있다'가 돌연 소멸하고, 이는 우리가 누구인지를 규정하는 기도들을 교란시킨다(레더 1990). 우리를 침대에 누워 있도록 요구하든, 엄격한 식이요법을 지키도록 요구하든, 우리를 매일 치료받기 위해 병원에 가게 강요하든, 다양한 형태의 병에도 이와 유사한 것이 해당한다.

인생에서 자주 그런 일이 있듯이, 우리가 당연하다고 여기는 것을 감사하게 여기도록 가르쳐 주는 것은 바로 상실이다. 우리가 몸의 중요성을 깨달을 때는 그것이 더 이상 원활하게 기능하지 않을 때이다. 베르나르 뚜쎙Bernard Toussaint은 이 점을 분명하게 지적한다.

나의 몸 한계가 내가 기투하는 가능성들과 일치하지 않을 때, 몸은 스스로를 보여준다. …… 그런 경우에 나의 몸은 장애물로서 또는 플라톤의 말대로 한다면 감옥으로서 몸 자체에 대한 주의를 환기시킨다. 따라서 나의 몸은 하나의 대상처럼 나의 의도와는 생경한 그 어떤 것이 되어버린다. 열망과 나의 사실성facticity 간의 양분兩分, 기투와 한계 간의 양분이 일어난다. 내가

보기에, 이 양분은 아마 마음-몸이라는 이원론의 발달을 위한 현상학적
기반일 것이다.

—1976, 176쪽

살아지는 몸은 이 이원론을 살지 않는다. 그러나 이 이원론이 발생할
때 — 행위에 이상이 생기고 우리의 몸이 돌연 방해하는 대상으로 보일
때 — , 대개는 주목하지 않고 넘어가는 것 — 지각하고 행동할 때, 인지
생활의 항상적이고 전반적인 유지체계support system로서 몸이 원활하게
기능하는 것 — 에 어떤 현상학적인 접근을 하게 된다.

신체화와 사회인지

제9장에서 신체화와 상호주관성의 관계에 대해서 더 많은 것을 말하겠지
만, 관련되는 것을 최소한 몇 가지 지적하면서 끝맺도록 하자. 나의 신체적
자기파악과 내가 내 몸을 사는 방식이, 나의 사회적 상호작용에 의해, 또
타자들이 내 몸을 지각하고 파악하는 방식에 의해 영향을 받는다는 것은
명백할 것이다 — 성gender과 인종 같은 범주들을 한번 생각해보라. 하지만
아마도 훨씬 더 기본적으로, 사회적 상호작용은 그 자체가 신체화된 실천이
다.

신체화되어 존재한다는 것은 타자의 시선 하에 존재하는 방식으로, 타자
가 접근할 수 있는 방식으로 그렇게 존재한다는 것이다. 나의 신체적 행동은
그 안에 항상 공공의 측면을 갖고 있다. 따라서 '다른 마음들other minds의
문제' — '어떻게 나는 타자에게로 접근하는 길을 발견하는가' — 로 제기되
는 통상적인 물음은 잘못된 것이다. 그 물음은 나는 나 자신의 내면성에
갇혀 있고, 그 다음에 바깥에 있는 타자에게 다다르는 방법을 사용해야
한다는 것을 의미한다. 하지만 문제를 이런 방식으로 짠다면 신체화의 본성

을 인식할 수 없다.

신체적 행동, 표현, 행위는 어떤 기본적인 형태의 의식에 (단순히 우발적인 매체가 아니라) 본질적인 것이다. 심적 상태는 단순히 행동을 설명하기 위해 봉사하는 것이 아니다. 어떤 심적 상태는 그런 심적 상태를 갖는 사람들의 신체적 표현에서 직접적으로 파악된다. 최근에 홉슨Hobson이 말하듯이, "우리는 신체와 신체적 표현들을 지각하지만, 우리는 그 물리적 형태들에 의해 표현되는 심적 삶을 지각하고 이에 반응하는 방식으로 그렇게 한다"(2002, 248쪽; 1993, 184쪽 참조).

행동이 현시되고 있을 때, 그것은 그때 마치 우리가 좋아하는 방식이라면 어떤 방식으로든 해석할 수 있는 순전한 신체적 과정들에 직면하게 되는 것과 같은 것이 아니다. 오히려 그것은 언어에 직면하는 것과 더욱 비슷하다. 낯설고 이해할 수 없는 언어일지라도 유의미한 것으로 지각되지, 단순히 물리적인 소리로 지각되는 것이 아니다. 누군가가 망치를 사용하거나, 아이에게 음식을 주거나, 식탁을 치우는 모습을 볼 때 여러분은 무슨 일이 일어나고 있는지 이해하는 데에 아무런 문제가 없다. 여러분은 행위의 모든 국면들을 이해할 필요는 없는데, 그것은 (공유된 세계 속에서) 즉각적으로 하나의 유의미한 행위로 주어지기 때문이다. 그것은 마치 여러분이 우선 지각된 외부에 직면하고 그 다음에 내부의 심적 공간의 존재를 추론해야 하는 일과 같은 것이 아니다. 면대면의 마주침에서, 우리는 순전한 신체나 감춰진 정신psyche에 직면하는 것이 아니라, 통일된 전체에 직면하는 것이다. 내가 다른 사람의 얼굴을 볼 때 나는 그 사람의 얼굴이 다정하거나 또는 화나 있다거나 하는 등으로 본다. 즉, 바로 그 얼굴이 이런 정서들을 표현하고 있는 것이다. 이는 물론 심적 상태들 중에는 숨어 있는 것이 있다는 것을 배제하는 것은 아니지만, 만약 상호주관성이 조금이라도 순조롭게 진행되고 있다면, 모든 심적 상태들이 행동과의 본질적인 연관을 결여할 수 있는 것은 아니다.

신체화를 진지하게 취한다는 것은 마음에 관한 데카르트식의 관점과

한 가지 이상의 방식으로 경합한다는 것이다. 신체화는 태어남과 죽음을 수반한다. 태어난다는 것은 자기 자신이 정초한다는 것이 아니라, 자연과 문화 양쪽의 정황에 처해진다는 것이다. 그것은 우리가 선택하지 않은 생리 기능을 소유하는 것이다. 그것은 우리가 수립한 것이 아닌 역사적, 사회적인 맥락 속에서 우리 자신을 발견하는 것이다(메를로-퐁티 1962, 347쪽을 보라). 태어남이 본질적으로 상호주관적인 현상인 것은, 내가 누군가에 의해서 태어났다는 명백한 의미에서뿐만 아니라, 또한 바로 이 사건이 오직 타자들을 통해서만 나에 대해서 의미를 갖기 때문이다. 내가 나의 태어남, 나의 시작, 나의 죽음을 알아차리는 것은 상호주관적으로 매개되어 있다. 그것은 내가 나 혼자서 직관할 수 있거나 기억할 수 있는 어떤 것이 아니다. 나는 나의 태어남을 목격하지는 않지만, 나는 내 자신이 살아 있다는 것을 언제나 이미 발견하고 있다(메를로-퐁티 1962, 215쪽; 리쾨르Ricoeur 1966, 433쪽, 438쪽, 441쪽). 결국 태어남과 죽음의 문제들은 연구의 범위를 넓혀준다. 이 문제들은 역사성, 세대성generativity, 성별sexuality의 역할에 주의를 환기시킨다.7) 실로 신체화는 생물학적으로 주어진 것일 뿐 아니라, 사회문화적 분석의 범주이기도 하다. 그러나 이것이 의미하는 바는, 신체화된 마음에 대해 더 포괄적인 이해를 얻기 위해서 우리는 훨씬 더 넓은 범위를 취할 필요가 있다는 것이며, 그리고 이 확장된 마음 개념을 발전시키기 위한 최초의 단계는 하나 이상의 몸이 관여하고 있고 상호주관적인 상호작용이 존재하는 상황circumstances의 복잡성을 고려해야 한다는 것이다. 그러나 우리가 상호작용을 살펴보기 전에 행위 자체를 살펴보는 것이 유용할 것이다. 상호주관성은 둘 또는 그 이상의 수동적 주체들의 접근에서 발견되는 것일 뿐만이 아니라, 행위자들 간의 마주침이기도 하다.

더 읽을 책들

— José Luis Bermúdez, Anthony Marcel & Naomi Eilan (eds), *The Body and the self.* Cambridge, MA: MIT Press, 1995.

— Andy Clark, *Being There: Putting Brain, Body and World Together Again.* Cambridge, MA: MIT Press, 1997.

— Shaun Gallagher, *How the Body Shapes the Mind.* Oxford University Press/Clarendon Press, 1997.

— Michel Henry, *Philosophy and Phenomenology of the Mind.* Trans. G. Etzkorn. The Hague: Martinus Nijhoff, 1975.

— Edmund Husserl, *Ideas Pertaining to a Pure Phenomenology and to a Phenomenological Philosophy.* Second Book. Trans. R. Rojcewicz and A. Schuwer. Dordrecht: Kluwer Academic Publishers, 1989.

— Drew Leder, *The Absent Body.* Chicago: Chicago University Press, 1990.

— Maxine Sheets-Johnstone, *The Primacy of Movement.* Amsterdam: John Benjamins, 1999.

— Francisco Varela, Evan Thompson & Eleanor Rosch, *The Embodied Mind: Cognitive Science and Human Experience.* Cambridge, MA: MIT Press, 1991.

— Bernard Waldenfels, *Das leibliche Selbst. Vorlesungen zur Phänomenology des Leibes.* Frankfurt am Main: Suhrkamp, 2001.

— Kathleen V. Wider, *The Bodily Nature of Consciousness: Sartre and Contemporary Philosopy of Mind.* Ithaca: Cornell University Press, 1997.

8
행위와 행위체

이 장에서 진행할 논의를 준비하기 위해, 먼저 이 점을 지적하면서 시작하겠다. 우리가 세계 내에 존재하는 방식은, 많은 현상학자들에 따르면, 일차적으로 실용적 행위에 의해서 특징지어진다는 것이다. 일부 철학자들은 이론적인 궁금증이 우리의 궁극적인 재능이라고 생각해 왔지만, 우리의 삶은 이것에 의해서 추동되는 것이 아니다. 우리의 삶은 실용적인 관심에 의해서 추동된다. 일상적 삶에서 우리는 실용주의자들이다. 달리 말하면, 세계내적 존재자들worldly entities과 마주치는 일차적인 방식은 그것들을 이론화하거나 무심하게 지각함으로써가 아니라 그것들을 사용함으로써이다.

우리의 세계-내-존재에 대한 분석에서, 하이데거는 세계는 단순히 실체성, 물질성, 연장에 의해 특징지워지는 대상들의 복합적 통일체가 아니라, 사실은 의미의 네트워크라고 자주 강조하고 있다. 더 정확히 말하면, 우리가 살고 있는 세계, 우리가 지각하는 세계는 사용의 실용적 지시성practical reference of use으로 가득 차 있는 세계이다. 저기 식탁 위에 칼이 놓여

있다는 것은 내가 손을 뻗어서 그것을 잡을 수 있다는 것을 의미한다. 실로
—앞 장에서 한 논의를 철저히 따를 때—생활세계lifeworld의 공간성,
곧 우리가 살고 있는 세계의 공간성은 기하학적인 척도에 의해서 포착된
공간성이 아니라, 사용의 맥락들에 의해 구조화된 공간성이다. 어떤 것이
현전하는가 아니면 부재하는가, 가까운가 아니면 먼가는 우리의 실용적
관심들에 의해 결정되는 어떤 것이다. 가장 가까운 것nearest은 반드시 기하
학적인 면에서 가장 가까운 것closest이 아니라, 우리가 관심을 기울이는
것, 우리가 잡으려고 손을 뻗을 수 있고 사용할 수 있는 것이다. 두 가지
보기가 이 생각을 예증할 수 있다.

- 센티미터로 측정하면, 내가 사용하고 있는 전화기가 내가 통화하고
있는 사람보다 더 가깝듯이, 내가 쓰고 있는 안경이 내가 살펴보고 있는
그림보다 더 가깝다. 하지만 현상학적으로 말하면 (의미meaning나 뜻sig-
nificance의 측면에서는) 이 관계는 정반대이다.

- 20킬로미터 떨어져 있지만 걸어서 도달할 수 있는 마을은, 불과 이삼
킬로미터밖에 떨어져 있지 않지만 접근할 수 없는 산꼭대기보다 훨씬 더
가까울 것이다. '객관적으로'는 멀지만 가로질러 가기 쉬운 길은, '객관적으
로'는 짧지만 가로질러 가기 어려운 길보다 훨씬 더 짧을 수 있다(하이데거
1986/1996, 106쪽). 기하학적 척도들은 아주 정확하지만, 실용적 관심들의
공간성을 포착하는 것에 관한 한, 그 정확성이 유관하고 유용하다는 것을
보장하지는 않는다.

더 일반적으로 말하면, 우리는 다른 무엇보다도 먼저 이론적 방식으로
지각적 대상에 몰두하는 것이 아니라, "사물들을 다루고, 사용하고, 배려하
는 데에 몰두한다"(위의 책, 67쪽, 68~69쪽). 하이데거는 이것을 논한 것으로
유명하다. 이 '사물들을 배려함'에서 마주치는 존재자들을 하이데거는 '유
용한 사물useful thing', '장비gear', '용구equipment'라고 불렀고 — 이 각각의

표현들은 독일어 Zeug를 번역하는 데 사용되어 왔다―, 그것들의 독특한 존재양식을 그는 손-안에-있음[용재성]readiness-to-hand으로서 특징짓고 있다. 세계내적 존재자들은 무엇보다도 우리가 잡을 수 있거나 조작할 수 있거나 사용할 수 있는 사물들이거나, 혹은 사용usage을 거부하는 사물들이다. 그런 존재자들에 대한 이론적 탐구와 같은 것이 가능한 것은 오로지 손안에-있는 것[용재자]과의 이러한 대처적 교섭coping engagement 때문이다. 망치의 기능에 이상이 생기는 상황이 일어날 수 있는 것은 오로지 우리가 망치를 사용하기 때문이며, 또 바로 그때 우리는 망치를 연장, 무게, 색깔 등을 소유하고 있는 하나의 대상으로서 주목하고 주시하기 시작한다. 따라서, 하이데거에 따르면, 세계내적 존재자들이 그들 자체를 있는 그대로 보여주는 것은 이론적 관찰 속에서가 아니라 실용적 사용 속에서이다. 더 근본적으로 말하면, 자기와 세계의 관계를 수립하는 것은―협소한 지적 의미에서, 냉정한 이론적인 관찰로서 이해된―인지가 아니다. 오히려, 인지 속에서 자기는 이미 개시된[열어보여진] 세계 속의 존재자들과 새로운 관계를 획득한다. 인지는 우리의 일차적인 세계-내-존재의 이차적 변양이며, 우리가 이미 세계 속에 있기 때문에 오로지 가능하고 달성가능한 것이다.

  일상적 삶에서 우리는 이념적이고 이론적인 대상들이 아니라, 실용적, 정서적, 심미적, 인격적인 가치의 공구들tools이나 대상들과 상호작용하는 것이다(후설 1952/1989, 27쪽). 우리의 행위가 규범성normality의 패턴에 의해, 다른 사람들이 행위하는 방식에 의해 인도되고 형성되듯이, 우리의 관심은 실용적이고 사회적인 관심사에 의해 인도된다. 내가 용구나 도구를 사용할 때, 나의 목표는 상호주관적으로 구조화된다. 실로, 한 개의 자연적 대상과 한 개의 제조된 용구 간의 결정적 차이들 중 하나는 후자를 사용하는 옳고 그른 방식이 있다는 것이다. 사용은 규범norm에 의해 인도된다. 내가 사물들을 사용하는 방식은 내가 다른 사람들이 그것들을 사용하는 방식을 보아 왔던 것에 의해, 그리고 다른 사람들이 내가 그렇게 하도록 기대하는 것에 의해 영향을 받는다. 더 일반적으로 말하면, 행위는 항상 신체적이고도 사회적인 어떤 특정한 환경 속에서의 행위이며, 그러한 요인들이 우리의 의도를 형성한다.1) 그러므로 행위의 의미는 맥락적으로 복합적이어서 단적인 자극-반응 집합체로 환원될 수 없다.

다음의 예들을 생각해보자. 여러분은 의자에 편안하게 앉아 있다.

(1) 이렇다 할 이유 없이 나는 여러분에게 일어나서 문을 열라고 요청한다. 여러분은 그렇게 한다.

(2) 나는 여러분에게 만약 질문이 있으면 문을 열라고 한다. 아마 이는 좀 어이없을 수도 있지만, 그때 여러분은 질문이 있고, 그래서 일어나 문을 연다.

(3) 문 두드리는 소리가 들리고, 친구가 찾아올 거라고 생각하고 있어서, 일어나서는 문 쪽으로 걸어가 문을 연다.

여러분의 이 세 행위는 동등한가? 우리는 그 대답이 명백히 '그렇다'와 '아니다'이리라 생각한다. 어떤 좁은 의미에서, 그렇다. 가령 물리적인 출발점이 세 경우 모두에서 같다면, 또 과제를 마치기 위해 같은 움직임을 행한다면 말이다. 우리는 그렇다, 이 움직임들은 '기계적으로' 또는 근육운동적으로 같다고 말할 수 있다. 수반되는 움직임의 측면에서 보면 이 세 행위는 같다. 하지만 만약 우리가 이것들을 맥락과 목표의 측면에서, 혹은 더 일반적으로 말해서 의도intention의 측면에서 특정화하려 한다면, 이것들은 분명하게 다른 행위들이기 때문에, 아니다. 우리는 지향적 기술 하에서는 (3)에서 여러분은 친구를 위해 문을 열고 있다고, (1)에서 여러분은 단순히 모호한 지시를 따르고 있다고, 그리고 (2)에서 여러분은 질문이 있음을 나타내고 있다고 말할 수 있을 것이다. 의도적intentional 행위가 각각의 경우에 모두 다를 뿐만 아니라, 의식의 지향성 — 행위하고 있을 때 여러분이 알아차리는 것 — 역시 다르다.

이 모든 행위들에서 여러분은 이유가 있기 때문에 행위하고 있다. 만약 내가 여러분에게 왜 문을 열고 있냐고 묻는다면, '당신이 그렇게 하라고 요청했기 때문이다', '질문이 있기 때문이다', '친구를 안으로 들어오게 하길 원하기 때문이다'고 대답할 수 있을 것이다. (3)에서 여러분은 어떤 일을 하거나 어떤 일을 마치길 원한다. (1)에서 여러분은 그렇게 하라고 요청을 받았고, 또 아마 여러분은 협조하길 원하기는 하지만, 움직임 그 자체에는 유의미한 어떤 것도 없다. (2)의 경우에서 여러분은 움직임을 통해 실제로 어떤 것을 표현하고 있거나 전달하고 있다. 아리스토텔레스까지 거슬러 올라가는 논의들은 행위 그 자체 이외에는 아무 목표도 없는 행위와, 행위 그 자체 이상인 목표를 지니는 행위를 구별한다. (1)은 여러분이 그 목표가 그저 나의 요청에 응하는 것이라거나 나를 기쁘게 해주는 것이라고 주장할 수도 있겠지만, 목표 없는 행위에 가깝다. 분명히 (2)와 (3)은 목표—질문을 하기, 친구를 들어오게 하기—를 지닌 행위들이다. 이런 행위들과 단순한 움직임을 구별하는 것도 역시 가능하다. 예를 들어 만약 내가 여러분의 무릎을 작은 고무망치로 쳐서 여러분의 다리가 걷어차이듯 올라갔다면, 우리는 그것을 여러분 편에서 하는 행위라고 부르지 않을 것이다. 이 반사운동은 실제로는 내가 여러분의 무릎을 쳤기에 일어난 것이다. '무릎 치기'가 움직임을 가져오지만, 그런 움직임은 행위라고 하기에는 무언가 부족하다. 그러면 움직임을 행위로 만드는 것은 무엇인가?

그 물음에 답하기 전에, 반사운동과 의도적 행위의 중간 범위에서 식별될 수 있는 다른 종류의 움직임들을 더 자세히 살펴보도록 하자. 반사운동도 아니고 의도적 행위도 아닌 어떤 움직임들이 있다. 오셔프네시(1980, II, 60ff.쪽)는 그가 '하위의도적subintentional'이라고 부르는 한 부류의 움직임들을 기술하고 있다. 예를 들어, 나는 여러분이 지난번 신시내티를 방문했을 때 일어난 일을 신나게 이야기하는 것을 앉아 들으면서, 즐거워하거나 기대에 부풀거나, 혹은 발을 흔들게 되는 동기가 무엇이든 간에, 나는 발을 (개가 꼬리를 흔드는 것과는 다르게) 흔들고 있을 수 있다. 이것은 내 편에서 보면 반사운동도 의도적 행위도 아니다. 더구나 그것은 아무 목표가 없으며,

의도적 행위 같은 것을 받쳐주는 것도 아니다. 의도적 행위가 긴장과 같은 어떤 것을 감소시키는 목적에 이바지하고 있을지 모르지만, 혹은 그것이 불안과 같은 어떤 것에 의해 발생하고 있을지 모르지만, 내가 발을 흔들지 않는다 해도 (여러분의 이야기에 주의를 기울이는) 나의 의도적 행위와 관련해서 아무것도 잃지 않을 것이다. 이외의 다른 움직임들은 비록 그것들이 완전한 의도적 행위, 즉 우리가 조직화하는 의도organizing intention라 부를 수 있는 것에 대한 적절한 기술記述의 일부가 아닐지라도, 의도적 움직임들이다. 예를 들어, 나는 (3)을 손님을 맞으러 문으로 가고 친구를 들어오게 하는 것을 의도적 행위로서 기술할 수 있다. 물론 이 행위를 수행할 때 나는 의자에서 일어나서, 방을 가로질러 걸어가서, 문손잡이를 돌려야 한다. 그런 모든 움직임들은 내 친구를 집안으로 들어오게 하려는 의도적 행위를 지탱하고 받쳐준다. 그 의미에서 그 움직임들은 의도적 행위에 의해 조직화되고, 그러한 것이기에 그것들은 모두 의도적 움직임들이다. 만약 내가 문에 이르기 전에 여러분이 나를 멈춰 세우고는 나에게 내가 방을 가로질러 걷고 있었다는 것을 알고 있었는지를, 또 내가 그렇게 하려고 의도했는지를 묻는다면, 나는 확실히 그렇다, 내가 문에 다다르기 위해서는 그렇게 해야 한다고 대답할 것이다.

하위의도적 움직임과 의도적 움직임 사이 어딘가에 위치하는 다른 한 부류의 움직임들이 있다. 이 움직임들이 조직화하는 의도적 행위에 이바지하거나 이를 받쳐주는 한, 의도적 움직임들과 닮았기 때문에 이것들을 알아낸다는 것은 다소 어려운 일이지만, 만약 여러분이 나의 행위를 중단시킨다면 나는 내가 그런 움직임을 하고 있었다는 것을 전혀 알지 못할 공산이 있고, 또 나는 내가 그 움직임을 수행하려 의도했다는 것을 말하는 데 애를 먹을 것이라는 점에서 이것들은 다르다. 마크 롤랜즈Mark Rowlands(2006, 102ff.쪽)는 이것들을 '전前의도적preintentional' 움직임들이라고 부른다. 그것들은 앎이나 알아차림 없이 일어나기 때문에 우리는 또한 그것들을 '전前노에시스적prenoetic'이라고 부를 수도 있다. 어떤 움직임이 전의도적인지

의도적인지를 결정하는 데에 따르는 어려움은 그가 든 보기 중의 하나에서 찾아볼 수 있다. 롤랜즈는, 피아니스트들이 가령 쇼팽의 <즉흥 환상곡 C# 마이너>를 연주할 때 그들 손가락의 움직임이 전의도적 움직임이라고 우리가 잘못 생각한다고 주장한다. 분명히 아주 능숙하고 숙련된 피아니스트가 손가락이 그 곡을 연주하고 있을 때 하고 있는 모든 것에 대한 상세한 알아차림을 갖고 있지 않는다는 것은 사실이다. 하지만 만약 우리가 피아노 연주 중에 그 피아니스트를 멈추게 하여 넷째 손가락이 C#을 쳤는지 아닌지를 알고 있는지 묻는다면, 나는 내가 '그럼, 물론이지요. 나는 방을 가로질러 걸어가고 있고, 손님을 맞으러 가려고 하니까요' 하고 말하는 것과 동일한 방식으로, 그녀가 '그럼, 물론이지요. 나는 이 환상곡을 끝내려 하고 있으니까요' 하고 말할 것이라 생각한다. 피아노 위에서 움직이는 손가락의 행위는 분명히 의도적 움직임이다.

걷거나 악기를 연주하는 것과 같은, 우리가 주의를 선별해내지 못하는 바로 그 습관적이거나 숙련된 움직임마저 의도적이라는 것은, 또한 이 움직임의 실행이 억제된다거나 또는 다른 방식으로 우리의 의도와 합치하지 못하는 그 경우들로부터 보았을 때 분명하다. 더 일반적으로 말해서, 우리는 보통 우리의 습관적이거나 숙련된 움직임들을 행위로 기술할 준비가 되어 있다. '팔 (또는 손가락들)이 공간에서 위치를 바꾸었다'고 말하기보다는 '나는 공을 친다' 또는 '나는 베토벤 소나타 중 하나를 연주했다'고 말하고 싶어 할 것이다. 하지만 이 경우에 움직임들은 어떤 수준에서 의식적이다. 그 움직임들은 그것들이 목표로 하는 대상들에 대한 지시reference를 포함하는 목적론적 행위들이다(메를로-퐁티 1962, 139쪽). 이 행위들을 이해하기 위해서, 우리는 단지 기하학적인 공간의 어떤 객관적인 변화들을 기술할 수는 없고, 이것들이 일어나는 살아지는lived 상황을 고려해야 한다(스트라우스Straus 1966, 44쪽). 그런 움직임들은 본원적인original 지향성을 나타낸다. 이 본원적인 지향성은 그것이 그런 움직임들에 내재적이라는 의미에서뿐만 아니라 (그런 움직임들이 의도적이었던 듯이 해석하면 되는 문제일 뿐만 아니라), 또한 그것이 지향성의 아주 기본적인 형태라는 의미에서, 즉 이론적인 태도에서 마주친 것보다 더 본원적이고 근본적인 세계-내-존 재라는 형태라는 의미에서도 본원적이다(메를로-퐁티 1962, 387쪽).

롤랜즈는 도약 안구운동saccadic eye movements이라는 전의도적 움직임에 대해 훨씬 더 좋은 보기를 제공하고 있다. 그런 움직임들이 의도적 행위에 이바지하고 이를 지탱한다는 것을 보여주었다. 롤랜즈는 도약운동들sac-cades이 우리가 임하고 있는 과제에 의해 특정화된다는 것을 보여주는 얄부스Yarbus(1967)의 작품을 인용한다. 만약 여러분이 어떤 특정한 집단의 사람들이 나이가 얼마나 들었는지 판단하라거나, 그들이 입고 있는 옷을 기억하라거나, 혹은 방안에 있는 어떤 물건들과 관련해서 그들의 위치를 찾아내라는 등의 과제를 갖고서 그 사람들을 살펴보라고 요청을 받는다면, 여러분의 눈은 각각의 과제에 대해 상이하게 안구 도약운동을 한다는 것이 밝혀지게 된다. 과제와 관련된, 환경을 훑어보는 이 상이한 방식들은, 자동적이고 비의식적이긴 하지만, 반사적이지는 않다. 그 결과, 안구 도약운동은 전적으로 나의 알아차림을 벗어나는 방식으로 일어나므로, 만약 여러분이 나를 멈추게 하고는 내 눈이 이런 방식으로 또는 저런 방식으로 움직이고 있는 것을 알고 있느냐고 묻는다면, 또 눈을 그런 방식으로 움직이게 하려고 의도하느냐고 묻는다면, 나는 물론 아니다 하고 대답할 것이다. 이와 같은 움직임은 의도적 움직임이 되기에는 부족하지만, 그렇더라도 하위의도적 움직임이 하지 않는 방식으로, 특정한 과제를 수행하려는 나의 의도를 돕는다.

움직임이 행위가 되기 위해서는 목표를 향해 있어야 하고 의도적이어야 한다. 비록 외부로부터는, 즉 어떤 다른 사람들에 의해서는 행위로 해석될지라도, 반사적, 수동적, 하위의도적, 전의도적인 움직임은 행위가 아니다. 만약 내 손가락이 방아쇠에 미끄러져 들어가 그 총알에 누군가가 죽는다면, 어떤 사람은 내가 살인 행위를 저질렀다고 말할지 모른다. 나는 그것을 의도적으로 하지 않았다고 주장할 수 있을 터이고, 그래서 어떤 법적 체계하에서 나는 우발적인 살인 곧 과실치사 판결을 받을 수는 있지만, 살인은 아닌 것이다. (비록 다른 정황들에서 나의 형벌은 부주의라는 적법한 죄과에 근거할 수도 있을지라도) 어떤 정황들 하에서 나는 행위로 인해서가 아니라 움직임으로 인해서 실수로 형을 선고 받을 수 있다. 이 견해에 입각할 때, 비록 비의도적인 움직임 또는 내 행위의 비의도적 결과는 있을 수 있을지라도, 비의도적인 행위 같은 것은 없다는 것에 주목하라.

이제 철학적으로 좀 더 깊이 파고들어가 보자. 그리고 행위의 현상학을 이해하기 위해서는 (우리가 사회성과 자기성에 관한 후속하는 장들에서 행위를 다루는 것으로 되돌아가서 이를 증폭할 필요가 있듯이) 앞에서 논의한 전반성적 의식, 시간성, 신체화, 지각, 지향성의 현상학에 의존할 필요가 있기 때문에, 인간의 행위에 대한 고찰이 우리가 이 책에서 고찰하고 있는 상이한 주제들과 어떻게 상호 연결되어 있다고 예증하게 되는지에 주목해 보자.

무엇이 움직임을 의도적으로 만드는가? 무엇이 움직임을 행위로 만드는가? 행위하려는 의도를 갖는다는 것을 무엇을 뜻하는가? 우리는 모든 의도적 움직임은—모든 행위들은—목표를 향해 있다고 말한 바 있다. 그래서 행위하려는 의도를 갖는다는 것은 마음속에 어떤 종류의 목표를 갖는다는 것을 뜻한다. 하지만 이는 다른 물음들을 제기한다. 우리는 정확히 어디에 목표를 위치시키고 있는가? 여러분이 친구를 맞이하기 위해 문을 열려고 일어나기 시작할 때, 내가 여러분을 멈추게 하고는 '왜 저 의자의 팔걸이에 손을 짚고 있나요?' 하고 묻는다면, 여러분은 '일어나려고 하기 때문이죠' 하고 대답할지 모른다. 그러나 여러분의 행위의 목표가 단순히 의자에서 일어나는 것이라고 말한다면, 이는 방향을 잘못 잡은 것이리라. 문 쪽을 향해 여러분이 움직이기 시작할 때 나는 여러분에게 '무얼 하고 있죠?' 하고 물을 수 있고, 그러면 여러분은 많은 방식으로 대답할 수 있을 것이다. '문 쪽으로 가고 있어요'라든가, '친구를 들어오게 하려고요'라든가, 혹은 무슨 이유가 있어 친구가 방문하는 것이겠지 추측하며 앞의 답을 넘어선 목표를 표현할 수 있을 것이다. '토르와 나는 노래 연습을 하려고 해요' 하고 말할 수도 있을 것이다. 그러면 토르가 안으로 들어오도록 여러분이 문을 열어야 한다는 것은 분명하다. 여러분은 더 먼 목표를 확인할 수 있을지도 모른다. 여러분은 음악 연주를 즐기길 원할 수도 있고, 또는 여러분과 토르는 대중가수가 되기를 원할 수도 있다. 그 이유는 돈을 많이 벌기를 원하기 때문이고, 돈을 벌기를 원하는 이유는 해변가에 집 한 채를 사기를 정말로 원하기 때문이고, 해변가에 집을 사기를 원하는 이유는 궁극적으로 행복해지기를 원하기 때문이다 등등. 그러나 문제의 그 실제 움직임으로부터 멀어지면 멀어질수록, 그만큼 더 대답은 물음에 대한 대답으로서 만족할 만한 것이 되지 못한다. 여러분의 행위의 목표에 대한 가장 적절한 물음이 '왜 저 의자의 팔걸이에 손을 짚고 있나요?' 하는 물음과 '궁극적으로 인생에서 무엇을 원하죠?' 하는 물음 사이의 어딘가에 놓여 있듯이, 가장 적절한 대답은 '일어나려고요' 하는 대답과 '행복해지길 원해서요' 하는 대답 사이의 어딘가에 놓여 있다.[2]

하지만 우리가 행위에 관해 이렇게 통상적인 방식으로 이야기할 때 우리는 너무 많은 것을 가정하고 있는 것은 아닌가? 가정은 단순히, 만약 내가 마음속에 목표를 갖고 행위하고 있다면, 혹은 달리 말해서 내가 어떤 이유에서 행위하기를 어떤 의미에서 결심하고 있다면, 행위는 의도적이라는 것이다.

이것이 함의하는 바는, 행위를 이해한다는 것은 무엇이 순수하게 물리적인 의미에서 행위를 일으켰는가를 안다는 것이 아니라, 오히려 무엇이 행위를 동기부여하거나 정당화했는가를 일반적으로 또는 행위자의 눈으로 안다는 것이다. 우리는 행위의 원인을 수많은 상이한 방식으로 설명할 수 있다. 예를 들어 행위의 하부인격적 원인의 측면—운동제어와 지각을 받쳐주는 뉴런적 과정들—에서 행위를 설명할 수 있다. 그러나 누군가에게 왜 그런 일을 했는지 물을 때, 우리는 이런 종류의 설명을 기대하지는 않는다.

‘왜 저 원피스를 샀나요?’

‘내 오른쪽 전전두엽 피질의 뉴런들이 발화하고 있었기 때문이죠!’

아니다. 오히려 한 인격이 행위할 때 행위의 동기로 간주될 수 있는, 어떤 충분한 (혹은 그다지 충분하지는 않은) 이유들을 그 인격이 제공하는, 그런 인격적 설명을 기대한다.

‘이 스타일이 오늘밤 춤에 가장 알맞기 때문이죠.’

인격적 수준에서 하는 설명은, 이유의 측면에서 볼 때, 동일한 문화적 환경에서 살고 있는 사람들이 공유하는 수많은 맥락에 의해 복잡화될 수 있다. 예를 들면, A가 B에게 작고 동글한 금속판을 건네줄 때 무슨 일이 일어나는가를 이해하기 위해서, 우리는 돈이란 무엇이고, 왜 그것이 사용되는가를 알 필요가 있다. 또 만약 A가 B에게 뇌물을 주고 있다면, (혹은 빚을 갚고 있거나 빚을 얻고 있다면) 우리는 인간 사회에서 일어나는 사회경제적인 합의에 대해 꽤 많은 것을 알 필요가 있다. 신경생리학이 이런 종류의 설명에 기여하는 바는 조금도 없을 것이다. 신경과학이 왜 네빌 체임벌린 Neville Chamberlain이 1938년 뮌헨협정 후 이제 평화가 보존되었다고 선언했는지 설명하지 못하듯이 말이다. 행동의 합리성은, 유관한 신경적 사실들을 특정화한다고 해서 더 깊은 설명이 주어지는 것은 아니다.

행위체의 현상학

그 말의 고유한 의미에서, 행위체agency는 행위체에 대한 행위자agent의 의식에 의존한다고 우리는 이해하고 있다. 즉, 누군가가 무언가를 의도적으로 일으킨다 할지라도, 만약 그 사람이 그것이 일어나도록 의도적으로 일으

컸다는 것을 알지 못한다면, 그 사람은 (원인일지라도) 행위자는 아니다. 허리케인은 전기시스템을 나가게 할 수도 있지만, 우리가 '행위체'라는 용어의 통상적 사용법이라고 여기는 의미에서는, 허리케인에 행위체를 귀속시키지 않을 것이다. 행위체에 수반되는 의식적인 앎과 같은 것은 아주 높은 단계의 것일 필요가 없다. 그것은 단순히 대략 아주 미약한, 전반성적 알아차림일 수 있고, 대부분의 경우 바로 그렇다. 그러나 때로 이유를 갖고 행위하는 것을 명시적으로 의식하는 일이 있을 수 있다. 많은 경우에 나는 이유를 갖고 행위하고, 때로 그런 행위들에 의사결정의 과정이 선행한다는 게 확실해 보인다. 그리고 그런 경우에 나는 나의 행위에 책임이 있는 사람, 곧 행위의 당사자라는 발달한 알아차림을 갖고 있다. 따라서 나의 행위에 대한 행위체 감각sense of agency(또는 자기-행위체self-agency)은 내가 행하고 있고 있을 때 내가 행하고 있는 것에 대한 미약한, 전반성적 알아차림을 수반할 수도 있고, 혹은 잘 발달된 이성들로 가득 차 있는 보다 명시적인 의식을 수반할 수도 있다. 행위체 감각을, 그리고 행위하려는 의도를 갖고 있는 경험에 이 감각이 어떻게 관계하는지를 면밀히 살펴보자.

앞 장에서 우리는 의식은 항상 무언가에 대한of, 또는 무언가에 관한about 의식이라는 의미에서 지향성의 개념을 논했다. 이 지향성의 개념을 행위하려는 의도를 가짐의 개념과 혼동하지 않도록 주의해야 한다. 행위하려는 의도를 갖는 것은 보통 의지를 행사하는 것과 연관되어 있다. 나는 오늘 오후에 쇼핑을 하려고 의도하고, 이 날 오후가 되자 실제로 쇼핑을 하러 간다. 실제로 쇼핑하러 가는 것은 그것을 하려는 내 의지적인 결정의 결과라고 말할 수 있다. 물론 의식의 지향성은 그런 의도적인 행위에 완전히 수반되어 있다고 보이는데, 그래서 우리는 의식의 지향성(무언가에 관한 것이라는 의식의 구조)과, 의지적 행위를 가져오는 종류의 의도를 구분하기를 원하긴 하지만, 또한 우리는 경험의 이 두 국면 간의 관계가 무엇인가를 묻기도 원한다.

만약 내가 의도적 행위에 종사하고 있다면, 나는 정확히 무엇을 의식하고

있을까? 이 물음에 답하고자 할 때 수반되는 문제의 일부는 행위 분해parsing
에 관한 것이다. 예를 들어 내가 애용하는 상점에 쇼핑을 가려고 결정한다면,
나는 사무실에서 나가야 하고, 사무실에서 나가기 위해서는 문을 열어야
한다. 그리고 그렇게 하기 위해서 먼저 나는 의자에서 일어나야 한다. 이제
분명해 보이는 것은, 나는 쇼핑하기에 가장 좋은 시간에 대해 얼마만큼
숙고하는 데 몰두했고 그 결과 한 시간 후인 오후 두 시쯤에 쇼핑하는
게 가장 좋겠다고 결정했다는 것이다. 내 시계가 두 시를 가리킬 때 나는
의자에서 일어나, 문을 열고, 사무실을 나가서, 내가 애용하는 상점으로
나 있는 거리로 걸어 내려간다. 나는 이 모든 것을 쇼핑 갈 시간이 되었다는
생각 그 이상의 것이 없이 했을지도 모른다. 그렇지만 나의 행위와 한 시간
전에 했던 숙고적인 결정 사이에는 어떤 연결이 있어야 한다. 만약 전혀
아무 이유 없이, 또는 쇼핑을 가겠다는 생각 없이, 갑자기 자동적인 방식으
로, 즉 하고 있다고 의식하지 않고 사무실을 나가서 상점 쪽으로 걸어간다면,
바깥에서 볼 때 설사 의도적 행위처럼 보일지라도 그 어떤 행위도 의도적
행위가 아닐 것이다. 이것과 같은 것이 병리학적 배회증fugue 상태나 간질자
동증epileptic automatism에서 일어날 수 있다. 아마도, 지금 내가 상점에
있다는 것을 알게 되면, 나는 "쇼핑하려고 의도했던 것이 아니지만, 여기에
내가 있으니까 무언가 좀 쇼핑을 하는 것이 좋겠네요." 하고 말할 것이다.
쇼핑을 하겠다고 결심을 했기 때문에, 누군가는 이 시점에서부터 내 쇼핑
행위가 의도적이라고 말할지도 모른다.

만약 무언가를 하려고 하는 숙고와 결정이 있다면, 그것은 의도적 행위의
분명한 경우인 것 같다. 지향성이 수반된다는 것이 — 나는 무언가에 관해
숙고하고 있다. 나는 무언가를 하는 것에 대해 생각하고 있다 — 분명해
보인다. 하지만 숙고해서 내리는 결정이 모든 의도적 행위에 분명하게 선행
하는 것은 아니다. 행위하려고 결정하는 기회를 갖기 전에 행위할 수도
있다. 만약 내가 버스 정류장에 다가가자마자 버스가 움직이기 시작하는
것을 본다면, 버스를 잡아타려고 뛰기 시작할 것이다. 만약 여러분이 나를

멈추게 하며, "버스를 잡으려고 하나요?" 하고 묻는다면, 나는 그렇다고 대답할 것인데, 이것이 바로 나의 의도이다. 하지만 내가 버스를 좇아 달리겠다는 숙고나 결심을 했다는 것은 분명하지 않다. 나는 '내 두 발로 결정했다'고 말할지도 모르는데, 이는 내 결정이 내 행위 속에 있었지 행위와 분리된 어떤 것이 아니었다는 것을 의미한다. 존 썰(1983)은 이를 '행위 속의 의도in-tention-in-action'라고 부른다. 하지만 이와 같은 '행위 속의 의도'는 심지어 명시적인 결정을 수반하는 행위 속에도 스며들어 있다. 나는 쇼핑가겠다고 결정했었고, 그리고 시간이 되었을 때 의자에서 일어나고, 문을 열고, 사무실을 나가는 등등을 하려고 실제로 더 이상의 명시적인 결정을 하지 않았다. 오히려 나의 의도는 나의 행위 속에 있는 것이다. 나를 관찰하고 있는 그 누구도 내 행위 속에 표현된 내 의도를 보게 될 것이다.

여전히 행위 분해의 문제가 남아 있다. 나는 쇼핑을 하려고 의도하고 있다. 이것은 나의 이전의 결정과, 이 의사결정의 지향성으로부터 보아 분명하다. 하지만 나는 또한 사무실을 나가는 도중에 문을 열려고 의도하는가? 분명히 그렇게 한다. 비록 내가 문을 열겠다는 어떠한 명시적인 결정을 내리지 않았더라도 말이다. 문을 연다는 것은 행위-속의-의도를 수반하고 있다. 우리는 그것이 의도적이라고 여전히 말할 것이며, 또 만약 여러분이 나에게 바로 그때 문을 열려고 의도했는지 묻는다면 나는 "물론이죠, 왜냐하면 나는 쇼핑을 하러 가니까요" 하고 긍정적으로 대답할 것이다. 내가 그렇게 할 필요가 있다면, 회고적으로 이유들을 제공할 수 있다. 하지만 나는 내가 왜 문을 열고 있는지에 대해 명시적으로 (또는 심지어 묵시적으로도) 생각하지 않는다. 그렇다면 의도적 행위에 종사할 때 내 의식의 지향적 내용은 무엇인가?

사무실을 나가려고 문을 열 때, 나는 상점에 도착하면 사야 할 것에 대해 생각하고 있을 수 있다. 내가 생각하고 있지 않을 것 같은 한 가지는, 내가 카펫을 가로질러 발을 움직이고 있는 방식, 또는 내가 문손잡이를 잡으려고 손을 뻗치고 있는 방식이다. 정확하게 말해, 내가 움직이고 있다, 문을 열고 있다, 사무실을 나가고 있다 등의 것을 확실하게 의식하고 있긴 하지만, 나는 나의 움직임에 주의하고 있지 않다. 상점에서 사야 할 것에 대해서 반성하고 있을 때조차, 나는 내가 움직이고 있다는 전반성적 감각을 갖고 있다. 이 전반성적 알아차림의 본성은 무엇인가? 그것은 주의를 수반하지 않는다는 의미에서 열등하고 상당히 모호하다. 나는 한 발을 다른 한 발 앞에 놓는 방식에 주의를 기울이지 않고 있다. 나는 팔을 문에 뻗치는 방식에, 손잡이의 모양에 따라 모양을 만들며 쥐는 방식에 주의하고 있지 않다. 나는 만약 여러분이 문을 열고 있는 과정 중에 나를 멈추게 하고서, 내가 무엇을 하고 있는지 묻는다면, 아마도 내 대답은 "쇼핑 가려고요"일 것이다. 나의 주의는 적절하고 실용적인 기술記述의 가장 높은 수준—더 큰 목표의 수준—으로 주로 향해 있다. 아마도 나는 "문손잡이를 잡으려고 팔을 뻗치고 있는 중이에요"라고는 대답하지 않을 것이다. 또한 "내 팔 근육을 뻗치고 손잡이의 모양을 만들며 쥐려 하고 있어요"라고도 말하지 않을 것이다. 비록 어떤 의미에서 이 모든 진술들이 참일지도 모르지만 말이다.

이 모든 문제들은—우리는 보통 어떻게 행위를 분해하는가, 우리는 기술의 어떤 수준에서 행위의 이유들을 제공할 수 있는가, 반성적 수준과 전반성적 수준에 있어서 행위 중 알아차림의 지향적 내용은 무엇인가, 무엇이 우리의 행위를 의도적으로 만드는가—연결되어 있다. 행위체 감각과 관련해서 우리는 또한 행위체 개념이 의도적 행위에 관여하는 두 가지 방식을 구분할 필요가 있다. 첫째, 의식의 전반성적 수준에서, 곧 의식의 일차 단계 수준에서—내 움직임의 정밀한 세부사항들을 알아차리지 못한다 하더라도 움직이고 있다는 감각을 갖고 있는 수준에서—행위에 수반되는 행위체의 경험적 감각experiential sense of agency이다. 둘째, 내 행위에 대해 질문을 받는다면 내가 행할 수 있는 행위체의 귀속attribution of agency이 있다. 만약 내가 무언가를 했는지 질문을 받는다면(오늘 쇼핑 갔나요?), 나는 '예'라고 대답할 수 있다. 나는 이렇게 해서 어떤 일정한 행위를 내 자신에게 귀속시킨다. 나는 기억에 기초해서 귀속을 행할 수 있지만, 만약 내가 그 행위에 대해 행위체의 경험적 감각을 본원적으로 갖고 있지 않다면 그 기억이 있지 않을 것이다. 그래서 행위체의 경험적 감각은 이에 의존하는 행위체 귀속보다 더 근본적이다.

행위체의 경험적 감각 개념을 이해하는 한 방식은 그것을 움직임의 소유권 감각과 구분하는 것이다. 예를 들어 정상적인 반사운동이나 불수의적 운동에서, 내 자신이 움직이고 있다는 것을 경험하며 그것에 대해 소유권 감각을 갖고 있어서 그것은 나의 움직임이라고 말하지만, 그러나 그 움직임에 대해 행위체 감각을 갖지 않는 것이 가능하다. 만약 누군가가 내 팔을 움직이고 있거나 의사가 내 무릎을 치고 있다면, 나는 그 움직임의 작자作者author는 아니지만, 움직이고 있는 것은 분명 나의 몸이다.

비병리학적 경우에서는 덜 분명한 행위체의 어떤 국면들을 풀어내기 위해서는 병리학적 경우(예를 들어 무정부적 손 증후군 또는 정신분열증)를 언급하는 것이 도움이 될 것이다. 무정부적 손 증후군Anarchic Hand Syndrome에서 환자들은 그들의 한 손이 언뜻 보기에 목표를 향하고 있는 복잡한 움직임을 수행하고 있지만, 이 움직임을 그들로서는 억제할 수가 없다는 것을 알고 있다. 이 종종 바람직하지 않고 사회적으로 용인될 수 없는 움직임은 그 예로, 다른 손이 셔츠의 단추를 채우자마자 이것을 풀고 있다거나, 껍질을 깨지 않은 달걀과 껍질을 벗기지 않은 양파를 프라이팬에 넣거나, 옆에서 식사하는 사람의 접시에서 남은 음식을 가져온다거나 하는 일을 들 수 있을 것이다. 환자는 운동감각적으로는 손의 움직임을 알아차리고 있고, 또 손 그 자체는 환자 자신의 것으로 느껴지고 있긴 하지만, 손이 실행하고 있는 움직임들을 환자는 명시적으로 부인한다.

조정망상delusions of control이나 사고주입thought insertion 같은 정신분열증에서 소유권 감각은 어떤 형태로 보유되어 있지만, 행위체 감각은 누락돼 있다. 이 망상을 앓고 있는 정신분열증 환자는 그의 몸이 움직이고 있지만, 다른 누군가가 이 움직임을 일으키고 있다거나, 혹은 그의 마음속에 생각들이 있지만 다른 누군가가 그 생각들을 거기에 넣고 있다고 주장할 것이다.

행위체 감각과 관련해서 우리가 말한 것은 이 행위체 감각과 소유권 감각의 구분에 더 일반적으로 유효하다. 신체적 움직임에 대한 자기행위체와 소유권의 구분은 일차 단계의 현상적 경험에서도, 높은 단계의 의식의 귀속적 수준에서도 발견될 수 있다. 예를 들어 후자와 관련해서, 그레이엄Graham과 스티븐스Stephens(1994)는 두 종류의 자기귀속에 의거해서 조정망상이라는 정신분열증의 내성적introspective 소외에 대해, 한 설명을 생각해서 내놓고 있다.

- 주체성 귀속(소유권)Attribution of subjectivity: 주체는 그가 움직이고 있다는 것을 반성적으로 인식하고, 이를 보고할 수 있다. 예를 들어 그는 '이것은 움직이고 있는 나의 몸이다'라고 말할 수 있다.
- 행위체 귀속Attribution of agency: 주체는 그가 그의 행위의 작자作者라는 것을 반성적으로 인식하고 이를 보고할 수 있다. 예를 들어 그는 '나는 이 행위를 개시開始하고 있다'라고 말할 수 있다.

이 구분은 일차 단계의 현상적 의식의 수준과 관련해서 행한 유사한 구분과 모순되지는 않지만, 동일하지 않다.(갤러거 2000a, 2000b)

- 소유권 감각: 내가 움직임의 주체라는 전반성적 경험이나 감각 (예를 들면, 움직임의 운동감각적 경험).
- 행위체 감각: 내가 행위의 작자作者라는 전반성적 경험이나 감각 (예를 들면, 내가 내 행위를 제어하고 있다는 경험).

소유권과 행위체의 일차 단계의 경험들은 신체화된, 비개념적인 경험들이고, 의식의 시간구조와 밀접하게 결합돼 있다. 예를 들어 만약 내가 유리잔을 들려고 손을 뻗치면, 내 운동체계에는 내 손의 현재의 위치와 직전의 역사를 어떤 방식으로 특정화하는 정보가 있고, 또 내 손이 유리잔의 모양대로 움켜쥠의 모양을 만들 때 내 움직임 속에 내재되어 있는 예기가 있다. 움직임의 시간구조는 움직임에 대한 내 제어 감각에 반영되고, 그렇게 해서 내 자기행위체 감각에 반영된다. 높은 단계의, 개념적으로 정보를 받는 소유권 귀속이나 행위체 귀속이 이 일차 단계의 소유권 경험이나 행위체 경험에 의존할 수도 있다는 것은 합당해 보인다. 그래서 유리잔을 들었을 때, 그때 만약 내가 유리잔을 들었느냐고 질문을 받는다면, 이 질문은 보통 내가 내 자신에게 제기하는 것은 확실히 아니지만, 나는 내 자신에게 행위체를 올바르게 귀속시킬 수 있다. "그래요, 내가 유리잔을 든 사람입니다." 그러나 그레이엄과 스테판(1994; 스티븐스과 그레이엄 2000)은 행위체 감각은 사실 귀속의 더 높은 (개념적) 차원에서 창출될 수 있다고 시사하고 있다. 데넷을 따르면서 그들은 우리의 행동을 회고적으로 설명하는 것을 가능하게 하는 자기지시적 서사를 건립하는 성향에 의거해서 행위체 감각에 대한 설명을 제시하고 있다. "그러한 설명은 결국 인격person의 행위체 이론이나 지향적 심리학과 같은 것이 된다"(그레이엄과 스티븐스 1994, 101쪽; 스테판과 그레이엄 2000, 161쪽). 예를 들어 사고thinking에 관해서 말하면, 우리가 사고를 우리 쪽에서의 행위라고 이해할 때, 그레이엄과 스테판의 설명에 따르면, 그 사고에 대한 내 행위체 감각은 내가 그것을 향해 취하고 있는 반성적 태도에서 유래한다.

> 내가 내 자신을 심적 일화의 당사자로 간주하는가 아닌가는, 이 일화의
> 발생을 기저에 있는 나의 지향적 상태에 의거해서 설명할 수 있는가 없는가
> 에 달려 있다.
>
> —1994, 93쪽

이 '급진적인 하향식top-down'의 설명은3) 우리의 행위를 우리의 믿음과 욕구에 의거해서 반성적으로 이해하는 접근방식에 의존한다. 그래서 만약 한 주체가 의도하거나 믿거나 욕구하지 않는 어떤 것 — 보통 그런 행위들을

설명하거나 합리화하는 심적 상태들—을 행하거나 사고한다면, 일차 단계
의 움직임이나 사고는 그 사람이 의도적으로 행하거나 사고하는 어떤 것으
로 나타나지 않을 것이다. 따라서 어떤 것이 나에게 나의 행위로 간주되는가
아닌가는,

> (……) 내가 내 자신을, 내 안에서의 그것의 발생을 합리화하는 그런 식의
> 믿음과 욕구를 갖는 것으로 여기는가에 달려 있다. 만약 나 자신에 대한
> 나의 이론이 유관한 지향적 상태들을 나에게 귀속시킨다면, 나는 별 문제
> 없이 이 일화들을 나의 행위로 간주한다. 만약 그렇지 않다면, 나는 나의
> 지향적 상태에 대한 나의 묘사를 수정하거나, 그 일화를 내가 한 것으로
> 인정하는 것을 거부해야만 한다. …… 자신의 사고에 관한, 주체의 행위체
> 감각도 마찬가지로 이 심적 일화들이 지향적 상태들의 표현이라는 자신의
> 믿음에 의존한다. 즉, 주체가 그의 심리학적 역사에서 일어나는 사고thinking
> 의 일화를 그가 행하는 어떤 것으로, 자신의 심적 행위로 간주하는가 아닌가
> 는 그가 그것의 발생을 기저에 있는 자기 자신의 지향적 상태들에 대한
> 자신의 이론 또는 이야기에 의거해서 설명할 수 있는가 없는가에 달려
> 있다.
> —그레이엄과 스티븐스 1994, 102쪽, 스티븐스과 그레이엄 2000, 162ff.쪽을 보라

이 접근방식에 의하면, 비정신분열적인 일차 단계의 현상적 경험은, 적절
하게 질서가 부여된 이차 단계의 해석 때문에, 그것이 나타나는 방식대로
나타난다. 정신분열적인 일차 단계의 경험은, 이차 단계의 **그릇된** 해석 때문
에, 그것이 나타나는 방식대로 나타난다.

이로부터, 행위체 감각은 높은 단계의 내성적 자기관찰이나 지각적 자기
관찰에 기초해서 행해진 추론에서 결과한다는 점이 따라나올 것이다. "(조
정망상이나 사고주입의 사례에서) 중요한 것은, 주체가 자신의 사고나 행위
를 자신의 지향적 상태에 대한 믿음에 의거해서는 설명할 수 없다는 것을

발견한다는 점이다"(그레이엄과 스티븐스 1994, 105쪽).

대안인 '상향식bottom-up' 설명은 일차 단계의 현상학에서 출발한다. 이전에 지적했듯이, 전반성적 행위체 경험은 전반성적 소유권 감각과 구분될 수 있다. 움직임이 불수의적이라 할지라도—예를 들어, 뒤로부터 떠밀리고 있다면—, 나는 내가 움직이고 있다는 것을 안다. 그래서 불수의적 운동의 경우 나의 몸이 움직이고 있다는 것을 감각한다는 점에서 나는 소유권 감각을 갖고 있지만, 그것에 대한 자기행위체 감각은 갖고 있지 않다. 나의 움직임을 의도적으로 만들어 행위가 되게 하는 것의 일부는 내가 소유권 감각 이외에도 자기행위체 감각을 갖고 있다는 점이다. 즉, 내가 어떤 의미에서 내 행위의 작자作者 또는 원인이라는 것을 느낀다는 점이다.

행위체 감각을 실험하기

급진적인 하향식 설명과는 대조적으로, 급진적인 상향식 접근방식은 행위체 감각이 행위의 운동 국면을 담당하는 신경과정에서 발생한다고 시사할 것이다. 그런 설명의 한 버전은 원심성 신경신호(뇌가 근육을 움직이게 하기 위해 근육에게 보내는 신호)나 일정한 순방향 제어 메커니즘(즉, 행위가 발전하고 있을 때, 또 행위에 대한 감각 피드백에 앞서서 행위를 순조롭게 진행하게 하는 과정)은 현상적 행위체 경험을 창출한다고 제안한다(예를 들면, 블레이크모어Blakemore 등 2002; 프리스Frith 등 2000; 갤러거 2000a, 2000b; 마르셀Marcel 2003; 월퍼트Wolpert와 플라나간Flanagan 2001). 이 설명에 따르면, 뉴런적 수준에서 전개되는 문제점들은, (1) 행위체를 현실적으로 경험하는 일의 상실, (2) 움직임이나 사고가 정신분열증 망상에서처럼 외래의 것이라고(즉, 다른 누군가나 다른 무엇인가가 일으키고 있다고) 현실적으로 경험하는 일의 발생을 초래할 수 있다. 이러한 종류의 설명을 지지하면서 많은 신경과학자들이 행위체 감각의 신경상관물을 발견하려고 시도해 왔다(예를 들면 샤미나드Chaminade와 디세티Decety 2002; 패러, 프리스Frith 2002; 패러Farrer 등 2003). 그들의 뇌영상 실험은, (갤러거 2000a에서 정의되었듯이) 그 실험설계가 행위체 감각과 소유권 감각간의 현상학적 구별에 기초하고 있는 한, '미리 장전된front-loaded' 현상학의 사례들이다(2장을 보라).

그러나 이 실험들을 면밀하게 독해하면, 골치 아프지만 그럼에도 흥미로운 몇 가지 물음들이 제기된다. 실험자들은 때로 그들이 무엇을 시험하고 있는지 혼란을 겪고 있는 것 같다는 의미에서, **골치 아프다**. 그럼에도 불구하고 실험설계들은 우리가 전반성적인 일차 단계의 행위체 감각을 어떻게 이해해야 하는가 하는 물음을 제기하기 때문에, **흥미롭다**. 우리가 여기서 탐색하고자 하는 물음은 이렇다. 전반성적인 행위체 감각을 운동제어와 몸 움직임 영역에 속하는 것으로서 생각해야 하는가, 아니면 의도적 행위의 영역에 속하는 것으로서 생각해야 하는가?

이 모든 실험들에서 참조되는 행위체 감각과 소유권 감각 간의 구분은 불수의적 움직임의 논리에 의존하고 있다. 불수의적 움직임의 경우, 소유권 감각은 있지만 자기행위체 감각은 없기 때문에, 그리고 나의 불수의적 움직임에 대한 알아차림은 구심성 감각 피드백(내가 움직이고 있다고 전해주는 시각적이고 고유수용감각적인/운동감각적인 정보)으로부터 오는 것이지 움직임을 창출하라고 내려지는 운동명령으로부터 오는 것이 아니기 때문에 (그래서 어떤 원심성 신호도 없다), 통상적인 수의적 움직임의 경우, 소유권 감각은 감각 피드백에 의해 창출될 수 있고, 행위체 감각은 근육체계에 운동명령을 보내는 원심성 신호에 의해 창출될 수 있다고 시사하는 것은 자연스러워 보인다. 차키리스Tsakiris와 해거드Haggard는 최근의 한 논문에서(차키리스와 해거드 2005; 또한 차키리스 2005를 보라) 이 분업을 지지하는 실증적empirical 증거를 제시한다. 그들은 또한 이 논문에서 행위체 감각의 신경상관물을 확인하고자 시도하는 세 개의 실험에 반론을 제기하고 있다. 이 세 실험 모두에서 실험설계는 자기행위체 감각을, 다른 누군가가 행위의 당사자라는 감각으로부터 구별해내기 위해 의도되어 있었다. 그러나 이 실험들에서 피험자는 과제를 수행하기 위해 각각의 시행에서 움직이도록 요구받고 있다. 차키리스-해거드의 반론은, 피험자가 각각의 시행에서 움직이고 있기 때문에, 원심성 과정은 소유권 감각뿐만 아니라 각각의 시행에 대해 행위체 감각을 창출하고 있음이 틀림없다는 것이다. 분명해진 것은, 차키리스와 해거드가 행위체 감각을 몸 움직임과 운동제어와 밀접하게 연관되어 있다고 생각하는 데 반해, 실험자들은 행위체 감각을 과제의 의도적 수행과 연관되어 있다고 생각한다는 점이다.

예를 들어 샤미나드Chaminade와 디세티Decety(2002)의 PET연구에서, 피험자들은 두 과제 중 하나를 수행하기 위해서, 조종간을 움직여 컴퓨터 화면상의 한 아이콘을 제어하도록 되어 있었다.

과제 A (이끄는 자): 피험자는 자기 자신의 아이콘을 움직였고, 다른 피험자의 아이콘이 자기의 아이콘을 따라오는 것을 관찰했다.

과제 B (뒤따르는 자): 피험자는 자기 자신의 아이콘으로 다른 피험자의 아이콘을 따라갔다.

논자들은 이 실험이 "신체 부분들을 명시적으로 참조하는 일이 없는, 컴퓨터화된 환경"을 포함하고 있다고 기술하고, 이로써 행위체 감각이 행위의 의도적 국면과 관련이 있지, 운동제어의 국면들과는 관련이 없다는 것을 보여주고 있다(샤미나드와 디세티 2002, 1977쪽). 이 실험의 한 가지 가정은 A(이끌기)는 행위체 감각을 창출하는 반면, B(뒤따르기)는 그렇지 않을 것이란 점이다. 한 가지 명백한 반론은 두 경우(A와 B) 모두에서 피험자는 의도적 국면 — 즉, 과제를 수행하기 — 에 대한 행위체 감각을 갖는다는 것이다. 피험자는 다음과 같이 말할지도 모른다. "A에서의 내 과제는 이끄는 것이어서 나는 그렇게 했으며, 그리고 B에서의 내 과제는 뒤따라가는 것이어서 나는 그렇게 했다. 나는 각각 이끌기와 뒤따르기라는 이 두 행위의 담당자이다." 그러므로 이 뇌 영역들의 차등적인 활성화(자기행위체 감각을 창출하는 일을 담당한다고 추정되는 전前보조운동 영역pre-supplemental motor area (SMA)과 오른쪽 하위 두정엽 피질the right inferior parietal cortex, 그리고 이와 대조적으로 타자행위체other-agency를 담당한다고 추정되는 왼쪽 하위 두정엽 피질과 오른쪽 중심 앞이랑pre-central gyrus)는 자기행위체와 타자행위체 간의 구별이 아닌, 다른 어떤 것을 위한 것일 수 있다. 그러나 차키리스-해거드의 반론은 다소 다르다. A와 B 모두에서 피험자는 조종간을 조종하기 위해 그의 손을 움직이기 때문에 피험자는 필연적으로 행위체 감각을 갖는다는 것이다. 차키리스와 해거드는 행위체를 운동제어와 직접적으로 연관되어 있는 것으로, 또 그 점에서 원심성 신호와 연관되어 있는 것으로 이해하는데, 이는 행위체 감각을 행위의 의도적 국면 — 과제의 수행 — 과 결부시키는 샤미나드와 디세티와는 대조적이다.

이 동일한 문제가 다른 두 실험들과 관련해서도 제기될 수 있다. 그래서 설사 우리가 행위체 감각이 높은 단계의 인지적 수준에서가 아니라 이미 일차 단계의 경험에 현전한다고 생각하더라도, 그것이 운동과정에 의해 창출되는가, 혹은 행위의 의도적 국면에 대한 어떤 알아차림에 의해서 창출되는가 하는 물음은 여전히 남아 있는 것이다.

아주 유사한 [제2의] 실험에서 패러Farrer와 프리스Frith는, 샤미나드와 디세티와 마찬가지로 행위체 감각을 행위의 의도적 국면, 즉 내가 목표나 의도적인 과제와 관련하여 모종의 효과를 갖고 있는지 여부와 결부시킨다. 그들은 앞쪽 뇌섬엽anterior insula이 자기행위체 감각과의 상관관계 속에서 활성화된다는 것을 발견했다. 다시 한 번 말하면, 차키리스-해거드의 반론은 각각의 과제에서 피험자는 조종간을 움직이라고 요구받기 때문에 그 움직임에 대한 행위체 감각이 반드시 결과로서 일어나야 한다는 것이다. 패러와 프리스는 행위체 감각을 순전한 신체적 움직임과 연관되는 것이 아니라 행위의 의도적 국면과 연관되는 어떤 것으로서 분명하게 생각하고 있기 때문에, 그들은 차키리스-해거드의 반론을 회피할 수 있다고 쉽사리 주장할 수 있었다. 그러나 기묘하고도 혼란스럽게도, 앞쪽 뇌섬엽이 왜 행위체 감각을 창출하는 데 관여하는지를 설명하는 것에 관한 한, 파러와 프리스는 차키리스-해거드의 반론과 더 일치하는 설명으로 되돌아간다. 즉, 그들은 운동제어 측면에서 뇌섬엽이 관여하는 일에 대해 설명하는 것이다.

> 행위체 감각(즉, 행위를 일으키는 것을 알아차림)은 시간과 공간 속에서 움직이는 몸의 맥락에서 일어난다. 다마지오Damasio(1999)는 행위체 감각이 그러한 몸의 경험에 심대하게 의존한다고 시사해 왔다. 하위 두정엽과 뇌섬엽이 몸의 표상들이라는 증거가 있다. …… 변연계 구조와 상호작용하면서 뇌섬엽은 신체도식의 표상에 또한 관여하고 있다. …… 우리가 공간을 가로질러 몸을 움직일 때 우리가 느끼는 행위체 경험의 한 국면은 많은 상이한 감각신호들 간의 긴밀한 상응이다. 특히 세 가지 종류의 신호, 즉 우리의 움직임의 결과 직접적으로 일어나는 체성감각적 신호, 우리의 움직임의 결과 간접적으로 일어난다고 보이는 시각적 및 청각적 신호, 마지막으로 움직임을 창출한 운동명령과 결부되어 있는 동반반출 신호corollary discharge (원심성 신호) 간에는 상응이 존재할 것이다. 이 모든 신호들 간의 긴밀한 상응이 우리에게 행위체 감각을 주는 것을 돕는다.
>
> —패러와 프리스 2002, 601~602쪽

그들은 또한 그들이 타자행위체 감각과 결부시키는 하위 두정엽 피질이 몸 소유권 감각을 담당한다는 잘 알려진 증거를 인용한다. "우뇌 두정엽의 병변이 있는 환자들은 그들의 사지四肢를 그들 자신의 것으로 인식하지 못하고 다른 사람들의 것에 속하는 것으로 지각한다(601쪽)." 만약 이것이 사실이라면, 각각의 과제를 위해 피험자가 움직이고 있었다는 사실은, 차키리스-해거드가 주장하듯이, 정말로 일을 복잡하게 만든다.

제3의 연구(패러 등 2003)는 상이한 패러다임을 포함하고 있었다. 피험자들은 손을 움직였지만, 현실적인 또는 비현실적인 각도에서 스크린에 투영된, 컴퓨터상의 손을 보았다. 피험자가 통제력을 적게 느낄수록, 오른쪽 하위 두정엽의 피질에서 활성화 수준이 높아졌다. 피험자가 통제력을 많이 느낄수록, 즉 행위체 감각이 강해질수록, 우뇌 뒤쪽 뇌섬엽에서 활성화의 수준이 높아졌다. 여기서 행위체 감각은, 순전한 신체적 움직임을 넘어서는 의도적 과제의 측면에서 이해된다고 하는 이전의 실험에서 이루어진 추정으로부터 분명히 멀리 이동한 것 같다는 점에 주목하라. 오히려 이 실험에서 행위체 감각은 신체적 움직임과 운동제어의 측면에서 이해되고 있다. 이 경우에 차키리스-해거드 반론은 타당성이 있어 보인다. 만약 행위체 감각이 과제와 관련된 행위(적어도, 실험을 위해 단순히 한 손을 움직이는 것을 넘어서 있는 어떤 종류의 목적적인 행위)에 의해서가 아니라 단순히 신체적 움직임에 의해 창출된다면 — 또 신체적 움직임이야말로 이 실험에서 문제가 되는 유일한 것이라 한다면 —, 그때 피험자가 이 실험의 모든 시행들에서 그 자신의 손을 움직인다는 사실은 소유권 감각을 행위체 감각과 구별하는 어떠한 방식도 제공하지 못한다는 것은 확실하며, 그리고 피험자가 그의 모든 몸의 움직임들에 대해 행위체 감각을 갖고 있어야 한다는 것을 시사해준다.

결과를 설명할 때, 논자들은 행위체 감각과 소유권 감각을 더 혼동하는 것 같다. "특히 우뇌에서 하위 두정엽 피질의 병변은 외래의 대상으로 또는 다른 사람의 것으로 지각되는 환자의 사지에 관한 망상과 결부되어 왔다"(패러 등 2003). 논자들은 자신들의 발견을 행위체 감각을 이해하기에 좋은 것으로 내놓고 있다는 사실에도 불구하고, 그러한 망상delusion은 행위체에 관한 것이 아니라 소유권에 관한 것이다. 게다가 차키리스와 해거드(2005)에 따르면 뇌섬엽에서의 활동은 움직임이 부재할 때에도 발견되었는데, 이는 사실 이 영역이 행위체보다는 몸-소유권을 반영하는 것일지도 모른다는 것을 함의한다.

마지막으로, 우뇌 뒤쪽 뇌섬엽의 관여를 보여주는 이 실험의 결과들이 좌우뇌의 앞쪽 뇌섬엽의 관여를 보여주는 패러와 프리스(2002)의 연구와 완전하게 일치하는 것은 아니라는 점에 주목하자. 이에 주목해 보면, 패러 등의 연구는 그 괴리를 설명할 수 없다고 생각된다. "우리는 이 두 부위가 조밀하게 상보적으로 연결되어 있다는 것을 아는 것을 제외하고는, 활성화된 영역들의 국소화가 왜 다른지에 대해서 이 연구들에서 설명할 수가 없다"(패러 등 2003). 그렇지만 신경활동에서의 차이들을 설명할 수 있다고 보이는, 실험설계, 과제, 착안점에 있어서의 의미심장한 구별들(즉, 과제에 집중하는 일과 자신의 움직임에 대한 컴퓨터 상의 표상에 집중하는 일 간의 현상학적 구별들)이 있었다는 것은 분명해 보인다.

이 모든 것은 우리를 어디에 놓아두는가? 첫째로 우리는 행위체 감각이 신체적 움직임으로부터 신체적 움직임의 알아차림이나 감각적 피드백으로 환원될 수 없다는 것을 지적하고 싶다. 신체화의 현상학과 일치하여, 일상적으로 종사하는 행위에서 구심성 신호나 감각적 피드백 신호는 약화되는데, 이는 우리의 몸을 열성적劣性的으로 의식한다는 것을 의미한다(예를 들어, 메를로-퐁티 1962; 차키리스와 해거드 2005를 보라). 나는 대부분의 행위들에서 나의 신체적 움직임에 주의하지 않는다. 손을 사용하겠다고 결심할 때 손을 응시하지 않는다. 걷고 있을 때 발을 보지 않는다. 조종간을 사용할 때 팔의 움직임에 주의하지 않는다. 대부분의 운동제어와 신체도식의 과정들은 비의식적이고 자동적이다. 그러나 행위는 신체화되어 있기 때문에, 바로 그런 과정들이 행위체 감각에 기여한다는 것은 여전히 사실일 수 있다. 또 행위의 신체화된 본성에 대한 느낌이 없다면, 우리의 행위체 감각은 무척 달라질 것이다. 그러나, 더욱이, 만약 행위할 때 우리가 무엇을 하고 있는지에 대한 기술과 설명이 가장 높은 수준의 적절하고 실용적인 기술—'나는 손을 움직이고 있다'든가 '나는 걷고 있다'가 아니라, '나는 친구를 도와주고 있다'든가 '나는 술집에 가는 중이다' 등등—로 주어진다면, 행위를 위한 우리의 행위체 감각은 그 의도적 국면과 결합될 것인바, 이때 그 국면에 — 세계 속에, 우리가 종사하는 기획이나 과제 속에 — 우리의 주의가 향해 있는 것이다. 의도 관련 피드백과 같은 것은 신체적 움직임에 관한 구심성 피드백은 아니지만, 나의 행위가 효과를 갖고 있다는 어떤 지각적 느낌sense이기 때문에, 행위체 감각에 기여하고 있다는 것이 아주 분명하다.

그렇다면, 우리는 행위체 감각이 일차 단계 수준에서 복합적이라고 말하고 싶다. 왜냐하면 행위체 감각은 이에 기여하는 여러 요소들, 즉 원심성 신호, 감각적 (구심성) 피드백, 그리고 본성상 지각적인 의도 관련 피드백의 산물이기 때문이다. 만약 이 기여하는 요소들 중 하나라도 부족하거나 적절하게 통합되는 데 실패한다면, 우리의 행위체 감각은 붕괴될 수 있다.

그래서 일반적으로 우리는 세 가지 국면을 확인할 수 있는데, 이것들은 서로 간에 정상적으로 통합되어 있다.

- 의도적 국면(과제, 목표 등)과 연관되어 있는 일차 단계 경험으로서의 행위체 감각(샤미나드와 디세티 2002; 패러와 프리스 2002).
- 신체적 움직임과 연관되어 있는 일차 단계 경험으로서의 행위체 감각(패러 등 2003; 갤러거 2000a, 차키리스와 해거드 2000b; 2005).
- 반성적 귀속인, 이차 단계 경험으로서의 행위체 감각(그레이엄과 스티븐스 1994).

이는 또한 정신분열증, 무정부적 손 증후군, 강박적 행동, 마약 중독 등을 포함하는 다양한 경우들에서의 행위체 감각의 상실이 사실상 상이한 종류의 상실일 수 있다는 것을 시사하고 있다. 모든 특정한 사례에서 행위체 감각은 이에 기여하는 요소들 중 무엇이 붕괴하느냐에 따라 상이한 방식으로 붕괴될 수 있다. 이 점에서 행위체 감각의 병리학적 상실을 설명하기 위해 네 가지 가능성이 있다.

- **급진적인 하향식 방식**: 행위체 감각은 내성적인 높은 단계의 인지에 문제가 있으면 붕괴할 수 있다(그레이엄과 스티븐스). 진행한advanced, 뒤얽힌involuted 정신분열증이 이의 좋은 예가 될 수 있다.

- **급진적인 상향식 방식**: 행위체 감각은 운동제어 메커니즘—원심성 신호(차키리스와 해거드)나, 뇌섬엽에서의 감각신호와 운동신호의 통합(패러 등)—에 문제가 있으면 붕괴할 수 있다.

- **의도의 이론**: 행위의 의도와 결과 간의 일치에 대한 지각이 결여하면, 행위체 감각에 장애가 발생할 수 있다(샤미나드와 디세티; 패러와 프리스).

- **다양한 국면들**: 행위체 감각은 복합적이어서, 정합적인 높은 단계의 자기 감각sense은 물론이고, 원심성 신호, 구심성 신호, 의도 관련 피드백(내 행위가 의도된 결과를 세계에 미치고 있다는 어떤 느낌sense)의 통합에도 기초하고 있다. 그래서 기여하는 요소들 중 어느 하나가 장애가 되면 행위체 감각에 장애를 유발할 수 있다.

네 항 중 다양한 국면들의 항이라면, 앞의 세 항을 통합할 수 있을 것이고, 또 아마도 행위체 감각의 병리학적 붕괴들을 이해하기 위한 가장 좋은 방식을 제공할 수 있을 것이다.

나의 행위와 당신의 행위

이 실험들은 자기행위체와 타자행위체 간의 구별, 나의 행위들과 타자의 행위들 간의 구별을 추구하고 있다. 나의 의도들이 나의 행위들에서 명시적이듯이, 나는 당신의 행위들이 당신의 행위들에서 명시적이라고 이해한다. 의도들은 마음속에 감추어져 있는 것이 아니라 행동으로 표현되며, 그리고 이것은—다음 장의 논의를 앞당겨서 말한다면—상호주관적인 이해에 영향을 미친다.

우리가 무엇을 하고 있는지 우리가 어떻게 아는가 하는 물음에 대한 통상적인 대답은 우리 자신의 행위들을 우리가 아는 것과, 타자의 행위들을 우리가 아는 것 간의 차이, 곧 인식론적인 비대칭성을 인식할 필요가 있다는 것이었다. 후자의 앎은 관찰과 '외부의' 감각적 알아차림에 기초하고 있는 반면, 행위 당사자들은 일반적으로 자신들이 무엇을 하고 있는지에 대해서 '내부로부터' 앎을 갖고 있다. 그러나 이것은 정확히 무엇을 말하고자 하는 것일까? 그것은 의도하거나 시도한다는 내 심적 사건들에 대해 직접적으로 접근할 수 있다는 문제인가? 혹은 내부로부터, 곧 고유수용감각적으로 내 신체적 움직임들을 알아차린다는 문제인가? 그리고 두 구성요소, 즉 시도하기라는 심리적 구성요소와 신체적 움직임이라는 비심리적 구성요소로 행위를 분할하는 것이 도대체 가능할까? 아니면 이와 반대로 행위는 분할불가능한 하나의 단일체일까? 행위에 대한 우리의 앎은 내부와 외부의 분할에 다리를 놓는 것인가, 아니면 이 분할을 해체하는 것인가?

우리가 어떻게 우리의 행위들을 알아차리는가를 해명하려는 시도에는 어려움들이 산더미처럼 쌓여 있다. 그 대신 우리가 타자들의 행위에 관한 앎을 어떻게 획득하는가에 대한 물음으로 전환하더라도 상황이 썩 다르지는 않다. 지각은 우리에게 신체적 움직임에 대한 정보만을 주는가? 그렇다면 우리는 추론에 의존해야 하는가? 만약 우리가 누군가의 몸의 움직임을, 예를 들어 표를 사고, 헤어지는 인사를 나타내는 몸짓을 하며, 또는 기쁨을 표현하는 것으로서 해석해야 한다면, 우리는 숨겨진 심적 사건들의 존재를 상정해야 하는가? 아니면 오히려 의도들은 목표지향적 움직임들에서 직접적으로 현출한다는 것이 사실인가? 몇몇 이론가들이 주장하고 있는 것과는 달리, 우리는 사실 다른 사람들이 의도를 갖고 행위하는 것을 직접적으로 또 비추론적으로 관찰한다는 것을 시사하는 많은 사례들이 있다. 내가 축구를 하고 있을 때, 당신과 내가 같은 공을 두고 다투고 있다는 것을 알기 위해서 어떠한 추론도 끌어낼 필요가 없다. 그런 즉각적인 인식의 혜택이 없다면, 행위 협동action-coordination——그리고 생존——은 실제로 번거로운 것보다 훨씬 더 번거로울 것이다(도키치Dokic 2003, 332쪽).

그러한 모든 논의들에 있어서 한 가지 분명히 해두어야 하는 것은, 다양한 종류의 설명들을 구분해 두어야 한다는 것이다. 우리는 위에서 인과적이거나 뉴런적인 설명들은 행위에 대한 충분한 설명을 제공할 수 없다는 점을 지적한 바 있다. 행위 알아차림 — 내 자신의 행위에 대한 나의 알아차림 또는 당신의 행위에 대한 나의 알아차림 — 에 대한 뉴런적 설명도 마찬가지라고 할 수 있다. 예를 들어, 제오그리프Georgieff와 쟌느로Jeannerod(1998)는 행위 식별에 대한 뉴런적 모델로서 '누구 체계who system'를 내놓았다. 나의 인지체계가 어떻게 나의 행위를 당신의 행위와 구별되는 것으로서 식별할 수 있는가를 설명할 수 있는 하부인격적 과정들이란 면에서 이 문제는 중요한 것이다. 이것은 우리가 앞 절에서 논한 종류의 실험들에서 신경학적 용어들로 풀이해서 다 써버렸던 것이다. 내가 의도적인 행위에 몰두할 때 활성화되는 내 뇌의 동일한 부위들은 내가 당신이 동일하거나 유사한 의도적 행위를 수행하는 것을 볼 때 또한 활성화된다는 인식에서는 한 가지 물음이 일어난다. (전운동피질premotor cortex에 있는 거울뉴런뿐만 아니라, 여러 부위들에서의 '공유된 표상들'에 대해서도 그렇다; 거울뉴런에 대한 더 진전된 논의는 9장을 보라.) 바로 이를 배경으로 해서 활성화는 누가 행위를 하고 있는가에 관해서 중립적이라고 주장되어 왔다(예를 들어, 드 비뉴몽de Vignemont 2004; 갈레세Gallese 2005; 헐리Hurley 2005; 쟌느로와 파쉐리Pacherie 2004를 보라). 하지만 만약 그렇다면, 누가 행위자인가를 특정화하기 위해 추가적인 하부인격적 메커니즘이 요구된다. 이것은 정확히 '누구 체계who system'가 하고 있는 것이다. 만약 당신이 행위자일 때 활성화되는 뇌의 영역과 대조해서 내가 행위자일 때 활성화되는 뇌의 특정한 부위를 지적할 수 있다면, 이는 행위체와 관련하여 뇌가 행위를 특정화하는 방식에 대한 우리의 이해를 증가시킬 수 있다.

그러나 만약 중요한 하부인격적 구별들일 수 있는 것을 의식의 수준에 투사하려 한다면, 어려움들이 일어난다. 예를 들어, 쟌느로와 파쉐리(2004)

는 하부인격적인 뉴런적 수준에서 발견되는 단계적인 구별들은 경험적인 수준에서도 또한 분명히 존재한다고 제안한다. 그들은 공유된 표상들의 중립성을 '벌거벗은 의도들'—즉, 행위체가 이제부터 결정되어야 할 의도나 의도적 행위들—로 특징짓고 있다. 그들은 신경활성화 수준에서의 분절, 특히 (1)행위의 '벌거벗은' 의도를 등록하는 일과, (2)행위의 당사자를 특정화하는 일을 담당하는 활성화들 간의 분절은, 경험에 있어서 의도의 지각과 행위체의 지각 간의 분절이 존재한다는 것을 의미한다고 추정하고 있다. 따라서 그들은 우리가 "그것이 누구의 의도인가를, 마찬가지로, 알아차리는 일 없이, 의도를 알아차릴 수 있으며, (그리고) …… 행위의 작자作者를 결정하기 위해서는 벌거벗은 의도에 대한 단 하나의 알아차림 이상의 무언가가 필요하다"고 주장한다(위의 책, 140쪽). 사실 뇌가 행위체를 의도들에 배속하는 일 없이 의도들에 관한 정보를 처리할 수 있고, 우리의 경험도 이와 마찬가지로 분절된다고 말한다면, 이는 적법한 일인가? 쟌느로와 파쉘리는 긍정적으로 답변한다.

> 우리는 의도의 지각도 이것과 같다고 주장한다. 메리가 문을 열고 있는 존을 지켜볼 때, 그녀는 존이 문을 열려는 의도를 일차적으로 알아차리는 것이 아니라 문을 열려는 의도를 일차적으로 알아차린다. 마찬가지로, 메리 자신이 문을 열려고 의도할 때, 그녀는 자신이 문을 열려고 의도한다는 것을 일차적으로 알아차리는 것이 아니라 문을 열려는 의도를 일차적으로 알아차리는 것이다.
>
> —2004, 116쪽

그러나 현상학적으로 (경험적으로experientially) 거의 모든 경우에 의도들은 이미 완전하게 행위체를 입고서 온다. 우리가 다른 사람의 행위에서 벌거벗은 의도들을 지각하고, 이차적으로 행위체를 이에 배속한다는 발상은, 여기에서, 하부인격적 수준과 인격적-현상학적 수준 간의 동종이형同種

異形이라는 정당화되지 않은 상정에 기초하고 있는 것 같다. 신경학적 수준에서 올바르게 제기된 '누구'의 문제는 경험적 수준에서는 거의 일어나지 않는다. 왜냐하면 신경체계가 이미 그 대답을 용이하게 했기 때문이다. 설사 행위의 담당자가 누구인가에 대해 내가 틀렸다 (조종망상의 정신분열적 증상에서 일어날 수 있는 어떤 것) 하더라도, 나는 의도를 행위체와 관련해서 이미 특정화된 것으로서 여전히 경험하고 있거나 지각하고 있다. 나는 행위자 없이 행위를 경험하는 것이 아니다. 나는 X가 당신이나 나인 곳에서 'X'의 행위를 경험한다. 실로 알아차림의 수준에서 자기와 비자기를 구별한다는 점에서 우리는 매우 신뢰할 만하다. 병리들이나 기이하게 설정된 실험들에서는 '누구'의 문제가 나타날 수 있겠지만, 생태학적 정상 행동에서는 그것이 누구의 의도/행위인가는 대체로 분명하다. 우리가 비트겐슈타인, 슈메이커Shoemaker, 에반스Evans 같은 철학자들로부터 아는 바와 같이, 자기동일시의 문제 — '누군가가 의도적으로 이 사과를 집어들고 있는데, 이 사람은 나인가?' — 는 일어나지 않는다.

요컨대, 현상학적 수준과 뉴런적 수준 간에는 어떤 필연적인 동종이형도 없다는 것을 깨닫는 것이 중요하다. 그래서 뉴런적 과정이 단계적인 과정을 포함하는 것으로 규정될 수 있더라도, 이것은 단계적인 과정이 현상학에서 나타날 필요가 있다는 것을 의미하는 것은 아니다.4)

이와 유사한 것을, 행위체 감각을 설명할 때 그레이엄Graham과 스티븐스Stephans(1994; 그레이엄과 스티븐스 2000)가 제안한 종류의, 높은 단계의 인지나 반성적 내성의 역할에 관해서도 말할 수 있다. 만약 행위들이 출발 자체에서부터 또 일차 단계의 경험 수준에서, 특정한 행위자에 속하는 것으로서 특정화된다면, 즉 만약 일상의 경험에서 우리가 행위하고 난 후 그것이 우리의 행위였는지 아니면 다른 누군가의 행위였는지를 생각하지 않는다면, 이는 개념적이고 언어적인 자료들을 포함하는, 행위의 메타인지적 자기귀속과 비교해서, 행위체의 전반성적이고 비개념적 일차 단계의 경험이 시원적이라는 것을 시사한다. 이는 세계 내에 존재하는 우리의 방식은 행위의 면에서 일차적으로 특징지어진다고 말할 때 의미하는 것의 일부이다. 인간적이라는 것은, 우리가 우리 주위에서 발견하는 사물들의 조직된 유용성이 규정되고, 이어서 우리가 그것들에 대해 생각하는 것이 허용되는 방식으로, 이미 행위가 세계 속에 처해 있다는action-situated 것을 말하는 것이다.

더 읽을 책들

— Alain Berthoz & Jean-Luc Petit, *Phénomenologie et physiologie de l'action*. Paris: Odile Jacob, 2006.

— Marc Jeannerod, *The Cognitive Neuroscience of Action*. Oxford: Blackwell Publishers, 1997.

— Susan Pockett, William P. Banks & Shaun Gallagher (eds.), *Does Consciousness Cause Behavior?* Cambridge, MA: MIT Press, 2006.

— Paul Ricoeur, *Freedom and Nature: The Voluntary and Involuntary*. Trans. E. V. Kohák. Evanston: Northwestern University Press, 1996.

— Johannes Roessler & Naomi Eilan, *Agency and self-awareness*. Oxford University Press, 2003.

9
우리는 어떻게 타자들을 아는가

우리는 어떻게 타자들을 알고 이해하게 되는가? 사회인지social cognition 는 본성상 지각적인가, 아니면 추론적인가? 우리가 타자들을 이해하는 것은 원리상 나무, 바위, 구름 등을 이해하는 것과 같은가, 아니면 생명이 없는 대상들을 이해하는 방식과는 근본적으로 다른가? 우리는 유추를 통해서 타자들을 이해하는가? 즉, 자기이해가 타자들에 대한 이해보다 우선하는가, 아니면 자기와 타자에 대한 이해는 동등하게 근원적이며, 기본적으로 동일한 인지 메커니즘을 사용하는가?

널리 퍼져 있지만 그릇된 한 견해에 따르면, 현상학이 마음을 이해하는 데 아무리 어떤 소중한 통찰들을 제공한다 하더라도, 사회인지에 대한 설명은 현상학의 레퍼토리의 한 부분을 이루지 않는다. 예를 들어 데넷이 전통적 현상학은 타자들의 정신적 삶을 탐구하기보다는 일종의 방법론적 유아론에 전념하고 있다고 주장하듯이, 고전적 현상학자는 단지 그나 그녀 자신의 정신적 삶에만 관심을 기울이고 있고, 따라서 자기현상화autophenomenolo-gizing의 과정에 종사하고 있는 것이다(1987, 153~154쪽). 그러나 다음에서 알 수 있듯이, 현상학적 전통에 친숙한 사람이라면 그 누구도 현상학이 타자들의 마음을 분석하지 못했다는 주장을 지지하지 않을 것이다. 그러나 현상학이 제공하는 것으로 향하기 전에, 오늘날 논쟁에서 일반적으로 선택되는 이론들을 살펴보도록 하자.

마음이론 논쟁

근년에 사회인지의 본성에 대한 논의의 많은 부분이 이른바 마음이론 논쟁theory of mind debate이라 불리는 체재 안에서 일어났다. 일반적으로, '마음이론'이라는 표현은 의도, 믿음, 욕구와 같은 심적 상태들을 자기와 타자들에게 귀속시키고, 그 심적 상태들에 의해서 행동을 해석하고, 예측하고, 설명할 수 있는 우리의 능력에 대한 약칭으로 사용되고 있다(프리맥 Premack과 우드러프Woodruff 1978, 515쪽 참조). 심적 상태들을 귀속시킬 수 있는 능력을 개인에게 제공하는 것은 바로 이론을 소유하고 사용하는 것이라고 당초 가정되었지만, 오늘날 논쟁은 쟁점이 갈라져 있고, 이는 일반적으로 두 견해들 간의 논쟁으로 간주되고 있다. 한쪽에서 우리는 이론 마음이론theory theory of mind을, 다른 쪽에서는 모의실험 마음이론simulation theory of mind을 발견하게 된다.

이론화 이론(TT)이 타자들에 대한 우리의 이해가 이론적인 입장stance을 택하는 데 의존한다고 주장하기 때문에 이렇게 불린다. 그것은 특정한 이론, 가령 사람들은 왜 그들이 하는 일을 하는가에 대한 상식적인 설명을 우리에게 제공하는 민족심리학에 호소할 것을 요구한다. 이와 대조적으로, 모의실험 이론(ST)은 유추에 의거하는 논증의 손자뻘쯤 된다(예를 들면, 고든 Gordon과 크루즈Cruz 2003를 보라). 그 이론은 타자들에 대한 우리의 이해가 그들의 믿음, 욕구, 정서를 자기모의실험하는 데 기초하고 있다고 주장한다. 내가 나 자신을 그들이 있는 장소에 두고서, 무엇을 생각하거나 무엇을 느끼게 될지 묻고, 그러고 나서 그들에게 그 결과들을 투사한다. 이 견해에 따르면, 타인들의 마음이 어떠해야 할지에 대한 모델로서 사용할 수 있는 우리 자신의 마음을 갖고 있기 때문에 우리는 이론이나 민족심리학이 필요하지 않다.

그러나 이렇게 깔끔하게 나누는 것은 지나친 단순화이다. TT와 ST를 결합하는 몇몇 혼합이론들이 존재하기 때문일 뿐만이 아니라, 두 주된 견해들이 모두 이론적인 단일체가 아니기 때문이다. 이론화 이론가들은 문제의 이론이 선천적이고 모듈화된modularized 것인지(캐러더스Carruthers, 배론 코헨Baron-Cohen), 아니면 보통의 과학이론들과 같은 방식으로 획득된 것인지(고프닉Gopnik, 웰만Wellman)에 대해 기본적으로 쟁점이 갈라져 있다. 모의실험론자들에 대해 말하자면, 혹자는 문제의 모의실험이 의식적 상상 작용의 행사와 분별적 추론(골드만Goldman)을 수반한다고 주장하고, 혹자는 모의실험이 명시적일지라도 본성상 비추론적이라고 주장하며(고든), 또 마지막으로 모의실험이 명시적이고 의식적이라기보다는 암묵적이고 하부인격적[하부인칭적]이라고 주장하는 사람들이 있다(갈레세Gallese).

그러나 일반적으로 말해서, TT는 마음이 있는 존재들의 이해 — 그것이 자기 자신에 대한 것이든, 타자들에 대한 것이든 — 는 본성상 이론적이고, 추론적이며, 준과학적이라고 주장한다. TT는 심적 상태들의 귀속을 행동자료들을 가장 잘 설명하고 예측하기 위한 추론의 문제로 보고, 심적 상태들은 관찰불가능하고 이론적으로 요청된postulated 존재물들이라고 주장한다. 따라서 TT는 우리가 그런 상태들을 조금이라도 직접적으로 경험한다는 것을 거부한다. (현상학자들을 포함하는) 많은 철학자들은 우리는 우리에게 이미 주어져 있고 이미 현전하는 것의 정보적인 풍부함을 (마치 다른 사람은 느끼지 못하는 와인의 향기와 맛을 식별하고 구별할 수 있는 감식가처럼) 추출하고 이해하기 위해서는 개념이 필요하다고 주장할 것이다. 많은 사람들은 또한 우리의 관찰이 이전의 경험들에 영향을 받고 풍부해진다는 생각을 지지할 것이다. 하지만 TT가 심적 상태들의 귀속이 이론적으로 매개된다고 주장할 때, 그것은 더 급진적인 무엇인가를 마음속에 품고 있다. 기본적으로, 이 생각은 이론을 사용하면 우리는 경험에 주어져 있는 것을 초월할 수 있게 된다는 것이다:

> 인간 마음의 가장 중요한 힘들 중 하나는 자기 자신이나 다른 마음들을 개념파악하고 사고할 수 있다는 것이다. 타인의 심적 상태들은 (그리고 실로 우리 자신의 심적 상태들은) 감각들로부터 완전히 숨어 있기 때문에, 오직 항상 추론될 수 있을 뿐이다.
>
> —레슬리Leslie 1987, 139쪽

> 모든 곳의 정상적인 사람들은 그들의 세계를 '그릴' 뿐 아니라, 그들의 사회세계 내에 있는 행위자들에게 믿음, 의도, 느낌, 희망, 욕구, 위장을 '그려' 넣는다. 어떤 인간도 사고, 믿음, 의도를 본 적이 없다는 사실에도 불구하고, 그들은 이렇게 한다.
>
> —투비Tooby와 코스미데스Cosmides, 배론 코헨 1995에서 재인용, xvii쪽

TT가 이중의 논제를 변호한다는 것에 주목해야 한다. 그것은 타자들에 대한 우리의 이해가 본성상 추론적인 것이라고 주장하는 것일 뿐 아니라, 우리 자신의 자기경험이 이론적으로 매개된다고 주장하는 것이기도 하다. 결국, 기본적인 생각은 심적 상태들에 대한 어떤 언급도 이론적 입장을 수반한다는 것이며, 따라서 마음이론의 적용을 수반한다는 것이다.

그릇된-믿음 검사들

마음이론의 발달 경로에 관한 주장들은 종종 그릇된-믿음false-belief 실험들에 기초한다. 이 검사의 단순한 버전은 크레용 상자가 실제로는 양초들을

담고 있다는 것을 간파하고 있는 어린이와 관련이 있다. 또 다른 사람이 (또는 인형이) 방에 들어가고, 어린이는 이 사람이 (또는 인형이) 크레용 상자 안에 무엇이 있다고 생각하는지 하는 물음을 받는다. 세 살짜리 어린이는, 평균적으로, 다른 사람이 상자 안에 양초들이 있다고 말하리라 생각한다. 네 살짜리 어린이는, 평균적으로, 다른 사람이 (또는 인형이) 그릇된-믿음을 지니리라고, 즉 그 상자는 크레용 상자이기 때문에 그 상자 안에는 크레용들이 있을 것이라는 그릇된-믿음을 지니리라고 인식할 것이다. 그릇된-믿음 과제에 성공할 수 있는 어린이들의 능력에 왜 이다지도 관심을 갖는가? 그릇된-믿음을 타자들에게 (그리고 그 자신에게) 귀속시키기 위해서, 어린이는 우리의 믿음들이 실제 세계의 사건들이나 상황들과 다를 수 있고 따라서 구분될 수 있다는 것을 이해할 수 있다고 가정된다. 따라서 어린이가 사람은 그릇된-믿음을 지닌다는 것을 이해한다는 일은, 어린이가 세계와 마음 사이, 실재와 실재에 관한 우리의 믿음 사이의 구별을 식별할 수 있다는 강력한 증거를 제공하는 것이다. 요컨대, 어린이가 그릇된-믿음을 자신이나 타자에게 귀속시키기 위해서는, 어린이는 반드시 믿음에 관한 믿음을 갖고 있어야 한다. 어린이는 반드시 마음이론을 소유하고 있어야 한다.

다른 그릇된-믿음 검사들은 서사와 간단한 연극을 수반한다. 예를 들면, 배론 코헨 등(1985)의 논문에서는 세 집단의 어린이들을 검사했다. 20명의 자폐성 어린이들 (평균 실제연령(CA)이 11살/11개월이고, 평균 언어적 정신연령(MA)이 5/5), 14명의 다운증후군 (평균 실제연령이 10/11, 평균 정신연령2/11), 그리고 27명의 정상적 어린이들 (실제연령과 정신연령 4/5) 이다. 어린이들은 실험자와 반대쪽에 앉아 있고, 그들 앞에 있는 책상에는 샐리와 앤이라는 인형 두 개가 놓여 있다. 샐리는 바구니를 갖고 있고, 앤은 상자를 갖고 있다. 샐리는 바구니에 공깃돌을 감추어 놓고는 산책하러 방을 나간다. 샐리가 없는 동안 앤은 샐리의 바구니에서 공깃돌을 꺼내서는 자신의 상자에 넣는다. 샐리가 돌아왔을 때, 어린이에게 다음과 같은 믿음 질문belief question을 던졌다. "샐리는 어디서 자기 공깃돌을 찾을까?"(그림 9.1을 보라). 바른 대답은, 물론 '샐리의 바구니에서'이다. 그릇된 대답은 '앤의 상자에서'이다. 만약 어린이가 올바른 대답을 한다면, 샐리가 그릇된 믿음, 그들 자신의 것과 다른 믿음을 지니고 있다는 것을 인식하기에 충분한 마음이론을 발전시켰다고 추정된다. 네 살짜리 어린이들과 더 나이가 많은 어린이들은 이러한 질문에 직면할 때, 그곳이 샐리가 공깃돌이 감춰졌을 거라고 (그릇되게) 믿는 장소이기 때문에, 그들은 일반적으로 샐리가 자신의 바구니 안을 볼 것이라고 말할 것이다.

그림 9.1 그릇된 믿음 시나리오

출처: 프리스와 하페(1999)

그러나 더 나이가 적은 어린이들은 종종 상자를 가리킬 것인데, 이는 그들이 샐리가 실제로 공깃돌이 있는 곳을 찾을 것이라고 생각한다는 것을 보여준다. 이들은 분명히 다른 사람의 믿음이 그릇될 수 있다는 것을 이해하는 데 실패한다(프리스Frith와 하페Happé 1999, 3~4쪽). 이 실험에서 모든 어린이들은 공깃돌에 관한 사실적인 질문과 위치 질문에 답할 수 있었지만, 다운증후군 어린이들의 86%, 정상적인 어린이들의 85%가 믿음 질문에 답할 수 있었던 것과는 대조적으로 자폐성 어린이들의 20%만이 이 질문에 답할 수 있었다. 이로써 자폐성 어린이들은 마음이론들을 온전히 발전시키지 못했다는 결론이 도출되었다(몇 비판적 언급에 대해서는 홉슨Hobson 1993; 자하비와 파르나스Parnas 2003을 참조).

TT는 추론에 의해 한 믿음에서 다른 믿음으로 이동하는, 객관적인 지적 과정들을 주로 사용해서 우리가 타자들을 이해한다고 주장하는 반면, ST는 우리 자신의 동기부여적이고 정서적인 자원들을 활용하여 타자들을 이해한다고 주장한다. 따라서 이론화 이론가들과는 대조적으로, 모의실험론자들은 정신화하기mentalizing(마음읽기mind-reading)의 능력들의 뿌리에 놓여 있는 것이 일종의 이론이라는 것을 거부할 것이다. 그들의 견해에 따르면, 우리는 그런 이론을 소유하지 않거나, 적어도 심리학적 개념들로 우리의 모든 수행 능력을 뒷받침할 만큼 완전한 어떤 것도 소유하지 않는다. 지금까지는 모의실험 이론의 다양한 버전들이 서로 일치하고 있다. 그러나 모의실험론자들의 대안이 어떤 결과를 가져오는지를 보다 적극적으로 설명하고자 하는 경우에는, 의견들이 달라진다. 우리는 골드만 버전의 명시적 모의실험에 초점을 맞출 것인데, 왜냐하면 그것이 '모의실험'이라는 이름에 걸맞는 통상적인 절차에 가장 명백하게 의지하고 이를 참조하기 때문이다. 후에 우리는 암묵적 모의실험들에 기초해서 타자들을 이해할 수 있는지 하는 물음으로 돌아갈 것이다.

골드만에 따르면, 우리가 타자들의 마음을 이해하는 것은 우리 자신의 마음으로 향하는 내성적인 접근에 기반을 두고 있다. 우리의 자기귀속 능력은 타자귀속 능력에 선행한다. 구체적으로 말하면, 골드만은 내가 타자들을 이해하는 것은 그들의 상황 속으로 나 자신을 상상적으로 투사할 수 있는 나의 능력에 뿌리를 두고 있다고 주장한다. 말 그대로 나는 나 자신을 목표물의 '마음 신발mental shoes'에 넣기 위해서 나의 상상력을 사용한다. 예를 들어, 만약 내가 한 이민자가 접수 담당자에게 시달리고 있는 모습을 목격한다면, 나는 다음과 같은 절차를 통해서 이민자의 심적 상태를 파악하고 그의 후속 행동을 예견할 수 있을 것이다. 명시적 모의실험을 통해서 나는 그의 상황 속에 나 자신을 상상적으로 집어넣을 것이고, 내가 그와 유사한 상황들에서 어떻게 느끼고 반응할지를 상상할 것이며, 그러고 나서 유추에 근거해서 유사한 상태들을 내가 모의실험을 하고 있는 사람에게 귀속시키거나 투사할 것이다(골드만 2000 참조). 아래는 이 과정을 단계적으로 기술한 것이다.

> 첫째, 귀속자attributor는 그 자신 안에서 목표물의 상태에 일치시키려고 하는 가상 상태를 만들어낸다. 다시 말해, 귀속자는 그 자신을 목표물의 '마음 신발' 안으로 집어넣으려고 시도한다. 두 번째 단계는 이 처음의 가상 상태를 (가령 믿음을) 귀속자 자신의 어떤 심리작용의 메커니즘 안으로 공급해서 …… 하나 이상의 새로운 상태들을 (가령 결정을) 발생시키기 위해 그 메커니즘이 그 가상 상태에 작용하도록 놓아둔다. 셋째, 귀속자가 출력 상태를 그 목표물에 부여한다. …….
>
> —골드만 2005, 80~81쪽

우리는 "귀속자가 그 자신 안에서 목표물의 상태에 일치시키려고 하는 가상 상태를 만들어낸다"는 이 첫 번째 단계에 문제점들이 있을 것이라고 생각할 수 있다. 이것은 모의실험자가 이미 다른 사람에게 일어나고 있는 일에 대한 어떤 관념을 갖고 있다는 것을 시사하고 있다. 하지만 그 앎은 어디에서 오는가? 그 앎은 이미 우리가 설명하려 하고 있는 바로 그것이 아닌가? TT와 ST를 결합하는 혼합이론가들은 민족심리학은 다른 사람에게 벌어지고 있는 것에 대한 감각sense이 아니라 특정한 상황들 속에서 사람들

이 생각하고 행동하는 방식에 관한 어떤 일반적인 규칙들을 제공하며, 이것
은 모의실험자들이 모의실험 과정에 필요한 가상의 심적 상태들을 발생시
키는 데 사용될 수 있다고 제언한다(가령 큐리Currie와 레이븐스크로프트
Ravenscroft 2002). 이와 대조적으로, 골드만은 (아래에서 논의되는) 하부인
격적 거울 공명 과정들에 호소한다. 그때 비록 그는 이 과정들을 명제적
태도들에 대한 개념적 파악으로 번역하는 방식의 문제에 직면하고 있지만
말이다.

양쪽의 마음이론 논쟁은 모두 난관에 봉착해 있다. 예를 들어, 우리는
TT와 결부된 몇몇 실증적empirical 주장들과 함의들을 의심할 수 있다. 만약
마음이 있는 존재들의 경험에 마음이론이 요구된다면, 그러한 이론을 결여
하는 어떤 생명체도 자기경험과 타자경험을 결여할 것이다. 그러나 그 표준
적 견해에 따르면, 어린이들은 4살 때쯤에 마음이론을 소유하게 된다고
한다. 따라서 TT는 어린 어린이들은 삶의 첫 3~4년 동안 자기와 타자들에
대한 어떤 이해도 결여한다고 직접적으로 함의하는 것 같다. 하지만 그것이
정말 사실일까? 이 문제에 대해 답을 내놓으라고 하면, 일부 이론화 이론가
들은 마음이론의 선구자로 간주될 수 있는 다양한 메커니즘을 언급하면서
(배론 코헨 1995 참조), 그들은 제대로 된 마음이론을 소유하기 이전에
자기와 타자들의 정서, 지각, 욕구와 같은 심리적 상태들을 이해한다는
(경험한다는) 것을 사실상 인정하게 될 것이다. 그때 그들은 이 어린이들이
결여하고 있는 것이 표상적인 심적 상태들에 대한 이해라고 주장한다(웰만
등 2001, 656쪽, 677쪽 참조). 그러나 '표상적인 심적 상태'라는 용어는 아주
모호하기 때문에, 이것을 용인하더라도 이 상황을 해명하는 데에는 그다지
영향을 끼치지 못한다. 어떤 때에 이 용어는 지각을 포함하는 모든 지향적
상태들을 다루기 위해 포괄적으로 사용된다. 또 어떤 때에 이 용어는 오직
본래적인 믿음들, 사고들을 다루기 위해 훨씬 더 제한적으로 사용된다.
이 동요 때문에 TT는 움직이는 목표물 같은 것이 된다. 또한 이 동요 때문에
TT는 오직 두 가지 안案 중 하나를 선택하는 불편한 상태 속에 있으라는

위협을 받게 된다. TT는 혹자는 극단적인 주장이라고 말할, 아주 강력한 주장을 옹호하고 있는데, 이 주장에 따르면 어린이는 그 자신의 심적 일화들에 대한 어떤 1인칭적 접근도 갖고 있지 않고, 또 마음이론을 습득하기 이전에는 다른 마음이 있는 생명체들에 대한 어떤 경험도 갖고 있지 않다. 아니면, TT는 혹자는 사소한 주장이라고 말할, 훨씬 더 약한 주장을 옹호하고 있다. 즉, 표상적인 심적 상태들을 매우 협소하고 개념적으로 복잡한 용어들로 정의하게 되면, 표상적인 심적 상태들을 이해하고 자기와 타자에게 귀속시킬 수 있기 위해서 상대적으로 높은 수준의 인지적 정교화가 당연히 필요하게 된다는 것이다. 이 비판을 좀 다른 용어들로 바꾸어 말하면 이와 같다. 우리는 심적 상태를 순수하게 내적이고 사적인 어떤 것으로, 유의미한 행위들과 표현적인 행동에서는 보이지 않는 어떤 것으로 정의할 수 있다. 심적 상태의 그런 개념을 고려해볼 때, 어린이들은 상대적으로 늦은 단계에서 그 개념을 완전히 익혀서 이를 타자들과 자기에게 귀속시킬 수 있을 뿐이라고 믿을 만한 충분한 이유들이 있다. 그러나 명백하고 중대한 물음은, 우리는 왜 처음에 마음을 그토록 협소하게 이해하면서 작업하길 원하느냐 하는 것이다.

ST에 관한 한, 우리들의 타자 이해가 의식적 모의실험의 통상적 절차들에 의존한다는 주장을 지지하는 경험적 증거가 있는가 하고 우선 물을 수 있다. 명시적 ST의 대부분의 버전들을 고찰해보면, 그 주장은 모의실험이 명시적일 뿐만 아니라 전반적이라는 것이다. 즉, 우리는 항상 모의실험을 사용하거나, 적어도 이것은 타자들을 이해하는 초보적 방식이라는 것이다. 골드만은 이것이 온건한 주장이라고 생각한다.

> 가장 강력한 형태의 ST는 모든 경우의 (3인칭적) 정신화하기가 모의실험을 이용한다고 말할 것이다. 예를 들어, 온건한 버전은 모의실험이 정신화하기 의 초보적 방법이라고 말할 것이다. …… 나는 이 온건한 버전에 끌리고 있다. …… 모의실험은 원초적인, 인격상호간 정신화하기의 근원 형태이다.

3인칭적 정신화하기는 한 사람이 자기 자신을 이해하려고 (이는 1인칭적 정신화이리라) 하는 것이 아니라, 다른 어떤 사람을 이해하려 하는 것을 의미한다. 하지만 모의실험이 명시적이고 전반적이라면, 타자의 심적 상태를 의식적으로 모의실험을 하는 동안 거쳐 가는 상이한 단계들에 대한 어떤 알아차림을 우리는 갖고 있어야 할 것이다. 이것을 위한 어떤 현상학적 증거가 있는가? 명시적 ST에 대한 간단한 현상학적 반대는, 내가 다른 한 사람과 교류할 때나 이해하게 될 때, 내가 그런 의식적 (상상적, 내성적) 모의실험의 통상적 절차들을 사용한다는 어떠한 경험적 증거도 없다는 것이다. 즉, 우리가 타자들을 어떻게 이해하는가에 대한 우리 자신의 공통 경험을 조회해볼 때, 우리는 그런 과정들을 발견할 수 없다. 물론, 그렇다고 해서 우리가 결코 모의실험들을 사용하지 않는다는 것이 아니라, 모의실험은 모의실험대로 말해주는 어떤 것이 있는 것이다. 어떤 낯설거나 이해할 수 없는 행동에 직면할 때 내가 모의실험의 통상적 절차를 운영하거나, 이론에 호소함으로써 다른 사람을 이해하려고 하는 것이 그런 경우일 수 있다. 그러나 이것은 분명히 드문 경우이다. 더욱이, 단지 이것이 예외가 되는 경향이 있다는 이유만으로, 나는 내가 사실 이 접근방식을 취하고 있다는 것을 쉽게 알아차리게 될 수 있으며, 내가 그렇게 할 때에 한층 더 분명하게 드러난다. 하지만 이것은 내가 통상적이고 일상적인 정황들 속에서 모의실험을 이용한다는 생각에는 불리하게 작용한다. 우리의 대부분의 마주침들은 1인칭적 절차들을 통해 풀리는 3인칭적 퍼즐들이 아니다. 이 마주침들은, 인지적 모의실험을 요구하지 않으면서, 우리 공통의 실용적인 또는 사회적으로 맥락화된 상호작용에 기초해서 다른 사람에게 무슨 일이 벌어지고 있는가를 쉽게 이해하는 2인칭적 상호작용이다. 비트겐슈타인은 언젠가 이것과 관련하여 다음과 같이 정확히 올바른 물음을 제기한 적이 있다. "당신은 그의 얼굴에 있는 분노를 인식하기 위해서 당신 자신의 내면을 들여다보는가?"(비트겐슈타인 1980, § 927).

게다가, 1인칭적 상상적 활동에 의거해서 타자들에 대해 우리의 경험을 투사하는 게 과연 적법한지를 물을 수 있다. 우리가 우리 자신을 타자의 관점에다 상상적으로 투사할 때, 우리가 그 또는 그녀의 신발 속으로 우리 자신을 집어넣을 때, 우리는 과연 타자에 대한 이해를 얻는가, 아니면 단지 우리 자신을 반복하고 있을 뿐인가? 언젠가 길버트 라일Gilbert Ryle이 언급했듯이, 나의 모의실험된 행위에 해당하는 것을 다양한 타자들에게 귀속시킨다는 생각은 그들 행위의 다양성을 무시하는 것이기 때문에, 모의실험의 논리는 올바르지 않다. "관찰된, 사람들의 외모와 행위는 아주 현저하게 다르며, 그래서 (자기 자신의 것과) 아니면 서로 간에 밀접하게 대응하는 내적 과정을 그들에게 전가한다면 이는 증거와는 실제로 상반되는 것이 될 것이다"(1949, 53~54쪽). 만약 내가 내 자신의 모의실험의 결과들을 타자에게 투영한다면, 나는 단지 저 다른 상황 속에서 나 자신을 이해하는 것이지, 결코 타자를 이해하는 것은 아니다. 그렇다면 문제는, 모의실험의 과정이 타자에 대한 진정한 이해를 언제든 허용하는가, 아니면 다른 상황 속에서 단순히 나 자신에 대한 이해를 얻게 하는가이다(이 이상의 논의에 대해서는 아래를 보라).

암묵적 모의실험의 문제들

ST의 암묵적 버전에 관해 동일한 문제 몇 가지가 제기될 수 있다. ST는 최근 몇 년간 거울뉴런의 하부인격적 활성화, 공유된 표상들, 더 일반적으로 말해 공명체계를 포함하고 있는 알맞은 신경과학의 증거에 호소함으로써 더 많은 기반을 얻어 왔다. 만약 모의실험이 하부인격적인 것이어서 우리가 알아차릴 수 있는 그런 것이 아니라고 한다면, 현상학은 우리에게 하부인격적인 영역으로 접근하는 길을 마련해 주지 않기 때문에 반대를 제기할 수 있는 입장이 아니다. 그러나 이 점과 관련하여 ST의 암묵적 버전이 실제로는 ST의 명시적 버전에 대한 반론임을 주목하는 게 중요하다. 즉, 만약 타자들에 대한 우리의 이해가 사실 암묵적이며 자동적인 모의실험 과정에 의해 매개된다면, 우리에게 더 명시적인 버전은 거의 필요 없다. 실로, 암묵적 ST가 명시적 모의실험이 현상학적으로 빈곤하다는 것을 설명할 수 있는 한, 이는 명시적 모의실험에 대한 간소한 현상학적인 반론을 지지하는 것이리라. 이 노선을 따라서 갈레세는 다음과 같이 진술한다. "타자들의 행동에 노출되어, 능동적인 것이든 단순히 주의를 기울이는 것이든, 우리의 반응이 필요한 상황에 직면할 때, 우리는 좀처럼 명시적이고 의도적인deliberate 해석 작용에 종사하지 않는다. 대부분의 경우 우리의 상황 이해는 즉각적이고, 자동적이며, 거의 반사적이다"(2005, 102쪽).

외견상 암묵적 모의실험의 발상을 지지한다고 생각되는 최근의 신경과학을 더 자세히 살펴보자. 이 점과 관련된 기본적인 발견은 우리의 운동체계는 우리가 타자와 마주칠 때 반향하거나 공명한다는 것이다. 예를 들어, 나의 운동체계는 내가 의도적 행위를 수행하고 있는 다른 사람을 지각할 때 활성화된다. 인간 뇌의 전운동피질과 브로카 영역에 있는 거울뉴런들은 내가 특정한 도구적 행위들에 종사하고 있을 때, 그리고 다른 누군가가 그 행위들을 하고 있는 것을 관찰할 때 활성화된다(리졸라티Rizzolatti 등 1996, 2000). 또한 전두피질과 정두피질의 부분들에서 중첩하는 특정한 신경 영역들(공유된 표상들)은 다음과 같은 조건 하에서 활성화된다. (1) 내가 의도적 행위를 하고 있을 때, (2) 내가 다른 어떤 사람이 그 행위를 하고 있는 것을 관찰할 때, (3) 내가 나 자신이나 다른 사람이 그 행위를 하고 있는 것을 상상할 때, (4) 내가 다른 사람의 행위를 모방하려고 준비할 때이다(그림 9.2)(예를 들어, 그르즈Grèzes와 디세티Decety 2001을 보라). 이 하부인격적[하부인칭적] 메커니즘들이 타자의 의도들에 대한 모의실험을 형성한다고 한다(갈레세 2001; 갈레세와 골드만 1998). 갈레세는 이 점을

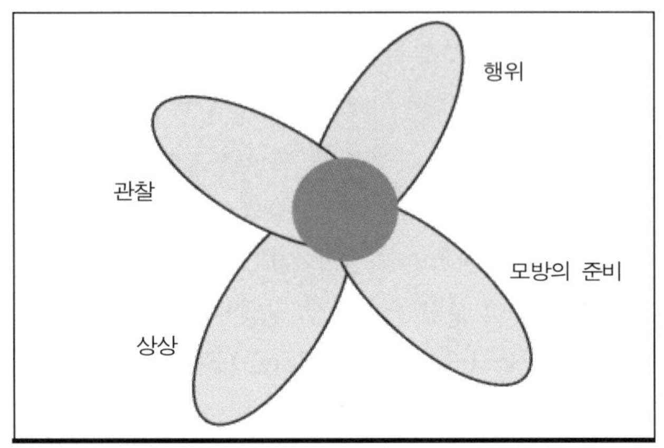

그림 9.2 공유된 표상들[1]

우리가 누군가가 행위를 수행하고 있는 것을 보고 있을 때마다, 다양한 시각영역들의 활성화 이외에도, 우리 자신이 그 행위를 수행할 때에 소집되는 운동회로들의 동시활성화가 있다. …… 우리의 운동체계는 흡사 우리가 관찰하고 있는 바로 그 동일한 행위를 실행하고 있는 듯 활성적이 된다. …… 행위 관찰은 행위 모의실험을 함축하고 …… 우리의 운동체계는 관찰된 행위자의 행위를 은밀하게 모의실험하기 시작한다.

—2001, 37~38쪽

라는 주장 속에서 분명하게 포착하고 있다. 이는 "자동적, 암묵적, 비반성적인 모의실험 메커니즘 ……"(갈레세 2005, 117쪽)에 의해 창출되는 하부인격적 과정들을 수반한다. 과정들 그 자체는 아주 실제적이며, 이것을 지지하는 많은 신경과학적 증거가 있다. 하지만 이 과정들을 모의실험으로 특징짓는 것이 적절한가?[2]

우리가 보았듯이, ST는 1인칭적인 모델을 사용하거나, 적어도 나 자신의 체계(나 자신의 마음이나 운동체계에서의 모의실험)에 국한되기 때문에, ST에 대한 한 가지 가능한 반론은, 다른 사람 속에서 무슨 일이 일어나고 있는가에 관해 무언가를 추론하는 일을 정당화하지 못한다는 것이다. ST의 암묵적 버전을 옹호하는 자들은 이 반론에 답을 갖고 있다. 거울뉴런들과 공유된 표상들은 **중립적**이며 — 1인칭도 아니고 3인칭도 아니며 —, 나 자신의 행위 때 또 타인의 행위를 관찰할 때 활성화된다. 체계의 활성화는 의도적 행위를 모의실험하는 것이지 행위자를 모의실험하는 것이 아니다(드 비뉴몽 2004; 갈레세 2005; 헐리 2005; 쟌느로와 파쉐리 2004). 이 경우, 하부인 격적 모의실험 과정은, 그의 사촌뻘이 되는 명시적인 모의실험과 마찬가지로, 다단계 과정을 포함하고 있다. 첫째로, 우리는 어떤 특정한 행동을 지각한다. 이어서 곧바로 공유된 표상들이 — 중립적인 양상으로 — 활성화된다. 이어서 행위자가 결정된다. 즉, 누가 그 행위를 했는가 — 나인가, 다른 사람인가 — 하는 특정화가 이루어진다(쟌느로와 파쉐리 2004).[3]

그러나 신경과학적 자료들은 보다 간명한 다른 해석이 가능하다. 우리가 말해 온 신경공명 과정은 사실 **모의실험**보다는 상호주관적 **지각**의 기저를 이루는 과정의 일부라고 어렵지 않게 주장할 수 있다. 즉, 이 과정은 다른 사람의 의도를 모의실험하는 특수한 심적 과정이 아니라, 타자의 의도의 직접적 지각과 관계가 있다. 이 주장에 의하면, 우리는 지각을 시간적인 현상으로서, 또 행위화적인enactive 것으로서, 따라서 운동motor 과정들을 포함하는 것으로서 생각할 필요가 있다. 첫째로, 거울뉴런은 적절한 시각적 자극 30~100ms 후에 발화한다(갈레세, 사신私信). 신경학적 견지에서, 시각 피질의 활성화와 전운동피질의 활성화 사이의 짧은 간격의 시간이 무엇인가는, 지각 작용과 모의실험이라고 간주되는 어떤 것 사이에 정확히 어디에서 선을 그어야 하는가 하는 물음을 일으킨다. 설사 시각피질의 활성화와 전운동피질의 활성화 사이에 선을 그을 수 있다 하더라도, 이 선이 지각과 단계적 과정으로서의 모의실험을 구별한다는 것을 의미하지는 않는다.

이 점을 조심하고 또 분명히 해두자. 갈레세와 암묵적 모의실험론자들이 단계적인 뉴런적 과정들(시각피질의 감각적 활성화와 이를 잇는 거울체계의 활성화)이 지각 더하기 모의실험이라는 단계적 의식 과정을 창출한다고 주장하는 것은 아니다. 갈레세는 모의실험은 암묵적인 상태에 있고, 거울체계의 활성화 자체가 모의실험 과정으로서 함수적으로 해석될 수 있다고 주장한다. 그럼에도 우리는 이 점과 관련해서 두 가지 문제를 제기할 수 있다.

첫 번째 문제는 이것이다. 만약 지각이 행위화적enactive 과정(가령, 헐리 1998; 노에Noë 2004)—감각운동적 수용이지 단순히 감각적 수용인 것은 아니다(5장을 보라)—이라면, 지각이 타자들의 행위의 지각일 때 아마도 공명과정들을 지각과정의 구조의 일부로 생각하는 것이 더 적절할 것이다. 이 해석에 따르면, 거울뉴런의 활성화는 모의실험의 개시가 아니다. 그것은 타자가 무엇을 하고 있는지에 대한 직접적인 상호주관적 지각의 일부이다. 현상학적 수준에서는, 내가 타자의 행위나 제스처를 볼 때 그 행위나 제스처에서 나는 의미를 본다—직접적으로 경험한다—. 타인의 얼굴, 자세, 제스처, 행위에서 나는 기쁨을 보거나, 분노를 보거나, 의도를 본다. 나는 그것을 본다. 나는 그것을 모의실험할 필요가 없다. 나는 그것이 그들의 행위, 제스처, 정서, 의도라는 것을 즉각적으로 안다. 내가 그것을 내 자신의 것과 혼동한다는 것은 극히 드문 일이다.

물론, 모의실험론자들은 현상학을 수용하면서도 ('그래 실로 저것은 일어날 법한 일이야'), 특정한 하부인격적 과정들은 모의실험을 포함한다는 해석을 고집할 수 있다. 하지만 정확히 무엇이 이 해석을 정당화하는가? 모의실험론자들이 공명과정들의 활성화가 사실상 모의실험이라고 하는 어떤 설득력 있는 증거를 내놓을 수 있는가?

이 물음은 ST의 암묵적 버전에 대한 반론으로 간주되는, 두 번째 문제로 우리를 데리고 간다. 암묵적 모의실험의 이론가들이 '모의실험'이라고 부르는 것은 이 단어의 진정한 의미에서 결코 '모의실험'이 아니다. 우선, 『옥스퍼드 영어사전』에 제시된 '모의실험'의 두 정의를 살펴보자. 우리는 이를 '가장 정의pretence defintion'와 '도구 정의instrumental defintion'라 부를 것이다.

(1) 가장 정의: 모의실험은, 진짜가 아닌 것—모조—이라는 의미에서 모방이다. '모의실험하다'는 '척하다', '가장하다'를 의미한다.

(2) 도구 정의: 모의실험기simulator라는 의미에서 모의실험. 실물을 이해하기 위해 우리가 사용할 수 있거나, 갖고 작업을 할 수 있는 것a thing, 모델,

ST의 문헌에서, 모의실험을 정의하기 위해 이 용어의 두 의미가 사용되고 있다. 다음의 정의들을 살펴보자(고딕체는 필자).

도구 정의: 모의실험은 "자기 자신의 평가와 추리 메커니즘을 그들[타자의]의 모델로 사용하는 것"을 의미한다(도키치Dokic와 프루스트Proust 2002, viii쪽).

도구 정의 + 가장 정의: "ST에 따르면, 목표물의 모의실험을 실행하는 모의실험자는 '오프라인' 모드에서 자기 자신의 의사결정 메커니즘이라는 자원을 사용하고, 이어서 그 메커니즘에, 자신이 **목표물의 상황 속에 있다면** 갖게 되는 심적 상태들을 입력한다"(베르니에Bernier 2002, 34쪽).

가장 정의: "모의실험은 '가장상태'를 포함한다. 여기서 나는 '가장 상태란 말로' 귀속자가 과제를 위해 **의도적으로deliberately** 채택하는 어떤 종류의 대리 상태를 의미한다. …… 실용적 추론을 모의실험할 때 귀속자는 가장 욕구와 믿음을 자기 자신의 실용적 추론체계에 입력한다"(골드만 2002, 7쪽).

가장 정의: "우리의 운동체계는 마치 우리가 관찰하고 있는 바로 그 동일한 행위를 실행하고 있다는 듯 활성적이 된다"(갈레세 2001, 37쪽).

가장 정의: 내가 당신의 의도적 행위를 볼 때 반응하는 뉴런들은 "마치 내가 행동을 수행하고 있다는 듯 반응한다"(고든 2005, 96쪽).

그렇다면, ST에서 사용되는 모의실험 개념은 이 두 조건을 충족시키는 것으로 정의된다. 즉, 모의실험은 내가 도구적인 방식으로 제어하는 과정이고 (명시적 버전에서 그것은 '의도적으로 채택된다'), 또 가장을 포함하고 있다(나는 나 자신이 '마치' 다른 사람의 입장에 있는 듯 생각한다). 그러나 하부인격적 과정들에는 이 정의들이 적용되지 않는다.

(1) 만약 모의실험이 나 또는 나의 뇌가 도구적으로 사용하거나 제어하는 과정으로 특징지어지고, 또 이것이 모의실험의 본질이라면, 암묵적인 운동 공명 과정에서 일어나고 있는 일이 모의실험이 아니라는 것은 분명해 보인다. 우리는 인격적 수준에서, 활성화되는 뇌영역에 대해 아무것도 행하지 않는다. 사실 우리는 신경활성화에 접근할 수 있는 어떠한 도구적 수단도 갖고 있지 않고, 또 신경활성화를 모델로서 사용할 수 없다. 하부인격적 수준에서, 뇌 자체가 모델이나 방법론을 사용하고 있다거나, 한 경험을 다른 경험과 비교하고 있다거나, 가장 상태를 만들어내고 있다거나, 한 다발의 뉴런들이 다른 한 다발의 뉴런들을 모델로 사용하고 있다고 말하는 것은 의미가 없다. 우리가 고찰하고 있는 바로 이 상호주관적 환경 속에서, 이 신경체계들은 주도권을 쥐고 있지 않다. 이 신경체계들은 스스로를 활성화하지 않고, 다른 사람의 행위에 의해서 활성화된다. 다른 사람의 행위에 대한 지각은 우리가 유사한 행위에 종사하고 있을 때 활성화되는 동일한 영역을 우리의 뇌 속에서 자동적으로 활성화한다. 다른 사람은 우리에게 영향을 미친다. 다른 사람은 이 활성화를 이끌어낸다. 이 과정은 모의실험을 하는 과정이 아니라 지각을 이끌어내는 과정이다. 지각을 이끌어내는 일을 행하고 있는 것은 우리나 우리의 뇌가 아니라, 이 일을 우리에게 행하는 타자이다.

게다가, (2) 하부인격적 과정들에는 가장이 존재하지 않는다. 이는 우리가 뉴런적 과정들을 운반체vehicles(메커니즘)로 간주하든, 아니면 그것들이 표상한다고 보이는 내용물로 간주하든 사실이다. 운반체로서 뉴런들은 발화하거나 발화하지 않거나 하지, 발화하는 척 가장하지 않는다. 물론, 우리가 아는 한 어떤 이도 이처럼 어리석은 주장을 하고 있지 않다. 그러나 더 요점을 찌르는 것은, 이 뉴런들이 표상하거나 등록하는 내용은 ST가 요구하는 것과 같은 가장일 리가 없다는 점이다. 뉴런들은 '마치' 내가 당신이라는 듯 발화하지 않는다. 우리가 보았듯이, 암묵적 ST의 옹호자들은 거울체계는 행위자에 관해서 중립적이라고 주장한다. 1인칭적이거나 3인칭적인 특정화가 수반되지 않는다. 그 경우 뉴런들이 나의 의도를 당신의 의도인 척 등록하는 것은 가능하지 않다.

그러므로 우리가 왜 공명체계의 활성화를 ST가 요구하는 것과 같은 모의실험 과정들로 생각해야 하는지 분명하지 않다. 이것은 우리가 다른 사람을 지각할 때 공명과정이 작동한다는 것을 부인하는 것이 아니다. 더구나, 그러한 마주침에 수반되는 공명과정의 본성은 타자들(사람과 일부 동물들)에 대한 지각을 대상과 도구에 대한 지각과는 다른 것으로 만든다. 하지만 그것이 사회인지를 암묵적 모의실험의 결과로 만드는 것은 아니다.

공감 및 유추에 의한 논증

현상학적 전통은 상호주관성에 대한 풍부할 뿐 아니라, 매우 상이하고 심지어는 간혹 서로 경합하는 설명들도 담고 있다. 아래에서, 우리는 상이한 모든 버전들을 망라할 수는 없기 때문에 오늘날 논쟁이 되고 있는 쟁점과 가장 직접적으로 관련이 있는 것들에 초점을 맞출 것이다.

우리의 출발점을 유추에 의한 **논증**으로 알려져 있는, 다른 마음들의 문제를 놓고 고투하는 고전적인 시도에서 잡도록 하자. 논증은 다음과 같이 진행된다. 내가 직접적으로 접근할 수 있는 유일한 마음은 나 자신의 것이다.

내가 타자의 마음에 접근하는 길은 항상 그의 신체적 행동에 의해 매개된다. 하지만 어떻게 다른 사람의 몸에 대한 지각이 나에게 그의 마음에 관한 정보를 제공할 수 있는가? 나 자신의 경우에, 나의 몸이 인과적으로 영향을 받을 때 나는 내가 경험들을 갖는다는 것을 관찰할 수 있으며, 또 이 경험들이 종종 어떤 행위들을 야기한다는 것을 관찰할 수 있다. 나는 타자의 몸이 유사한 방식들로 영향을 받고 행위한다는 것을 관찰하며, 그러므로 나는 다른 몸들의 행동이 나 자신이 갖고 있는 것과 유사한 경험들과 결부되어 있다는 유추에 의해 **추론한다**. 나 자신의 경우에, 뜨거운 물에 데는 것은 강렬한 고통의 느낌과 결부되어 있다. 그때 이 경험은 비명이라는 아주 뚜렷한 행동을 일으킨다. 내가 다른 몸들이 뜨거운 물에 데서 비명을 지르고 있는 것을 관찰할 때, 나는 그들 역시 고통을 느끼고 있는 것 같다고 추론한다. 따라서 유추에 의한 논증은 최선의 설명으로 이끄는 추론으로 해석될 수 있다. 추론은 우리를 관찰된 공적인 행동에서 숨겨진 심적 원인으로 데려간다. 이 추론이 나에게 타자들에 관한 의심할 나위 없는 앎을 제공하거나, 다른 마음들을 실제적으로 경험하게 하는 것을 가능하게 하는 것은 아니지만, 적어도 그것은 타자 마음의 존재를 부정할 때보다는 그 존재를 믿게 하는 더 많은 이유를 나에게 갖다준다.

이 고전적 논증과 오늘날 마음이론 논쟁 간에는 어떤 관계가 있는가? 더 구체적으로 말해서, 유추에 의한 논증은 어떻게 모의실험 이론이나 이론화 이론과 각각 관계를 맺고 있는가? 유추에 의한 논증은 이 두 서로 대조를 이루는 이론들에 걸쳐 있다. 우리가 우리 자신의 심적 내용에 즉각적이고 직접적으로 접근할 수 있다고 주장하는 한, 타자들을 이해하려 할 때 이 자기친밀지self-acquaintance가 우리의 출발점으로서 역할을 한다고 주장하는 한, 즉 우리가 우리 자신들에서 유추하여 타자들을 알게 된다고 주장하는 한, 이 논증은 모의실험이론의 한 버전과 친연성이 있다. 다른 한편으로, 우리가 타자들을 이해하는 일은 최선의 설명으로 이끄는 추론, 즉 우리를 관찰된 공적인 행동에서 숨겨진 정신적 원인으로 데려가는 추론이라고 주장한다는 점에서, 유추에 의한 논증은 또한 마음의 이론화 이론과 근본적인 주장을 공유하고 있다.

현상학자인 막스 셸러Max Scheler는 유추에 의한 논의에 찬물을 끼얹는 일을 함께하고 있다. 그가 지적하듯이, 이 논증은 설명해야 할 것을 이미 전제하고 있다. 만약 내가 가령 나의 웃음이나 비명과 다른 누군가의 웃음이나 비명 간의 유사성을 알고자 한다면, 타인들의 신체적 제스처와 행동을 단순히 물리적 운동으로서가 아니라 표현적 현상으로, 기쁨이나 통증의 현출로 이해할 필요가 있다. 그러나 만약 이런 이해가 유추에 의한 논증을 진행하기 위해 요구된다면, 그것은 수립해야 할 것을 전제하는 것이다. 다시 말해서, 우리가 마음이 있는 생명체들을 관찰하고 있다는 것을 이미 확신하고 있지만, 정확히 문제의 표현적 현상을 어떻게 해석해야 하는지를 확신하지 못할 때에만, 우리는 유추적인 추리 방식을 이용한다(셸러 1954, 240쪽; 걸비치Gurwitsch 1979, 14쪽, 18쪽 참조).

셸러는 또한 유추에 의한 논증이 상정하는 중대한 전제들 중 두 가지를 의심한다. 첫째, 이 논증은 나의 출발점이 나 자신의 의식이라고 가정하고 있다. 나 자신의 의식은 매우 직접적이고 무매개적인 방식으로 나에게 최초에 주어지는 것이며, 그러고 나서 이 순수하게 정신적인[심적인] 자기경험으로 간주되는 것이 타자들에 대한 인식을 가능하게 만든다. 우리는 우리 자신을 잘 알고 있고, 그러고 나서 우리는 우리가 알지 못하는 타자에게 이미 우리 자신 안에서 발견하는 것을 투사해야 한다. 둘째, 이 논증은 또한 우리가 결코 다른 사람의 마음에 직접적으로 접근할 수 있는 길을 갖고 있지 않다고 가정하고 있다. 우리는 결코 다른 사람의 생각들이나 느낌들을 **경험할** 수 없다. 우리는 그것들이 우리가 지각하는 것에 기초해서만, 즉 타자의 신체적이고 행동적인 나타남들에 기초해서만 존재한다고 추론할 수 있을 뿐이다. 이 두 가정 모두 완전하게 명백해 보일 수 있겠지만, 셸러는 둘 모두를 거부한다. 그가 말하듯이, 유추에 의한 논증은 자기경험에 포함된 어려움을 과소평가하고, 타자들에 대한 경험에 포함된 어려움을 과대평가하고 있다(셸러 1954, 251쪽). 우리는 신체화되고 내장화된 자기경험의 본성을 인정하지 않아서는 안 되며, 타자들이 직접적으로 지각될 수 있다는 것을 간과하지 않아야 한다. 즉, 셸러는 이 관계의 양 측면에 놓이는 신체화의 중요성을 지적하고 있는 것이다. 그는 우리의 최초의 자기친밀지가 타자들과 고립되어 일어나는 순수하게 정신적인 본성에 관한 것이라는 것을 부정하며, 우리의 타자들에 대한 기본적인 친밀지가 본성상 추론적이라는 것 또한 부정한다. 타자들의 움직임, 제스처, 표정, 행위에서 우리는 그들의 기쁨, 슬픔, 당혹감, 열의를 지각할 수 있고, 또는 그들이 질문을 갖고 있다거나 관심을 갖고 있다는 것 등을 지각할 수 있다. 그들의 마음에 관해서 무언가를 추론하기 위해서 지각을 넘어설 필요 없이도 말이다.

> 왜냐하면 우리는, 다른 사람의 웃음에서 기쁨을, 눈물에서 슬픔과 고통을, 붉어진 얼굴에서 수줍음을, 내민 손에서 간청을, 애정 어린 눈빛에서 사랑을, 꽉 다문 입에서 분노를, 움켜쥔 주먹에서 위협을, 말소리에서 생각의 취지를 직접적으로 친밀하게 안다는 것을 확실히 믿기 때문이다. 만약 "누군가가 나에게 그대가 말한 것은 '지각'이 아니다. 왜냐하면, 지각은 단순히 '물리적 감각들의 복합체'일 뿐이고, 그래서 다른 사람의 마음에 대한 감각도, 그런 원천에서 나오는 자극도 없다는 것이 확실하다는 사실에 비추어볼 때 그것은 지각일 리가 없기 때문이다"고 말한다면, 나는 그에게 그런 미심쩍은 이론들로부터 벗어나서 현상학적 사실들에 고심하라고 애원할 것이다.
>
> —셸러 1954, 260쪽

우리가 행동을 기술하기 위해서 심리적 용어를 사용하는 것은 결코 우연이 아니다. 실로, 행동을 순전한 움직임에 의거해서 기술하려 한다면 우리는 애를 먹을 것이다. 정동적이고 정서적 상태들은 단순히 주관적 경험의 질들이 아니다. 오히려 그것들은 표현적 현상들 속에 주어진다. 즉, 그것들은 신체적 제스처들과 행위들 속에 표현되며, 이로써 타자들에게 가시적이게 되는 것이다. 상호주관적 이해는, 첫 번째 단계는 의미가 부재하는mean-ingless 행동에 대한 지각이고, 마지막 단계는 이것에다 심리적 의미를 지적으로 귀속시키는 다단계적 과정이라고 주장한다면, 이는 현상학적 수준의 기술에서 볼 때 상당히 문제가 있다. 대개의 경우 현상을 심리적 측면과 행동적 측면으로 깔끔하게 나눈다는 것은 매우 어렵고 인위적인 일이다. 단순히 미소, 악수, 포옹, 한가한 산책을 생각해보라. 얼굴을 맞댄 마주침 속에서 우리는 순전한 신체와 직면하거나 숨겨진 영혼과 직면하는 것이 아니라, 통일된 전체와 직면하는 것이다. 셸러는 '표현적 통일체'(Ausdruckseinheit)에 대해서 말한다. 이 통일체가 나뉠 수 있고 그런 뒤 우리의 관심이 '내부로' 또는 '외부로' 나아갈 수 있는 것은 오직 사후적으로 추상화 과정을 통해서일 뿐이다(셸러 1954, 261쪽).

그래서 현상학적 견해들은 타자 이해에 대한 물음 및 상호주관성의 문제로 다가가는, 정신화하지 않는non-mentalizing, 신체화된, 지각적인 접근방식을 포함하고 있다. 우리는, 타자의 몸이 다른 모든 물리적 존재물과 근본적으로 다른 것으로서 현시하고, 따라서 타자의 신체적 현전에 대한 지각은 물리적 사물에 대한 지각과 같지 않다는 인식에서부터 시작한다. 타자는 그 신체적 현전 속에서 살아지는 몸으로서, 활동적으로 세계에 참여하고 있는 몸으로서 주어진다. 사르트르가 지적했듯이, 내가 다른 사람의 몸과 일상적으로 마주치는 일이 생리학적으로 기술되는 종류의 몸과 마주치는 일이라고 생각하는 것은 결정적인 잘못일 것이다. 다른 사람의 몸은 바로 그 몸의 행위와 표현에 의해서 함께-결정되는 어떤 상황이나 유의미한 맥락 속에서 항상 나에게 주어지고 있다(1956, 345쪽).

일부 현상학자들은 타자와의 마주침이 그들이 감정이입empathy이라고 부르는 의식의 독특한 양상을 포함한다고 시사하고 있다(셸러 1954; 스테인 Stein 1989를 보라). 공감은 타자의 살아지는 경험으로 향해 있는 지향성의 한 형태로서 정의된다.[4] 2인칭 시점으로부터 타자의 주관성을 개시하거나 현시하는 지향적 행위는 모두 공감으로 간주된다. 이렇게 이해된 공감이

(타자의 신체적 현전에 대한) 지각에 기초하고 있고, 또 (다른 사람이 무엇인가에 관해 어떻게 느끼고 있나 힘들여 알아내야 하는) 어렵거나 문제적인 상황 속에서 하는 추론을 포함할 수 있긴 하지만, 지각과 추론의 어떤 첨가물 식의 결합으로 환원될 수 있는 것은 아니다. 따라서 공감의 현상학적 개념은, 우리가 타자들을 이해하는 일차적인 양상은, 그들의 신체적 행동을 지각하고 그 다음에 외견상 우리 안에서 유사한 행동을 야기하는 것과 유사한 경험이나 내적인 심적 상태에 의해 그들의 행동이 야기된다고 추론하거나 가설을 세우는 것이라고 주장하는 모든 이론에 반대한다. 오히려 공감 속에서 우리는 타자를 직접적으로 사람으로서, 신체적 제스처와 행위가 그 또는 그녀의 경험을 표현하거나 마음의 상태를 표현하는 지향적 존재로서 경험한다(더 자세한 논의에 대해서는 톰프슨 2001, 2005, 2007; 자하비 2001a를 보라).

유심론 및 다른 마음들의 개념적 문제

차이점들이 있음에도 불구하고, TT와 ST는 모두 마음이 있는 다른 생명체들을 직접적으로 경험하는 것이 가능하다는 것을 부인한다. 아마도 이 때문에 우리는 이론적인 추론이나 내적인 모의실험에 의존하고 또 이를 이용할 필요가 있을 것이다. 따라서 두 설명 모두 타자들의 마음은 숨겨져 있다는 견해를 공유하고 있으며, 또 그런 숨겨져 있는 정신적 존재물이나 과정을 어떤 공적으로 관찰가능한 신체에 귀속시키는 일을 우리가 어떻게 그리고 왜 시작하는가 하는 문제가 사회인지 이론이 직면하고 있는 주요한 도전 중의 하나라고 보고 있다. 우리가 보았듯이, 현상학자들은 물음이 짜여지는 바로 그 방식을 의문시할 것이다. 이론이나 모의실험은 무엇이 주어지는지, 무엇이 경험적으로 얻어질 수 있는지에 대한 과도하게 빈곤한 개념에 의해 동기부여되기 때문에, 현상학자들은 이론이나 모의실험에 호소하는 것은 부당하다고 주장할 것이다. 상호주관성에 대한 현상학적 설명은 대체로 TT에 반대하는 데 반해, 현상학과 ST의 관계는 훨씬 더 유화적이라고 간혹 가정되기도 한다. 이것은 오직 부분적으로만 옳다. 사실 몇몇 현상학자들은 자기경험의 신체화된 본성을 강조함으로써, 돌이켜 볼 때, 골드만의 모의실험론적 설명 때문에 유난히 골치 아팠을 것 같아 보이는 문제에 주의를 환기시켜 왔다. 고프닉과 같은 이론화 이론가들은 전통적으로 심적 상태들을 자기에게 귀속시키는 것과 타자에게 귀속시키는 것 간의 평행성을 강조해 온 반면(고프닉 1993), 골드만은 비대칭성을 강조해 왔다. 하지만 만약 우리가 심적인 것과 행동적인 것의 개념적 분리를 용인함으로써 시작한다면, 또 만약 나 자신의 자기경험이 순수하게 심적인 성격을 띠는 데 반해 타자들에 대한 나의 경험은 본성상 순수하게 행동적이라면, 우리는 내가 왜 마음이 있는 다른 생명체들이 존재한다고 생각해야 하는지조차 이해할 필요가 있을 것이다. 데이비슨Davidson은 다음과 같이 말해 왔다.

> 만약 타자들의 심적 상태들이 오직 그들의 행동적인, 다른 외형적 현출을 통해서만 알려진다면, 우리 자신의 심적 상태들은 그렇지 않은데, 왜 우리는 우리 자신의 심적 상태들이 타자들의 것과 같은 어떤 것이라고 생각해야 하는가?
>
> —2001, 207쪽; 메를로-퐁티 1962, 348쪽 참조

만약 우리가 매컬럭(2003, 94쪽)이 최근 행동-배제 유심론behaviour-rejecting mentalism이라고 불러 온 것을 채택한다면, 즉 만약 우리가 신체화와 신체적 행동이 경험과 인지에서 본질적 역할을 한다는 것이나, 신체화와 환경적인 내장화가 마음을 갖는 데 본질적이라는 것을 부인한다면, 우리는 다른 마음의 개념적 문제로 알려져 있는 것을 벗어나는 데에 어려움을 겪을 것이다. 첫째로, 만약 나의 자기경험이 순수하게 심적 본성의 것인 반면, 즉 내가 (어떤) 심리적 상태들을 자기귀속시키는 데 있어서 나의 몸이 본질

적으로 중요하지 않은 반면, 내가 심적 상태들을 타자들에게 귀속시키는 것은 오직 그들의 신체적 행동에만 기초한다면, 동일한 유형의 상태들을 자기에게 그리고 타자들에게 귀속시키는 것을 무엇이 보증해야 하는가? 도대체 어떻게 우리는 서로 다른 주체들에게 동등하게 적용할 수 있는 진정으로 일반적인 마음의 개념을 소유하게 되는가(아브라미데스Avramides 2001, 135쪽, 224쪽 참조)? 메를로-퐁티의 해결책은 자기경험의 신체화된 성격을 주장하는 것이었다. 자기경험이 순수하게 심적 본성을 갖는다면, 그것이 오직 비매개적이고 유일무이한 내향성inwardness의 형태로만 현전한다면, 나는 또한 거울에 비친 나 자신을 인식할 수 있는 능력을 결여하게 될 것이다. 더 일반적으로 말해서, 상호주관적으로 기술할 수 있는 어떤 특정한 신체를 나 자신으로 파악할 수 없게 될 것이다.

> 만약 주체에 대한 유일한 경험이 내가 주체와 일치함으로써 얻는 것이라면, 만약 정의상 마음이 '외부의 구경꾼'을 회피하고 오직 내부로부터만 인식될 수 있다면, 나의 코기토는 필연적으로 유일무이할 것이고 다른 사람에 의해 '공유되는' 법이 없을 것이다. 아마도 우리는 그것이 타자들에게 '이동가능하다'고는 말할 수 있을지 모른다. 하지만 그때 그런 이동이 일어날 수 있겠는가? 도대체 어떤 광경이 그 의미 전체가 내부로부터 파악되어야 한다고 요구되는 존재 양식을 내 자신 외부에 정립하도록 타당하게 유인하겠는가? (……) 내가 외부를 갖지 않는다면 타자들은 내부를 갖지 않는다. 만약 내가 나 자신의 절대의식을 갖고 있다면, 의식이 복수성은 불가능하다.
>
> ―메를로-퐁티 1962, 373쪽

> 나는 나 자신에게 투명하지 않기 때문에, 또 나의 주관성은 그 신체를 배후에 끌고 가기 때문에, 타자는 나에게 명증할 수 있다.
>
> ―위의 책, 352쪽

사실상 상호주관성은 가능하기 때문에, 나의 자기친밀지와 타자들에 대한 나의 친밀지 사이에는 교량이 존재하고 있음에 틀림없다. 나 자신의 주관성에 대한 나의 경험은 타자에 대한 나의 예기를 담고 있다(위의 책, 353쪽, 448쪽). 만약 내가 다른 몸들을 신체화된 다른 주체들로서 인식하고자 한다면, 나는 내가 그렇게 할 수 있도록 할 무언가를 소유하고 있어야 한다. 내가 나 자신을 경험할 때와 내가 타자들을 경험할 때 사실상 공통분모가 있다. 두 경우 모두 나는 신체화를 다루고 있다. 그리고 나의 신체화된 주관성의 특질들 중 하나는, 정의상 주관성이 세계 속에서 행위함과 살아감을 수반한다는 것이다. 스트로슨의 고전적 예들(스트로슨 1959, 111쪽)을 써 본다면, 내가 산책하거나 편지를 쓰거나 야구를 할 때, 나는 나 자신을 경험하고 있지만, 내가 다른 사람을 경험할 방식을 예기하는 방식이나 다른 사람이 나를 경험할 방식을 예기하는 방식으로 그렇게 하는 것이다. 실로, 내가 신체적으로 자기탐색을 몰두하고 있을 때, 내가 나 자신의 몸을 만지거나 관찰할 때, 나는 또한 타자들에게 보여질 수 있거나 만져질 수 있는 나 자신의 존재의 측면과 마주치게 된다.

결과적으로, 회의론의 도전에 대응하는 적절한 방식은 주체의 마음과 몸 사이의 과격한 분할을 버림으로써 가능하다. 여기서 표현과 행위의 개념이 결정적으로 중요하게 된다. 물론, 마음에 관한 어떠한 설명도 주관성과 1인칭적 관점을 진지하게 취해야 하고, 표현과 행위에 초점을 맞춘다면 결과적으로 마음에 본질적인 것을 못 보게 될 것이라고 주장할 수도 있겠다. 그러나 이러한 걱정은 오도된 것이다. 주관성은 이 두 개념에서 중심적인 역을 맡고 있기 때문에, 표현과 행위와 관련해서 환원적인 것이라고는 아무 것도 없다.

이 생각은 의식 그 자체를 의도적 행동으로 환원시키는 것은 아니다. 하지만 우리는 심적 현상들과 행동 간의 표현적 관계는 동일성 관계보다 약하긴 하지만, 순전히 우발적이고 인과적으로 연결되는 관계보다 더 강하다는 것을 인정해야 한다. (신체화와는 구별되어야 하는) 신체적 행동은 전 범위의 심적 현상들에 필요하지도 않고 충분하지도 않기에 하나는 다른 하나 없이 발생할 수 있지만—이것이 거짓말, 기만, 은폐가 가능한 이유이다—, 그렇다고 이것이 일반적으로 성립한다거나 언제나 성립한다고 생각될 수 있는 것은 아니다. 대체로 우리는 하나를 다른 하나와 무관하게 알게 되지는 않는다. 비트겐슈타인이 말하듯이, "우리는 '그는 감정을 숨기고 있다'고 말할 수 있다. 하지만 이는 감정이 언제나 숨겨져 있는 아프리오리라는 것을 의미하는 것은 아니다"(1992, 35e쪽). 사실, 러드Rudd(2003, 114쪽)가 최근에 주장했듯이, 일부 우리의 심적 상태들은 신체적 행동에서 자연스러운 표현을 찾기 때문에, 그리고 우리의 심적 상태들을 위해 배우는 언어는 우리가 이를 우리 자신에게 적용하는 동시에 타자들에게 적용하기 위해 배우는 언어이기 때문에, 상호주관적 이해는 가능한 것이다.

표현은 내부의 심적 상태들과 외부의 신체적 행동 사이를 좁혀 주는 단순한 교량 그 이상이다. 다른 사람들의 행위와 표현적 움직임을 볼 때, 우리는 이미 그것들의 의미를 본다. 숨겨진 일단의 심적 상태들을 추론하는 일은 결코 필요하지 않다. 표현적 행동은 마음의 의미로 가득 차 있다. 그것은 우리에게 마음을 드러내 보인다. 확실히 그것은 1인칭적 관점에서 만날 수 있는 마음의 직접적 현출과는 다르다. 우리는 심리적 상태들에 대한 1인칭적 접근법과 2인칭적 (또 3인칭적) 접근법 간의 비대칭성을 존중하고 유지해야 하지만, 이것이 한쪽의 직접적 확실성과 다른 한쪽의 불확실한 추론 간의 차이는 아니다. 우리는 각각의 접근법이 그 자체의 강점과 약점을 갖고 있다는 것을 인정해야 한다. 만약 1인칭적 접근법이 특권적이며, 가능한 한 가까이 1인칭에 다가가는 것이 2인칭적 (또는 3인칭적) 접근법의 내적 염원이라고 가정한다면, 2인칭적 (또는 3인칭적) 접근법은 그저 1인칭적 접근법에 '미치지 못하는 것'일 뿐이다(모란Moran, R. 2001, 157쪽).

행동은 그 자체로 고찰되기에 표현적이지도 않고 의미적이지도 않다는 생각은 수용될 수 없는 것이다. 행동은 겉에서 관찰할 수 있는 심적 상태들의 결과에 불과하다는 생각 또한 수용될 수 없는 것이다. 우리가 행동은 표현적이라고 말할 때, 이것은 행동이 내적이거나 숨겨진 무엇인가를 표현하거나 외화하는 것을 의미하지 않는다. 이런 견해는 행동의 진정한 본성을 인식하지 못할 뿐만 아니라 또한 우리에게 마음을 그릇되게 이해하는 관점을 제시한다. 그것은 또 마음은 머릿속에 놓여 숨겨져 있는 순수하게 내적인 사건이라고 시사하고, 이렇게 해서 다른 마음들의 문제를 일으킨다(맥도웰McDowell 1998, 393쪽 참조). 우리는 마음을 오직 한 사람에게만 보이고 다른 모든 사람에게는 보이지 않는 어떤 것으로 해석하는 것을 피해야 한다. 마치 심리적 현상들은 제스처들, 신체적 표현들 등이 없이도 여전히 동일한 것으로 존재한다고 할 때처럼 마음은 오로지 내적인 어떤 것이 아니며, 몸과 주위세계와 단절되어 있는 어떤 것도 아니다. 오버가드Overgaard(2005)가 지적하듯이, 심리적 현상들은 많은 방향으로 그들의 팔들을 뻗치고 있고— 그것들은 공개적으로 관찰가능한 많은 역할을 하고—, 그래서 이 공개적인 팔들을 모두 자르는 것은 우리에게 심각하게 왜곡된 심적 상태들의 그림을 남길 것이다.

누군가 부끄러워서 얼굴을 붉힐 때, 붉어진 얼굴은 부끄러움을 드러내 보이고 나타내 보이는 것이지, 붉어진 얼굴이 부끄러움을 숨기는 것은 아니다. 치과 의사가 치아에 구멍을 뚫는 동안 누군가 고통으로 비명을 지를 때, 이것은 행동에 지나지 않으며 진짜 고통은 여전히 숨겨져 있고 내부에 있다고 말한다면, 이는 별 의미가 없다. 베넷Bennett과 해커Hacker가 관찰하듯이, 우리가 더 직접적인 증거에 대해 말하는 것이 의미가 있는 경우에만 간접적인 증거에 대해서 혹은 간접적으로 아는 것에 대해 말할 수 있다. 누군가가 고통으로 몸을 뒤트는 것을 보는 것보다 누군가가 고통 속에 있다는 것을 아는 더 직접적인 방식은 없고, 누군가가 그가 보는 것을 몸소 보여주는 것보다 그가 어떤 것을 본다는 것을 아는 더 직접적인 방식은 없으며, 혹은 누군가의 성실한 고백보다 그가 생각하는 것을 아는 직접적인 방식은 없다. 이와 대조적으로, 머리맡에 빈 물잔과 함께 진통제 한 병이 있다는 걸 알아차리고서 그 사람이 고통 속에 있다고 결론을 내리는 것은 간접적으로 또는 추론을 통해서 아는 예이다(2003, 89쪽, 93쪽).

이것은 행동주의가 아니다. 이 생각은 심적 상태들을 행동과 동일시하는 것이거나, 혹은 이것들을 행동으로 환원시키는 것이 아닐 뿐 아니라 어떤 경험적 상태들은 내현적이라는 것을 배제하는 것도 아니다. 하지만 상호주관성이 순조롭게 출발할 수 있으려면, 모든 경험들이 자연적인 표현들을 결여해서는 안 된다.5) 블랙홀이나 아원자 입자에 관한 주장들을 검증하는 간접적인 방법들이 "인간과 동물의 주관성에 관한 연구의 영역에 있는 가설들을 검증하기 위한 모델을 우리에게 제공할 수 있다"(썰 1999b, 2074쪽)고 제안하는 것은 아주 혼란스러워 보인다.

다른 마음들의 문제가 끊임없이 반복되는 이유 중 하나는 우리가 타자들의 정신적[심적] 삶에 접근할 수 있는 가능성에 관해 상충되는 직관들을 갖고 있기 때문이다. 한편으로, 타자들의 느낌과 생각이 그들의 표현과 제스처에 나타나 있다는 주장은 올바른 무엇인가가 있다. 다른 한편으로, 타자의 정신적 삶은 어떤 면에서 접근불가능하다는 생각도 올바른 무엇인가가 있어 보인다. 타자가 화가 나 있고, 통증을 겪고 있고, 따분해 한다는 걸 의심할 어떤 이유도 없는 상황들이 있다. 타자의 정확한 심적 상태를 알 수 있는 단서가 전혀 없는 다른 상황들도 있다. 이렇다 하더라도, 마치 모든 것이 공공연하다고 주장하는 것이 그릇돼 보이듯이, 타자들의 정신적 삶은 본질적으로 접근불가능하다고 주장하는 것도 그릇돼 보인다. 도전은 둘 중 하나를 버리는 것이 아니라 두 직관을 조화시키는 것이다(오버가드 2005).

타자가 어떤 방식으로 주어져 있지 않고 접근가능하지 않다면, 현상학은 '타자'에 대해 말하는 것은 전혀 의미가 없다고 주장한다. 그러나 내가 타인에 대해 실제적인 경험을 갖는다는 것은, 또 순전한 추론이나 상상적 모의실험에 만족하지 않아도 된다는 것은, 내가 타자 그 자신이 하는 것과 동일한 방식으로 타자를 경험할 수 있다거나, 타자의 의식이 내가 내 자신의 의식에 접근할 수 있는 것과 동일한 방식으로 접근할 수 있다는 것을 함의하지 않는다. 다른 사람에 대한 2인칭적 (그리고 3인칭적) 접근방식은 나 자신의 경험에 대한 1인칭적 접근방식과는 다르지만, 이 차이가 결함이나 단점은 아니다. 오히려 이 차이는 구성적인 것이다. 이것이 자기경험이 아니라 타자에 대한 나의 경험을 만드는 것이다. 후설이 지적하듯이, 만약 내가 나 자신의 의식에 접근하는 것과 동일하게 타자의 의식에 접근한다면, 타자는 타자이기를 그칠 것이고, 그 대신에 나 자신의 일부가 될 것이다 (1950/1999, 139쪽). 우리는 타자들의 행동을, 경험을 표현하는 행동을 **초월**하는 경험을 표현하는 것으로서 경험한다. 따라서 타자의 주어짐은 매우 독특한 종류의 주어짐이다. 레비나스가 말하듯이, 타자의 부재는 다른 것other으로서의 그의 현전이다(1979, 89쪽). 타인의 타자성otherness은 바로 그 또는 그녀의 1인칭적 차원이 붙잡기 어려운 데서 **현출한다**. 더 자세히 말해서, 만약 내가 타자의 느낌이나 생각을 그 자신이 경험하는 것과 동일한 방식으로 경험한다면 내가 타자에 대한 실제적인 경험을 갖게 될 것이라고 주장하는 것은 난센스다. 만약 나 자신을 경험하는 것과 동일한 방식으로 내가 타자를 경험한다면, 이는 내가 오직 한 타자an other를 경험할 뿐이라는 것을 함의할 것이다. 즉, 이는 자기와 타자 사이의 차이를 폐지하는 데로, 타자의 **타자성**alterity 곧 타자를 타자이게 만드는 것을 부정하는 데로 이끌 것이다.

결과적으로, 사회인지에 대한 만족스러운 설명은 균형운동balancing act 같은 것을 성취하지 않으면 안 된다. 한편으로, 자기경험과 타자경험 간의 차이를 과장하면 안 될 것이니, 이렇게 하면 우리는 다른 마음들의 개념적 문제에 봉착하게 될 것이기 때문이다. 또 한편으로, 자기경험과 타자경험 간의 차이를 경시하면 안 될 것이니, 이렇게 하면 타자의 타자성을 공정하게 다루지 못할 것이기 때문이다.

상호작용과 서사

일차 상호주관성

셸러와 그 밖의 현상학자들이 기술하는, 타자들의 의도와 의미를 직접적으로 지각하기 위해서 우리가 갖고 있는 능력들을 우리는 어떻게 설명할 수 있을까? 발달과학에 따르면, 마음이론을 획득하는 나이라고 추정되는 네 살이 되기 한참 전에 인간적 상호작용과 상호주관적 이해를 위한 역량들이 신체화된 일정한 실천들—정서적, 감각운동적, 지각적, 비개념적 실천들—속에 성취되어 있다고 한다. 이런 신체화된 실천들은 타자들을 이해하기 위한 우리의 일차적인 접근을 형성하고, 또 이 점에서 우리가 더 정교한 능력들을 얻은 이후에도 계속 그렇게 한다(갤러거 2001; 자하비 2004b).

대부분의 상호주관적 상황들에서, 다른 사람의 의도들은 그의 신체화된 행위와 표현적 행동에서 명시적으로 표현되기 때문에 우리는 그의 의도들을 직접적으로 이해한다. 이런 이해를 위해 우리는 다른 사람의 마음속에 숨어 있는 믿음이나 욕구를 상정하거나 추론할 필요가 없다. 일부 이론가들이 사람의 믿음이나 욕구라고 추상적으로 부르는 것은 그의 행위와 행동에서 직접적으로 표현된다.

타자들에 대한 일차적인 지각적 감각은 이미 갓난아이의 행동에서 분명히 나타난다. 자기와 비자기의 어떤 의미에서의 차이contrast에 의존하고 자기 자신의 몸에 대한 고유수용감각에 의존할 뿐 아니라, 타자가 그 자신과 동일한 종류라는 사실에 대한 반응성responsiveness에도 의존하는 신생아 모방에서(베르무데스 1995; 갤러거 1996; 갤러거와 멜조프Meltzoff 1996), 유아들은 생명이 없는 대상과 사람을 구분할 수 있다. 유아들이 인간의 얼굴만을 모방한다는 사실(레저스티Legerstee 1991; 존슨Johnson 2000; 존슨 등 1998을 보라)은 그들이 주위환경을 인간적 행위를 수행하는 존재자(사람)와 그렇지 않은 '사물들'로 판별할 수 있다는 것을 시사한다(멜조프와 브룩스Brooks 2001). 그들의 몸에 대한 고유수용감각과 그들이 보고 있는 얼굴 간의 양태교호적intermodal 결합은 이미 태어났을 때부터 기능하고 있다. 유아에게 다른 사람의 몸은 행위와 표현적 행동을 위한 기회— 모방을 통해 추구할 수 있는 기회—를 제공한다. 영아기 초부터 인간은 (또 아마도 일부 동물들은) 발달심리학자인 콜윈 트레바덴Colwyn Trevarthen(1979)이 '일차 상호주관성'이라고 부르는 범주에 들어가는, 타자들과 상호작용을 할 수 있는 역량들을 갖고 있다. 이것들은 정확히 셸러가 기술하는, 타자들의 의도와 의미를 직접적으로 지각할 수 있는 능력들의 밑바탕을 이루는 역량 들이다.

일차 상호주관성에 기여하는 초기의 역량들은 마음이론이 일컫는 추론적 인 '정신화하기'나 '마음읽기'에 의존하지 않는 상호작용의 비매개적 양식 을 형성한다. 유아들은, 분명히 이론이나 모의실험의 개입 없이, 신체적 움직임을 목표지향적인goal-directed 의도적 움직임으로 볼 수 있고, 다른 사람들을 행위자들로서 지각할 수 있다. 이것에는 고급의 인지능력들이 필요하지 않다. 오히려 이것은 "신속하고, 자동적이고, 불가항력적이고, 고도로 자극에 의해 추동되는" 지각적 역량이다(스콜Scholl과 트레물러 Tremoulet 2000, 299쪽). 예를 들어, 볼드윈Baldwin과 동료들은 10~11개월 된 유아들이 지향적 분계선을 따라 어떤 종류의 연속적인 행위를 판별할 수 있다는 것을 보여주었다(볼드윈과 베어드Baird 2001; 볼드윈 등 2001). 유아는 다른 사람의 눈을 쫓으며 머리, 입, 손의 다양한 움직임들을, 또 더 전반적인 몸 움직임들을 유의미하고 목표지향적인 움직임들로 지각한 다. 태어난 지 한 살이 다 될 때까지 그런 지각들은 유아들에게 사람들의 의도와 성향에 대해 정신화하지 않는non-mentalizing 이해를 가져다준다(앨 리슨Allison 등 2000; 볼드윈 1993; 존슨 2000; 존슨 등 1998).

일차 상호주관성은 또한 유아와, 그들과 상호작용하는 양육자들 간의, 몸짓손짓과 표현의 정동적 협응을 포함한다. 유아들은 "다른 사람이 입으로 소리를 내고 몸짓손짓을 하는 것에 (정동적으로 또 시간적으로) '조율하는 것’처럼 보이는 방식으로 입으로 소리를 내고 몸짓손짓을 한다”(고프닉과 멜조프 1997, 131쪽). 5~7개월의 유아들은 정서들의 표현을 특정화하는 시각 정보와 청각정보 간의 상호반응을 탐지한다(워커Walker 1982). 그러나 타자들의 움직임에서 정서를 지각하는 것은 이론적 입장을 취하는 것이나 어떤 내적 상태의 모의실험을 만들어내는 것과는 관련이 없다. 이는 신체화된 행동을 지각적으로 경험하는 것이다(버텐탈Bertenthal 등 1984; 무어Moore 등 1997). 그러므로 지각에 기반을 둔 이런 종류의 이해는 마음읽기의 한 형태가 아니다. 다른 사람의 행위들과 표현적 움직임들을 볼 때 우리는 이미 그것들의 의미를 본다. 일단의 숨겨진 심적 상태들(믿음, 욕구 등)을 추론할 필요는 없는 것이다.

일차 상호주관성에 포함되는 역량들은, 우리가 다른 사람이 무엇을 믿는지, 무엇을 욕구하는지 궁금해 하는 위치에 있기 전에 우리는 이미 그들이 무엇을 느끼는지, 그들이 우리에게 주의를 기울이는지 아닌지, 그들의 의도들이 우호적인지 아닌지 등에 대해 특정한 지각적 이해를 갖고 있다는 것을 시사해준다. 일차 상호주관성에는 지각하는 주체와 지각되는 타자를 관통해서 공유되고 있는 공통의 신체적 지향성이 있다. 고프닉과 멜조프가 지적하듯이, “우리는 선천적으로, 시각적으로 지각되는 타자의 운동들을 우리 자신의 운동감각에다 사상寫像한다”(1997, 129쪽). 또 이것을 지지하는 증거가 거울뉴런과 공명체계에 대한 최근 연구로부터 얻어지고 있다6). 따라서 우리가 타자들의 심적 상태들을 이론화하거나 모의실험하거나 설명하거나 예측하는 위치에 있기 전에 우리는 타자들을, 그 표현·몸짓손짓·의도·정서의 측면에서, 또 그들이 우리 자신들이나 다른 타자들을 향해서 어떻게 행위하는지의 측면에서 타자들과 상호작용하고 타자들을 이미 이해하는 위치에 있다. 게다가 일차 상호주관성은 단순히 발달시기로 보아서만 일차적인 것은 아니다. 오히려 일차 상호주관성은 일생을 거치면서 면대면 상호주관적 경험들을 가로질러 일차적인 것으로 존속하면서, 타자들의 심적 상태들을 설명하거나 예측하는 일을 포함한다고 보이는, 그 발달론상

후기의 우발적인 실천들에 받침대가 되어준다.

이차 상호주관성

일차 상호주관성이 우리에게 타자들에게 접근할 수 있는 길을 열어줌에도 불구하고, 이는 완전한 범위의 상호주관적 이해를 설명하기에는 확실히 충분하지 않다. 가장 어린 유아들에게조차 인간의 얼굴이 특히 두드러지긴 하지만, 또 우리가 계속해서 타자들의 표현과 의도적 움직임의 의미를 지각적으로 파악할 수 있긴 하지만, 그런 면대면 상호작용이 상호주관적 이해의 가능성들을 남김없이 다 이야기하는 것은 아니다.

표정, 어조, 몸짓손짓, 움직임은 이것들을 표출하는 몸과 더불어 허공을 자유롭게 떠다니는 게 아니다. 우리는 이것들을 세계 속에서 발견하는데, 그래서 유아들은 타자들이 세계와 어떻게 상호작용하는지를 곧 알아차리기 시작한다. 유아들이 행위를 실용적 맥락과 결합하기 시작할 때, 그들은 트레바덴이 '이차 상호주관성'으로 부르는 것 속으로 들어가는 것이다. 한 살쯤이 되었을 때, 유아들은 일차 상호주관성의 사람 대 사람의 직접성im-mediacy을 뛰어넘어서 사물들의 의미와 용도를 배우는 공유된 주의의 맥락들—공유된 상황들—속으로 들어간다(트레바덴과 허블리Hubley 1978을 보라). 공동주의共同注意joint attention[1]를 나타내는 행동은 9~14개월쯤이 되면 발달하기 시작한다(필립스Phillips 등 1992). 어린이는 타자의 시선과 타자가 시선을 보내고 있는 어떤 것을 교호적으로 관찰하며, 타자들이 계속해서 동일한 사물을 보고 있나 점검하고 확인한다. 실로 어린이들은 또한 이맘때쯤이 되면 손가락으로 가리키는 것을 배운다. 8개월 된 어린이들은 다른 사람들이 특정한 맥락에서 도구를 갖고 하려는 것을 이해한다. 그들은 다른 어떤 사람이 완료하지 못한 목표지향적인 행동을 완료하는 일을 재연할

- - -

1_ 어떤 사물이나 사건에 대한 타인의 주의를 감지하고 서로 공유하는 주의작용을 말한다.

수 있다. 따라서 어린이는 장난감을 조종하려다가 그렇게 할 수 없음에
좌절한 듯이 보이는 어른을 보면서, 아주 손쉽게 장난감을 집어들고는 어른
에게 조정하는 법을 보여준다(멜조프 1995; 멜조프와 브룩스 2001). 어린이
는 다른 사람이 음식을 원한다거나 문을 열려고 의도한다는 것을 이해하며,
타인이 그를(그 어린이를) 볼 수 있다거나 문을 보고 있다는 것을 이해한다.
이는 의도적 태도를 취하고 있는 것이 아니다. 즉, 마치 다른 사람이 그들의
마음속에 욕구나 믿음을 숨겨놓고 있다는 듯이 그들을 다루고 있는 것이
아니다. 오히려 의도성은 타자들의 맥락화된 행위들에서 지각된다. 타자들
은 우리가 인지적으로 마주치는 대상들로서 또는 설명을 필요로 하는 존재
물들로서 일차적으로 주어져 있지 않고 또 그렇게 주어진 적도 없다. 우리는
그들을 그들의 실천적 활동 속에 짜넣어져 있는 행위를 하는 행위자로서
지각한다. 따라서 우리가 타자들과 관계하는 획일적인 방식이 있는 게 아니
라, 우리의 관계들은 우리가 마주치는 다양한 실용적 환경들을 통해서 매개
되는 것이다. 실로 우리는 그 시작부터 그런 실용적 환경들에 붙잡혀 있으며,
또 이미 타자와의 관련 속에서 존재하고 있다 (예를 들어, 음식물을 얻기
위해 유아들이 타자들에 의존하는 것을 생각해보라). 비록 어느 행위자가
자양물을 제공해주는지, 또 어느 행위자가 다른 종류의 활동들에 종사하고
있는지 가려내는 데는 얼마간 시간이 걸리겠지만 말이다.

　우리가 주목했듯이, 어린이들이 그저 타자들을 관찰하기만 하는 것이
아니다. 그들은 수동적 관찰자들이 아니다. 오히려 그들은 타자들과 상호작
용하고, 그렇게 함으로써 그들은 그 상호작용의 맥락들 속에서 역량들을
더욱 발전시킨다. 우리가 타자들의 행위를 이해하는 일은, 가능한 하부인격
적 기술記述 또는 낮은 수준의 기술을 무시하면서, 그리고 또한 정신화하는
해석을 무시하면서 가장 적절한 실용적(의도적, 목표지향적) 수준에 의해
인도되고 있다. 다른 사람이 신체적 움직임으로 시작함으로써 무엇을 의도
하고 있나 추론하고, 이어서 (욕구와 믿음 같은) 심적 사건들의 수준으로
이동하는 것이 아니라, 우리는 행위를 신체적이고 상호주관적인 환경의

맥락 속에서 유의미한 것으로 보는 것이다. 만약 바닥에서 떨어져 나온 판자 가까운 곳에서 여러분이 망치와 못을 잡으려고 손을 내미는 걸 내가 본다면, 여러분의 신체적 표현이나 여러분의 마음속에 상정된 것에 대해서 내가 관찰하는 것 못지않게 망치, 못, 떨어져 나온 판자로부터 나는 여러분의 의도가 무엇인지를 안다. 우리는 타자들의 행위를 추상적으로 그들의 근육적 실행이나 믿음에 의거해서가 아니라, 맥락화된 상황들에 놓여 있는 그들의 목표와 의도에 의거해서 해석한다.7) 우리 자신의 가능한 행위와 관련해서든, 타자들의 행위와 가능성에 관련해서든 간에 환경, 상황, 실용적 맥락은 결코 중립적으로(비의미론적으로) 지각되지 않는다. 깁슨의 행동유도성 이론이 시사하듯이, 우리는 사물을 그 가능한 용도와 관련해서 보며, 그러기에 결코 탈신체화된 관찰자로서 사물을 보는 것은 아니다. 마찬가지로, 다른 사람을 또 다른 행위자로서 지각할 때도 결코 상황 외부에 실존하는 존재자를 지각하는 것이 아니라, 오히려 그 행위자의 의도들(또는 가능한 의도들)에 빛을 던져주는 실용적 맥락 속에서 행위자를 지각하는 것이다.

이 단계에서 잠시 감정이입empathy에 대한 우리의 초기 논의로 돌아가 보자. 이 개념을 사용하는 일이 논란의 여지가 없는 것은 아니다. 사실 현상학계에서조차 이 개념은 어떤 오명을 받고 있다. 하이데거가 주장하듯이, 만약 누군가가 감정이입에 기초해서 상호주관성을 이해하고자 한다면 그는 자기self의 본성에 대한 심각한 오해에 계속 빠져 있게 될 것이다.

> 이 단어 '공감'이 조금이라도 의미를 보유하고자 한다면, 그것은 '나'는 처음에 '나'의 자아 울타리 안에 있다가 이어서 후에 타자의 울타리 안으로 들어가지 않으면 안 된다는 상정 때문일 것이다. '나'는 처음에 울타리를 부수고 바깥으로 나오는 것이 아니다. (……) 왜냐하면 '나'는 이미 바깥에 있기 때문이다. 또 '나'는 타자의 울타리를 부수고 그 안으로 들어가는 것도 아니다. 왜냐하면 나는 이미 바깥에서 타자를 마주치고 있기 때문이다.
>
> —2001, 145쪽

이러한 이해에 따르면, 감정이입의 개념은 어떻게 한 (고립된) 주체가 다른 한 (고립된) 주체를 마주칠 수 있고 이해할 수 있는가 하는 문제와 연관되어 있다. 설령 감정이입적 접근방식이 유추에 의한 논증과 동일한 실수들을 저지르지 않더라도, 이 접근방식은 무엇보다도 감정이입을 개인들 사이의 주제적인 마주침 — 우리는 여기서 타자의 내적인 정서나 경험을 파악하려고 하고 있다 — 이라고 여기기 때문에, 여전히 상호주관성의 본성을 오해하고 있다 (감정이입의 독일어 Einfühlung에 이 내포적 의미가 특히 잘 나타나 있다). 그러나 하이데거도 지적하듯이, 타자들의 경험을 주제적으로 파악하려는 시도 그것은 통례적인 것이 아니라 예외적인 것이다. 통상적인 환경 하에서 우리는 공통세계에 함께 참여하고 있음을 통해서 서로를 충분히 잘 이해하고 있다.

유사한 비판을 아론 걸비치에게서 찾아볼 수 있다. 걸비치는 표현적 현상들의 중요성을 기꺼이 인정하고 있지만, 그는 셸러의 접근방식이 지나치게 일면적이라는 이유로 비판하고, 만약 우리가 인간으로서의 다른 인간을 마주치는 것을 가능하게 하는 것이 무엇인가를 이해하고 싶다면, 표현적 현상들의 영역이 고찰해야 할 유일한 차원도 아니고 일차적 차원도 아니라고 주장한다(걸비치 1979, 33쪽). 그의 견해에 따르면, 우리는 타자들을 일차적으로 또 통상적으로 인지의 주제적 대상으로서 마주치는 것이 아니다. 오히려 우리는 타자들을 우리의 일상적 삶이 일어나는 세계 속에서 마주친다. 혹은 더 정확히 말하면, 우리는 타자들을 세계의 상황들 속에서 마주친다. 그리고 우리가 더불어 존재하고 서로를 이해하는 방식은 당면한 상황에 의해서 그 의미가 함께-결정된다(위의 책, 35~36쪽, 95쪽, 106쪽).

예증하기 위해, 걸비치는 두 노동자가 길을 내는, 비트겐슈타인이 든 예를 연상시키는 상황을 분석하고 있다. 이러한 작업 상황에서 한 노동자가 자갈을 부수어서 자리에 놓으면 다른 노동자는 자갈들을 길에 깐다. 각각의 노동자는 그 자신의 활동과 행동으로 서로 관련되어 있다. 한 노동자가 다른 노동자를 이해할 때, 문제가 되고 있는 이 이해는 어떤 숨겨진 마음의 사건들을 파악하는 일을 수반하지 않는다. 다른 마음들에 대한 어떤 문제도 없다. 어떻게 해서 한 고립된 자아가 다른 한 고립된 자아에게 접근할 수 있는가 하는 어떤 문제도 존재하지 않는다. 오히려 두 노동자는 그들이 공통의 상황 속에서 하고 있는 역할을 통해 서로를 이해하고 있다(위의 책, 104쪽, 108쪽, 112쪽).

표현적 현상들이 일어나는 것은 그런 공통된, 주로 실용적인 상황들 내에서이다. 내가 동료와 함께 일하거나 대화할 때, 그는 머리를 흔들거나 이마를 찡그릴지도 모른다. 그러나 이런 얼굴의 표정과 신체적 제스처가 모호하지 않은 것은 아니다. 이것들은 심리적 상태들을 단순하거나 획일적으로 드러내 보이지 않는다. 각각의 사람은 서로 다른 표정과 얼굴의 습관을 갖고 있다. 하지만 이것은 좀처럼 문제가 되지 않는데, 왜냐하면 우리는 표현들만 따로 떼어내어 마주치는 게 아니기 때문이다. 표현들은 항상 주어진 맥락 속에서 일어나며, 그리고 맥락에 대한 이해는, 전에 무엇이 오고 후에 무엇이 오는지에 대한 이해는 우리가 표현을 이해하도록 도와준다. 걸비치가 지적하듯이, '똑같은' 머리 흔들기는 다른 상황들에서 다른 의미들을 띨 수 있다. 한 표현적 현상이 무엇인지, 또 이것이 특정한 경우에 무엇을 의미하는지 내가 이해할 있게 되는 것은 현재의 상황 전체 속에서이다(위의 책, 114쪽; 사르트르 1956, 347쪽 참조).

하이데거와 걸비치 모두 상호주관적 이해의 사회적이고 문화적인 내장화를 강조한다. 그러나 우리는 이 강조를 수용하면서도 감정이입의 개념이 여전히 유용하다고 생각할 수 있다. 우리의 전형적인 타자이해가 맥락적이라는 것을 인정하고, 또 적절하게 이해된 감정이입은 느낌을 담아 자기 자신을 타자에게 투사하는 문제가 아니라, 오히려 행동을 마음을 표현하는 것으로서 경험할 수 있는 능력의 문제, 즉 타자들의 표현적 행동과 유의미한 행위에서 그들의 정신적[심적] 삶에 접근할 수 있는 능력의 문제라는 것을 깨달아야 한다. 사실 이 문제를 다른 사람의 마음에 접근하려고 하는 일로 정의하는 정신주의적mentalistic 마음이론의 접근방식들과는 대조적으로, 현상학적 접근방식들은 더 생산적인 초점은 다른 사람의 세계에 있다고 시사하고 있다. 메를로-퐁티는 이렇게 말한다. "내가 감각기능을 갖고 있는 한 …… 나는 이미 타자들과 의사소통하고 있는 것이다. …… 나의 눈길이 행위 중에 있는 살아 있는 몸과 마주치자마자 이것을 둘러싸고 있는 대상들은 즉각 새로운 층의 의미를 띤다. 그 대상들은 더 이상 나 자신이 이용할 수 있는 것이 아니라, 이 다른 패턴의 행동이 막 이용하고자 하는 것이다."(1962, 353쪽). 요컨대, 다른 사람들을 이해하기 위해서 나는 애초에 그들의 마음속으로 들어갈 필요가 없다. 오히려 나는 그들의 마음과 이미 공유하고 있는 세계에 주의를 기울여야 한다.

서사적 역량

어떻게 우리는 왜 사람들이 그들이 하는 일을 하는지를 더 복잡하고 미세하게 이해할 수 있게 되는가? 바닥에서 떨어져 나온 판자와 부닥뜨렸을 때 망치와 못을 집어 들고서는 작업하러 가는 사람이 있는 반면, 판자가 바닥에서 떨어져 나왔다고 그저 얘기만 하는 사람이 있고, 또 이를 완전히 무시하는 사람이 있을 수도 있다는 걸 우리는 확실히 깨닫기 시작한다. 우리는 한 사람이 다른 사람이 모르는 어떤 것을 알 수도 있다는 것을 이해하기 시작하고, 혹은 다른 사람들이 우리가 생각하는 것과 아주 다른 것을 생각할 수 있다는 것을 이해하기 시작한다. 이 상황들 속에서 타자들을 이해하기 위해, 또 그런 실천들에 참여하기 위해 우리는 기본적인 지각, 정서, 신체화된 상호작용보다 더 많은 것을 필요로 한다.

토마셀로Tomasello는 최근에 우리의 사회인지가 세 가지 형식을 취한다고 제언해 왔다. 우리는 타자들을 (1) 생명이 있는 존재로서, (2) 의도적 행위자로서, (3) 정신적 행위자로서 이해할 수 있다. 그의 견해에 따르면, 이 3분할의 개체발생은 직선적으로 연관되어 있다. 이미 태어나서부터 줄곧

유아들은 생명이 있는 존재들과 생명이 없는 존재들을 구분할 수 있는
데 비해, 9~12개월경부터 (공동주의, 시선 따라하기, 공동참여, 모방학습
등과 같은 현상에서 증명되듯이) 목표지향적 행동이란 의미에서 의도성을
탐지할 수 있고, 그리고 4~5세경에 타자들을 그들 자신과 다를 수 있는
믿음을 갖고 있는 정신적 행위자들로 알아차리게 된다. 왜 마지막 단계에
도달하는 데는 그렇게 많은 시간이 걸리는가? 토마셀로가 내놓은 답은
이중적이다. 한편으로, 그는 표현적 행동의 상이한 역할에 주의를 환기시킨
다. 타자들의 생명성은 직접적으로 그들의 행동에서 표현되는 데 반해,
의도성은 행위에서 표현되기도 하지만 동시에 행위와 다소 분리되기도
한다. 왜냐하면 때로 의도성은 표현되지 않은 채로 있을 수도 있고 혹은
다른 방식들로 표현될 수도 있기 때문이다. 최후로 사고와 믿음[신념]이
되면, 자연적인 행동 표현들을 완전히 결여하게 될 수도 있는데(토마셀로
1999, 179쪽), 이 점은 사고와 믿음을 훨씬 더 파악하기 어렵게 만든다.
다른 한편으로, 토마셀로는 사회인지의 더 고등적인 형태는 장기간에 걸치
는 실제 생활의 사회적 상호작용에 의존하기 때문에 그만큼 늦게 출현한다
고 주장한다(위의 책, 198쪽). 구체적으로 말하면, 그는 언어사용이 어린이들
이 다른 사람들을 정신적 행위자들로 보게 되는 데에 결정적인 역할을
할지 모른다고 주장한다(위의 책, 176쪽). 다른 사람들이 그들 자신과는
다른 세계에 관한 믿음을 갖고 있다는 것을 이해하기 위해, 어린이들은
이 다른 관점들이 분명하게 나타나 있는 담화에 참여할 필요가 있다. 이
담화에 불일치가 있든, 오해가 있든, 혹은 이 담화가 해명을 위한 요구이든
반성적 대화이든 간에 말이다(위의 책, 176쪽, 182쪽). 타자들의 목표지향적
행위를 이해하는 일과 그들의 그릇되거나 엇갈리는 믿음을 이해하는 일
간의 차이를, 타자들을 의도적 행위자들로 이해하는 일과 정신적 행위자들
로 이해하는 일의 차이로 지적하는 것은 어쩌면 우리를 오도하는 것처럼
보이지만 — 그것은 목표지향적 행위들에는 어떤 사고적인 것mindful도 없
으며, 사고와 믿음에는 어떤 의도성도 없다는 것을 시사하는 것인지도 모른

다—, 우리가 타자를 이해하는 일은 점진적으로 더 세련되어진다는 사실을 지적하고 있다는 점에서, 그리고 타자들에게 쉽게 접근할 수 없는 만큼 그만큼 쉽게 접근할 수 없는 마음의 차원들이 있다는 사실을 지적하고 있다는 점에서 토마셀로는 확실히 옳다. 더욱이 이 발달과정의 문화적이고 사회적인 차원을 지적하고 있다는 점에서도 그는 옳다. 이 더욱 세련된 형태들의 사회인지를, 어떤 선천적 인지모듈의 자동적인 성숙의 결과라기보다는, 갈수록 더 복잡한 형태들의 사회적 상호작용과 나란히 발달하는 능력들로 보는 것이 타당한 것 같다.

마음이론의 접근방식들인 TT와 ST, 혹은 이것들을 결합하는 어떠한 혼성 버전이든, 사회인지를 위한 몇 가지 기본적이고 중요한 역량들을 놓치고 있다. 그러나 일차 및 이차 상호주관성을 규정하는 타자들을 이해할 수 있는 역량들—우리가 타자들을 이해할 수 있게 해주는 신체화된 (정서 정보를 갖고 있는) 감각운동 역량들, 그리고 실용적으로 맥락화된 일상생활의 상황들 속에서 우리가 타자들을 이해할 수 있게 해주는 지각적이고 행위적인 역량들—을 인정하는 것으로는 2세, 3세, 4세경의 어린이에게 무엇이 분명히 새로운 발달인가를 다루기 위해 여전히 충분하지 않다. 2세경의 어린이에게 '심각한 문제elephant in the room'는 언어이다. 하지만 만약 언어발달 그 자체가 일차 및 이차 상호주관성의 역량들에 의존하는 어떤 것이라면, 언어는 또한 이 역량들을 진척시키는 것이며, 그리고 또 훨씬 더 세련된 사회적 맥락 속에서 이것들을 작동하게 하는 것이다. 3인칭적 입장에서 행위를 설명하고 예측하는 일은, 담화와 대화와 공유된 서사를 통해서 타자들을 이해하게 되는 우리의 통상의 상호주관적 수단들보다 훨씬 덜 빈번하며 훨씬 더 신뢰할 수 없는 것이다(후토Hutto 2004). 만약 누군가가 이해하기 힘든 방식으로 행위하고 있다면, 더 많은 정보를 얻을 수 있는 정말 가장 쉽고 가장 신뢰할 수 있는 방식은 냉정한 이론화하기나 내적 모의실험에 종사하는 것이 아니라, 대화의 기술들을 사용해서 설명해 달라고 그 사람에게 요청하는 것이다.

중요하게도, 2세경에 발달하기 시작하는, 서사를 이해할 수 있는 능력은 타자들을 이해할 수 있는 더 미세한 방식을 제공한다. 우리 일상생활에 편만해 있는 서사와 서사적 역량의 발달은 더 간명한 대안을 이론이나 모의실험 접근방식에 제공하고, 또 우리가 타자들에 대해 갖고 있는 이해들이나 그릇된 이해들을 더 미세하게 설명할 수 있는 더 나은 방식을 제공한다. 상이한 종류의 서사들을 구사할 수 있는 역량은 우리가 다양한 방식들로 타자들을 이해할 수 있도록 해 준다. 예를 들어, 민족심리학적 서사들(브루너Bruner 1986)은 관찰자들로서 우리가 이해하기 힘든 경우에 봉착하고 있을 때, 우리가 드문 경우들이라고 말해 온 것이긴 하지만, 의도적 행위들에 대한 이해를 촉진시키는 수단들을 제공할 수도 있다. 이것이 후토가 그의 서사적 실천 가설narrative practice hypothesis에 의해 제안하는 것이다.

> 서사적 실천 가설(NPH)은 어린이들은 타자들의 도움으로 스토리텔링에 참여함으로써 (민족심리학적) 이해를 정상적으로 성취한다고 주장한다. 이 유reason 때문에 행위하는 자에 관한 이야기들—민족심리학적 서사들—이 이 연습의 초점들이다. 이 특별한 종류의 이야기들은 이유를 이해하기 위해 필요한 결정적인 훈련 세트를 제공한다.
>
> —후토 2007, 53쪽

이를 보완하는 한 가지 생각은 다른 종류의 서사적 역량들은 심적 상태들의 민족심리학을 필요로 하지 않고도 타자의 행위들과 의도들에 대한 덜 매개된 해석을 가능하게 한다는 것이다. 일반적으로, 다른 사람의 이유를 이해하게 되는 것은 그들의 독자적인 '심적 상태들'을 이해하는 문제가 아니라, 오히려 정황적[처해 있는] 전인격으로서의 그들의 태도와 대응을 이해하는 문제이다. 나는 다른 사람을 그들의 정황에서 빼내어 마주치는 것이 아니라, 시작이 있고 어디론가 가고 있는 무언가의 한가운데에서 마주친다. 나는 그들을 내가 할 역할이 있거나 없는 이야기의 체재 속에서 본다.

서사는 일차적으로 무슨 일이 '그들 머릿속에서 벌어지고 있는가'에 관한 것이 아니라, 우리의 공유된 세계 속에서 무슨 일이 벌어지고 있는가에 관한 것이고, 어떻게 그들이 이것을 이해하고 이것에 대응하는가에 관한 것이다. 이런 의미에서 타자들에 대한 우리의 상식적인 이해는 민족심리학적 이론으로 이루어지는 것이 아니라, 발달된 서사적 역량에 의존하는 숙련된 실천적 추리로 이루어진다.

하지만, 우리는 서사들이 단순히 어떤 유형의 이론들이 아닌지, 그리고 이렇듯 서사에 지나치게 의존하는 것이 어떤 종류의 마음이론에 대한 지지를 수반하고 있지는 않은지 물을 수 있다. 우리가 보듯이, 우리의 사회적 상호작용을 틀짓는 서사와 TT가 호소하는 종류의 이론들 간에는 두 가지 중대한 차이가 있다. 첫째, 후자는 관찰불가능한 존재물들에 대한 언급을 포함하고 있다. TT에 따르면, 심적 상태들은 천체물리학의 블랙홀에 비견되는 이론적으로 요청된 존재물들이고, 제거주의적 신념을 갖고 있는 많은 이론화 이론가들은 블랙홀이 희망, 기억, 의도, 정서와 같은 심적 상태들보다 상당히 더 실재적이라고 주장하기까지 할 것이다. 이와 대조적으로, 서사는 세계 속에서 일어나는 관찰가능한 사건들에 기반을 두고 있다. 둘째, 브루너(1986)가 시사하듯이, 이는 서사가 구체적이고 특수한 것과 관계가 있으며, 의미를 규정하고자 할 때 구체적인 맥락을 일차적으로 중요한 것으로 여기는 특별한 사고양식이라는 것을 함의하고 있다. 이와는 반대로, 그 용어의 고유한 의미에서 이론들은 추상적인 것과 일반적인 것에 관심이 있으며, 이런 의미에서 이론들은 특수한 맥락을 도외시한다.8)

누군가가 이해할 수 없는 행동을 하는 경우, '이유rationale'가 즉각적으로 명백하지 않을 때 서사는 이것을 충족시킴으로써 이해를 촉진시킬 수 있다. 이는 우리의 타자 이해가 그때그때마다 명시적인 서사적 스토리텔링을 필요로 한다는 것을 의미하지 않는다. 하지만 그것은 다른 사람을 실용적이거나 사회적인 상세한 맥락의 틀에 넣어 볼 수 있는 능력과 서사적 방식으로 그 맥락을 이해할 수 있는 능력을 필요로 한다. 앨러스데어 매킨타이어

Alasdair McIntyre(1981)가 시사했듯이, 관찰자에게든 참가자에게든, 서사에서 장소를 발견할 때 행위는 이해할 수 있는 것이 된다(갤러거와 후토 2007을 보라).

나의 타자 이해를 서사적으로 틀짓는 것framing은 명시적으로든, 암묵적으로든, 일어날 수 있다. 서사의 암묵적 사용이 의미하는 것은 단순히, 내가 다른 사람의 행위들을 해석하는 동안 내 해석이 서사적 체재framework를 수반하고 있다는 것을 깨닫지 못하고 그렇게 한다는 것이다. 한 사람의 이야기에 대한 명시적인 앎이 그들이 하고 있는 일을 내가 이해하는 데 도움이 될 때에도 그보다 훨씬 더 많은 것이 일어날 수 있다. 나는 유관한 사회적 실천, 맥락, 등장인물에 관한 다른 서사들에 의거해서 어떤 특정한 이야기를 이해한다. 그런 서사들은 또한 다른 사람의 행위들에 대한 나의 평가적 판단을 형성할 것이다.

사르트르가 든 열쇠 구멍을 통해서 훔쳐보는 것을 목격하는 예가 여기서 적절한 예가 될 것이다. 만약 내가 여러분이 무릎을 꿇고 열쇠 구멍으로 옆방의 어떤 사람들을 훔쳐보는 것을 목격한다면, 나는 여러분의 행위가 사생활의 불쾌한 침해가 될 수 있다고 직접적으로 추정할 수 있다. 여러분은 '훔쳐보는 톰'이고, 그래서 폭로되어야 마땅하다. 하지만 내가 여러분의 행동을 이해하는 일은 훔쳐보는 자들에 관한 이론을 지닌다든가, 혹은 여러분이 믿거나 욕구할 수 있는 것에 관해 추론하는 데에 기초하지 않는다. 결국, 나는 여러분을 '현장에서', '현행범'으로 목격했으며, 그래서 내가 여러분의 행동을 평가하는 일은 전적으로 훔쳐보는 톰들에 부합하는 다양한 서사에 의해서 완전하게 정보를 받는다. 여러분은 동일한 서사를 알고 있으며, 바로 그 이유 때문에 여러분은 즉각적으로 부끄러움을 느낄 수 있고 내 판단의 무게를 느낄 수 있는 것이다.

서사들의 이 중심적인 역할은 두 가지 방향을 가리킨다. 첫째로, 다양한 문화적 규범들의 측면에서든, 한 사람의 내력이나 가치관의 특수성들의 측면에서든, 더 완전한 이해를 위해, 상황을 더 큰 맥락에 놓는 서사들이 필요할 수 있다. 그런 서사들은, 우리의 문화적이고 상식적인 이해를 위해 정보를 갖다주는 공유된 규범적 실천들로서 이용할 수 있고, 또 이런 실천들을 형성하는 데 도움이 된다(브랜덤Brandom 1994 참조). 동시에, 이 서사적 이해로 무장하고서 우리는 계속해서 중요한 제도를 구축하고, 법률을 제정하고, 복잡한 사회적 실천에 참여한다.

둘째로, 타자들과 공유하는 서사들을 획득하면서 우리는 우리 자신의 자기이해를 형성한다. 우리는 사회적 맥락 속에서 발달하고, 보통 그 맥락 속에서 이해능력을 획득하기 때문에, 자기서사의 발달은 명백히 타자들과 관련이 있다. 캐서린 넬슨Katherine Nelson(2003)은, 서사 능력은 2세 때에 "부모가 옆에서 함께 준비하고 연습하는, 어린이 자신의 경험과 관련해서" 출현하기 시작한다고 지적한다. 자기서사는, 타자들을 경험하는 일이나 타자들과 함께하는 일에 기초하고, 또 타자들의 서사에 기초하는 것을 필요로 한다. 따라서 이 과정의 초기에 우리는 "2~4세 된 어린이들이 종종 다른 누군가의 이야기를 그들 자신의 것으로 '전유하는' 것을"(위의 책, 31쪽) 발견한다. 그렇다면, 서사를 통해서 우리는 어떻게 타자들을 이해하는가 하는 이야기에는 또 다른 면이 있다. 우리는 또한 우리 자신을 서사들을 통해서 이해한다. 다음 장에서 보게 되듯이, 이 생각은, 사회적으로 내장화된 서사적 자기의 중요성에 대한, 발달심리학자, 신경과학자, 그리고 철학자(브루너, 데닛, 다마지오, 매킨타이어, 리쾨르, 쉐히트만 참조) 간에 확장되고 있는 학제간적 합의에 신빙성을 더해주고 있다.

더 읽을 책들

— Anita Avramides, *Other Minds*. London: Routledge, 2001.
— Aron Gurwitsch, *Human Encounters in the Social World*. Trans. F. Kersten. Pittsburgh: Duquesne University Press, 1979.

— Edmund Husserl, *Cartesian Meditations: An Introduction to Phenomenology*. Trans. D. Cairns. The Hague: Martinus Nijhoff, 1999.

— Daniel D. Hutto & Matthew Ratcliffe (eds.), *Folk Psychology Re-assessed*. *Dordrecht*: Springer Publishers, 2007.

— Søren Overgaard, *Wittgenstein and Other Minds: Rethinking Subjectivity and Intersubjectivity with Wittgenstein, Levinas, and Husserl*. New York and London: Routledge, 2007.

— Matthew Ratcliffe, *Rethinking Commonsense Psychology*. London: Palgrave-Macmillan, 2007.

— Jean-Paul Sartre, *The Emotions: Outline of a Theory*. Trans. B. Frechtman. New York: Philosophical Library, 1948.

— Max Scheler, *The Nature of Sympathy*. Trans. P. Heath. London: Routledge & Kegan Paul, 1954.

— Anthony Steinbock, *Home and Beyond*. Evanston: Northwestern University Press, 1995.

— Michael Theunissen, *The Other*. Trans. C. Macann. Cambridge, MA: MIT Press, 1986.

— Evan Thompson (ed.), *Between Ourselves: Second-Person Issues in the Study of Consciousness*. Exeter: Imprint Academic, 2001.

— Dan Zahavi, *Husserl and Transcendental Intersubjectivity*. Athens: Ohio University Press, 2001.

10
자기와 인격

자기self의 현상학적, 존재론적 지위와 본성은 심리철학, 사회이론, 문화연구, 정신의학, 발달심리학, 인지신경과학을 포함하는, 서로 다른 다양한 영역에서 현재 토론 중에 있는 쟁점이다. 논의되는 주제에는 다음과 같은 물음들이 들어 있다. 자기란 무엇인가? 자기는 실제로 존재하는가, 아니면 이것은 한낱 사회적 건립물에 지나지 않는가, 아니면 혹시 신경학적으로 유도된 환영은 아닌가? 만약 자기와 같은 어떤 것이 존재한다면, 그것은 우리의 의식적 삶에서 무슨 역할을 하고, 유아의 발달과정에서 언제, 어떻게 출현하는가?

과학계는 자기 개념의 철학적, 과학적 적법성과 관련해서 의견이 분분하다. 자기가 경험적 실재를 갖고 있는가, 아니면 그저 이론적 허구에 지나지 않는가에 관해 현재 어떠한 합의도 없다. 어떤 이들은 자기 감각sense of self이 의식의 필요불가결한 부분이며(다마지오 1999 참조), 의식의 신경상관물에 대한 현재의 탐구가 반드시 고려해야 하는 어떤 것이라고 주장한다. 또 어떤 이들은 자기는 필수적인 설명적 기능을 충족시키지 못하는 이론적 존재물이기 때문에, 자기의 존재를 가정하는 것은 필요하지도 않고 합리적이지도 않다고 주장한다(메칭거 2003 참조). 현재 두 진영은 열렬한 옹호자들을 거느리고 있다. 만약 우리가 논의를 진전시키고자 한다면 어디에서 출발해야 하는가?

첫 번째 단계는 자기임to be a self이 정확히 무엇을 의미하는지에 관해 어떤 일반적인 철학적 합의도 없다는 것을 인식하는 일이다. 그 개념은 문헌 곳곳에서 다양한 방식들로 특징지어져 있다. 철학적 설명과 심리학적 설명에서 급증하게 된 용어들의 불완전한 목록을 고찰하면, 그 개념들의 상위를 일별할 수 있다.

- 물질적 자기, 사회적 자기, 영적 자기(제임스 1890/1950).
- 생태적 자기, 대인관계적 자기, 확장된 자기, 사적 자기, 개념적 자기(나이서 1988).
- 자전적 자기, 인지적 자기, 맥락화된 자기, 핵심자기, 대화성 자기, 신체화된 자기, 경험적 자기, 허구적 자기, 최소자기, 신경성 자기(예를 들어 다마지오 1999; 스트로슨 1999를 보라).

문제적이지만 동시에 생산적인 이런 상위는 철학 내에서 그리고 자기에 대한 유관한 학제적 연구들에서 취해지는 방법론적 접근방식의 다양성과 직접적으로 관련되어 있다. 이 접근방식들은 내성, 현상학적 분석, 언어적 분석, 사고실험의 사용, 인지과학과 뇌과학의 실증적 연구, 예외적이고 병리적인 행동에 대한 연구를 포함하고 있다. 이렇게 접근할 때 제기될 수 있는 한 가지 문제는, 자기에 대한 상이한 정의들이 단일한 자기성selfhood 개념의 다양한 측면들을 표하고 있는가, 아니면 상이하고 무관한 개념들을 취택하고 있는가 하는 것이다. 이러한 '이론 간의 정합성'의 문제는 아래에서 다루어질 것이다. 그러나 이 문제에 어떻게 대답하든지에 상관 없이, 자기에 대한 연구들에서 발견되는 접근방식과 정의의 다양성은 인간의 인지가 일단의 원리들로 쉽게 환원될 수 없는 복잡하고 다채로운 측면들을 포함한다는 생각을 생산적으로 강화한다.

신경회의주의와 무아설

자기 개념의 적법성은 철학의 역사 내내 의문시되어 왔다. 어떤 전통에서는, 의식적 자기나 주체를 정립하는 것은 기술적으로 정당하지 않다는 주장이 있어 왔다. 만약 우리가 우리의 의식 내용을 정확히 기술하고, 만약 우리가 주어지는 것에 실제로 주의를 기울인다면, 어떤 자기도 발견되지 않는다. 이것은 자기에 대한 흄의 성찰을 표준적으로 해석한 것이다. 따라서 자기는 경험적 실재를 갖는 것이 아니라 언어적 건립물이나 반성의 산물로 분류되어야 한다. 또한 이것은—어쩌면 다소 놀라울 수도 있겠지만—우리가 현상학에서 발견할 수 있는 견해이다. 『논리 연구』의 제1판에서 후설은 비非자아론적 의식 이론으로 알려져 있는 것을 옹호한다. 이 견해에 따르면, 모든 경험들에 의해 공유되고 모든 경험들의 통일성을 조건짓는 순수한 동일적 자아-극ego-pole은 존재하지 않는다. 경험들은 누군가의 상태들이나 속성들이 아니라, 주체 없이 발생하는 심적 사건들이다. 우리는 붉은 스포츠카와 붉은 스포츠카에 대한 경험을 구분할 수 있지만, 세 번째 요소, 즉 그 경험을 통해서 스포츠카로 향하는 순수 자아를 발견할 수는 없다.

후에 사르트르는 이와 유사한 견해를 채택했다. 심적 삶은 그것이 중심적이고 무시간적인 자아의, 통일하고 종합하고 개체화하는 기능에 의해 뒷받침되지 않는다면, 구조화되어 있지 않고 분리되어 있는 감각들의 혼돈 속으로 소멸될 것이라고 이따금 주장되어 왔다. 그러나 사르트르가 그의 초기 시론 중 하나인 『자아의 초월성The Transcendence of The Ego』에서 지적했듯이, 이 추리는 의식의 흐름의 본성을 그릇되게 판단하고 있다. 심적 삶은 그 자체로 개체화되기 때문에 외적인 개체화의 원리를 필요로 하지 않는다. 또 의식은 그 자체가 흐르는 통일체이기 때문에 어떤 통일화의 초월적 원리도 필요로 하지 않는다. 4장에서 보았듯이, 의식이 그 자체를 통일하는 것은 정확히 시간적인 것으로서이다. 따라서 시간의식에 대한 정확한 설명은 자아의 기여가 불필요하다는 것을 보여줄 것이다. 따라서 자아는 그것의 존재이유raison d'être를 잃게 된다(사르트르 1957, 40쪽).

게다가 사르트르는 살아지는 의식에 대한 올바른 현상학적 탐구는, 의식에 거주하는 것으로 이해되든, 의식을 소유하는 것으로 이해되든 자아를 결코 발견하지 못할 것이라고 주장했다. 우리는 그 자신을 '망각한 채' 어떤 것에 몰두하는 사람에 대해 가끔 말한다. 이렇게 말하는 방식은 진실을 담고 있다. 내가 이야기를 읽는 데 몰두하고 있을 때, 나는 서사에 대한 의식을 갖고 있고 읽기에 대한 전반성적 자기알아차림의 의식을 갖고 있지만, 사르트르에 따르면, 나는 자아에 대한 어떤 알아차림도 갖고 있지 않다. 우리가 경험에 몰두하는 동안은, 경험을 살고 있는 동안은 어떤 자아도 나타나지 않을 것이다. 자아는 오직 우리가 문제가 되고 있는 경험에 대해 거리두기와 대상화하기의 태도를 취할 때, 즉 우리가 경험을 반성할 때 출현한다. 사르트르가 언급했듯이, 반성에서 나타나는 자아는 반성의 대상이지 반성의 주체가 아니다. 내가 이 대상에 대한 반성적 탐색에 종사하고 있을 때, 나는 그것이 마치 다른 사람의 자아인 듯 고찰하고 있을 것이다. 달리 말하면, 나는 나 자신에서 타인을 보는 관점을 취할 것이다(위의 책, 87쪽). 자아가 초월적이라는 것은 이 의미에서이며, 바로 이 이유 때문에 사르트르는 유아론의 문제를 회피하고자 시도할 때, 나의 자아는 내가 이에 대해 특별한 확신을 누리는 어떤 것이라는 점을 부정했던 것이다. "나의 나는, 사실 다른 사람의 나와 마찬가지로 의식에 확실하지 않다. 그것은 다만 다른 사람의 나보다 더 친밀할 뿐이다"(위의 책, 104쪽).

현상학적으로 동기부여된 이 자기회의론에, 최근 꽤 상이한 종류의 회의론이 부응해 왔다. 일부 신경과학자들과 철학자들 사이에서 인기를 얻고 있는 견해에 따르면, 결정적으로 중요한 것은 자기가 경험에 주어져 있는 것인가 하는 것이 아니다. 어떤 것이 실재적인가 하는 것은, 그것이 나타나는가 하는 물음도 아니고 또 그것이 실재적인 것으로 경험되는가 하는 물음도 아니다. 오히려 그것은 우리의 과학적 세계관에 들어맞는가 하는 물음이다. 이 기준에 따라서 자기 개념이 신중하게 검토되어 왔고, 부적합하다고 판정되었다.

이 신경회의주의의 저명한 주창자 중 한 명은 토마스 메칭거인데, 그는 『자기는 없다*Being No One*』에서 의식적으로 경험된 1인칭적 관점이 무엇인지에 대한 표상주의적이고 기능주의적인 분석을 우리에게 제공했다. 그가 도달한 결론은 아주 명쾌하다. "자기와 같은 것은 세계에 존재하지 않는다. 아무도 자기였던 적이 없고 자기를 가졌던 적이 없다"(2003, 1쪽). 모든 과학적이고 철학적인 목적들을 위해서 자기 개념은 별 탈 없이 제거될 수 있다. 자기의 존재는 어떤 필요불가결한 설명적 기능도 충족시키지 못하는 이론적 존재이기 때문에, 자기의 존재를 가정하는 것은 필요하지도 않고 합리적이지도 않다. 사실상 자기는 현실적으로 존재하는 대상이 아니고, 또 확실히 불변하는 실체가 아니다. 오히려 메칭거가 표상적 건립물이라 부르는 것이다. 생물학적 유기체는 존재하지만 유기체는 자기가 아니다. 일부 유기체들은 자기모델을 갖고 있지만, 그러한 자기모델은 자기가 아니라 그저 복합적인 뇌 상태들에 지나지 않는다(위의 책, 563쪽). 실제로 존재하는 모든 것은 자기모델화의 작동에 종사하는 어떤 유형들의 정보처리체계이기에, 우리는 모델을 실재와 혼동하는 실수를 저질러서는 안 된다(위의 책, 370쪽, 385쪽, 390쪽). 혹은 더 정확히 말하면, 자기를 표상하는self-representing 체계는 소박한 실재론적 자기오해에 사로잡혀 있다(위의 책, 332쪽, 436~437쪽, 564쪽). 적절하게 말하면, 의식적 자기의 환상에 속아 넘어갈 수 있는 사람은 아무도 없기 때문에, 그 자신을 다른 어떤 것으로 혼동하는 사람은 아무도 없다(위의 책, 634쪽).

후설, 사르트르, 메칭거가 하는 방식으로 자기나 자아에 대해 말하는 것은 명백히 가능하다. 그러나 이들의 회의적인 의구심에는 한 가지 문제점이 있는데, 그것은 이들 모두 꽤 특정한 자기 개념을 전제하고 있고, 그러고 나서 이어서 이를 비판하고 있다는 점이다. 그러나 과연 자기가 정확히 무엇인지 분명히 하고 있는가?

다양한 자기 개념

다음에서 우리가 하고자 하는 것은, 비자아론적 비판이 표적으로 삼고 있는 자기(순수한 동일성 극으로서의 자기)에 대한 꽤 고전적인 이해방식과, 두 교호적이며 더 현대적인 자기(서사적 건립물로서의 자기와 경험적 차원으로서의 자기)에 대한 이해방식을 대조하는 것이다.

순수한 동일성-극으로서의 자기

이 전통적 견해는 한편으로는 동일한 자기와 다른 한편으로는 변화하는 경험들의 다양성을 구분해야 한다고 주장한다. 순차적으로 나는 몰트위스키 한 잔을 마실 수 있고, 제비꽃 한 다발의 냄새를 맡을 수 있고, 피카소의 그림에 감탄할 수 있고, 베니스를 방문했던 일을 회상할 수 있다. 우리는 여기서 다수의 상이한 경험들에 직면하고 있지만, 그 경험들은 또한 공통의 어떤 것을 갖고 있다. 그 경험들은 모두 동일한 주체를 갖고 있고, 모두 하나의 동일한 자기, 즉 나 자신에 의해 살아지고 있다[체험되고 있다]. 의식의 흐름 속에서 경험은 발생하고 소멸하는 반면, 자기는 시간을 통해서 계속 하나의 동일한 것으로 남아 있다. 구체적으로 말하면, 자기는 변화하는 경험들로부터 떨어져서 있는, 이 경험들 너머에 있는 별개의 **동일성의 원리**로 간주되는바, 바로 이 이유 때문에 변화하는 경험들의 흐름을 구조화할 수 있고 이 흐름에 통일성과 정합성을 부여할 수 있다.

여기에서 기능하고 있는 자기의 개념은 명백히 아주 형식적이고 추상적인 것이다. 경험이 어떤 특정한 주체에 의해by 살아진다는 것은 언제나 사실이다. 경험은 언제나 어떤 특정한 주체에 대해서의for 경험이다. 따라서 자기는 모든 경험의 일화가 필연적으로 소급해서 지시하는 순수한 주체 또는 자아-극으로서 이해된다. 그것은 경험의 대상이라기보다는 경험의 주체이다. 자기는 그 자체가 경험을 위한 대상으로서 주어질 수 있는 어떤 것이 아니라, 정합적인 경험을 위한 가능성의 필요조건이다. 우리는 그것이 반드시 존재한다고 추론할 수 있지만, 그 자체가 경험될 수 있는 어떤 것은 아니다. 그것은 자료datum 곧 경험의 흐름에 나타나는 어떤 것이라기보다는 포착되지 않는 원리, 전제이다. 그것이 현상적으로 나타난다면, 그것은 누군가에 대해서의 나타남일 것이고, 즉 대상일 것이고, 그러기에 더 이상 자기가 아닐 것이다(나토르프 1912, 8쪽, 40쪽 참조). 칸트가 자신의 『순수이성비판』에서 이미 지적했듯이, "대상을 알기 위해서 내가 전제해야 하는 것을 내가 대상으로서 알 수 없다는 것은 …… 명백하다"(1956/1999, A402쪽).

서사적 건립물로서의 자기

자기를 개념파악하는 한 가지 매우 상이한 방식은, 자기이해와 자기인식은 단번에 주어지는 어떤 것이 아니라, 전유되어야 하고 다양한 성공도를 보이며 획득될 수 있는 어떤 것이라는 사실에서 그 출발점을 잡는 것이다. 삶이 계속되는 한, 결코 최종적 자기이해는 없다. 그러나 동일한 것이 또한 자기라는 것이 무엇을 의미하는지에 대해서도 말해질 수 있다. 자기는 사물이 아니다. 고정되어 있고 불변하는 어떤 것이 아니라, 오히려 진화하는 어떤 것이다. 그것은 주어져 있는 것이 아니라 하나의 성취이다. 그것은 우리 자신의 기획과 행위를 통해서 깨닫게 되는 어떤 것이며, 그러므로 그것은 우리의 자기해석과 독립적으로 이해될 수 없다. 요컨대, 우리가 살아 있는 유기체인 것과 동일한 방식으로 우리가 자기인 것은 아니다.

우리가 심장이나 코를 갖고 있는 것과 동일한 방식으로 우리가 자기를 갖고 있는 것은 아니다(테일러Taylor 1989, 34쪽).

최근 갈수록 더 유행하게 된 이 견해에 따르면, 자기는 서사적 자기해석 안에서 또 이것을 통해서 건립된다. '나는 누구인가?' 하는 물음에 직면할 때, 우리는 어떤 특정한 이야기를 하면서, 우리가 특별히 중요하다고 여기는 측면, 우리의 삶에서 주요 동기leitmotif를 이룬다고 여기는 측면, 우리가 누구인지를 규정해준다고 여기는 측면, 우리가 다른 사람들에게 인정과 승인을 얻기 위해 제시한다고 여기는 측면을 강조할 것이다(리쾨르 1988, 246쪽). 그러나 말로 묘사되기를 그저 기다리고 있는, 앞서 존재하는 자기와 같은 그런 사물은 결코 없기 때문에, 이 서사는 단지 이미 존재하는 자기의 본성을 보는 통찰을 얻는 수단인 것이 아니다. 그런 선언어적인 주어짐을 믿는 일은 정말 말 그대로 이야기들에 의해서 오도되어 왔다.

서사적 설명은 아주 명시적으로 자기성의 시간적 차원을 강조하고 있다(또한 4장을 보라). 인간의 시간은 우리의 삶 이야기들life stories의 시간이다. 이야기되는 시간은 서사의 상징적 매개들에 의해서 구조화되고 분절화된다(위의 책, 244쪽). 상이한 시간에 일어나는 사건들과 경험들은 단일한 서사에 편입됨으로써 통일된다. 어떤 특정한 행위, 경험, 특성이 나의 것으로 간주되는가 아닌가는 그것이 나의 자기서사에 포함되는가 아닌가의 문제이다. 매킨타이어가 말하듯이, 자기의 통일성은 "서사의 시작이 중간과 끝에 연결되듯이, 태어남을 삶과 죽음에 연결시키는 서사의 통일성에 있다"(위의 책, 205쪽).

서사적 설명은 또한 자기성의 사회적 차원을 강조한다(9장 참조). 이야기하기narration는 유아기에서 시작해서 우리의 여생 동안 계속되는 사회적 과정이다. 나는 언어 공동체에 참여함으로써 내가 누구인지, 내 삶에서 무엇을 하기를 원하는지를 알게 된다. 타인들은 우리가 제시하는 행위들과 경험들에 대한 서사적 설명을 듣고 또 수용하기를 요청받는다. 게다가 브루너가 지적하듯이, 우리 스스로가 만드는 이야기들은 아무런 사전 준비 없이 만들어지지 않는다. 그 이야기들은 종래의 장르들을 본뜬다. 나 자신에 관해서 이야기할 때 나의 자기성은 공적 영역의 부분이 되고, 그것의 형태와 본성은 자기성은 무엇이어야 하고 무엇이어야 하지 않는지 하는 문화적 모델들에 의해 인도된다(브루너 2002, 65쪽). 따라서 우리 자신을 어떤 특정한 삶 역사life history와 어떤 특정한 성격 특성들을 갖는 인격person으로 알게 되는 것은 우리의 직접적인 믿음과 욕구를 아는 것보다 더 복잡하고, 처음에 그렇게 보이는 것보다 덜 사적이다(조플링Jopling 2000, 137쪽). 내가 나 자신을 하나의 삶 이야기a life story라는 면에서 해석할 때, 나는 이야기하는 사람이자 주인공일 수 있지만, 나는 단독저자가 아니다. 나 자신의 이야기의 시작은 항상 이미 타인들에 의해 나를 위해서 만들어져 왔기에, 이야기가 펼쳐지는 방식은 오직 부분적으로만 나 자신의 선택과 결정에 의해서 정해진다. 사실상, 모든 개인적 삶의 이야기는 타인들—부모, 형제, 친구 등—의 이야기와 섞여 짜여 있을 뿐 아니라, 역사적이고 공동체적으로 의미를 부여하는 보다 거대한 구조에 내장화되어 있다[묻혀 있다](매킨타이어 1985, 221쪽). 내가 나 자신을 다양한 전통들의 상속자와 계승자로 이해하게 되든 아니든, 나의 이야기는 그런 전통들에 휘말려 있다.

　우리가 누구인지는 우리와 타인들이 우리 자신들에 관해서 말하는 이야기에 의존하고 있다. 이야기는 더 정합적일 수도 있고 덜 정합적일 수 있는데, 동일한 것이 우리의 자기동일성에도 해당한다. 따라서 서사적 자기는 끊임없는 수정 중에 있는 개방형 건립물이다. 이것은 문화적으로 상대적인 서사의 고리에 걸려 있으며, 일단의 목적들, 이념들, 염원들을 중심으로 해서 조직되어 있다(플라나간Flanagan 1992, 206쪽). 서사적 자기는 유아기에서 시작해서 우리의 여생 동안 계속되는 동일성의 건립물인바, 이는 언제나 복잡한 사회적 상호작용을 수반하고 있다. 우리가 누구인지는 우리가 갖고 있는 가치들, 이념들, 목표들, 그리고 우리의 행위들에 의존한다. 그것은 우리에게 무엇이 중요하고 의미가 있는지 하는 물음이고, 그리고 물론 이것은 우리가 한 부분을 이루는 공동체에 의해 조건지어진다. 따라서 종종 주장되어 왔듯이, 우리는 단독으로 자기가 될 수 없고, 오직 타인들과 함께 언어적 공동체의 부분으로서 자기가 될 수밖에 없다. 타인들과 맺는 이 서사적 관계는 두 길로 나 있다. 이 길은 우리 자신의 자기를 형성할 뿐 아니라, 우리가 앞 장에 지적했듯이, 이 관계는 또한 타인들을 이해하기 위한 체재를 제공한다.

서사적 설명이 어떤 독해에서는 무아설의 버전으로 바뀔 수 있다는 것은 주목할 만한 가치가 있다. 사실, 확장된 자기를 한낱 허구라고 간주할 수도 있다. 삶에 실용적인 연속성 감각을 가져다주기 때문에 유용한 것이지만 그럼에도 불구하고 허구이다. 데넷(1988, 1991)은 이 견해를 뒷받침하는 예를 제시하고 있는데, 그는 이 견해가 최근의 발전을 통해 우리가 이해하게 된 뇌의 기능 방식과 일치한다고 여긴다. 현대의 신경과학에서 이루어진 합의는 신경학적 과정이 대부분 다양한 뇌 부위들에 걸쳐 분산되어 있다는 것이다. 따라서 어떤 신경학적으로 통일된 실재적인 경험의 중심도 없으며, 또 우리가 자기라고 표를 붙일 수 있는, 시간을 가로지르는 어떤 실재적인 동일성도 없다. 그러나 인간은 실로 언어를 갖고 있다. 그리고 언어와 더불어 우리는 장기간에 걸쳐 우리의 경험을 상대적으로 정합적이고 통합적인 것으로 만들기 시작한다. 우리는 이야기를 말하기 위해 단어들을 사용하는데, 데넷에 따르면, 우리가 자기라고 부르는 것을 만들어내는 것은 바로 이 이야기와 더불어서이다. 우리는 유의미한 경험의 삶을 망라하기 위해 우리의 생물학적 경계를 확장시킨다. 데넷의 설명에서 두 가지 점을 주목할 수 있다. 첫째, 우리는 우리 자신이 우리 자신을 '발명하는' 것을 막을 수 없다. 우리는 언어 사용자가 되도록 하드웨어에 내장화되어 있어서, 한번 우리가 언어의 그물망에 사로잡히게 되어 우리 자신의 이야기들을 자아내기 시작하면, 우리는 이 산물을 전적으로는 제어하지 못하게 된다. 데넷이 말하듯이, "우리의 이야기들은 자아져 나오고 있지만 대부분은 우리가 이것들을 자아내는 것이 아니라 이야기들이 우리를 자아낸다"(1991, 418쪽). 둘째, 이러한 자아내기의 중요한 산물은 서사적 자기이다. 그러나 서사적 자기는 결코 실체적으로 실재하는 것이 아니다. 오히려, 데넷에 따르면 그것은 공허한 추상물이다. 구체적으로 말하면, 데넷은 자기를 추상적인 '서사적 중력의 중심'으로 정의하고, 이를 모든 물리적 대상의 중력의 중심이라는 이론적 허구에 비유한다. 그러나 서사적 중력의 경우에 개인적 자기는 개인이 그 자신에 관해 말하거나 그 자신에 관해 말해지는 (허구 또는 전기의) 다양한 이야기들이 만나는 추상적인 점과 이동가능한 점으로 이루어져 있다.

경험적 차원으로서의 자기

『일어나고 있는 것을 느끼면서*In The Feeling of What Happens*』에서 다마지오는 자기감각sense of self이 의식적 마음의 필수불가결한 부분이라고 주장한다. 그는 "만약 '자기의식'이 '자기감각을 갖고 있는 의식'을 의미한다고 본다면, 인간의 모든 의식은 필연적으로 이 용어에 포섭된다. 이외에 다른 어떤 종류의 의식도 없다"(1999, 19쪽)고 적고 있다. 내가 생각할 때, 책을 읽을 때, 멜로디나 붉은 스포츠카나 김이 나는 핫초코를 지각할 때, 나는 자동적으로 또 암묵적으로 다른 누군가가 아니라 내가 이것을 하고 있다고 감각한다. 나는 내가 지금 지각하는 대상들이 나의 관점으로부터 파악되고 있다고 감각하며, 나의 마음속에 형성된 생각들이 다른 사람의 것이 아닌 나의 것이라고 감각한다. 따라서 다마지오가 말하듯이, 나의 의식적 삶에는 끊임없지만 조용하고 미세한 자기의 현전이 있다(위의 책, 7쪽, 10쪽, 127쪽).

그러나 의식은 단일체가 아닌데, 그래서 다마지오는 그가 핵심의식core consciousness이라 부르는 단순하고 근본적인 종류의 의식과, 그가 확장의식 extended consciousness이라 부르는 복합적인 종류의 의식을 구별하는 것이 합당하다는 것을 알게 되었다. 핵심의식은 단일한 수준의 조직화를 갖추고 있으며 유기체의 일생에 걸쳐 안정적으로 존속한다. 이것은 배타적으로 인간에게만 있는 것이 아니며 (인간이 아닌 동물이라 할지라도 핵심의식을 갖고 있을 수 있다) 습관기억, 추리, 언어에 의존하지 않는다. 이와 반대로, 확장의식은 여러 수준의 조직화를 갖추고 있다. 이것은 유기체의 일생에 걸쳐 진화하며 습관기억과 작업기억 모두에 의존한다. 확장의식은 일부 인간이 아닌 동물들에서 기초적인 형태로 발견될 수 있기도 하지만, 그것의 최정점은 언어를 사용하는 인간들만이 도달할 수 있다. 다마지오에 따르면, 이 두 종류의 의식은 두 종류의 자기에 상응한다. 그는 핵심의식에서 출현하는 자기감각을 핵심자기core self라고 부르고, 확장의식에 의해 제공되는 더 정교한 자기감각을 자전적 자기autobiographical self라고 언급한다(1999, 16~17쪽, 127쪽). 발달론적 관점에서 보면, 초기에는 오직 단순한 핵심자기의 상태들만 존재하지만, 경험이 축적됨에 따라 기억이 늘어나고 자전적 자기가 전개될 수 있다(위의 책, 175쪽).

그러나 순수하게 기술적記述的 견지에서 보면, 다마지오가 내놓은 분석들에는 새로운 것이 없다. 우리는 고전적 현상학에서 이미 발견한 생각들을 다시 정식화하는 일을 다루고 있다. 달리 말하면, 자기성의 경험적 차원이라 부를 수 있는 것에 대해 가장 명시적으로 옹호하고 분석하는 일은 바로 고전적 현상학에서 찾아볼 수 있다. 따라서 후설과 사르트르가 그들이 원래 옹호했던 비자아론적 입장으로부터 그 이후에는 거리를 두었다는 것을 깨닫는 게 중요하다. 혹은 더 정확히 말하면, 그들이 수용하게 된 자기개념은 그들이 초기에 거부했던 개념이 아니었다. 오히려 그들은 한 가지 이상의 적법한 자기개념이 있다는 것을 깨닫게 되었다.

사르트르는 의식이 실지로 그가 자기성ipseity(자기성selfhood, 라틴어 자기ipse에서 유래한 말이다)으로 칭하는 근본적 자기나타남 또는 자기지시성에 의해 특징지어져 있다고 주장한다(1956, 103쪽). 사르트르가 자기에 대해 말할 때, 그는 매우 기본적인 어떤 것, 현상적 의식 그 자체를 특징짓는 어떤 것을 언급하는 것이다. 그것은 나의 실존 양식 바로 그것을 특징짓는 어떤 것이며, 내가 그것을 분절화하지 못할 수는 있지만, 내가 그렇게 되지 않을 수 있는 어떤 것이 아니다. 사르트르가 또한 말하듯이, "전반성적 의식은 자기의식이다. 연구되어야 하는 것은 바로 이 자기개념이다. 왜냐하면 이것은 의식의 존재 바로 그것을 규정하기 때문이다"(위의 책, 76쪽).

메를로-퐁티는 간혹 주체란 그 자신의 신체화된 세계-내-존재에서 그 자신의 자기성을 깨닫는 것이라고 말하고 있다(1962, 408쪽). 그러나 그는 또한 내적 시간의식에 대한 후설의 탐구들을 언급하면서, 본원적인 시간의 흐름은 자기에 대한 자기의 원형적 관계로 간주되어야 하며, 이것이 내면성 interiority 또는 자기성ipseity을 그려 간다고 쓰고 있다(위의 책, 426쪽). 몇 줄 아래에서 메를로-퐁티는 의식은 항상 그 자체에 의해 촉발되며, '의식'이 란 단어는 이 근본적인 자기주어짐과 독립적으로는 어떤 의미도 갖고 있지 않다고 덧붙이고 있다(1962, 426쪽).

후설이 지적하듯이, 의식은 흐름으로서 존재하고 그 자신에게 흐름으로 서 나타난다. 하지만 어떻게 의식의 흐름이 그 자신을 의식할 수 있는가, 어떻게 흐름의 존재 바로 그것이 한 형태의 자기의식이라는 것이 가능하며 또 이를 이해할 수 있는 것인가는 오래 지속되고 있는 물음이다(2001b, 44쪽, 46쪽). 실로 시간성에 대한 후설의 탐구는 의식은 어떻게 그 자신을 그 자신에게 현출하는가 하는 물음에 대한 관심에 의해 아주 많이 동기부여 된 것이다. 내적 시간의식(예기-근원인상-파지)의 구조에 대한 그의 분석은 정확히 전반성적 자기나타남 및 우리 경험들의 자기성의 (미세)구조에 대한 분석으로 이해될 수 있다(후설 1966a/1991; 자하비 1999, 2003b). 결국 우리가 후설 안에서 발견하는 것은 자기성, 자기경험, 시간성 간의 관계에 대한 지속적인 탐구이다.

미셸 앙리는 반복해서 자아를 내면적 자기촉발interior self-affection에 의 거해서 특징짓는다(예를 들어 앙리 1973, 682쪽). 그 자신을 그 자신에게 드러내 보이는 한에서 주관성은 자기이다(앙리 2003, 52쪽). 혹은 그는 그의 초기 작품 『철학 그리고 몸의 현상학*Philosophy and Phenomenology of the Body*』에서 "그 자신에게 직접적으로 현전하는 내면성이 자기성의 본질을 구성한다"(앙리 1975, 38쪽)고 말하고 있다. 근본적인 유형의 자기성을 경험적 현상들에 귀속시키는 일이 적절한 것은, 의식은 그 자체가 시원적이고 암묵적인 자기의식에 의해 특징지어져 있기 때문이다. 더 정확히 말하면, 앙리는 자기성의 기본적 개념을 경험적 삶의 1인칭적 주어짐에 연결시키고 있다.

이 모든 현상학자들이 제기하는 결정적으로 중요한 생각은, 자기임이 의미하는 것을 이해하는 일은 경험의 구조를 고찰하는 일을 요구하며, 그 역도 마찬가지라는 것이다. 따라서 자기는 의식의 흐름의 반대쪽에 서 있는 어떤 것이 아니고, 언표불가능한 초월론적 전제조건이 아니며, 또 시간을 거치면서 진화하는 한낱 사회적 건립물도 아니다. 자기는 우리 의식적 삶의 구조의 필수불가결한 부분으로 여겨진다. 더 정확히 말하면, 이 주장은 (최소 또는 핵심) 자기는 경험적 실재를 소유하고 있고, 또 사실 경험적 현상들의 1인칭적 나타남과 동일시된다는 것이다. 가장 시원적인 수준에서 자기경험은 단순히 우리 자신의 의식을 전반성적으로 알아차리는 문제이다. 우리가 앞 장들에서 지적해 왔듯이, 이것은 경험을 주관적인 것으로 만드는 것이다. 상이한 유형의 경험들(마른풀의 냄새를 맡음, 일몰을 봄, 얼음조각을 만짐 등)이 있고, 상이한 유형의 경험적 주어짐들(지각적 주어짐, 상상적 주어짐, 그리고 회상적 주어짐 등)이 있지만, 또한 공통 특질들도 있다. 그런 공통 특질 중의 하나는 나의 것임mineness이란 성질이다. 특정한 병리적 상태들을 있을 수 있는 예외로 하면(아래를 보라), 1인칭적 관점에서 내가 살아가는live through 경험들은 나의 경험들이다. 내가 파리에 관해 생각할 때, 으깬 박하나뭇잎 냄새를 맡을 때, 프로코피에프의 <로미오와 줄리엣>을 들을 때, 나의 왼팔을 움직일 때, 이 모든 다양한 경험들은 어떤 특질을 공유하는 것 같다. 그것들은 모두 나의 것으로 느껴진다. 그것들은 미세한 자기의 현전을 나르고 있다. 따라서 현상적 의식은 시원적 형태의 자기지시성이나 대자성for-me-ness을 수반한다. 어떤 경험이 나의 것으로 경험되는지 그렇지 않은지는 경험 그 자체와 동떨어져 있는 어떤 것에 의존하는 것이 아니다. 만약 경험이 나에 대해서for me 1인칭적 양상의 현시로 주어진다면, 그것은 나의 경험으로 경험되는 것이지 이와 다르게 경험되는 것은 아니다. 요컨대, 자기는 다수의 변화하는 경험들 속의, 1인칭적 주어짐[소여성]의 불변적 차원이라고 생각된다.

　그런데, 이 견해는 자기경험이 고립되고 무세계적인 자기에 대한 경험으로 이해될 수 없으며, 또 자기는 머릿속에 위치해서 숨어 있는 것이 아니라는 점을 분명히 하고 있다. 자기경험을 갖는 것은 내면으로 우리의 눈길을 돌리기 위해서 세계와의 경험적 상호작용을 가로막는 일이 아니다. 이와는 반대로, 자기경험은 언제나 세계에 잠겨 있는 신체화된 행위자의 경험이다. 자기는 정확히 또 확실히 자기가 세계에 참여하고 있을 때에만 그 자신에게 현전한다. 따라서, 현상학적 핵심자기 또는 최소자기 개념을 데카르트식의 정신적 잔여로, 즉 일종의 자기폐쇄적이고 자기충족적인 내면성으로 해석하는 것은 결정적 잘못일 것이다. 현상학적 자기개념은 의식의 근본적 지향성 또는 의식의 세계-내-존재[세계-속에-있음]를 강력하게 역설하는 것과 완전하게 양립가능하다.

　이 제3의 자기개념은 최소주의적 개념이고, 그래서 더욱더 복합적인 형태의 자기들이 존재한다는 것을 생각해 볼 수 있다는 것은 명백하다. 그러나 이렇게 말한 데서 알 수 있듯이, 이 차원을 결여하는 어떤 것도 자기라고 불릴 만한 자격이 없다는 의미에서 이 경험적 개념이 여전히 근본적이라는 점이다. 혹자는 설령 비의식적 수준에 있다 할지라도, 모든 유기체는 자기와 비자기를 구분하는 능력을 지니지 않고는 생존하거나 행위할 수 없다고 주장해 왔다(데닛 1991, 174쪽, 414쪽 참조). 그러나 현상학적 최소자기 개념에 따르면, 자기성은 한낱 우리 자신과 환경 사이의 비의식적 분화 이상의 것을 요구한다. 사실, 결정적으로 중요한 생각은 어떤 최소 형태의 자기경험이 자기성을 위해 본질적이라는 것이다.

사회성과 인격성

　서사적 자기 —사회성, 기억, 언어와 연관돼 있는 자기 —와 경험적 자기 —경험과 행위의 기본적 구조들과 연관돼 있는 자기 —의 관계는 무엇인가? 자기의 두 상이한 개념이 반드시 상충하는 것은 아니다. 그것들은 상보적 개념이라고 볼 수 있다. 하지만 이 경우에 이들의 정확한 관계를 명료하게 밝히는 것이 중요하다. 경험적인 핵심자기는 확장된 서사적 자기를 위한 (논리적이고 시간적인) 전제조건인가? 확장자기는 어쩌면 (유용한) 허구일지도 모르는, 보다 높은 단계의 건립물인가? 혹은 이와는 반대로, 핵심자기는 사후적 추상물인가? 아니면, 거품을 뺀 형태의, 진실하고 본원적인 자기로 간주되어야 하는 어떤 것인가?

　경험적 자기는 변화하는 경험들을 끊임없이 수용하고 있긴 하지만, 유기체의 일생에 걸쳐서 안정적으로 존속하는, 시간성과 신체화에 의해 규정되는 구조를 갖고 있다. 이와는 반대로, 서사적 자기는 유기체의 일생에 걸쳐서 진화한다. 발달론적 관점에서 보면, 초기에는 거의 핵심자기의 단순한 상태들만이 있지만, 경험이 축적됨에 따라 기억이 늘어나고 자전적/서사적 자기가 발달한다.

　현상학적 견해에서 보면, 경험적인 핵심자기는 우리의 서사적 행위들의 산물이 아니다. 그것은 현상적 의식의 구조에 대한 필수불가결한 부분이며, 모든 서사적 실천들을 위한 선언어적 전제로 간주되지 않으면 안 된다. 우리는 개체발생의 초기부터 시원적이고 전개념적 자기와 자기경험의 존재를 인정해야 한다. 게다가 만약 내가 어떻게 해야 경험과 행위가 서로 잘 협력할지, 또 어떻게 해야 이것들이 정합적인 삶의 이야기를 만들어낼지 걱정할 수 있으려면, 경험과 행위는 이미 나의 것으로 주어져 있어야만 한다. 오직 1인칭적 관점을 갖고 있는 존재만이 그 자신의 목적, 이상, 포부를 그 자신의 것으로 간주할 수 있을 것이며, 이것들에 관해 이야기할 수 있을 것이다. 따라서, 1인칭적 관점에 대해서 이야기할 때 우리는 그런 관점을 갖고 있다는 것과 이것을 언어적으로 분절할 수 있다는 것을 구분해야 한다. 후자는 명백히 1인칭 대명사에 대한 숙달을 전제하고 있는 반면, 전자는 단순히 우리 자신의 경험적 삶의 1인칭적이고 주체적인 현출에 대한 문제이다.

하나의 선택지는 경험적 자기와 서사적 자기를 구분하는 것이다 (앞에서와 같이 그리고 다수의 철학자들이 해 왔듯이). 다른 선택지는 보다 심도 있는 술어상의 분화를 선택하는 것이다. 경험적 자기를 다루고 있을 때에 우리는 정확히 자기경험이나 자기지시성의 시원적 형태를 다루고 있기 때문에, 우리는 '자기'라는 용어를 보유할 수 있다. 이와는 반대로, 자기에 대해서 말하지 않고, 서사적 건립물로서의 인격person에 대해서 말하는 것이 유용할 수 있다. 결국, 서사적 설명이 다루고 있는 것은 나의 인적 성격personal character 곧 인격성personality의 본성인바, 이 인격성은 시간을 통해서 진화하며 내가 지지하는 가치들, 즉 나의 도덕적이고 지성적인 신념들과 결정들, 그리고 나의 행위들에 의해서 형성된다. '인격'이라는 용어의 어원이 이 견해를 강력하게 지지하고 있다. 라틴어 페르소나persona는 배우들이 쓰는 가면들을 가리키며, 이야기나 연극에서 등장인물들을 지칭하는 극중인물dramatis personae이라는 표현과 관련이 있다.[1]

서사적 인격성personhood이 경험적 자기성을 전제한다(하지만 역은 성립하지 않는다)는 사실이, 특히 인격의 동일성의 문제에 관한 것인 한, 전자의 중요성을 훼손시키는 것은 아니다. 경험의 1인칭적이고 신체화된 본성으로 인해서 우리의 경험적 삶은 생득적으로 개체화되어 있을 수 있다. 그러므로 나의 경험적 자기에 대한 기술은 당신의 경험적 자기에 대한 기술과 의미심장하게 다르지는 않을 것이다. 물론, 전자가 나에 대한 기술이고, 후자가 당신에 대한 기술인 점을 제외한다면 말이다. 이와는 반대로, 보다 분명하고 구분되는 종류의 개체성individuality은 나의 개인적personal 역사에서, 나의 도덕적이고 지성적인 신념과 결정에서, 나의 자기 서사 및 나에 관한 타자들의 서사에서 발견되는 저 모든 것들에서 현출한다. 내가 내 자신이 누구인지를 정의하고, 이로써 내 자신과 타자들을 구분하는 것은 바로 나의 행위를 통해서이다. 이렇듯 행위는 성격을 형성하는 효과를 갖는다.2) 나는 나의 신념을 고수하는 한 동일한 상태로 존속하며, 신념이 변할 때 나는 변한다(하트Hart 1992, 52~54쪽). 이념과 신념은 동일성을 규정한다. 우리의 이념이나 신념에 반해서 행위하는 것은 (완전성의 붕괴dis-integrity라는 의미에서) 인격으로서의 전체성의 해리disintegration를 의미할 수 있다(몰란드Moland 2004 참조).

인격들은 사회적 진공상태에서 존재하는 것이 아니다. 인격으로서 존재한다는 것은 우리가 우리 자신과 맺는 관계가 다른 사람들에게 전유되는 공동 지평 속으로 사회화되어 존재한다는 것이다. 후설은 다음과 같이 쓰고 있다.

> 인격성personality의 기원은 공감empathy 및 공감에 뿌리박고 있는 사회적 행위들에 놓여 있다. 인격성을 획득하기 위해서는 주체가 그 자신을 그의 행위들의 중심으로서 알아차리는 것으로는 충분하지 않다. 오히려 인격성은 주체가 타자들과 사회적 관계들을 수립할 때에만 이루어진다.
>
> —1973a, 175쪽

나는 공동 세계 속에서 타자들과 함께하는 나의 삶을 통해서 인격이 된다. 일반적으로, 고찰 중에 있는 자기는 이미 인격화되어 있거나, 적어도 완전히 성숙한 인격으로 발전하는 과정에 있다. 이 점에서 경험적인 핵심자기에 좁게 초점을 맞추는 일은 어떤 일정한 양의 추상화를 수반한다고 말할 수 있을지 모르겠지만, 그러나 핵심자기의 실재성을 의문시할 어떤 이유도 없고,, 또 그것이 한낱 추상화에 불과한 것도 아니다. 통상적으로 우리의 자기이해는 자기서사에 비추어 섞여 짜여 있고 또 이해되는 것이지만, 위에서 정의한 최소한의 의미에서 자기경험은, 서사를 짤 수 있는 우리의 능력이 미처 발달하지 못했거나, 신경질환 또는 정신질환으로 인해서 저하

되었거나 상실되었을 때조차도 존재하는 것이다. 경험 과학이 이 점을 증명하고 있다.

발달론 이야기

건강한 모든 유아들은 선천적인 젖찾기 반응rooting response을 갖고 있다. 유아의 입가에 무언가가 닿을 때 유아는 자극을 향해 자신의 머리를 돌리고 입을 벌린다. 외부의 촉각자극이나 촉각적 자기자극에 반응해서 젖찾기하는 빈도를 기록함으로써, (생후 24시간 된) 신생아가 외부의 자극에 반응할 때 거의 세 배나 더 빈번하게 젖찾기 반응을 보인다는 것이 발견되었다. 필립 로샤Philippe Rochat는 이로부터 신생아들도 자기자극self-stimulation 대 비자기자극nonself-stimulation을 특정화하는 양태교호적인intermodal 불변자들을 취택할 수 있고, 또 이로써 초기 자기감각을 발달시킬 수 있는 능력을 가질 수 있다고 결론짓는다(2001, 40-41쪽). 유아들은 태어날 때부터 고유수용감각적 정보를 소유하고 있으며, 그리고 로샤가 주장하듯이 고유수용감각은 '탁월한 자기의 양태modality'이다(위의 책, 35쪽; 또한 갤러거 Gallagher 2005; 갤러거와 멜조프 1996를 보라). 따라서 그릇된-믿음 과제는 말할 나위도 없고, 거울 자기인식 과제를 통과할 수 있기 오래 전에, 유아들은 조직화되고 환경적으로 내장화된[묻혀 있는] 존재물로서 그들 자신의 몸을 감각하고 있으며, 그래서 초기에 그들 자신을 지각에 기초해서 감각하고 있다. 깁슨과 나이서의 발걸음을 따르면서, 로샤는 이 초기 자기감각을 유아의 생태적 자기라고 부른다(위의 책, 30-31쪽, 41쪽). 로샤에게 생태적 자기는 분명히 신체적 자기이며, 그래서 그는 유아의 최초의 자기 경험은 그 자신의 신체화된 자기 경험의 문제라고 주장한다. 유아들이 그들 자신을 환경 속에서 구별되는 행위자로 특정화하고, 결국 그들 자신을 더 명시적으로 알아차리는 일을 발전시키는 것은 바로 그들 자신의 신체를 초기에 탐색함으로써이다. 더 정확히 말하면, 유아들은 그들 자신의 몸을 탐색하는 타고난 경향을 갖고 있다. 이 경향은 자기지각의 요람을 형성하고, 자기인식의 발달론적 기원을 이룬다(위의 책, 29쪽, 39쪽, 74쪽).

우리가 7장에서 지적했듯이, 내가 행위자로서 반성적으로 나 자신을 찾는 것이 아니라 실용적으로 또 사회적으로 맥락화된 행위에 종사하고 있을 때, 그때에도 고유수용감각적 알아차림은 나의 전반성적이고 신체화된 자기에 직접적이고 경험적인 접근을 제공한다. 환경을 대하고 있는 신체적 위치와 움직임에 관한 많은 세부항목들은 의식적이지 않지만, 즉 운동 제어와 신체적 행위를 위해 절대적으로 필요한 세부항목들은 의식적이지 않지만, 반면에 의식적인 것은 무엇이든 내 몸의 다양한 부분들에 관한 상세한 정보로서 현시하지 않는다. 더 정확히 말하면, 고유수용감각적 알아차림은 내가 직접적 환경과 관계하면서 공간적으로 존재하는 곳에 대한 통합적이고 포괄적인 감각sense으로서, 그리고 특정한 상황 속에서 내가 행할 수 있는 것에 대한 통합적이고 포괄적인 감각으로서 현시한다. 넓은 의미에서 보면, 고유수용감각적 알아차림은 깁슨이 시각적 고유수용감각(내가 시각에서 얻는 자기움직임 감각)이라고 부르는 것을 포함한다. 그런 생태적으로 처해 있는 경험은 공간적 현전 및 일단의 신체화된 능력들로서의 자기에 대한 전반성적 감각을 제공한다. 나의 주의나 의식적 활동이 환경으로 향해 있거나 어떤 목표로 향해 있을 때, 이 깁슨적 의미에서 자기수용감각적 알아차림은, 예들 들어 내가 움직이고 있는지 가만히 있는지, 내가 앉아 있는지 서 있는지, 내가 손을 뻗고 있는지 움켜쥐고 있는지 가리키고 있는지, 내가 말하고 있는지 침묵을 지키고 있는지를 나에게 고지한다.

따라서 생태적 자기에 대한 깁슨적 개념은, 내가 세계에 관해서 받아들이는 정보는 내 자신의 자기에 관한 (특히 자아중심적 관점과 공간적 신체화에 관한) 정보를 암묵적으로 포함하고 있다는 생각을 포함하고 있다. 나의 세계 지각은 동시에 그 세계 속에 있는 내 자신의 신체화된 위치에 관한 정보로 가득 차 있다. 이런 의미에서 모든 지각은 자기와 환경의 공경험

co-experience, 즉 지각하는 것과 지각되는 것의 관계에 관한 정보를 포함하고 있다(깁슨 1986, 126쪽). 깁슨의 이론은 다수의 실증적 연구들, 예를 들면 이른바 '움직이는 방 실험'(리Lee와 아론슨Aronson 1974)에서 확증을 얻었다. 피험자(리와 아론슨은 걸음마를 배우는 유아들을 대상으로 실험을 실시했다)는 단단한 바닥에 서 있지만 천장에 매달린 벽들에 둘러싸여 있다. 만약 그때 벽들이 피험자를 향해서 움직이거나 피험자로부터 멀어지게 되면, 피험자는 흔들리거나 넘어질 것이다. 예들 들면, 정면에 있는 벽이 피험자를 향해 움직이면서 만들어낸 빛의 흐름은 그에게 그 자신이 앞으로 넘어지고 있다는 인상을 준다. 이 외관상의 흔들림을 보정하기 위해 착수된 근육의 재적응은 그를 뒤로 넘어지게 만든다(나이서 1988, 37~38쪽).

추가적인 예는 발달심리학에서 찾아볼 수 있다. 태어난 지 이삼 주밖에 되지 않는 유아는 손이 닿을 수 있는 범위 안에 있는 대상들과 닿을 수 없는 범위 바로 밖에 있는 대상들 사이를 변별할 수 있다. 유아는 닿을 수 없는 범위 바로 밖에 있는 대상을 잡기 위해서는 훨씬 덜 손을 뻗는 경향이 있다. 물론 유아가 이 구별을 행할 수 있다는 것은 유아가 그 자신과 관련해서 대상의 위치를 알아차린다는 것이다. 그러나 이는 유아들이 이미 이 단계에서 자기에 대한 명시적 표상을 소유하고 있다고 말하는 것이 아니다. 오히려 그들이 자기를 특정화하는 정보self-specifying information를 포함하는, 고유한 종류의 행동유도성을 지각할 수 있다. 따라서 심지어 아주 어린 유아들도 생태적 자기를 특정화하는 정보를 취택한다. 그들은 빛의 흐름에 반응하고, 그들 자신과 다른 대상들을 변별하고, 그리고 그들 자신의 행위와 그 행위의 직접적 결과를 다른 종류의 사건들로부터 쉽게 구분해낸다. 그들은 그들 자신을 경험하고, 그들이 어디에 있는지, 어떻게 움직이고 있는지, 무엇을 하고 있는지, 주어진 행위가 그 자신들의 것인지 아닌지를 경험한다. 이 성취들은 삶의 첫 몇 주와 몇 달 후에 나타나며, 시원적이지만 기본적인 형태의 자기경험의 존재를 증명하고 있다(나이서 1993, 4쪽).

자기의 병리

『이야기 만들기*Making Stories*』에서, ─ 자기에 대한 서사적 접근방식을 열렬히 옹호하는 사람인 ─ 제롬 브루너Jerome Bruner는 자기성의 어떤 특질들은 선천적이며, 우리는 시원적이고 전개념적인 자기의 존재를 인식할 필요가 있다고 인정하고 있다. 그러나 동시에 그는 (예를 들어 코르사코프증후군과 알츠하이머병에서 마주치는) 서사불능dysnarrativia이 자기성에는 치명적이며, 만약 우리가 서사 능력을 결여한다면 자기성과 같은 것은 없게 될 것이라고 주장하고 있다(브루너 2002, 86쪽, 119쪽). 브루너가 병리를 참조하는 일이 자기를 해명하는 데 도움이 될 수 있다고 가정한 점에서는 옳지만, 문제는 그 자신의 관찰이 정말 적절한가 하는 것이다. 알츠하이머병은 전반적 기능의 현저한 쇠퇴뿐 아니라, 극심한 기억상실, 행동과 사고와 추리의 변화를 초래하는 진행성, 퇴행성 뇌장애이다(스나이더Snyder 2000, 44쪽). 결과적으로 알츠하이머병을 앓고 있는 사람은 광범위한 인지적 손상을 입게 되어 있다. 말(과 서사)을 이해하는 것과 표현하는 것은 손상을 입는 영역 중 하나에 지나지 않게 될 것이다. 그래서 이상하지만 적확한 방식으로 말하면, 자기가 알츠하이머병의 후기 단계에서 전혀 남아 있게 되지 않는다 하더라도if, 우리는 서사불능이 죽음의 원인이었다고 지체 없이 결론을 내릴 수는 없다. (만약 우리가 서사적 역량에 특정하게 맞춰져 있는 장애를 찾고 있다면, 전반적 실어증global aphasia이 더 나은 선택이 될지도 모른다. 그러나 그렇다고 해서 전반적 실어증을 앓고 있는 사람은 자기이기를 그친다고 누가 주장하고 싶어 하겠는가?) 게다가 지나친 **가정if**이 있다. 알츠하이머병은 1인칭적 관점의 해체, 나의 것임mineness 차원의 완전한 소멸을 가져오며, 남아 있는 모든 경험은 단지 익명적이고 소유자 없는 경험적 일화이기 때문에 '주체'가 더 이상 통증이나 불편함을 그 또는 그녀 자신의 것으로 느끼지 않는다는 것은 결코 명백하지 않다. 사실, 경험이 많은 임상의들이 알츠하이머병을 앓고 있는 단 한 사람도 다른 사람과 똑같지 않다고 보고하고 있다는 것은 대수롭지 않은 일이 아니다(위의 책, 72쪽). 하지만 만약 이것이 사실이고, 알츠하이머병이 사실상 서사불능의 심각한 사례가 된다면, 우리는 브루너로부터 정반대의 결론을 끌어내야 한다. 우리는 서사적 설명이 다루고 있는 것 이상의 자기의 존재가 있다고 부득이 인정해야 할 것이다. 이것은 사실 다마지오가 끌어낸 결론인데, 그는 신경병리학이 핵심자기와 자전적 자기의 구별을 지지하는 실증적 증거를 제공한다고 명시적으로 주장하기 때문이다. 신경병리학은 확장의식의 손상이 핵심의식을 손상시키지는 않지만, 핵심의식의 수준에서 시작하는 손상은 또한 확장의식의 붕괴를 야기한다는 것을 밝히고 있다(다마지오 1999, 115~119쪽).

다른 물음들이 많이 있다. 행위와 경험에 대한 행위체 감각과 소유권 감각은 개념적이고 언어적인 자원들을 사용하는 자기귀속적인 메타인지적 작동의 결과인가, 아니면 행위와 경험은 암묵적으로 또 선언어적으로 우리 자신의 것으로 감각되는가? 명시적이고 개념적인 자기지시는 암묵적 자기감각에 의존하는가? 만약 행위체 감각과 소유권 감각이 경험적 자기의 부분이라면, 이 감각들의 붕괴, 예를 들어 정신분열증, 무정부적 손 증후군, 외래 손 증후군, 편측성 무시는 가령 경험적 자기에게 죽음을 의미하는가?[3] 이것들은 현재 철학, 심리학, 인지신경과학에서 논쟁 중인 물음들이다. 그러나 자기지시와 관련된 이 문제들이 실증적 수단만으로는 해결될 수 없다는 사실과, 또 상이한 자기개념들과 자기경험들에 대한 철학적 해명이 절박하게 필요하다는 사실에 대한 자각이 증가하고 있다. 자기에 대한 인지신경과학은 자기개념들 및 암묵적 자기재현의 가능성에 대한 철학적 해명에서 혜택을 볼 뿐만 아니라, 또한 철학적 탐구는 신경심리학적 발견들과 신경병리학적 발견들에 참여함으로써 확실히 이득을 얻을 수 있다.

여전히, 철학적이고 인지적인 신경과학적 논의들 내에서 우리는 이런 문제들에 대해서 의견이 나눠져 있다는 것을 발견한다. 예를 들어, 한쪽에서는, (갤러거 2000a에서 정의되었고, 위의 8장에서 논의되었던) 소유권 감각과 행위체 감각의 구별은 경험적 자기 혹은 최소자기와 결부되어 있는 일차 단계의 경험의 수준에서 이루어진 구별이라고 주장한다. 어떤 행위에 종사하고 있을 때, 나는 암묵적으로 그 행위가 나의 것이라고 느끼고, 내가 그것을 발생시키고 제어하고 있다는 감각을 갖고 있다. 나는 그것을 내 의도의 정합성과 관련해서 반성적으로 귀속시키거나 평가할 필요가 없다. 행위체 감각의 경우, 내가 나 자신의 의지로 방을 건너가고 있을 때와 내가 떠밀려서 건너가고 있을 때는 확실히 다르게 느껴진다. 만약 내가 떠밀리거나 또는 만약 불수의적 경련을 겪고 있다면, 나는 움직임의 소유는 경험하겠지만—다른 누군가가 아니라 내가 움직이고 있는 사람이다—행위체 감각은 결여할 것이다. 즉, 나는 행위자 곧 움직임의 개시자라는 경험을 결여할 것이다. 다른 한쪽에서는, 일부 철학자들과 과학자들은 소유권이나 행위체는 심적 사건이나 심적 과정이 누구에게 귀속되어야 하는가—이것이 나의 행위(또는 사고)인가 아닌가(쟌느로와 파쉐리 2004; 스티븐스Stephens와 그레이엄Graham 2000)?—를 명시적으로 결정하는 문제라고 주장한다. 첫 번째 것인 암묵적 견해를 지지하는 과학자들은 두 번째 것인 명시적 견해는 너무 지나친 요구를 하는 것이며 행위할 때의 자기감각을 사후적 구조로 환원하려는 경향이 있다고 주장한다. 대신에, 그들은 행위하는 자기는 행위와 동시적인 암묵적인 자기행위체 감각을 갖고 있다고 주장한다(해거드 Haggard와 클락 2003; 차키리스와 해거드 2005). 대립되는 측들은 각각 그들의 논증에서 신경장애들과 신경병리적 장애들에 대한 다양한 연구들에 의존하고 있다(쟌느로 1999; 로제티Rossetti와 로드Rode 2002).

교란된 자기경험의 더 극적인 사례, 즉 정신분열증을 살펴보자. 정신병리 진단체계들(DSM-IV와 ICD-10)[1]의 가장 최근 버전은 자기에 대한 언급을

1_ 정신질환 진단 및 통계 편람(Diagnostic and Statistical Manual of Mental Disorders, DSM)은

포함하고 있지 않지만, 다양한 자기장애들은 정신분열증의 임상 장면에서, 적어도 암묵적으로, 언제나 중요한 구성요소로서 등장해 왔다. 일찌감치 1913년에, 'Ichstörungen'(자기의 교란)이라는 개념이 야스퍼스에 의해 도입되었다. 일 년 뒤에 베르제Berze는 자기의식의 기본적인 변형이 정신분열증의 뿌리를 이루고 있다고 제시했다. 하지만 정신분열적 자기장애들에 대한 가장 상세한 분석은 현상학적으로 정향된 정신의학에서 발견될 수 있다(민코프스키 1927; 콘라드Conrad 1959; 랭Laing 1960; 블랑켄부르크 1971; 타토시앙 1979; 사쓰 2000; 파르나스 2003; 파르나스 등 2005). 민코프스키는 "광기madness는 판단, 지각, 또는 의도의 장애들에서 비롯되는 것이 아니라 자기의 가장 내적인 구조의 교란에서 비롯된다"(1997, 114쪽)고 쓰고 있다.

파르나스는 이 모든 질환들은 자기감각이 더 이상 자동적으로 경험을 충족시키지 못하는, 축소된 자기성ipseity을 가리키는 것이라고 주장해 왔다(파르나스 2003; 파르나스 등 2002). 우리는 우리가 정신분열증 범위 바깥의 인격장애들에서 발견하는 열등감, 불안감, 불안정한 정체감 같은 것보다 훨씬 더 기초적인 전반성적 수준에서 경험적 교란에 직면하게 된다(파르나스 등 2005).

어떤 환자들은 이 미세한 교란들을 다른 사람들보다 더 잘 분명하게 표현할 수 있다. 파르나스의 환자들 중 한 명은 그의 경험들이 그 자신의 것이었다는 느낌이 항상 아주 짧은 순간 지연되어서 왔다고 보고했고, 다른 환자는 마치 그의 자기가 왠지 몇 센티미터 뒤로 옮겨진 듯했다고 보고했다. 또 다른 환자는 정상적인 삶을 영위하지 못하게 하는, 말로 기술할 수 없는 내적 변화를 느꼈다고 설명했다. 그는 정말 현재에 존재하고 있는 것이 아니거나 심지어 온전히 살아있는 것이 아니라는 아주 비참한 느낌에 괴로

<hr>

미국 정신의학 협회American Psychiatric Association에서 만드는 정신질환에 대한 진단 체계 편람이다. 정신질환을 분류하고, 역학과 통계, 진단 기준 등을 제시한다. 현재까지 4판 (DSM-IV)이 나왔는데, 최근에는 이 4판의 내용을 다소 변경한 DSM-IV-TR을 사용하는 중이다.

위했다. 이 거리와 분리의 경험은 그의 내적 삶을 관찰하거나 감찰하는 경향성을 동반했다. 그는 1인칭적 삶을 잃어버렸고 3인칭적 관점에 의해 대체되었다고 말함으로써 자신의 고통을 요약했다(파르나스 2003, 223쪽).

더 일반적으로 말해서, 파르나스와 사쓰는 이 자기장애들에 발생적, 병원적病原的 역할이 주어져 있을 수도 있다고 주장한다. 이것들은 이후의 정신병적 병리의 출현에 선행하고, 이의 근저를 이루고, 이를 형성하며, 따라서 순수하게 기술적인 정신의학적 견지에서 보면 무관하거나 또는 심지어 상반되는 증후군들과 증상들로 보일 수 있는 것을 통일할지도 모른다(사쓰와 파르나스 2006).

(만약 따로 떼어내서 액면 그대로 받아들인다면) 어떤 경험적 상태들은 나의 것임의 성질 또는 소유권 감각의 성질을 완전히 결여하고 있다는 주장을 지지하는 풍부한 증거를 제공한다고 보이는, 사고주입이나 조종망상의 정신분열적 증상들에 관한 1인칭적 진술들을 찾아내기란 어렵지 않다. 그러나 사고주입이나 조정망상을 경험하는 피험자들은 그들이 외래적인 일화들이 일어나고 있는 피험자들이라는 점을 분명히 인식한다. 환자들은 외래적인 움직임이나 사고가 일어나고 있는 곳에 대해 혼동하지 않는다. 그런 움직임이나 사고의 위치는 그들 자신의 몸과 마음이다. 어떤 소유권 감각은 여전히 보유되며, 이를 기초로 해서 그들은 고통을 호소한다(갤러거 2000b, 230쪽, 스티븐스와 그레이엄 2000, 8쪽, 126쪽 참조). 주입된 사고나 외래적 움직임이 침투적이고 낯설게 느껴질지라도, 그것들은 나의 것임의 성질을 완전하게 결여할 수는 없다. 왜냐하면 앓고 있는 주체는 이 외래적인 사고와 움직임을 경험하고 있는 사람이 다른 누군가가 아니라 그 자신이라는 것을 아주 잘 알아차리고 있기 때문이다. 정신분열증환자들이 그들의 사고나 움직임이 그들 자신의 것이 아니라고 고집할 때, 그들 자신들이 그 사고를 갖고 있지 않다거나 혹은 움직여지고 있는 것은 그들 자신의 몸이 아니라는 의미로 말하는 게 아니라, 오히려 다른 누군가가 사고를 주입하고 있거나 움직임을 제어하고 있어서 그들 자신들은 그러한 일들을 발생시키는 데

있어 책임이 없다는 의미로 말하는 것이다. 따라서 사고주입과 같은 수동성 현상은, 소유권 감각이 완전히 결여해 있다는 것을 함의하는 것이 아니라, 자기행위체 감각이 결여해 있다는 것, 그리고 다른 누군가나 다른 무엇인가로 행위체를 그릇되게 귀속시킨다는 것을 함의하고 있다.

이것은 어떤 소유권 감각은 정신분열적 망상들 속에서조차 살아남는다는 것을 지적하는 것처럼 보인다. 그러나 사고주입과 조정망상과 같은 정신분열적 경험들은 철학자들이 '동일시오류에서 오는 착오의 면제immunity to error through misidentification'라고 부르는 것이 실패했음을 나타낸다는 견해가 제시되어 왔다(캠벨Campbell 1999; 또한 더 최근에는, 쟌느로와 파쉐리 2004). 면제원리는 비트겐슈타인(1958)이 1인칭 대명사를 '주체로서' 사용함이라고 불렀던 것에 기초하고 있다. 그는 만약 어떤 사람이 자신이 어떤 경험을 갖고 있다고 말한다면, "당신은 경험을 갖고 있는 사람이 바로 당신이라는 걸 확신하는가?" 하고 묻는 것은 무의미하다는 견해를 제시했다. 만약 당신이 치통이 있다고 주장한다면, "당신은 치통이 있는 사람이 바로 당신이라는 걸 확신하는가?" 하고 묻는 것은 아무 의미가 없다. 문법적 구조에 속하는 문제에 관한 것이기 때문이 아니라, 경험의 근접성, 자기 자신의 경험의 확실성, 혹은 더 정확히는 자기 자신의 자기성ipseity에 대한 전반성적 알아차림, 슈메이커(1968)가 '비관찰적'이라고 부르는 알아차림에 관한 것이기 때문에, 이것은 무의미하다. 슈메이커는 또한 동일시오류에서 오는 착오의 면제는 동일시할 필요가 없고, 따라서 그릇되게 동일시할 기회가 전혀 없는 자기지시의 형태들에 적용된다는 것을 분명히 하고 있다. 다시 말해서, 우리가, 우리가 누구인지를 판단하는 데 있어 그토록 능하거나 그토록 오류를 범하지 않아서가 아니라, 이런 종류의 자기알아차림은 전혀 판단을 수반하지 않기 때문에, 이것에 관한 한 우리는 착오를 면제받는다. 우리는 그릇되게 판단할 위치에 있지도 않고, 올바르게 판단할 위치에 있지도 않다. 우리는 이것에 관한 한 일반적으로 또는 자동적으로 언제나 옳다. 이 견해에 따르면, 면제원리는 소유권 감각과 행위체 감각 둘 다에 동등하게 적용되는 것 같아 보인다. 행위체나 소유권을 의미하기 위해 내가 1인칭 대명사를 사용하는 일은, 내가 행위하고 있는 사람임을 관찰에 기초해서 판단하기 위해서 어떤 기준들을 충족시킨다는 것을 입증하라고 나에게 요구하지 않는다.

그러나 1인칭 대명사를 주체로 사용하는 일과는 대조적으로, 1인칭 대명사를 대상으로 사용하는 일은 동일시에 대해 합당하게 물어볼 여지가 있을 수 있다. 이런 주장은 관찰적으로 (지각적으로) 내가 내 자신의 겉모습과 부합해야 하는 기준들에 기초할 것이다. 약간 섬뜩한 다음의 예를 살펴보라. 여기에는 분명히 그릇되게 동일시하는 일이 포함되어 있다. '나는 피를 흘리고 있다'와 같은 진술에 응답하여, 우리는 '당신은 피를 흘리고 있는 사람이 바로 당신이라는 걸 확신합니까?' 하고 합당하게 물을 수 있다. 예를 들어 당신이 불행하게도 교통사고를 당했다고 상상해보라. 의식을 되찾았을 때, 피가 흐르는 다리를 보고는, 실수로 이 다리를 당신 자신의 다리로 동일시하고서 '나는 피를 흘리고 있어요' 하고 단정짓는다. 그러나 당신의 다리를 움직여보면, 당신이 보는 피가 흐르고 있는 다리가 차에 있던 다른 탑승자들 중의 한 사람 것임을 발견하게 된다.

존 캠벨John Campbell은 우리는 정신분열적 증상들에서 면제원리의 위반을 발견할 수 있다는 견해를 제시했다. 그는 크리스토퍼 프리스Christopher Frith의 성과를 인용하면서 다음과 같이 쓰고 있다.

> 정신분열증 환자들이 기술하는 사고주입의 현상에 있어서 아주 두드러진 점은 그것이 그릇되게 동일시의 오류an error of identification를 수반하고 있다고 보이는 데 있다. …… 다른 누군가가 그의 마음속에 생각들을 주입시 켰다고 상상하는 환자는 그것들이 어떤 생각들이라는 점에서는 바르지만, 누구의 생각들인가 하는 점에서는 그릇되다. 그래서 사고주입은, 심리적 상태들에 대해 내성에 기초해서 행하는 현재시제형 보고는 동일시의 오류들 을 수반할 수 없다는 논제에 대한 반례가 되는 것 같다. 프리스 그 자신이

요점을 간명하게 말하고 있다.

—캠벨 1999, 609~610쪽

그런 다음 캠벨은 프리스를 인용한다(1992, 80쪽).

특히 사고주입은 이해하기 힘든 현상이다. 환자들은 그들 자신의 것이 아닌 생각들이 그들의 머릿속으로 들어오고 있다고 말한다. 이 경험은 우리가 우리 자신들의 생각들을 인식하는 어떤 방식을 갖고 있다는 것을 의미한다. 그것은 마치 각각의 생각이 '나의 것'이라고 말하는 표찰을 붙이고 있는 듯하다. 만약 이 표찰을 붙이는 과정이 그릇되다면, 생각은 외래적인 것으로 지각될 것이다.

우리는 이 점을 "'나의 팔이 움직이고 있다'는 진술은 동일시오류에서 오는 착오를 범할 수 있는 반면, '나는 나의 팔을 흔들고 있다'는 진술은 그렇지 않다"고 하는 슈메이커의 관찰을 고찰함으로써 명백하게 할 수 있다. 슈메이커의 주장에는 분명 어떤 단서 조항이 붙어야 한다. 한 진술 혹은 다른 진술이 '그릇되게 동일시하는 데서 오는 오류'를 면제받느냐 아니냐는 진술의 경험적 기반에 의존하고 있다. 만약 '나의 팔이 움직이고 있다'는 진술이 오로지 시각적 지각을 기반으로 해서 행해진다는 것이 확실하게 사실이라면, 동일시오류misidentification의 가능성이 있다. 시각적 지각을 조작하려고 거울이나 비디오테이프를 사용함으로써, 탈구심성脫求心性 deafferented 피험자 또는 '자기맹proprioblind' 피험자—가령, 그의 팔에 대한 자기수용감각적 알아차림을 결여한 자—를 쉽게 속여 그의 팔이 움직이고 있다고 생각하게 할 수도 있다. 하지만 그 동일한 피험자는 그런 탈구심화脫求心化deafferentation의 상황들에서, "나는 나의 팔을 흔들고 있다"고 말하도록 이끌릴 수도 있었고, 팔을 흔들고 있는 사람이 누구인지에 관해서 아주 그릇될 수도 있었다. 이와는 대조적으로, "나의 팔이 움직이고 있다"는 진술은, 비록 불수의적 움직임(즉 행위체 없는)을 표현하려고 의도된 것이라 할지라도, 그 진술의 기반이 고유수용감각적 경험이라면, 동일시 오류에서 오는 착오를 면제받는다. 비록 내가 실험적으로 나의 팔이 실제로 그렇지 않은 어떤 방식으로 (예를 들어, 근육진동기법을 사용하는 실험들에서 행해졌듯이) 움직이고 있다고 속아서 생각하게 되더라도, 혹은 (환상통의 경우에서처럼) 팔이 없더라도 이것은 사실이다. 그런 경우들에서 나는 나의 팔이 무슨 일을 하는지에 대해서, 또는 심지어 그 일을 하고 있는 것이 팔이라는 것에 대해서도 그릇될 수 있지만, 나는 그 일을 경험하고 있는 것은 바로 나라는 사실에 대해서는 그릇될 수 없었다.4) '나의 팔이 움직이고 있다'는 진술이 그런 경우들에서 의미하는 것은 '나는 나의 팔이 움직이고 있다는 것을 느낀다'는 것이며, 우리는 '당신은 당신의 팔이 움직이는 것을 느끼는 사람이 바로 당신이라는 것을 확신하는가?' 하고 합당하게 물을 수 없다. 착오의 면제는 우리 몸의 부분들을 움직이는 것에 관한 것이 아니라, 그것은 우리의 경험에 관한 것이다.

정신분열증환자는 어떤 생각들이 그의 생각이 아니라, 다른 누군가가 이 생각들을 만들어내고 있다고 보고하는데, 그는 또한 이 생각들이 '저 너머'에 있는 다른 누군가의 머릿속에서가 아니라 그 자신의 의식의 흐름, 그가 소유권을 주장하는 의식의 흐름 내에서 현출하고 있다고 지적하고 있다. 달리 말하면, 주입된 생각들에 관한 그의 호소는 그가 갑자기 텔레파시를 이용할 수 있게 되었다는 것이 아니라, 다른 누군가가 그 자신의 마음에 침입했다는 것이다. 소유권 감각은 방해받을 수 있고 약할 수 있지만, 부재하지는 않는다. 그런 이유 때문에 정신분열증환자는 그가 당연히 무의미한 물음—당신은 당신이 이 생각들을 경험하고 있는 자임을 확신하는가?—이라 생각하는 것에 긍정적인 대답을 줄 것이다. 결국, 이것이 정확히 그의 불만이다. 그는 타인들이 만들어내는 것으로 보이는 생각들을 경험하고 있다. 그의 현상학은 이렇다. 그는 동일시가 필요 없기 때문에 그릇되게 동일시하는 일이 불가능한 의식의 흐름에 대해서는 소유권 감각을 갖고 있지만, 의식의 흐름 속으로 주입된 생각들에 대해서는 어떠한 행위체 감각도 갖고 있지 않다. 비록 그가 누가 그의 생각들을 일으키는가에 대해서 완전히 그릇되더라도, 이 생각들에 시달리고 있는 사람은 바로 그라는 그의 판단은 동일시오류에서 비롯된 착오에서 면제된다.

면제원리의 적용은 소유권 감각과 행위체 감각이 모두 행위를 위해 손상되지 않아야 한다는 데에 의존하지 않는다. 행위체 감각을 결여하는 불수의적 움직임 혹은 통증의 경우에서 소유권 감각은 여전히 존재하고, 그래서 나는 나의 팔이 움직이고 있다는 것 혹은 쑤시고 있는 것이 바로 나의 치아라는 것을 부인할 수 없다. 이러한 경우들에서 소유권 감각과 관련되어 있는 동일시오류에서 오는 착오의 면제는 손상되지 않고 남아 있다.5) 어떤 경우들에서는 우리의 몸에 대한 소유권 감각은 사실상 실종되거나 혼란스러워진다. 예를 들면, 외래 손 증후군의 경우에서나 중풍환자들이 그들 몸의 왼쪽 면을 완전히 무시하는 편측성 무시의 경우에서, 피험자들은 그들의 왼팔이 그들의 것이 아니며 다른 누군가에 속하는 것이라고 주장할 것이다. 분명히 그들은 그들 자신을 그릇되게 동일시했다. 그러나 이 경우에서 동일시오류는 '대상으로서의' 몸과 관련해서 행해지기 때문에 그릇되게 동일시하는 일이 면제원리를 위반하는 것은 아니다.6) 즉, 팔은 더 이상 환자들의 살아지는 몸의 일부가 아니며, 그들은 팔을 그들이 동일시하지 않는 대상으로 취급한다.

결론

자기가 실재적이든 허구적이든, 하나이든 여럿이든, 적어도 두 가지 이유 때문에 설명이 필요한 어떤 것이란 건 분명하다. 첫째, 경험과 행위를 동반하는 부인할 수 없는 자기감각이 있다. 만약 이 현상학이 실재적인 어떤 것을 가리킨다면, 인지를 온전하게 설명하고자 할 때 어떻게든 자기를 설명해야 할 것이다. 자기가 허구적인 지위를 갖고 있다고 주장하는 자들의 경우, 그들은 허구가 왜, 누구를 위해서 발생하는지 여전히 설명할 필요가 있다. 두 경우 모두에서 우리는 현상학으로 돌아가게 되는 것과 동시에, 지각과 행위의 암묵적인 (생태적이고 고유수용감각적인) 구조들, 자전적 기억, 그리고 서사의 창출을 담당하는 메커니즘에 관한 신경심리학적 설명들로 돌아가게 된다.

갤런 스트로슨이 최근에 주장해 왔듯이, 만약 우리가 자기가 실재적인지 아닌지에 관한 형이상학적 물음에 답하고 싶다면, 우리는 먼저 한 특정한 자기가 무엇으로 상정되어 있는지 알 필요가 있을 것이다. 이를 확립하기 위해서는 자기경험을 살펴보는 것이 가장 좋은 기회일 것이다. 왜냐하면 자기경험은 우선 한 특정한 자기와 같은 어떤 것이 있다는 생생한 감각sense 을 우리에게 줌으로써 물음을 일으키는 것이기 때문이다. 따라서 스트로슨 이 기꺼이 인정하듯이, 자기에 대한 형이상학적 탐구는 현상학적 탐구보다 부차적이다. 후자는 전자를 제약한다. 어떤 진정한 형태의 자기경험에 의해 자기에게 귀속되는 그런 속성들을 소유하지 않는다면, 그 어떤 것도 한 특정한 자기로 간주될 수 없다(2000, 40쪽). 물론, 이런 제언은, 현상적 자기 경험의 내용과 구조에 의거해서 자기의 진정한 속성들을 단정내리는 것은 오류라고 주장할지도 모르는 신경회의주의자들의 반대에 부딪칠 수 있다. 회의론자들에게, 우리의 자기경험, 의식적 자기성에 대한 우리의 시원적이 고 전반성적인 느낌은 결코 진실하지 않다. 왜냐하면 그것은 자기를 표상하 는self-representing 체계의 안에서든 밖에서든 어떠한 단일한 존재물과도 상응하지 않기 때문이다(메칭거 2003, 565쪽 참조). 하지만 왜 자기의 실재가 하부인격적 메커니즘이든 (마음과 독립해 있는) 외부의 존재물이든 이를 충실하게 반영하는 일에 의존해야 하는지 여전히 상당히 불분명하다. 만약 이런 제한적인 형이상학적 원리를 온 마음으로 지지한다면, 우리는 우리가 살고 있고 알고 있으며 관심을 쏟는 세계의 대부분이 환상에 지나지 않는

것이라고 선언하게 될 것이다. 누군가가 인간의 삶에 특유한 모든 것은
어떤 특정한 양식의 과학적 이해에 의해 파악될 수 없기 때문에 허구적이라
고 선언한다면, 이는 그가 (자연)과학은 존재하는 것에 대한 유일한 결정권
자라는 소박한 과학주의를 사전에 믿고 있다는 것을 드러내는 것일 뿐
아니라, 또한 그가 옹호하는 바로 그 과학적 실재론의 기반을 허무는 위험
속으로 (말장난이 아니라) 자멸적으로 뛰어드는 것이기도 하다. 결국, 과학
은 그 자체 인간의 기획이다. 그렇다면, 만약 자기가 경험적 실재성을 갖고
있다면 자기는 실재한다고, 자기에 대한 설명의 타당성은 경험에 충실한
자기의 능력에 의해, (불변적) 경험의 구조들을 포착하고 분절하는 자기의
능력에 의해 판단되어야 한다고 주장하는 편이 낫지 않은가(자하비 2003d,
2005a, 2005b)?

자기의 단 하나의 측면이나 자기의 복합적 문제들의 차원에 초점을 맞추
는 학제간적인 접근방식들은 이론 간의 정합성inter-theoretical coherency의
문제를 완화할 가능성이 크다. 신경과학자들, 심리학자들, 정신과의사들,
로봇연구자들은 철학자들 못지않게 자기모델을 개발하는 데 관심을 갖고
있다(갤러거와 쉬어Shear 1999; 키르허Kircher와 데이비드David 2003; 자하
비 2000). 예를 들어 서사구조에 대한 인지언어학, 해석학적 경향의 현상학
은 물론이고 해리성장애에 대한 신경심리학, 분할뇌에 대한 신경과학은
어떻게 서사가 외견상 통일된 정상적인 인간의 자기를 창출하는지에 대해
빛을 던져줄지도 모른다. 자기경험, 자기인식, 행위체, 사회적 상호작용의
측면들을 이해하기 위해서는, 또 그러한 것들이 자기정체성의 창출에 어떻
게 기여하는지를 이해하기 위해서는 현상학, 운동 행위motor action에 대한
신경과학, 동물에 관한 연구들, 발달심리학을 포함하는 다양한 접근방식들
이 필요하다. 결국, 이 다양한 경험의 측면들을 훌륭하게 설명하는 일들이
발전하면 현상학의 통찰들을 통합하는 인지과학은 자기에 관한 철학적인
핵심 물음들을 재구성할 수 있는 잠재력을 갖게 되는 것이다.

더 읽을 책들

— Shaun Gallagher & Jonathan Shear (eds), *Models of the Self.* Exeter: Imprint Academic, 1999.

— Tilo Kircher & Anthony David (eds), *The Self in Neuroscience and Psychiatry.* Cambridge: Cambridge University Press, 2003.

— Paul Ricoeur, *Oneself as Another.* Trans. K. Blamey. Chicago: Chicago University Press, 1994.

— Philippe Rochat (ed.), *The self in Early Infancy.* New York: Elsevier, 1995.

— Jean-Paul Sartre, *The Transcendence of the Ego.* Trans. F. Williams & R. Kirkpatrick. New York: Noonday Press, 1957.

— Dan Zahavi (ed.), *Exploring the self.* Amsterdam: John Benjamins, 2000.

— Dan Zahavi, *Subjectivity and Selfhood.* Cambridge. MA: MIT Press, 2005.

11
결론

인지과학을 다룬 최근의 한 입문서에서 프리덴버그Friedenberg와 실버만 Silverman은 10줄(529쪽 중에서)을 현상학에 할애했다. 이들은 현상학이 객관적 기술보다는 주관적 경험을 언급하는 것이며, 현상학적 기술은 외부의 자극에 대한 직접적이고 주관적인 지각에 초점을 두고 있고, 또 훈련을 요구하거나 우리의 내부 상태에 대한 강도 있는 고찰을 요구하지 않는다는 점에서 내성과 다르다고 적고 있다(프리덴버그와 실버만 2006, 77쪽). 이전 장을 보면 분명히 알게 되겠지만, 이는 현상학이 결국 무엇을 설명하는지, 또 현상학이 마음 연구를 위해 무엇을 제공하고 있는지에 대해 심히 우리를 오도하는 기술일 뿐 아니라 또한 다소 이상하게 우선순위를 매기고 있거나 아니면 아예 우선순위를 매기고 있지 않다는 것을 반영하고 있다. 사실, 우리의 견해로 볼 때 — 하지만 이 점이 이 단계에서는 거의 놀라움으로 다가오지 않을 것이다 — 인지과학들에 대한 어떤 현대의 입문서든 그것은 현상학에 대한 실질적인 논의를 포함하고 있어야 한다. 현상학이 마음 연구에 아주 실질적인 기여를 해 왔기 때문만이 아니라, 인지과학에서 오가는 현대의 논의들이 어떤 중심적 문제들에 대해 현상학적으로 접근하는 일이 제공하는 풍부한 가능성들을 점점 알아차려 가고 있기 때문에 그러하기도 하다. 그래서 이 연구 분야에 대한 모든 시의적절한 입문서는 이 점을 반영해야 한다.

물론, 문제는, 심리철학과 인지과학에서 소수의 중진들이 최근 진지하게 철학적 현상학을 받아들이기 시작하긴 했지만, 대다수의 연구자들이 현상학에 대해 말할 때에 현상학의 전문적인 의미에서 용어를 쓰지 않고 현상학을 어떤 종류의 내성주의와 여전히 동일시하고 있다는 점이다. 그러나 우리가 분명히 밝히려 노력해 왔듯이, 현상학은 단순히 일종의 심리학적 자기관찰의 또 다른 이름이 아니라, 오히려 내성적 자료들을 단순히 편집하는 것보다 훨씬 더 많은 것을 현대의 의식 연구와 인지과학들에 제공해줄 수 있는 철학적 접근방식의 이름이다. 현상학은 유럽에서 발원했으며 후설, 하이데거, 메를로-퐁티, 사르트르, 그리고 다른 더 많은 최근의 사상가들을 포함하고 있다. 이 전통과 이 전통 속에 있는 자원들을 무시함으로써 현대의 인지 연구는, 가장 좋은 환경 속에 있다 하더라도 결국 수십년 또는 수백년 후에나 다시 발견하게 될 중요한 통찰들을 놓칠 위험을 무릅쓰고 있다(자하비 2004d 참조).

현상학은 많은 상이한 전문가들의 풍부한 일련의 접근방식들을 포함하고 있기 때문에, 이런 규모의 입문서에서 모든 문제들을 공정하게 다루고자 했다면 이는 불가능했을 것이다. 따라서 우리는 부득이 선별하지 않으면 안 되었다. 우리는 심리철학과 인지과학에서 현재 논의 중인 특별히 중요한 주제들—의식과 자기의식, 지향성, 경험의 시간적 본성, 지각, 신체화, 행위, 그리고 우리의 자기이해와 타자이해와 같은 주제들, 다시 말해 종종 철학적 논의들을 지배하는 보다 큰 형이상학적 문제들을 결정하기에 앞서 탐구될 수 있고 또 탐구되어야 하는 주제들—에 초점을 맞추었다. 이 목록은 완전한 것은 아니다. 현상학이 인지과학들에서 진행 중인 논의를 위해 직접적 관계가 있는 기여를 해 온 다른 많은 영역들이 있다. 심적 이미지에 관한 논쟁, 정서의 인지적 가치에 대한 분석, 그리고 AI[인공지능]에 대한 비판을 우리가 다룰 수 없었던 몇 가지 문제들의 예로서 언급할 수 있을 것이다. 독자들이 우리의 글을 통해서 더 많은 읽을거리를 찾아 나아갈 수 있기를 바란다.

우리를 옹호하는 사람이든 우리를 폄하하는 사람이든 똑같이 빈번하게 하는 주장 중의 하나는 1인칭적 관점에 지속적으로 초점을 맞추는 것이 마음에 대한 현상학적 접근방식의 두드러진 특징이라는 것이다. 그러나 우리가 보여주려고 해 왔듯이, 이것은 지나치게 협소한 정의다. 행위, 신체화, 상호주관성 등의 핵심적인 세부사항들에 대한 현상학적 분석은 1인칭적 경험의 기술보다 더 많은 것을 제공한다. 타자의 주관성이 어떻게 제스처, 표정들, 신체적 행동에서 현출하는지에 대한 수많은 탐구들을 통해서 현상학자들은 또한 2인칭적 관점에 의거한 상세한 분석을 제공해 왔고, 이렇게 해서 타자현상학자라고 공언하는 이들 가운데서 발견하는 것보다 타자현상학화의 방법에 대한 더욱 정교하고 미묘한 이해를 제공해 왔다. 데닛이 한 주장과는 반대로, 고전적 현상학은 이미 자기현상학과 타자현상학의 상호의존성을 강조하고 있다(자하비 2007). 따라서 주관성을 오직 1인칭적 관점에서만 접근가능하다고 제한하는 것은 심각한 잘못일 것이다. 메를로-퐁티의 『지각의 현상학』 서문에서 인용해보면,

> 지금까지 코기토는 타자들의 지각을 경시해 왔으며, 나는 오직 나 자신만이 접근가능하다고, 하던 대로, 나에게 가르쳐 왔다. 왜냐하면 나를 내가 내 자신에 대해 갖는 사고, 적어도 이 궁극적인 의미에서 분명히 나 혼자만이 갖는 사고로 정의하기 때문이다. '타자'가 공허한 단어 이상의 것이 되기 위해 필요한 것은, 나의 실존이 실존함에 대한 단적인 의식awareness으로 환원되어서는 안 되며, 사람들one이 나의 실존에 대한 가질 수 있는 의식을 받아들여야 하고, 따라서 어떤 자연 속에서 나의 육화를, 또 역사적 상황의 최소한의 가능성을 포함해야 한다는 것이다.

—1962, xii~xiii쪽

고찰해 온 많은 문제들과 관련해서, 우리는 현상학이 심리철학과 인지과학의 표준적인 견해에 대안들을 제공하고 있다고 생각한다. 간략하고 적확한 재검토와 함께 결론을 내리는 것이 적절할 것 같다.

- **방법론**: 현상학은 내성과도 다르고 타자현상학과도 다르다. 현상학은 의미심장한—하지만 빈번히 간과되는—경험의 차원들을 개시開示하는 철학적으로 세련된 방법론적 공구들tools을 제공한다. 현상학은 타당한 실증적 물음을 정의하는 데 도움을 주고, 행동실험과 뇌영상실험을 설계하는 데 기여할 수 있다. 그리고 현상학은 환원주의자가 되지 않고도 과학적으로 엄격한 방법으로 실증적인 자료들에 대한 해석의 틀을 짤 수 있다.
- **의식과 자기의식**: 현상학은 높은 단계의 의식 이론들에 분명한 대안을 제공하며, (발달심리학, 동물행동학, 정신의학을 포함하는) 경험과학을 위해, 또 차를 운전하는 일과 같은 통상적이고 일상적인 측면에서부터 비의식적 지각이나 맹시와 같은 더 이색적인 측면에 이르기까지 퍼져 있는 사례들을 이해하기 위해, 광범위한 파급효과를 갖는 경험을 설명하는 데 기여한다.
- **경험의 시간성**: 현상학은 의식, 인지, 행위의 가장 중요하지만 또한 가장 방치되는 측면들 중의 하나인, 경험의 내재적인 시간적 본성에 대한 상세한 분석을 제공한다. 이 경험의 내재적인 시간적 본성은 우리의 뇌-신체-환경 체계를 지탱해주는 동역학적 본성을 현상학적으로 보완한다.
- **지각**: 지각에 대한 다양한 표상주의적 모델들과 대조적으로, 현상학은 지각의 신체화된, 행위화적, 맥락적 본성을 강조하는 비데카르트적 견해를 옹호한다.
- **지향성**: 현상학은 경험의 지향성에 대한 발전된 비환원주의적 설명을 제공한다. 이 설명은 마음과 세계의 공동창발co-emergence을 강조하고 내재주의와 외재주의 중에 하나를 고르는 표준적인 선택에 대안을 제시한다.

- **신체화된 인지**: 아마도 다른 어떤 접근방식보다 더 많이 현상학은 인지에 대한 신체화된, 정황적 견해를 시종일관 옹호해 왔다. 현상학은 살아지는 몸과 객관적인 몸 간의 현상학적 구분을 주장하긴 하지만, 또한 생물학이 심지어는 신경과학보다 우리의 심적 삶을 이해하는 데 중요하다는 것을 보여주고 있다.

- **행위와 행위체**: 움직임의 종류들 간의, 또 행위체 감각과 소유권 감각 간의 현상학적으로 섬세한 구분은 행위를 더 적절하게 설명하는 데에, 행위체 감각이 결여되어 있는 어떤 병리들을 이해하는 데에 중요한 공구들을 제공할 수 있다. 이런 구분들은 또한 다양한 신경영상실험들에 정보를 제공할 수 있다.

- **지향성과 사회인지**: 현상학은 마음이론의 대안으로 정신화하지 않는 non-mentalizing 방법을 제공하고, 발달심리학에 의거해서 증거를 보완하며, 신경과학의 공명체계에 대한 재해석을 제시한다.

- **자기와 인격**: 현상학은 인지신경과학에서 최근 관심이 증가하고 있는 이 물음들에 정보를 제공할 수 있는, 자기경험 및 상이한 자기개념들을 명료화하는 분석을 제공한다. 구체적으로 말해서, 현상학은 자기가 지향성, 현상성, 시간성, 신체화, 행위, 그리고 타자들과의 상호작용을 포함하는 경험의 모든 측면들에 의미심장하게 관여되어 있다는 것을 보여준다.

이렇게 해서, 앞장들에서 우리는 현상학적 전통의 통찰들을 무시하는 게 얼마나 비생산적인지를 강조해 왔는데, 이 강조는 분명 그저 과거를 회고하는 향수의 표현으로 그릇되게 해석되어서는 안 된다. 우리의 제안은, 마음에 대한 더 만족할 만한 설명을 얻는 일과 관련해서 추진해야 할 올바른 방법은 고전적 현상학으로 돌아가기 위해 최근의 개념적 명료화와 실증적 발견들에 등을 돌리라는 것은 분명 아니다. 우리는 인지과학들이 현상학이 제공하는 세부적인 분석과 개념적 명료화를 고찰하는 데에서 이득을 얻을 수 있지만, 현상학과 인지과학의 관계가 일방적인 기획은 아니라고 생각한다. 이것은 마치 어떤 상보성과 피드백도 없다는 듯, 마치 이러한 적용들이 원래의 아이디어의 변용을 가져올 수 없다는 듯, 단지 이미 만들어진 현상학적 구별들과 개념들을 적용하는 문제가 아니다. 오히려 상호계발이라는 개념이 우리가 지표로 삼는 아이디어였다.

메를로-퐁티의 『행동의 구조*The Structure of Behavior*』 마지막 장 두 번째 절은 '자연주의naturalism에는 진리가 없는가?' 하는 표제를 달고 있다. 이 절은 칸트의 초월철학에 대한 비판을 담고 있는데, 이 책의 바로 마지막 쪽에서 메를로-퐁티는 실제 세계에 세심한 주의를 기울이도록 초월철학을 다시 정의할 것을 요구하고 있다(1963, 224쪽). 이렇게 해서, 메를로-퐁티는, 외적인 과학적 설명과 내적인 현상학적 반성 중에서 하나를 선택하도록 우리에게 강요하지 말고 — 메를로-퐁티에 따르면 이 선택은 의식과 자연 간의 살아 있는 관계를 찢어놓는다 — , 그는 대립 바로 그것을 재고하라고, 또 객관주의와 주관주의를 넘어서 있는 차원을 탐색하라고 우리에게 요구하고 있다. 그러나 흥미롭고 중요한 것은, 메를로-퐁티가 현상학과 실증과학의 관계를 이미 확립된 현상학적 통찰들을 실증적 쟁점들에 어떻게 적용할 것인가 하는 문제로 생각하지 않는다는 점이다. 이는 단순히 현상학이 어떻게 실증과학에 제약을 가할 수 있을 것인가 하는 문제가 아니다. 이와 반대로, 메를로-퐁티의 생각은 현상학 그 자체가 변화될 수 있고, 실증적 학문분야들과 대화를 통해서 수정될 수 있다는 것이다. 사실, 현상학이 올바르게 발전하기 위해서는 이러한 직면이 필요하다. 중요하게도, 메를로-퐁티는 현상학을 이렇게 해서 단지 또 다른 실증과학으로 환원하는 일 없이, 또 현상학의 진정한 철학적인 본성을 이렇게 해서 묵살하는 일 없이 이 견해를 견지하고 있다.

현상학적 모토, '사태들 그 자체로'(Zu den Sachen selbst)는 우리에게 우리의 경험이 우리의 이론들을 인도하게 놓아두도록 요구한다. 우리는 우리가 실재를 경험하는 방식에 주의를 기울여야 한다. 인지과학자들은 현상성의 형식적 구조에 많은 주의를 기울이지 않을지는 모르지만, 경험에 의거하는 연구자들로서 그들은 사실 구체적인 경험적 현상들에 아주 많은 주의를 기울인다. 이 현상들에 관해 그들이 소유하고 있는 지식과 정보는 철학자들이 소유할 수 있는 것보다 종종 더 상세하다. 비록 현상학적 철학이 결국 과학과는 다른 관심사들을 가질 수 있고, 철학적인 물음과 과학적 물음은 결국 근본적으로 다를 수 있지만, 인지와 의식의 현상학적 탐구는 그 자체가 실증적 연구를 그저 무시하도록 놓아두지는 않는다. 시간의식, 몸 알아차림, 상호주관성, 지향성 등에 대한 현상학적 탐구들은 정신병리학적 또는 신경병리학적 장애들에 대한 실증적 연구를 통해서, 또 유아의 사회적 상호작용, 지각, 기억, 정서 등에 대한 실증적 연구를 통해서 획득된 통찰들로부터 직접적으로 이득을 얻을 수 있을 뿐 아니라, 또한 이 경험과학들에서 볼 수 있는 문제지향적 접근방식으로부터도 간접적으로 이득을 얻을 수 있다. 인지과학과의 대화에 참여하려는 바로 그런 시도가 현상학으로 하여금 더욱 문제지향적이 되도록 강제하며, 이렇게 해서 여전히 남아 있는 현상학의 가장 큰 약점 중의 하나인 '해석에 사로잡혀 있음'its preoccupation with exegesis을 완화할지도 모른다. 우리가 후설, 하이데거, 사르트르, 메를로-퐁티, 레비나스 등과 같은 저자들에게서 배울 게 아주 많이 있음을 부인하고 있는 것은 분명히 아니지만, 현상학자들은 경험과학은 물론 다른 철학적 전통과의 비판적 대화에 참여할 기회를 무시해서는 안 된다. 현상학이 그것의 생명력 및 현대와의 관련성을 입증할 수 있는 것은 바로 대안적 접근방식들을 대면하고 논의하고 비판함으로써이다.

그의 책 『해명되는 의식Consciousness Explained』에서 데넷은 학제간적 협력의 어려움들을 다음과 같이 꽤 재미있게 기술하고 있다.

나는 몇몇 참가자들이 다른 학문분야에서 그들의 동료들을 대신해서 표현하는 무시에 익숙해졌다. 인공지능에 종사하는 사람들은 묻는다. "왜 여러분은 여러분의 시간을 그런 신경과학자들과 협의하는 데 낭비하는가? 신경과학자들은 '정보처리과정'에 대해 거부의 손짓을 하며, 이것이 어디에서 일어나는지, 또 어떤 신경전달물질들이 수반되는지 등 이 모든 따분한 사실들에 대해서는 걱정하면서도, 그들은 고등인지기능의 연산 요건들에 관해서는 아무 단서도 갖고 있지 않다." 신경과학자들은 묻는다. "왜 여러분은 인공지능의 환상들에 여러분의 시간을 낭비하는가? 인공지능에 종사하는 사람들은 그저 자신들이 원하는 기계라면 무엇이든 개발해서 뇌에 관해 무지막지한 것들을 말하는데 이는 용납할 수 없는 것이다." 한편, 인지심리학자들은 생물학적 개연성도, 입증된 연산능력도 모두 없는 모델들을 만들어냈다고 비난받는다. 인류학자들은 한 모델을 보았을 때 이에 대해 알려고 하지 않았으며, 그리고 철학자들은 우리 모두가 알고 있듯이 단지 서로의 세탁물을 받아들여 자료들 및 실증적으로 시험가능한 이론들을 상실한 공연장에서 그들 스스로가 만들어낸 혼란에 관해 경고하려고 했을 뿐이다. 그 문제를 풀려고 노력하는 아주 많은 멍청이들이 있지만, 의식이 여전히 일종의 신비라는 것은 그다지 놀랄 일이 아니다.

—1991, 255쪽

그러나 데넷이 이렇게 말하고 나서 계속 주장하듯이, 이 공동연구에는 어떠한 대안도 정말 없다. 그리고 이 점에 우리는 동의할 것이다. 실증적 자료들은 이론적 분석에 이의를 제기하거나, 이를 타당화하거나 하는 데 도움이 될 수 있다. 역으로, 개념적 분석은 실증적 과학자들에게 방향과 공구를 제공할 수 있고, 또 실험적 패러다임들의 설계와 발전에 도움을 줄 수 있다. 만약 실제적인 진보를 마음 연구에서 이루고자 한다면, 이용가능한 모든 자원들에 의지하고, 다양한 이론적 및 실증적 학문분야들과 방법들을 통합하는 공동연구의 노력이 필요하다.

이 점을 말했으니, 두 유의해야 할 점을 덧붙이도록 하자. 첫째는 실증적 자료들이 중요하긴 하지만, 우리는 그것들이 해석에 열려 있다는 것을 간과해서는 안 된다는 점이다. 실증적 자료들의 해석은 보통 해석이 작동하고 있는 체재framework에 의존하게 마련이다. 따라서 실증적인 사례에 미치는 이론적인 영향은 반드시 쉽게 결정될 수 있는 것은 아니다. 현상학이 실증적 발견물에 주의를 기울여야 한다고 주장할 수 있겠지만, 이는 현상학이 과학이 이 발견물에 가하는 (형이상학적이고 인식론적인) 해석을 받아들여야 한다는 것을 함의하지는 않는다.

둘째는, 우리는 현상학과 경험과학 간의 교류를 장려하는 것이 중요하다고 생각하긴 하지만, 이 둘 사이의 효과적인 협력의 가능성이 이 둘의 차이를 간과하게 하는 일이 있어서는 안 된다. 현상학이 최선으로 이용할 수 있는 과학적 지식에 의해서 정보를 받아야 한다고 주장하면서 동시에, 현상학의 궁극의 초월철학적 관심사는 실증과학의 그것과 다르다고 주장하는 것은 아무 부정합이 없다.

그러면, 주관성에 다시 새롭게 관심을 갖는 일을 온 마음으로 지지하면서 결론을 내리도록 하자. 1인칭적 관점에 대한 탐구는 심리철학에서뿐만 아니라 사회철학, 정신의학, 발달심리학, 인지신경과학을 포함하는 다수의 유관한 학문분야에서도 최고도의 중요성을 갖고 있다. 결국 우리가 필요로 하는 것은 1인칭적 관점을 설명하는 일인바, 이 설명은 (다른 무엇보다도) 1인칭적 관점의 의의(이것이 하는 역할)와 체계적 함의를 다루고, 1인칭적 관점의 구조를 기술하고, 1인칭적 관점을 탐구할 때 우리가 사용해야 하는 방법론을 묘사하고, 마지막으로 1인칭적 관점의 존재론적 혹은 형이상학적 지위를 명료하게 하는 것이다. 그러나 우리가 주장하려고 해 왔듯이, 한참 늦은 감이 있는 1인칭적 관점의 중요성에 대한 인식이 의식에 대한 로크적 설명 방식으로 되돌아가는 모습을 취한다면, 이것은 매우 불행한 일이리라. 로크식 설명이란 말로 우리는 무엇을 의미하는가? 이 문맥에서 우리는 의식에 대한 칸트 이전의 견해와 비트겐슈타인 이전의 견해를 주로 생각하고 있다. 즉, 그것은 초월론적 고찰들을 무시하고, 이로써 의식을 단순히 세계 속의 또 다른 대상으로 간주하는 견해이며, 또 그것은 주관성을 내적이고 사적인 어떤 것으로 정의하고, 이로써 의식이 우리의 유의미한 행동에서 타자들에게 보여질 수 있는 정도를 무시하고, 또 우리의 주관성이 우리가 타자들과

상호작용하고 교류하는 것에 의해서, 우리의 공유된 생활형식에 의해서
영향을 받고 형체를 갖추고 형성되는 정도를 무시하는 견해이다.

참고문헌

우리는 이용할 수 있는 영역본이 있으면 그것을 인용했다. 어떤 영역본도 없는 경우는 우리 자신들의 영역을 제시했다. 후설과 하이데거에서 인용한 경우, 아래의 관례를 따랐다. 영어 번역이 여백에 독일어본의 쪽수를 넣고 있는 경우, 오직 독일어본의 쪽수만 표기했고, 또 저자 이름 다음에 있는 연도는 독일어 원본과 영어 번역본 각각의 출판연도를 가리킨다. 가령, '후설 1966a/1991, 124쪽'은 후설의 『내적 시간의식의 현상학*Phänomenologie des inneren Zeitbewußtseins*』(1966년 독일에서 출간, 1991년 영어 번역본 출간)의 124쪽을 가리킨다.

— Allison, T., Puce, Q. and McCarthy, G. (2000). Social perception from visual cues: role of the STS region. *Trends in Cognitive Science* 4/7, 267~278.
— Anscombe, G.E.M. (1957). *Intention.* Oxford: Blackwell Publishers.
— Armstrong, D.M. (1968). *A Materialist Theory of the Mind.* London: Routledge and Kegan Paul.
— Armstrong, D. (1981). *The Nature of Mind, and other Essays.* Ithaca, NY: Cornell University Press.
— Asemissen, H.U. (1958/59). *Egologische reflexion.* Kant-Studien 50, 262~272.
— Augustine (1955). *Confessions.* Philadelphia, PA: Westminster Press.
— Avramides, A. (2001). *Other Minds.* London: Routledge.
— Bach-Y-Rita, P., Collins, C.C., Saunders, F. and Scadden, L. (1969). Vision substitution by tactile image projection. *Nature* 221, 963~964.
— Bach-y-Rita, P., Tyler, M.E. and Kaczmarek, K.A. (2003). Seeing with the brain. *International Journal of Human-computer Interaction* 15/2, 285~295.
— Baker, L.R. (2000). *Persons and Bodies.* Cambridge: Cambridge University Press.
— Baldwin, D.A. (1993). Infants' ability to consult the speaker for clues to word reference. *Journal of Child Language* 20, 395~418.

— Baldwin, D.A. and Baird, J.A. (2001) Discerning intentions in dynamic human action. *Trends in Cognitive Science* 5/4, 171~178.

— Baldwin, D.A., Baird, J.A., Saylor, M.M. and Clark, M.A. (2001). Infants parse dynamic action. *Child Development* 72/3, 708~117.

— Bartlett, F. (1932). *Remembering: A Study in Experimental and Social Psychology.* Cambridge: Cambridge University Press.

— Baron-Cohen, S. (1995). *Mindblindness. An Essay on Autism and Theory of Mind.* Cambridge, MA: MIT Press.

— Baron-Cohen, S., Leslie, A. and Frith, U. (1985). Does the autistic child have a 'theory of mind'? *Cognition* 21, 37~46.

— Bennett, M.R. and Hacker, P.M.S. (2003). *Philosophical Foundations of Neuroscience.* Oxford: Blackwell.

— Bermudez, J.L. (1995). Transcendental arguments and psychology: the example of O'Shaughnessy on intentional action. *Metaphilosophy* 26, 379~401.

— Bermudez, J.L. (1998). *The Paradox of Self-Consciousness.* Cambridge, MA: MIT Press.

— Bernier, P. (2002). From simulation to theory. In J. Dokic and J. Proust (eds), *Simulation and Knowledge of Action* (pp. 33~48). Amsterdam: John Benjamins.

— Bertenthal, B.I., Proffitt, D.R. and Cutting, J.E. (1984). Infant sensitivity to figural coherence in biomechanical motions. *Journal of Experimental Child Psychology* 37, 213~230.

— Bisiach, E. (1988). Language without thought. In L. Weiskrantz (ed.), *Thought Without Language* (pp. 464~484). Oxford: Oxford University Press.

— Bisiach, E. and Luzzatti, C. (1978). Unilateral neglect of representational space. *Cortex* 14, 129~133.

— Blakemore, S.J., Wolpert, D.M. and Frith, C.D. (2002). Abnormalities in the awareness of action. *Trends in Cognitive Science* 6/6, 237~242.

— Blakeslee, S. (2006). Cells that read minds. *New York Times*, 10 January 2006, at: http://www.nytimes. com/2006/01/10/science/10mirr.html.

— Blanke, O., Landis, T., Spinelli, L. and Seeck, M. (2004). Out-of-body experience and autoscopy of neurological origin. *Brain* 127/2, 243~258.

— Blankenburg, W. (1971). *Der Verlust der natürlichen Selbstverständlichkeit. Ein Beitrag zur Psychopathologie symptomarmer Schizophrenien.* Stuttgart: Enke.

— Block, N. (1997). On a confusion about a function of consciousness. In N. Block, O. Flanagan and G. Guzeldere (eds), *The Nature of Consciousness* (pp. 375~415).

Cambridge, MA: MIT Press.

— Blumental, A.L. (2001). A Wundt primer: The operating characteristics of consciousness. In R. W. Rieber and D. K. Robinson (eds), *Wilhelm Wundt in History: The making of a scientific psychology* (pp. 121~144). New York: Kluwer Academic/Plenum Publishers.

— Botvinick, M. and Cohen, J. (1998). Rubber hands feel touch that eyes see. *Nature* 391, 756.

— Braddon-Mitchell, D. and Jackson, F. (2006). *Philosophy of Mind and Cognition: An Introduction*, 2nd edition. Oxford: Blackwell

— Brandom, R. (1994). *Making It Explicit: Reasoning, Representing, and Discursive Commitment*. Cambridge, MA, Harvard University Press.

— Brentano, F. (1973). *Psychology from an Empirical Standpoint*. Trans. A. C. Rancurello, D. B. Terrell and L. L. McAlister. London: Routledge and Kegan Paul.

— Brook, A. (1994). *Kant and the Mind.* Cambridge: Cambridge University Press.

— Brooks, R.A. (1990). Elephants don't play chess. *Robotics and Autonomous Systems* 6, 3~15.

— Brooks, R.A. (2002). *Flesh and Machines: How Robots Will Change Us*. New York: Pantheon Books.

— Bruner, J. (1986). *Actual Minds, Possible Worlds.* Cambridge, MA: Harvard University Press.

— Bruner, J. (2002). *Making Stories: Law, Literature, Life.* Cambridge, MA: Harvard University Press.

— Buytendijk, F.J.J. (1974). *Prolegomena to an Anthropological Physiology.* Trans. A. I. Orr et al. Pittsburgh, PA: Duquesne University Press.

— Cabanis, P. (1802). *Rapports du physique et du moral de l'homme.* Paris: Crapart, Caille et Ravier.

— Cabestan, Ph. (1996). La constitution du corps selon l'ordre de ses apparitions. *EPOKHE* 6, 279~298.

— Campbell, J. (1999). Schizophrenia, the space of reasons and thinking as a motor process. *The Monist* 82/4, 609~625.

— Campos, J.J., Bertenthal, B.I. and Kermoian, R. (1992). Early experience and emotional development: the emergence of wariness of heights. *Psychological Science* 3, 61~64.

— Carr, D. (1999). *The Paradox of Subjectivity: The Self in the Transcendental Tradition.* Oxford: Oxford University Press.

— Carruthers, P. (1996). *Language, Thoughts and Consciousness. An Essay in Philosophical*

Psychology. Cambridge: Cambridge University Press.

— Carruthers, P. (1998). Natural theories of consciousness. *European Journal of Philosophy* 6/2, 203~222.

— Carruthers, P. (2005). *Consciousness: Essays from a Higher-order Perspective*. Oxford: Oxford University Press.

— Cassam, Q. (1997). *Self and World*. Oxford: Clarendon Press.

— Chalmers, D. (1995). Facing up to the problem of consciousness. *Journal of Consciousness Studies* 2/3, 200~219.

— Chalmers, D.J. (1996). *The Conscious Mind. In Search of a Fundamental Theory*. New York: Oxford University Press.

— Chalmers, D.J. (1997). Moving forward on the problem of consciousness. *Journal of Consciousness Studies* 4/1, 3~46.

— Chalmers, D.J. (ed.) (2002). *Philosophy of Mind: Classical and Contemporary Readings*. Oxford: Oxford University Press.

— Chaminade, T. and Decety, J. (2002). Leader or follower? Involvement of the inferior parietal lobule in agency. *Neuroreport* 13/1528, 1975~1978.

— Chiel, H.J. and Beer, R.D. (1997). The brain has a body: adaptive behavior emerges from interactions of nervous system, body and environment. *Trends in Neurosciences* 20, 553~557.

— Chisholm, R.M. (1967). Brentano on descriptive psychology and the intentional. In E. N. Lee and M. Mandelbaum (eds), *Phenomenology and Existentialism* (pp. 1~23). Baltimore, MD: Johns Hopkins Press.

— Clark, A. (1997). *Being There: Putting Brain, Body, and World Together Again*. Cambridge, MA: MIT Press.

— Cole, J. (1995). *Pride and a Daily Marathon*. Cambridge, MA: MIT Press.

— Cole, J., Sacks, O. and Waterman, I. (2000). On the immunity principle: a view from a robot. *Trends in Cognitive Science* 4/5, 167.

— Conrad, K. (1959). *Die beginnende Schizophrenie: Versuch einer Gestaltanalyse des Wahns*. Stuttgart: Thieme Verlag.

— Costall, A. (2004). From Darwin to Watson (and cognitivism) and back again: the principle of animal~environment mutuality. *Behavior and Philosophy*, at: http://www. findarticles. com/p/articles/mi_qa3814/is_200401/ai_n9383857.

— Costall, A. (2006). Introspectionism and the mythical origins of modern scientific psychology. *Consciousness and Cognition* 15, 634~654.

— Crane, T. (2001). *Elements of Mind: An introduction to the Philosophy of Mind*.

Oxford: Oxford University Press.

— Crick, F. (1995). *The Astonishing Hypothesis*. London: Touchstone.

— Currie, G. and Ravenscroft, I. (2002). *Recreative Minds*. Oxford: Oxford University Press.

— Dainton, B. (2000). *Stream of Consciousness: Unity and Continuity in Conscious Experience*. London: Routledge.

— Dainton, B. (2003). Time in experience: reply to Gallagher. *PSYCHE* 9/12, at: http://psyche.cs.monash.edu.au/symposia/dainton/gallagher-r.pdf.

— Damasio, A.R. (1994). *Descartes' Error: Emotion, Reason, and the Human Brain*. New York: Grosset/Putnam.

— Damasio, A.R. (1999). *The Feeling of What Happens. San Diego*, CA: Harcourt.

— Davidson, D. (2001). *Subjective, Intersubjective, Objective*. Oxford: Oxford University Press.

— de Vignemont, F. (2004). The co-consciousness hypothesis. *Phenomenology and the Cognitive Sciences* 3/1, 97~114.

— Dennett, D.C. (1979). On the absence of phenomenology. In D. Gustafson and B. Tapscott (eds), *Body, Mind, and Method* (pp. 93~113). Dordrecht: Kluwer.

— Dennett, D.C. (1981). Where am I? In D. R. Hofstadter and D. C. Dennett, *The Mind's I: Fantasies and Reflections on Mind and Soul* (pp. 217~229). New York: Basic Books.

— Dennett, D.C. (1982). How to study human consciousness empirically, or, nothing comes to mind. *Synthese* 53, 159~180.

— Dennett, D.C. (1987). *The Intentional Stance*. Cambridge, MA: MIT Press.

— Dennett, D.C. (1988) Why everyone is a novelist. *Times Literary Supplement*, 16~22 September, pp. 1016, 1028~1029.

— Dennett, D.C. (1991). *Consciousness Explained*. Boston, MA: Little, Brown and Co.

— Dennett, D.C. (1993a). Caveat emptor. *Consciousness and Cognition* 2, 48~57.

— Dennett, D.C. (1993b). Living on the edge. *Inquiry* 36, 135~159.

— Dennett, D.C. (2000). Re-introducing *The Concept of Mind*. In G. Ryle, *The Concept of Mind*, new edition. London: Penguin.

— Dennett, D.C. (2001). *The Fantasy of First-Person Science. Nicod Lectures. Private circulation*, at:http://ase.tufts.edu/cogstud/papers/chalmersdeb3dft.htm.

— Dennett, D.C. (2003). Who's on first? Heterophenomenology explained. *Journal of Consciousness Studies* 10/9~10, 19~30.

— Dennett, D.C. (2007). Heterophenomenology reconsidered. *Phenomenology and the*

Cognitive Sciences 6/1~2, 247~270.

— Dewey, J. (1896). The reflex arc concept in psychology. *Psychological Review* 3, 357~370.

— Dilthey, W. (1992). *Der Aufbau der geschichtlichen Welt in den Geisteswissenschaften. Gesammelte Schriften 7*. Göttingen: Vandenhoeck & Ruprecht.

— Dokic, J. (2003). The sense of ownership: an analogy between sensation and action. In J. Roessler and N. Eilan (eds), *Agency and Self-Awareness: Issues in Philosophy and Psychology* (pp. 321~344). Oxford: Oxford University Press.

— Dokic, J. and Proust, J. (2002). Introduction. In J. Dokic and J. Proust (eds), *Simulation and Knowledge of Action* (pp. vii~xxi). Amsterdam: John Benjamins.

— Dretske, F. (1995). *Naturalizing the Mind*. Cambridge, MA: MIT Press.

— Dreyfus, H. (1967). Why computers must have bodies in order to be intelligent. *Review of Metaphysics* 21/1, 13~32.

— Dreyfus, H. (1972). *What Computers Can't Do*. Cambridge, MA: MIT Press.

— Dreyfus, H.L. (1991). *Being-in-the-World*. Cambridge, MA: MIT Press.

— Dreyfus, H. (1992). *What Computers Still Can't Do*. Cambridge, MA: MIT Press.

— Drummond, J.J. (1990). *Husserlian Intentionality and Non-Foundational Realism*. Dordrecht: Kluwer.

— Drummond, J.J. (1992). An abstract consideration: de-ontologizing the noema. In J. J. Drummond and L. Embree (eds), *The Phenomenology of the Noema* (pp. 89~109). Dordrecht: Kluwer Academic Publishers.

— Drummond, J.J. (2003). The structure of intentionality. In D. Welton (ed.), *The New Husserl: A Critical Reader* (pp. 65~92). Bloomington and Indianapolis: Indiana University Press.

— Ekman, P. (2003). *Emotions Revealed: Understanding Faces and Feelings*. London: Weidenfeld & Nicolson.

— Engel, A.K, Fries. P. and Singer, W. (2001). Dynamic predictions: oscillations and synchrony in top-down processing. *Nature Reviews Neuroscience* 10, 704~716.

— Evans, G. (1982). *The Varieties of Reference*. Oxford: Clarendon Press.

— Farrer, C. and Frith, C.D. (2002). Experiencing oneself vs. another person as being the cause of an action: the neural correlates of the experience of agency. *NeuroImage* 15, 596~603.

— Farrer, C., Franck, N., Georgieff, N., Frith, C.D., Decety, J. and Jeannerod, M. (2003). Modulating the experience of agency: a positron emission tomography study. *NeuroImage* 18, 324~333.

— Flanagan, O. (1992). *Consciousness Reconsidered.* Cambridge, MA: MIT Press.

— Fodor, J. (1987). *Psychosemantics.* Cambridge, MA: MIT Press.

— Frankfurt, H. (1988). *The Importance of What We Care About: Philosophical Essays.* Cambridge: Cambridge University Press.

— Friedenberg, J. and Silverman, G. (2006). *Cognitive Science: An Introduction to the Study of Mind.* London: Sage.

— Friedman, W. (1990). *About Time: Inventing the Fourth Dimension.* Cambridge, MA: MIT Press.

— Frith, C.D. (1992). *The Cognitive Neuropsychology of Schizophrenia.* Hillsdale, NJ: Lawrence Erlbaum Associates.

— Frith, U. and F. Happe (1999). Theory of mind and self-consciousness: what is it like to be autistic? *Mind & Language* 14, 1~22.

— Frith, C.D., Blakemore, S. and Wolpert, D.M. (2000). Explaining the symptoms of schizophrenia: abnormalities in the awareness of action. *Brain Research Review*, 31/2~3, 357~363.

— Gallagher, S. (1979). Suggestions towards a revision of Husserl's phenomenology of time-consciousness. *Man and World* 12, 445~464.

— Gallagher, S. (1986). Lived body and environment. *Research in Phenomenology* 16, 139~170. Reprinted in D. Moran and L. Embree (eds), *Phenomenology: Critical Concepts in Philosophy* Vol Ⅱ. London: Routledge, 2004.

— Gallagher, S. (1996). The moral significance of primitive self-consciousness. *Ethics* 107/1, 129~140.

— Gallagher, S. (1997). Mutual enlightenment: recent phenomenology in cognitive science. *Journal of Consciousness Studies* 4/3, 195~214.

— Gallagher, S. (1998). *The Inordinance of Time.* Evanston, IL: Northwestern University Press.

— Gallagher, S. (2000a). Philosophical conceptions of the self: implications for cognitive science. *Trends in Cognitive Science* 4/1, 14~21.

— Gallagher, S. (2000b). Self-reference and schizophrenia: a cognitive model of immunity to error through misidentification. In D. Zahavi (ed.), *Exploring the Self: Philosophical and Psychopathological Perspectives on Self-Experience* (pp. 203~ 239). Amsterdam and Philadelphia: John Benjamins.

— Gallagher, S. (2001). The practice of mind: theory, simulation, or interaction? *Journal of Consciousness Studies* 8/5~7, 83~107.

— Gallagher, S. (2003a). Phenomenology and experimental design. *Journal of Consciousness*

Studies 10/9~10, 85~99

— Gallagher, S. (2003b). Bodily self-awareness and object-perception. Theoria et Historia Scientiarum: *International Journal for Interdisciplinary Studies* 7/1, 53~68.

— Gallagher, S. (2003c). Sync-ing in the stream of experience: time-consciousness in Broad, Husserl, and Dainton. *PSYCHE* 9/10, at: http://psyche.cs.monash.edu.au/v9/psyche-9-10-gallagher.html.

— Gallagher, S. (2005). *How the Body Shapes the Mind*. Oxford: Oxford University Press.

— Gallagher, S. (2006). The intrinsic spatial frame of reference. In H. Dreyfus and M. Wrathall (eds), *The Blackwell Companion to Phenomenology and Existentialism* (pp. 346~355). Oxford: Blackwell.

— Gallagher, S. (2007). Simulation trouble. *Social Neuroscience* 2/3~4, 353~365.

— Gallagher, S. and Cole, J. (1995). Body schema and body image in a deafferented subject. *Journal of Mind and Behavior* 16, 369~390.

— Gallagher, S. and Hutto, D. (2007). Understanding others through primary interaction and narrative practice. In J. Zlatev, T. Racine, C. Sinha and E. Itkonen (eds), *The Shared Mind: Perspectives on Intersubjectivity*. Amsterdam: John Benjamins.

— Gallagher, S. and Marcel, A.J. (1999). *The self in contextualized action. Journal of Consciousness Studies* 6/4, 4~30.

— Gallagher, S. and Meltzoff, A. (1996). The earliest sense of self and others: Merleau-Ponty and recent developmental studies. *Philosophical Psychology* 9, 213~236.

— Gallagher, S. and Shear, J. (eds) (1999). *Models of the Self*. Exeter: Imprint Academic.

— Gallagher, S. and Varela, F. (2003). Redrawing the map and resetting the time: phenomenology and the cognitive sciences. *Canadian Journal of Philosophy*. Supplementary Volume 29, 93~132.

— Gallagher, S. and Væver, M. (2004). Disorders of embodiment. In J. Radden (ed.), *The Philosophy of Psychiatry: A Companion* (pp. 118~132). Oxford: Oxford University Press.

— Gallese, V.L. (2001). The 'shared manifold' hypothesis: from mirror neurons to empathy. *Journal of Consciousness Studies* 8, 33~50.

— Gallese, V.L. (2005). 'Being like me': self-other identity, mirror neurons and empathy. In S. Hurley and N. Chater (eds), *Perspectives on Imitation* I (pp. 101~118). Cambridge, MA: MIT Press.

— Gallese, V.L. and Goldman, A. (1998). Mirror neurons and the simulation theory of mind-reading. *Trends in Cognitive Science* 2, 493~501.

— Gellhorn, E. (1943). *Autonomic Regulations: Their Significance for Physiology, Psychology, and Neuropsychiatry*. New York: Interscience Publications.

— Georgieff, N. and Jeannerod, M. (1998). Beyond consciousness of external events: a 'Who' system for consciousness of action and self-consciousness. *Consciousness and Cognition* 7, 465~477.

— Gibbs, R.W. (2006). *Embodiment and Cognitive Science*. Cambridge: Cambridge University Press.

— Gibson, J.J. (1986). *The Ecological Approach to Visual Perception*. Hillsdale, NJ: Lawrence Erlbaum Associates.

— Goldman, A. (1970). *A Theory of Human Action*. New York: Prentice Hall.

— Goldman, A.I. (2000). Folk psychology and mental concepts. *Protosociology* 14, 4~25.

— Goldman, A.I. (2002). Simulation theory and mental concepts. In J. Dokic and J. Proust (eds), *Simulation and Knowledge of Action* (pp. 1~19). Amsterdam: John Benjamins.

— Goldman, A. (2005). Imitation, mind reading, and simulation. In S. Hurley and N. Chater (eds), *Perspectives on Imitation* II (pp. 79~94). Cambridge, MA: MIT Press.

— Gonzalez, J.C. and Bach-y-Rita, P. (2003). Perceptual adaptive recalibration: tactile sensory substitution in blind subjects. *Behavior and Philosophy*.

— Gopnik, A. (1993). How we know our minds: the illusion of first-person knowledge of intentionality. *Behavioral and Brain Sciences* 16, 1~14.

— Gopnik, A. and Meltzoff, A. (1997). *Words, Thoughts, and Theories*. Cambridge, MA: MIT Press.

— Gordon, R.M. (2005). Intentional agents like myself. In S. Hurley and N. Chater (eds), *Perspectives on Imitation* I (pp. 95~106). Cambridge, MA: MIT Press.

— Gordon, R. and Cruz, J. (2003). *Simulation theory. In Encyclopedia of Cognitive Science*. London: Nature Publishing.

— Graham, G. and Stephens, G.L. (1994). Mind and mine. In G. Graham and G. L. Stephens (eds), *Philosophical Psychopathology* (pp. 91~109). Cambridge, MA: MIT Press.

— Gregory, R.L. (1997). *Mirrors in Mind*. Oxford/New York: W. H. Freeman.

— Grezes, J. and Decety, J. (2001). Functional anatomy of execution, mental simulation, and verb generation of actions: a meta-analysis. *Human Brain Mapping* 12, 1~19.

— Gurwitsch, A. (1966). *Studies in Phenomenology and Psychology*. Evanston, IL: Northwestern University Press.

— Gurwitsch, A. (1979). *Human Encounters in the Social World*. Trans. F. Kersten. Pittsburgh, PA: Duquesne University Press.

— Haggard, P. and Clark, S. (2003). Intentional action: conscious experience and neural prediction. *Conscious Cognition* 12/4, 695~707.

— Hamm, A.O., Weike, A.I., Schupp, H.T., Treig, T., Dressel, A. and Kessler, C. (2003). Affective blindsight: intact fear conditioning to a visual cue in a cortically blind patient. *Brain* 126/2, 267~275.

— Hart, J.G. (1992). *The Person and the Common Life*. Dordrecht: Kluwer Academic Publishers.

— Haugeland, J. (1998). *Having Thought: Essays in the Metaphysics of Mind*. Cambridge, MA: Harvard University Press.

— Head, H. (1920). *Studies in Neurology*, Volume 2. London: Oxford University Press.

— Heidegger, M. (1964). The origin of the work of art. In A. Hofstadter and R. Kuhns (eds), *Philosophies of Art and Beauty* (pp. 649~701). Chicago: Chicago University Press.

— Heidegger, M. (1976). *Logik: Der Frage nach der Wahrheit*, Walter Biemel (ed.). Gesamtausgabe Band 21. Frankfurt am Main: Vittorio Klostermann.

— Heidegger, M. (1975). *Die Grundprobleme der Phänomenologie*. Gesamtausgabe Band 24. Frankfurt am Main: Vittorio Klostermann; The Basic Problems of Phenomenology. Trans. A. Hofstadter. Bloomington: Indiana University Press, 1982.

— Heidegger, M. (1978). *Metaphysische Anfangsgründe der Logik im Ausgang von Leibniz*. Gesamtausgabe 26. Frankfurt am Main: Vittorio Klostermann.

— Heidegger, M. (1979). *Prolegomena zur Geschichte des Zeitbegriffs*. Gesamtausgabe Band 20. Frankfurt am Main: Vittorio Klostermann.

— Heidegger, M. (1986). *Sein und Zeit*. Tubingen: Max Niemeyer. Being and Time. Trans. J. Stambaugh. Albany: SUNY, 1996.

— Heidegger, M. (1993). *Grundprobleme der Phänomenologie* (1919/1920). Gesamtausgabe Band 58. Frankfurt am Main: Vittorio Klostermann.

— Heidegger, M. (1994). *Phänomenologische Interpretationen zu Aristoteles. Einführung in die phänomenologische Forschung*. Gesamtausgabe Band 61. Frankfurt am Main: Vittorio Klostermann.

— Heidegger, M. (2001). *Einleitung in die Philosophie*. Gesamtausgabe Band 27. Frankfurt am Main. Vittorio Klostermann.

— Heil, J. (2004). *Philosophy of Mind: A Contemporary Introduction*. London: Routledge.

— Henry, M. (1973). *The Essence of Manifestation*. Trans. G. Etzkorn. The Hague:

Martinus Nijhoff.

— Henry, M. (1975). *Philosophy and Phenomenology of the Body*. Trans. G. Etzkorn. The Hague: Martinus Nijhoff.

— Henry, M. (2003). *De la subjectivité*. Paris: PUF.

— Hobson, R.P. (1993). *Autism and the Development of Mind*. Hove: Psychology Press.

— Hobson, R.P. (2002). *The Cradle of Thought*. London: Macmillan.

— Hodgson, S. (1870). *The Theory of Practice*. London: Longmans, Green, Reader & Dyer.

— Hodgson, D. (1996). The easy problems ain't so easy. *Journal of Consciousness Studies* 3/1, 69~75.

— Hurley, S. (1998). *Consciousness in Action*. Cambridge, MA: Harvard University Press.

— Hurley, S. (2005). The shared circuits hypothesis: a unified functional architecture for control, imitation, and simulation. In S. Hurley and N. Chater (eds), *Perspectives on Imitation: From Neuroscience to Social Science*, Volume 1 (pp. 177~194). Cambridge, MA: MIT Press.

— Husserl, E. (1950). *Cartesianische Meditationen und Pariser Vörtrage*, Husserliana I. The Hague: Martinus Nijhoff; The Paris Lectures. Trans. P. Koestenbaum. The Hague: Martinus Nijhoff, 1964 (pp. 3~39); *Cartesian Meditations: An Introduction to Phenomenology*. Trans. D. Cairns. The Hague: Martinus Nijhoff, 1999 (pp. 43~183).

— Husserl, E. (1952). *Ideen zu einer reinen Phanomenologie und phanomenologischen Philosophie. Zweites Buch. Phanomenologische Untersuchungen zur Konstitution*, Husserliana IV. Den Haag: Martinus Nijhoff; *Ideas Pertaining to a Pure Phenomenology and to a Phenomenological Philosophy. Second Book. Studies in the Phenomenology of Constitution*, transl. R. Rojcewicz and A. Schuwer. Dordrecht: Kluwer Academic Publishers, 1989.

— Husserl, E. (1959). *Erste Philosophie* II (1923~24), Husserliana VIII. The Hague: Martinus Nijhoff.

— Husserl, E. (1962). *Phänomenologische Psychologie*, Husserliana IX. The Hague: Martinus Nijhoff; *Phenomenological Psychology: Lectures, Summer Semester, 1925*. Trans. J. Scanlon. The Hague: Martinus Nijhoff, 1977 (pp. 3~234); *Psychological and Transcendental Phenomenology and the Confrontation with Heidegger* (1927~1931). Trans. T. Sheehan and R. E. Palmer. Dordrecht: Kluwer Academic Publishers, 1997 (pp. 237~349, 517~526).

— Husserl, E. (1966a). *Zur Phänomenologie des inneren Zeitbewußtseins* (1893~1917),

Husserliana X. The Hague: Martinus Nijhoff; *On the Phenomenology of the Consciousness of Internal Time* (1893~1917). Trans. J. Brough. Dordrecht: Kluwer Academic Publishers, 1991.

— Husserl, E. (1966b). *Analysen zur passiven Synthesis*, Husserliana XI. The Hague: Martinus Nijhoff.

— Husserl, E. (1970). *The Crisis of European Sciences and Transcendental Phenomenology. An Introduction to Phenomenology*. Trans. D. Carr. Evanston, IL: Northwestern University Press.

— Husserl, E. (1971). *Ideen zu einer reinen Phänomenologie und phanomenologischen Philosophie. Drittes Buch: Die Phänomenologie und die Fundamente der Wissenschaften*, Husserliana V. The Hague: Martinus Nijhoff; *Ideas Pertaining to a Pure Phenomenology and to a Phenomenological Philosophy. Third Book. Phenomenology and the Foundations of the Sciences*, transl. T. E. Klein and W. E. Pohl. The Hague: Martinus Nijhoff, 1980.

— Husserl, E. (1973a). *Zur Phänomenologie der Intersubjektivität* II, Husserliana XIV. The Hague: Martinus Nijhoff.

— Husserl, E. (1973b). *Zur Phänomenologie der Intersubjektivität* III, Husserliana XV. The Hague: Martinus Nijhoff.

— Husserl, E. (1973c). *Ding und Raum. Vorlesungen 1907*, Husserliana XVI. The ague: Martinus Nijhoff; *Thing and Space: Lectures of 1907*. Trans. R. Rojcewicz. Dordrecht: Kluwer Academic Publishers, 1997.

— Husserl, E. (1976). *Ideen zu einer reinen Phänomenologie und phänomenologischen Philosophie I*, Husserliana III/1~2. The Hague: Martinus Nijhoff; *Ideas Pertaining to a Pure Phenomenology and to a Phenomenological Philosophy. First Book. General Introduction to a Pure Phenomenology*. Trans. F. Kersten. The Hague: Martinus Nijhoff, 1982.

— Husserl, E. (1979). *Aufsätze und Rezensionen (1890~1910)*. Husserliana XXII. The Hague: Martinus Nijhoff.

— Husserl, E. (1984). *Einleitung in die Logik und Erkenntnistheorie*, Husserliana XXIV. The Hague: Martinus Nijhoff.

— Husserl, E. (1987). *Aufsätze und Vorträge (1911~1921)*. Husserliana XXV. Dordrecht: Martinus Nijhoff.

— Husserl, E. (2001a). *Logical Investigations I–II*. Trans. J. N. Findlay. London: Routledge.

— Husserl, E. (2001b). *Die Bernauer Manuskripte über das Zeitbewusstsein (1917~18)*,

Husserliana XXXIII. Dordrecht: Kluwer Academic Publishers.

— Husserl, E. (2002). *Zur phänomenologischen Reduktion. Texte aus dem Nachlass (1926~1935)*, Husserliana XXXIV. Dordrecht: Kluwer Academic Publishers.

— Husserl, E. (2003). *Transzendentaler Idealismus. Texte aus dem Nachlass (1908~1921)*. Husserliana XXXVI. Dordrecht: Kluwer Academic Publishers.

— Hutto, D.D. (2004). The limits of spectatorial folk psychology. *Mind and Language* 19/5, 548~573.

— Hutto, D.D. (2007). The narrative practice hypothesis: origins and applications of folk psychology. In D. Hutto (ed.), *Narrative and Understanding Persons* (pp. 43~68). Cambridge: Cambridge University Press.

— Huxley, T.H. (1874). On the hypothesis that animals are automata, and its history. *Fortnightly Review*, 16, 555~580.

— Jack, A.I. and Roepstorff, A. (2002). Introspection and cognitive brain mapping: from stimulus—response to script—report. *Trends in Cognitive Sciences* 6/8, 333~339.

— James, W. (1950). *The Principles of Psychology I—II*. New York: Dover.

— Jeannerod, M. (1997). *The Cognitive Neuroscience of Action*. Oxford: Blackwell Publishers.

— Jeannerod, M. (1999). To act or not to act: perspectives on the representation of actions. *Quarterly Journal of Experimental Psychology* 52A/1, 1~29.

— Jeannerod, M. and Pacherie, E. (2004). Agency, simulation, and self-identification. *Mind and Language* 19/2, 113~146.

— Johnson, M. (1987). *The Body in the Mind: The Bodily Basis of Meaning, Imagination, and Reason*. Chicago: University of Chicago Press.

— Johnson, S.C. (2000). The recognition of mentalistic agents in infancy. *Trends in Cognitive Science* 4, 22~28.

— Johnson, S. et al. (1998). Whose gaze will infants follow? The elicitation of gaze-following in 12-month-old infants. *Developmental Science* 1, 233~238.

— Jopling, D.A. (2000). *Self-Knowledge and the Self*. London: Routledge.

— *Journal of Consciousness Studies* (1997). Editorial, 4/5~6, 385~388.

— Kant, I. (1956). *Kritik der reinen Vernunft*. Hamburg: Felix Meiner; Critique of Pure Reason. Trans. P. Guyer and A. W. Wood. Cambridge. Cambridge University Press, 1999.

— Kant, I. (1992). Concerning the ultimate ground of the differentiation of directions in space. In D. Walford and R. Meerbote (eds), *The Cambridge Edition of the Works of Immanuel Kant. Theoretical Philosophy*, 1755~1770 (pp. 365~372). Cambridge:

Cambridge University Press.

— Keller, P. (1999). *Husserl and Heidegger on Human Experience*. Cambridge: Cambridge University Press.

— Kim, J. (2005). *Philosophy of Mind*. Cambridge, MA: Westview Press.

— Kircher, T. and David, A. (eds) (2003). *The Self in Neuroscience and Psychiatry*. Cambridge: Cambridge University Press.

— Kriegel, U. (2003). Consciousness as intransitive self-consciousness: two views and an argument. *Canadian Journal of Philosophy* 33/1, 103~132.

— Kriegel, U. (2004). Consciousness and self-consciousness. *Monist* 87/2, 185~209.

— La Mettrie, J.O., de. (1745). *Histoire naturelle de l'ame*. La Haye: Jean Neaulme.

— Laing, R.D. (1960/1990). *The Divided Self*. Harmondsworth: Penguin Books.

— Lakoff, G. and Johnson, M. (1980). *Metaphors we Live By*. Chicago: University of Chicago Press.

— Lakoff, G. and Nunez, R.E. (2001). *Where Mathematics Comes From: How the Embodied Mind Brings Mathematics into Being*. New York: Basic Books.

— Leder, D. (1990). *The Absent Body*. Chicago: University of Chicago Press.

— Lee, D.N. and Aronson, E. (1974). Visual proprioceptive control of standing in human infants. *Perception & Psychophysics* 15, 529~532.

— Legerstee, M. (1991). The role of person and object in eliciting early imitation. *Journal of Experimental Child Psychology* 51, 423~433.

— Legrand, D. (2006). The bodily self. The sensori-motor roots of pre-reflexive self-consciousness. *Phenomenology and the Cognitive Sciences* 5, 89~118.

— Leslie, A.M. (1987). Children's understanding of the mental world. In R. L. Gregory (ed.), *The Oxford Companion to the Mind* (pp. 139~142). Oxford: Oxford University Press.

— Lévinas, E. (1979). *Le temps et l'autre*. Paris: Fata Morgana

— Lewis, M. (2003). The development of self-consciousness. In J. Roessler and N. Eilan (eds), *Agency and Self-Awareness* (pp. 275~295). Oxford: Oxford University Press.

— Locke, J. (1975). *An Essay Concerning Human Understanding*. Oxford: Oxford University Press.

— Lotze, R.H. (1887). *Metaphysic in Three Books: Ontology, Cosmology, and Psychology*. Trans. B. Bosanquet, 2nd edition. Oxford: Clarendon Press.

— Lutz, A. (2002). Toward a neurophenomenology as an account of generative passages: a first empirical case study. *Phenomenology and the Cognitive Sciences* 1, 133~167.

― Lutz, A. and Thompson, E. (2003). Neurophenomenology: integrating subjective experience and brain dynamics in the neuroscience of consciousness. *Journal of Consciousness Studies* 10, 31~52.

― Lutz, A., Lachaux, J.-P., Martinerie, J. and Varela, F.J. (2002). Guiding the study of brain dynamics using first-person data: synchrony patterns correlate with on-going conscious states during a simple visual task. *Proceedings of the National Academy of Science* USA 99, 1586~1591.

― Lycan, W.G. (1987). *Consciousness*. Cambridge, MA: MIT Press.

― Lycan, W.G. (1997). Consciousness as internal monitoring. In N. Block, O. Flanagan and G. Güzeldere (eds), *The Nature of Consciousness* (pp. 754~771). Cambridge, MA: MIT Press.

― Lyons, W. (1986). *The Disappearance of Introspection*. Cambridge, MA: MIT Press.

― McClamrock, R. (1995). *Existential Cognition: Computational Minds in the World*. Chicago: University of Chicago Press.

― McCulloch, G. (2003). *The Life of the Mind: An Essay on Phenomenological Externalism*. London: Routledge.

― McDowell, J. (1992). Putnam on mind and meaning. *Philosophical Topics* 20/1, 35~48.

― McDowell, J. (1998). *Meaning, Knowledge, and Reality*. Cambridge, MA: Harvard University Press.

― McGinn, C. (1991). *The Problem of Consciousness*. Oxford: Blackwell.

― MacIntyre, A. (1985). *After Virtue: A Study in Moral Theory*. London: Duckworth.

― McIntyre, R. (1999). Naturalizing phenomenology? Dretske on Qualia. In J. Petitot, F. J. Varlea, B. Pachoud, and J.-M. Roy (eds), *Naturalizing Phenomenology* (pp. 429~439). Stanford, CA: Stanford University Press.

― McTaggart, J.M.E. (1908). The Unreality of Time. *Mind* 17 (New Series, no. 68), 457~474.

― Majid, A., Bowerman, M., Kita, S., Haun, D.B.M. and Levinson, S.C. (2004). Can language restructure cognition? The case for space. *Trends in Cognitive Sciences* 8/3, 108~114.

― Marbach, E. (1993). *Mental Representation and Consciousness: Towards a Phenomenological Theory of Representation and Reference*. Dordrecht: Kluwer Academic Publishing.

― Marcel, A.J. (1983). Conscious and unconscious perception: an approach to the relations between phenomenal experience and perceptual processes. *Cognitive Psychology* 15, 238~300.

― Marcel, A.J. (1993). Slippage in the unity of consciousness. In G. R. Bock and

J. Marsh (eds), *Experimental and Theoretical Studies of Consciousness* (Ciba Foundation Symposium 174) (pp. 168~180). New York: Wiley.

— Marcel, A.J. (1998). Blindsight and shape perception: deficits of visual consciousness or of visual function? *Brain* 121, 1565~1588.

— Marcel, A.J. (2003). The sense of agency: awareness and ownership of action. In J. Roessler and N. Eilan (eds), *Agency and Awarness* (pp. 48~93). Oxford: Oxford University Press.

— Marcel, A.J. and Bisiach, E. (eds) (1988). *Consciousness in Contemporary Science.* Oxford: Oxford Science.

— Marchetti, C. and Della Sala, S. (1998). Disentangling the alien and anarchic hand. *Cognitive Neuropsychiatry* 3/3, 191~207.

— Marion, J.-L. (1998). *Etant donné : essai d'une phénoménologie de la donation,* 2nd edition. Paris: Presses Universitaires de France.

— Maund, B. (1995). *Colours: Their Nature and Representation.* New York: Cambridge University Press.

— Mead, G.H. (1962). *Mind, Self and Society. From the standpoint of a Social Behaviorist.* Chicago: University of Chicago Press.

— Meltzoff, A.N. (1995). Understanding the intentions of others: re-enactment of intended acts by 18-monthold children. *Developmental Psychology* 31, 838~850.

— Meltzoff, A.N. and Brooks, R. (2001). 'Like me' as a building block for understanding other minds: bodily acts, attention, and intention. In B. F. Malle et al. (eds), *Intentions and Intentionality: Foundations of Social Cognition* (pp. 171~191). Cambridge, MA: MIT Press.

— Merleau-Ponty, M. (1962). *Phenomenology of Perception.* Trans. C. Smith. London: Routledge and Kegan Paul.

— Merleau-Ponty, M. (1963). *The Structure of Behavior.* Trans. A. L. Fisher. Pittsburgh, PA: Duquesne University Press.

— Merleau-Ponty, M. (1964). *Signs.* Trans. R. C. McCleary. Evanston, IL: Northwestern University Press.

— Merleau-Ponty, M. (1968). *The Visible and the Invisible.* Evanston, IL: Northwestern University Press.

— Merleau-Ponty, M. (2003). *Nature: Course Notes from the College de France.* Evanston, IL: Northwestern University Press.

— Metzinger, T. (2003). *Being No One.* Cambridge, MA: MIT Press.

— Millikan, R. (2004). *Varieties of Meaning: The 2002 Jean Nicod Lectures.* Cambridge,

MA: MIT Press.

— Minkowski, E. (1927). *La schizophrénie. Psychopathologie des schizoïdes et des schizophrènes.* Paris: Payot.

— Minkowski, E. (1997). *Au-delà du rationalisme morbide.* Paris: Éditions l'Harmattan.

— Mohanty, J.N. (1972). *The Concept of Intentionality.* St. Louis, MO: Warren H. Green.

— Moland, L.L. (2004). Ideals, ethics, and personhood. In H. Ikäheimo, J. Kotkavirta, A. Laitinen and P. Lyyra (eds), *Personhood* (pp. 178~184). Jyväskylä: University of Jyväskylä Press.

— Moore, D.G., Hobson, R.P. and Lee, A. (1997). Components of person perception: an investigation with autistic, non-autistic retarded and typically developing children and adolescents. *British Journal of Developmental Psychology* 15, 401~423.

— Moore, G.E. (1903). The refutation of idealism. *Mind* 12, 433~453.

— Moran, D. (2001). Analytic philosophy and phenomenology. In S. Crowell, L. Embree and S. J. Julian (eds), *The Reach of Reflection: Issues for Phenomenology's Second Century* (pp. 409~433). West Harford, CT: Electron Press.

— Moran, R. (2001). *Authority and Estrangement: An essay on self-knowledge.* Princeton, NJ: Princeton University Press

— Myin, E. and O'Regan, J.K. (2002). Perceptual consciousness, access to modality and skill theories. *Journal of Consciousness Studies* 9/1, 27~45.

— Nagel, T. (1974). What is it like to be a bat? *Philosophical Review* 83, 435~450.

— Natorp, P. (1912). *Allgemeine Psychologie.* Tübingen: J.C.B. Mohr.

— Nelson K. (2003). Narrative and the emergence of a consciousness of self. In G. D. Fireman, T. E. J. McVay and O. Flanagan (eds), *Narrative and Consciousness* (pp. 17~36). Oxford: Oxford University Press.

— Neisser, U. (1988). Five kinds of self-knowledge. *Philosophical Psychology* 1/1, 35~59.

— Neisser, U. (1993). The self perceived. In U. Neisser (ed.), *The Perceived Self: Ecological and Interpersonal Sources of Self-Knowledge* (pp. 3~21). New York: Cambridge University Press.

— Noe, A. (2004). *Action in Perception.* Cambridge, MA: MIT Press.

— Noe, A. (2007). The critique of pure phenomenology. *Phenomenology and the Cognitive Sciences* 6/1~2, 231~245.

— Oberman, L.M. and Ramachandran, V.S. (2007). The simulating social mind: the role of the mirror neuron system and simulation in the social and communicative deficits of autism spectrum disorders. *Psychological Bulletin* 133/2, 310~327.

— Overgaard, S. (2005). Rethinking other minds: Wittgenstein and Lévinas on expression.

Inquiry 48/3, 249~274.

— O'Shaughnessy, B. (1980). *The Will: A Dual Aspect Theory*. Cambridge: Cambridge University Press.

— O'Shaughnessy, B. (1985). Seeing the light. *Proceedings of the Aristotelian Society* 85, 193~218.

— O'Shaughnessy, B. (1995). Proprioception and the body image. In J. Bermudez, A. J. Marcel and N. Eilan (eds), *The Body and the Self* (pp. 175~203). Cambridge, MA: MIT Press.

— Paillard, J. (2000). The neurobiological roots of rational thinking. In H. Cruse et al. (eds), Prerational Intelligence: *Adaptive Behavior and Intelligent Systems Without Symbols and Logic*, Volume I (pp. 343~355). Dordrecht: Kluwer Academic Publishers.

— Parnas, J. (2003). Self and schizophrenia: a phenomenological perspective. In T. Kircher and A. David (eds), *The Self in Neuroscience and Psychiatry* (pp. 217~241). Cambridge: Cambridge University Press.

— Parnas, J. and Zahavi, D. (2002). The role of phenomenology in psychiatric diagnosis and classification. In M. Maj, W. Gaebel, J. J. López-Ibor and N. Sartorius (eds), *Psychiatric Diagnosis and Classification* (pp. 137~162). New York: Wiley.

— Parnas, J., Bovet, P. and Zahavi, D. (2002). Schizophrenic autism, clinical phenomenology and pathogenetic implications. *World Psychiatry* 1/3, 131~136.

— Parnas, J., Møller, P., Kircher, T., Thalbitzer, J., Jansson, L., Handest, P. and Zahavi, D. (2005). EASE: Examination of Anomalous Self-Experience. *Psychopathology* 38, 236~258.

— Petitot, J., Varela, F., Pachoud, B. and Roy, J.-M. (eds) (1999). *Naturalizing Phenomenology: Issues in Contemporary Phenomenology and Cognitive Science*. Stanford, CA: Stanford University Press.

— Phillips, W., Baron-Cohen, S. and Rutter, M. (1992). The role of eye-contact in the detection of goals: evidence from normal toddlers, and children with autism or mental handicap. *Development and Psychopathology* 4, 375~383.

— Plato (1985). *Phaedo*. In E. Hamilton and H. Cairns (eds), *Plato: The Collected Dialogues*. Princeton, NJ: Princeton University Press.

— Pöppel, E. (1988). *Mindworks: Time and Conscious Experience*. Boston, MA: Harcourt Brace Jovanovich.

— Premack, D. and Woodruff, G. (1978). Does the chimpanzee have a theory of mind? *Behavioral and Brain Sciences* 4, 515~526.

— Price, D.D. and Aydede, M. (2005). The experimental use of introspection in the

scientific study of pain and its integration with third-person methodologies: the experiential-phenomenological approach. In M. Aydede (ed.), *Pain: New Essays on its Nature and the Methodology of its Study* (pp. 243~273). Cambridge, MA: MIT Press.
— Putnam, H. (1977). Meaning and reference. In S. P. Schwartz (ed.), *Naming, Necessity and Natural Kinds* (pp. 119~132). Ithaca, NY: Cornell University Press.
— Ramachandran, V.S. and Oberman, L.M. (2006). Broken mirrors. *Scientific American* 295/55, 63~69.
— Ramachandran, V.S. and Blakeslee, S. (1998). *Phantoms in the Brain: Probing the Mysteries of the Human Mind.* New York: William Morrow.
— Ricoeur, P. (1966). *Freedom and Nature: The Voluntary and the Involuntary.* Evanston, IL: Northwestern University Press.
— Ricoeur, P. (1988). *Time and Narrative III.* Trans. K. Blamey and D. Pellauer. Chicago: Chicago University Press.
— Rizzolatti, G., Fadiga, L., Matelli, M., Bettinardi, V., Paulesu, E., Perani, D. and Fazio, G. (1996). Localization of grasp representations in humans by PET: 1. Observation compared with imagination. *Experimental Brain Research* 111, 246~252.
— Rizzolatti, G., Fogassi, L. and Gallese V. (2000). Cortical mechanisms subserving object grasping and action recognition: a new view on the cortical motor functions. In M. S. Gazzaniga (ed.), *The New Cognitive Neurosciences* (pp. 539~552). Cambridge, MA: MIT Press.
— Robinson, H. (1994). *Perception.* London: Routledge.
— Rochat, P. (2001). *The Infant's World.* Cambridge, MA: Harvard University Press.
— Rodemeyer, L. (2006). *Intersubjective Temporality. It's About Time.* Dordrecht: Springer.
— Rosenthal, D.M. (1986). Two concepts of consciousness. *Philosophical Studies* 94/3, 329~359.
— Rosenthal, D.M. (1993a). Thinking that one thinks. In M. Davies and G. W. Humphreys (eds), *Consciousness: Psychological and Philosophical Essays* (pp. 197~223). Oxford: Blackwell.
— Rosenthal, D.M. (1993b). Higher-order thoughts and the appendage theory of consciousness. *Philosophical Psychology* 6, 155~166.
— Rosenthal, D.M. (1993c). State consciousness and transitive consciousness. *Consciousness and Cognition* 2/4, 355~363.
— Rosenthal, D.M. (1997). A theory of consciousness. In N. Block, O. Flanagan and G. Güzeldere (eds), *The Nature of Consciousness* (pp. 729~753). Cambridge, MA:

MIT Press.

— Rossetti, Y. and Rode, G. (2002). Reducing spatial neglect by visual and other sensory manipulations: noncognitive (physiological) routes to the rehabilitation of a cognitive disorder. In H. O. Karnath, A. D. Milner and G. Vallar (eds), *The Cognitive and Neural Bases of Spatial Neglect* (pp. 375~396). Oxford: Oxford University Press.

— Rowlands, M. (2003). *Externalism: Putting Mind and World Back Together Again.* Montreal and Kingston: McGill-Queen's University Press.

— Rowlands, M. (2006). *Body Language.* Cambridge, MA: MIT Press.

— Roy, J.-M., Petitot, J., Pachoud, B. and Varela, F.J. (1999). Beyond the gap: an introduction to naturalizing phenomenology. In J. Petitot, F. J. Varlea, B. Pachoud and J.-M. Roy (eds), *Naturalizing Phenomenology* (pp. 1~83). Stanford, CA: Stanford University Press.

— Rudd, A. (1998). What it's like and what's really wrong with physicalism: a Wittgensteinian perspective. *Journal of Consciousness Studies* 5/4, 454~463.

— Rudd, A. (2003). *Expressing the World: Skepticism, Wittgenstein, and Heidegger.* Chicago: Open Court.

— Ryckman, T. (2005). *The Reign of Relativity: Philosophy in Physics 1915~1925.* New York: Oxford University Press.

— Ryle, G. (1949). *The Concept of Mind.* New York: Barnes and Noble.

— Sartre, J.-P. (1956). *Being and Nothingness.* Trans. H. E. Barnes. New York: Philosophical Library.

— Sartre, J.-P. (1957). *The Transcendence of the Ego.* Trans. F. Williams and R. Kirkpatrick. New York: Noonday Press.

— Sartre, J.-P. (1967). Consciousness of self and knowledge of self. In N. Lawrence and D. O'Connor (eds), *Readings in Existential Phenomenology* (pp. 113~142). Englewood Cliffs, NJ: Prentice Hall.

— Sass, L. (2000). Schizophrenia, self-experience, and the so-called 'negative symptoms'. In D. Zahavi (ed.), *Exploring the Self* (pp. 149~182). Amsterdam: John Benjamins.

— Sass, L. and Parnas, J. (2006). Explaining schizophrenia: the relevance of phenomenology. In M. Chung, W. Fulford, G. Graham (eds), *Reconceiving Schizophrenia* (pp. 63~96). Oxford: Oxford University Press.

— Schacter, D.L. (1996). *Searching for Memory: The Brain, the Mind, and the Past.* New York: Basic Books.

— Schacter, D.L., Reiman, E., Curran, T., Sheng Yun, L., Bandy, D., McDermott, K.B. and Roediger, H.L. (1996). Neuroanatomical correlates of veridical and illusory recognition memory: evidence from positron emission tomography. *Neuron* 17, 1~20.

— Scheler, M. (1954). *The Nature of Sympathy*. Trans. P. Heath. London: Routledge and Kegan Paul.

— Schenk, T. and Zihl, J. (1997). Visual motion perception after brain damage: I. Deficits in global motion perception. *Neuropsychologia* 35, 1289~1297.

— Scholl, B.J. and Tremoulet, P.D. (2000). Perceptual causality and animacy. *Trends in Cognitive Sciences* 4/8, 299~309.

— Schooler, J.W. and Schreiber, C.A. (2004). Experience, meta-consciousness, and the paradox of introspection. *Journal of Consciousness Studies* 11/7~8, 17~39.

— Searle, J.R. (1983). *Intentionality: An Essay in the Philosophy of Mind*. Cambridge: Cambridge University Press.

— Searle, J.R. (1992). *The Rediscovery of the Mind*. Cambridge, MA: MIT Press.

— Searle, J.R. (1998). *Mind, Language and Society*. New York: Basic Books.

— Searle, J.R. (1999a). Neither phenomenological description nor rational reconstruction: reply to Dreyfus, 30 January, at: http://istsocrates.berkeley.edu/~jsearle/reply_to _dreyfus_ 1_30_99.rtf.

— Searle, J.R. (1999b). The future of philosophy. *Philosophical Transactions of the Royal Society of London* B354, 2069~2080.

— Seigel, J. (2005). *The Idea of the Self: Thought and Experience in Western Europe Since the Seventeenth Century*. Cambridge: Cambridge University Press.

— Sellars, W. (1963). *Science, Perception and Reality*. London: Routledge and Kegan Paul.

— Sheets-Johnstone, M. (1990). *The Roots of Thinking*. Philadelphia, PA: Temple University Press.

— Sheets-Johnstone, M. (1999). *The Primacy of Movement*. Amsterdam: John Benjamins.

— Shoemaker, S. (1968). Self-reference and self-awareness. *Journal of Philosophy* LXV, 556~579.

— Shoemaker, S. (1984). Personal identity: a materialist's account. In S. Shoemaker and R. Swinburne, *Personal Identity*. Oxford: Blackwell.

— Siewert, C.P. (1998). *The Significance of Consciousness*. Princeton, NJ: Princeton University Press.

— Siewert, C. (2006). Consciousness and intentionality. *Stanford Encyclopedia of Philosophy* (Spring 2007 edition), E. N. Zalta (ed.), at: http://plato.stanford.edu/ar-chives/ spr2007/entries/consciousnessintentionality.

— Simons, D.J. Chabris, C.F. (1999). Gorillas in our midst. *Perception* 28, 1059~1074.

— Smith, D.W. (1989). *The Circle of Acquaintance*. Dordrecht: Kluwer Academic Publishers.
Smith, D.W. (2003). Phenomenology. *Stanford Encyclopedia of Philosophy* (Winter 2003 edition), E. N. Zalta (ed.), at: http://plato.stanford.edu/entries/phenomenology.
— Smith, D.W. and McIntyre, R. (1982). *Husserl and Intentionality*. Dordrecht: D. Reidel.
— Snyder, L. (2000). *Speaking our Minds: Personal Reflections from Individuals with Alzheimer's*. New York: W. H. Freeman.
— Stein, E. (1989). *On the Problem of Empathy*, 3rd revised edition. Trans. by W. Stein. Washington: ICS Publishers.
— Stephens, G.L. and Graham, G. (2000). *When Self-Consciousness Breaks: Alien Voices and Inserted Thoughts*. Cambridge, MA: MIT Press.
— Straus, E. (1966). *Philosophical Psychology*. New York: Basic Books.
— Strawson, P.F. (1959), *Individuals*. London: Methuen.
— Strawson, G. (1994). *Mental Reality*. Cambridge, MA: MIT Press.
— Strawson, G. (1999). The self and the SESMET. In S. Gallagher and J. Shear (eds), *Models of the Self* (pp. 483~518). Thorverton: Imprint Academic.
— Strawson, G. (2000). The phenomenology and ontology of the self. In D. Zahavi (ed.), *Exploring the Self* (pp. 39~54). Amsterdam: John Benjamins.
— Stueber, K.R. (2006). *Rediscovering Empathy*. Cambridge, MA: MIT Press.
— Stroud, B. (2000). *The Quest for Reality*. Oxford: Oxford University Press.
— Tatossian, A. (1979/1997). *La phenomenologie des psychoses*. Paris: L'art du comprendre.
— Taylor, C. (1989). *Sources of the Self*. Cambridge, MA: Harvard University Press.
— Thompson, E. (2001). Empathy and consciousness. *Journal of Consciousness Studies* 8/5~7, 1~32.
— Thompson, E. (2005). Empathy and human experience. In J. D. Proctor (ed.), *Science, Religion, and the Human Experience* (pp. 261~285). New York: Oxford University Press.
— Thompson, E. (2007). *Mind in Life: Biology, Phenomenology, and the Sciences of Mind*. Cambridge, MA: Harvard University Press.
— Thompson, E. and Varela, F. (2001). Radical embodiment: neural dynamics and consciousness. *Trends in Cognitive Sciences* 5/10, 418~425.
— Thompson, E., Lutz, A. and Cosmelli, D. (2005). Neurophenomenology: an introduction for neurophilosophers. In A. Brook and K. Akins (eds), *Cognition and the Brain: The Philosophy and Neuroscience Movement* (pp. 0~97). New York and Cambridge: Cambridge University Press.

— Tomasello, M. (1999). *The Cultural Origins of Human Cognition*. Cambridge, MA: Harvard University Press.

— Tooby, J. and Cosmides, L. (1995). Foreword. In S. Baron-Cohen, *Mindblindness: An Essay on Autism and Theory of Mind* (pp. xi - xviii). Cambridge, MA: MIT Press.

— Toussaint, B. (1976). Comments on C. H. Seibert's paper: on the body phenomenon in *Being and Time. Proceedings of the Heidegger Circle* (175~178). DePaul University, private circulation.

— Trevarthen, C. (1979). Communication and cooperation in early infancy: a description of primary intersubjectivity. In M. Bullowa (ed.), *Before Speech. The Beginning of Interpersonal Communication* (pp. 321~347). Cambridge: Cambridge University Press.

— Trevarthen, C. and Hubley, P. (1978). Secondary intersubjectivity: confidence, confiding and acts of meaning in the first year. In A. Lock (ed.), *Action, Gesture and Symbol: The Emergence of Language* (pp. 183~229). London: Academic Press.

— Tsakiris, M. (2005). On agency and body-ownership. Paper presented at Expérience Subjective Pré Réflexive and Action (ESPRA) Conference, CREA, Paris. December.

— Tsakiris, M. and Haggard, P. (2005). The rubber hand illusion revisited: visuotactile integration and self-attribution. *Journal of Experimental Psychology: Human Perception and Performance* 31/1, 80~91.

— Tye, M. (1995). *Ten Problems of Consciousness*. Cambridge, MA: MIT Press.

— Van Gelder, T.J. (1999). Wooden iron? Husserlian phenomenology meets cognitive science. In J. Petitot, F. J. Varela, J.-M. Roy and B. Pachoud (eds), *Naturalizing Phenomenology: Issues in Contemporary Phenomenology and Cognitive Science* (pp. 245~265). Stanford, CA: Stanford University Press.

— Van Gulick, R. (1997). Understanding the phenomenal mind: are we all just armadillos? In N. Block, O. Flanagan and G. Guzeldere (eds), *The Nature of Consciousness* (pp. 559~566). Cambridge, MA: MIT Press.

— Van Gulick, R. (2000). Inward and upward: reflection, introspection, and self-awareness. *Philosophical Topics* 28/2, 275~305.

— Van Gulick, R. (2006). Mirror mirror — is that all? In U. Kriegel and K. Williford (eds), *Self-Representational approaches to Consciousness* (pp. 11~39). Cambridge, MA: MIT Press.

— Varela, F. (1995). Resonant cell assemblies: a new approach to cognitive functioning and neuronal synchrony. *Biological Research* 28, 81~95.

— Varela, F. (1996). Neurophenomenology: a methodological remedy to the hard problem.

Journal of Consciousness Studies 3, 330~350.

— Varela, F.J. (1999). The specious present: a neurophenomenology of time consciousness. In J. Petitot, F. J. Varela, J.-M. Roy and B. Pachoud (eds), *Naturalizing Phenomenology: Issues in Contemporary Phenomenology and Cognitive Science*. Stanford, CA: Stanford University Press.

— Varela, F. and Depraz, N. (2000). At the source of time: Valance and the constitutional dynamics of affect. *Arobase: Journal des lettres et sciences humaines* 4/1~2, 143~166.

— Varela, F., Lachaux, J.P., Rodriguez, E. and Martinerie, J. (2001). The brainweb: phase-synchronization and long-range integration. *Nature Reviews Neuroscience* 2, 229~239.

— Varela, F.J., Thompson, E. and Rosch, E. (1991). *The Embodied Mind: Cognitive Science and Human Experience*. Cambridge, MA: MIT Press.

— Varela, F., Toro, A., John, E. R. and Schwartz, E. (1981). Perceptual framing and cortical alpha rhythms. *Neuropsychologia* 19, 675~686.

— Velmans, M. (2000). *Understanding Consciousness*. London: Routledge.

— Waldenfels, B. (2000). *Das leibliche Selbst. Vorlesungen zur Phänomenologie des Leibes*. Frankfurt am Main: Suhrkamp.

— Walker, A.S. (1982). Intermodal perception of expressive behaviors by human infants. *Journal of Experimental Child Psychology* 33, 514~535.

— Watson, J. (1913). Psychology as the behaviorist views it. *Psychological Review* 20, 158~177.

— Wellman, H.M., Cross, D. and Watson, J. (2001). Meta-analysis of theory-of-mind development: the truth about false belief. *Child Development* 72, 655~684.

— Welton, D. (2000). *The Other Husserl: The Horizons of Transcendental Phenomenology*. Bloomington: Indiana University Press.

— Weiskrantz, L. (1986). *Blindsight*. Oxford: Oxford University Press.

— Weiskrantz, L. (1997). *Consciousness Lost and Found. A Neuropsychological Exploration*. Oxford: Oxford University Press.

— Weiskrantz, L., Warrington, E.K., Sanders, M.D. and Marshall, J. (1974). Visual capacity in the hemianopic field following a restricted occipital ablation. *Brain* 97, 709~728.

— Wheeler, M. (2005). *Reconstructing the Cognitive World*. Cambridge, MA: MIT Press.

— Wider, K. (1997). *The Bodily Nature of Consciousness*. Ithaca, NY: Cornell University Press.

— Williams, B. (2005). *Descartes: The Project of Pure Enquiry*. London: Routledge.

— Wittgenstein, L. (1958). *Philosophical Investigations*, 3rd edition. Trans G. E. M. Anscombe. Englewood Cliffs, NJ: Prentice Hall.

— Wittgenstein, L. (1980). *Remarks on the Philosophy of Psychology II*. Oxford: Blackwell.

— Wittgenstein, L. (1992). *Last Writings on the Philosophy of Psychology*; Volume II. Oxford: Blackwell.

— Wolpert, D.M. and Flanagan, J.R. (2001). *Motor prediction. Current Biology* 11/18, 729~732.

— Wundt, W. (1900). *Völkerpsychologie. Eine Untersuchung der Entwicklungsgesetze von Sprache, Mythus und Sitte.* Leipzig: Kröner.

— Yarbus, A. (1967). *Eye Movements and Vision.* New York: Plenum Press.

— Yoshimi, J. (2007). Mathematizing phenomenology. *Phenomenology and the Cognitive Sciences* 6/3, 271~291.

— Zahavi, D. (1992). *Intentionalität und Konstitution. Eine Einfüürung in Husserls Logische Untersuchungen.* Copenhagen: Museum Tusculanum Press.

— Zahavi, D. (1994). Husserl's phenomenology of the body. *Études Phénoménologiques* 19, 63~84.

— Zahavi, D. (1997). Horizontal intentionality and transcendental intersubjectivity. *Tijdschrift voor Filosofie* 59/2, 304~321.

— Zahavi, D. (1999). *Self-Awareness and Alterity: A Phenomenological Investigation.* Evanston, IL: Northwestern University Press.

— Zahavi, D. (ed.) (2000). *Exploring the Self: Philosophical and Psychopathological Perspectives on Self-Experience.* Amsterdam: John Benjamins.

— Zahavi, D. (2001a). Beyond empathy: phenomenological approaches to intersubjectivity. *Journal of Consciousness* Studies 8/5~7, 151~167.

— Zahavi, D. (2001b). *Husserl and Transcendental Intersubjectivity.* Athens: Ohio University Press.

— Zahavi, D. (2002). First-person thoughts and embodied self-awareness: some reflections on the relation between recent analytical philosophy and phenomenology. *Phenomenology and the Cognitive Sciences* 1, 7~26.

— Zahavi, D. (2003a). *Husserl's Phenomenology.* Stanford, CA: Stanford University Press.

— Zahavi, D. (2003b). Inner time-consciousness and pre-reflective self-awareness. In D. Welton (ed.), *The New Husserl: A Critical Reader* (pp. 157~180). Bloomington: Indiana University Press.

─ Zahavi, D. (2003c). Husserl's intersubjective transformation of transcendental philosophy. In D. Welton (ed.), *The New Husserl: A Critical Reader* (pp. 233~254). Bloomington: Indiana University Press.

─ Zahavi, D. (2003d). How to investigate subjectivity: Heidegger and Natorp on reflection. *Continental Philosophy Review* 36/2, 155~176.

─ Zahavi, D. (2003e). Phenomenology and metaphysics. In D. Zahavi, S. Heinämaa and H. Ruin (eds), *Metaphysics, Facticity, Interpretation* (pp. 3~22). Dordrecht: Kluwer Academic Publishers.

─ Zahavi, D. (2004a). Husserl's noema and the internalism-externalism debate. *Inquiry* 47/1, 42~66.

─ Zahavi, D. (2004b). The embodied self-awareness of the infant: a challenge to the theory-theory of mind? In D. Zahavi, T. Grunbaum and J. Parnas (eds), *The Structure and Development of Self-Consciousness: Interdisciplinary Perspectives* (pp. 35~63). Amsterdam: John Benjamins.

─ Zahavi, D. (2004c). Back to Brentano? *Journal of Consciousness Studies* 11, 66~87.

─ Zahavi, D. (ed.) (2004d). Hidden Resources: Classical Perspectives on Subjectivity. Special double issue of *Journal of Consciousness Studies* 11/10~11.

─ Zahavi, D. (2004e). Phenomenology and the project of naturalization. *Phenomenology and the Cognitive Sciences* 3/4, 331~347.

─ Zahavi, D. (2005a). *Subjectivity and Selfhood: Investigating the First-Person Perspective.* Cambridge, MA: MIT Press.

─ Zahavi, D. (2005b). Being someone. *Psyche* 11/5, 1~20.

─ Zahavi, D. (2006). Merleau-Ponty on Husserl: a reappraisal. In T. Toadvine (ed.), *Merleau-Ponty─Critical Assessments of Leading Philosophers*, Volume I(pp. 421~445). London: Routledge.

─ Zahavi, D. (2007). Killing the strawman: Dennett and phenomenology. *Phenomenology and the Cognitive Sciences* 6/1~2, 21~43.

─ Zahavi, D. (ed.) (2008a). *Internalism and Externalism in Phenomenological Perspective.* Special issue of Synthese, in press.

─ Zahavi, D. (2008b). The phenomenological tradition. In D. Moran (ed.), *Routledge Companion to Twentieth-Century Philosophy.* London: Routledge. In press.

─ Zahavi, D. and Parnas, J. (2003). Conceptual problems in infantile autism research: why cognitive science needs phenomenology. *Journal of Consciousness Studies* 10/9, 53~71.

─ Zahavi, D. and Stjernfelt, F. (eds) (2002). *One Hundred Years of Phenomenology:*

Husserl's Logical Investigations Revisited. Dordrecht: Kluwer Academic Publishers.

— Zajac, F.E. (1993). Muscle coordination of movement: a perspective. *Journal of Biomechanics* 26, Suppl. 1, 109~124.

— Zeki, S. (2002). Neural concept formation and art: Dante, Michelangelo, Wagner. *Journal of Consciousness Studies* 9/3, 53~76

— Zihl, J., von Cramon, D. and Mai, N. (1983). Selective disturbance of movement vision after bilateral brain damage. *Brain* 106, 313~340.

옮긴이 후기

나는 불교학자이다. 불교학자로서 나는 그동안 불교의 산스끄리뜨 문헌, 티베트 문헌, 한문 문헌 등을 번역해 왔다. 이제 눈을 돌려 '마음학 총서'라는 이름하에 현상학에 관한 책들, 현상학의 관점에서 본 인지과학과 정신병리학에 관한 책들을 번역하고, 현상학과 원리적인 면에서 유사한 유식불교에 관한 책들을 번역하고 저술할 것이기 때문에, 내가 왜 불교 문헌을 연구하는 일에 그치지 않고 이런 일을 하게 되었는지 밝혀두고 싶다.

나를 포함해서 불교를 연구하는 사람들은 모두 의도하든 의도하지 않든 불교의 용어를 철학의 용어로 해석하고 있다. 예를 들어 불교를 연구하는 사람들은 붓다가 설한 5온蘊 곧 색色, 수受, 상想, 행行, 식識을 각각 물질, 느낌, 지각, 의지, 의식 같은 용어로 해석한다. '느낌'이야 본래 있었던 말이기에 빼놓는다면—이 말도 서양의 심리학이나 철학이 요구하는 대로 내포가 확정되어 가고 있다—, 물질, 지각, 의지, 의식은 모두 근대 이후에 일본을 통해 수입된 서양의 철학용어들—그들한테는 일상언어이기도 하다—이다. 이 용어 외에도 정신, 영혼, 감각 등 수많은 철학의 용어들을

알게 모르게 사용하고 있다. 그건 이 용어들을 사용해서 해석하는 이들이
이 용어들의 철학적 의미를 분명하게 알고 사용하고 있다기보다는 이 용어
들이 이미 우리의 일상언어가 되어 있어 사용하지 않을 수 없기 때문이다.
그런데 이 용어들로 불교의 용어들을 올바르게 해석하고자 한다면, 이 용어
들의 본래의 의미를 잘 알고 있어야 한다. 대개는 철학적 배경을 갖고 있는
말이기 때문에, 우리는 어떤 서양의 한 철학자를 택해서 공부하고 나야
이 용어들이 의미하는 바를 올바르게 알 수 있고 또 정확히 불교의 용어들을
해석하는 데 원용할 수 있다.

나는 일찍이 이 문제를 간파하고 칸트, 후설, 베르그손, 들뢰즈, 화이트헤
드 같은 서양의 철학자들을 공부해 왔지만, 어떤 철학자의 언어를 불교에
도입해야 할지 망설이지 않을 수 없었다. 이를 하려면 무엇보다도 불교와
철학의 차이와 공통점을 명료하게 인지해야 하는데, 철학을 같이 공부해
오면서도 불교와 철학이 어디서 만나고 헤어지는지 명료하게 인지하려
하기보다는 불교의 우월성을 내세우면서 불교와 철학은 쉽게 만날 수 없다
고 암암리에 생각해 왔다. 그러나 5년 전 미얀마에서 수행을 하고 난 후
나는 불교와 철학의 공통점과 차이를 명료하게 인지하기 시작했다. 이 점을
알고 나니까 내가 왜 불교를 그토록 중요하게 생각해 왔는지 분명하게
알게 되었고, 이와 동시에 철학은 불교가 미처 다루지 못한 영역을 깊게
다루고 있고, 또 철학과 불교가 같이 다루는 영역이라 하더라도 어떤 곳은
철학이 더 세밀하게 다루고 있기 때문에 철학으로부터 배워야 할 것이
많다고 생각하게 되었다.

오늘날 불교의 수행이 정신치료에 응용되면서 이 효과와 원리가 심리학
적, 뇌과학적, 인지과학적으로 규명되어 가고 있다. 불교가 철학과 달리
수행을 기반으로 해서 발달해 왔듯이, 오늘날의 불교도 수행을 기반으로
해서 새롭게 이해되고 해석되어야 하는데, 이 점에서 세계 심리학계와 정신
의학계의 과학적 작업은 불교가 새롭게 발달하는 데 일정하게 이바지하고
있다. 또 인지과학계 일부에서 시도하고 있는, 불교의 수행인 사마타와

위빠사나의 현상학적 성격과 기능에 대한 파악 역시 일정한 역할을 하고 있다고 말할 수 있다. 그런데 세계 정신의학계와 심리학계에서 하는 작업은 주로 불교 수행의 임상적 효과에 맞춰져 있고, 인지과학계에서 하는 작업은 불교 수행이 불교의 전통 교학체계에 놓여 있는 위치를 충분히 파악하고 있지 못하기 때문에, 불교의 고유한 성격을 올바르게 파악하고 있다고 말할 수는 없다. 이렇게 수행을 과학적으로 분석하고 그 과정에서 새롭게 철학적 원리들을 발견해 가려면, 유식불교와 같은 방대하고 치밀한 교학체계를 현상학과 같은 철학의 언어로 해석해 나아가는 작업이 병행되어야 할 것이다.

불교의 수행이, 특히 초기불교의 위빠사나 수행이 인지치료와 행동치료 등 모든 정신치료의 임상에 도입되면서 거리두기, 탈습관화, 탈자동화, 탈민감화 등의 원리가 새롭게 밝혀지고 있지만, 그러나 아직 현상학이 하듯이 정신분열증, 자폐증 같은 정신병리를 해명하면서 자기, 자기의식, 행위, 신체, 세계 같은 철학의 주요한 개념들—이는 불교의 주요한 개념들이기도 하다—을 분명하게 해독해내고 있는 것은 아니다. 4~5세기에 성숙했던 유식불교가 의식을 탐구하는 방법에서 19~20세기의 현상학과 여러 면에서 유사하지만, 아직 이 불교가 발견한 현상들이 인지과학적으로 또 정신병리학적으로 해명되고 있는 것은 아니다. 그래서 현상학이 이미 일구어 놓은 인지과학과 정신병리학 관련 성과를 수용한다면, 유식불교를 비롯한 불교는 더 넓은 의미를 풍부하게 획득하면서 성숙해 나아가리라 믿는다.

이렇게 현상학을 비롯한 철학의 성과에 힘입으면서 불교가 더 풍부하게 성숙해 가기 위해서는, 먼저 철학과 불교의 차이를 정확히 짚어 볼 필요가 있다. 타자와의 차이를 발견해 간다는 것은 자기 안에서 차이를 발견해 가면서 이 차이를 성숙의 계기로 삼는 것이기 때문에, 불교와 철학의 차이를 발견해 나아가는 것은 불교와 철학 양쪽 모두의 성숙을 위해서 중요한 일이라 하지 않을 수 없다. 철학에도 여러 철학이 있지만, 불교에도 여러 불교가 있다. 인도불교인 초기불교·아비달마불교·중관불교·유식불교·인명불교·밀교와, 중국불교인 삼론불교·천태불교·화엄불교·선불교 등으로 크게 나뉠 수 있다. 이 중 어느 불교를 택하느냐에 따라서 이 불교와 교감할 수 있는 철학도 달라질 것이다. 이 중, 내가 그동안 집중적으로 연구해 온 유식불교는 후설의 현상학과 유사한 면이 많다. 화엄불교는 화이트헤드의 과정철학과 유사한 면이 많은 것 같다. 선불교는 더 연구해 보아야 하겠지만, 들뢰즈가 실제로 그의 저서 『의미의 논리』에서 신라 스님의 화두를 분석하는 데서 알 수 있듯이 들뢰즈 철학의 어떤 면과 관련이 깊다. 이렇게 어떤 불교가 어떤 철학과 유사한 면이 있는 것은 사실이지만, 모든 불교는 공통적으로 철학과 달리 수행을 전제로 하고 있다. 대부분의 불교의 경전과 논서들은 수행의 방법, 수행의 과정, 수행의 성취에 관해서 자세히 서술하고 있다.

이제 미움과 불안을 예로 들어, 불교와 철학의 결정적인 차이인 불교의 수행을 철학에게 인식시키도록 해보자. 먼저 미움. 미움을 보고 끊는 일, 나는 여기에 불교의 가장 중요한 가르침이 깃들어 있다고 생각한다. 마음에 미움이 일어났을 때 미움을 보아야 미움을 끊을 수 있는데, 이때 이 봄을 불교에서는 위빠사나[vipassanā, 관觀]라 한다. 자신의 마음에 일어나는 미움을 보는 사람이 있는가 하면, 이를 보지 못하는 사람이 있다. 미움을 보는 사람이 위빠사나의 힘이 있는 사람이라면, 미움을 보지 못하는 사람은 아직 위빠사나의 힘이 없는 사람이다. 미움을 보는 사람이라 할지라도 미움을 끊는 사람이 있는가 하면, 미움을 끊지 못하는 사람이 있다. 이 미움을 보되 끊지 못하는 사람은 아직 미움을 끊을 수 있을 만큼 위빠사나의 힘이 강하지 않다. 미움을 보자마자 미움을 끊는 사람은 미움이 아주 일어나지 않는 사람만은 못하겠지만 역시 미움을 끊는 그만큼 위빠사나의 힘이 강한 사람이다. (나는 여기서 미움을 봄과 미움을 보고 끊음을 방편상 나누었지만, 사실 위빠사나의 본질은 미움을 보고 끊음이다.) 이렇게 위빠사나의 힘에 차이가 나는 것은 위빠사나는 언제나 사마타의 위빠사나이기 때문이다. 육중한 사마타가 (미움을 다른 심적 상태가 아닌 미움 바로 그것으로서 나누어 보는) 예리한 위빠사나에게 힘을 주고 있기 때문이다. 다시 말해 위빠사나가 항상 사마타에 기대고 있기 때문이다. 가령 시끄러운 데서는 듣고자 하는 것을 잘 들을 수 없듯이, 내 마음이 시끄러울 때는 보고자 하는 것을 잘 볼 수가 없고, 설사 보더라도 명석하고 판명하게 볼 수 없다. **마음을 한 곳에 집중하고재[정定] 의욕하고[욕欲] 노력할[근勤] 때 우리는 마음의 고요함을 얻게 되는데, 이를 방금 말한 사마타[samatha, 지止]라 한다. 이렇게 집중[사마디samādhi, 정定]을 통해 얻은 고요함[지止]은 위빠사나에 힘을 부여한다. 그래서 우리는 미움을 보게 되고, 또 고요함의 힘이 아주 강할 때 미움을 보자마자 끊게 되는 것이다.**

미움이 일어났을 때 미움을 보고 이를 끊고자 한다면, 미움 속에 머물러 있어서는 안 된다. 미움 한가운데서 '끊어야지' 하고 판단하고 의지한다고 해서, 또는 미움을 끊어야 한다는 철학적 당위를 생각해낸다고 해서 미움을 바로 끊을 수 있는 것은 아니다. 미움 속에 있는 한, 미움에 사로잡혀 있는 한 미움을 끊을 수는 없다. (위빠사나 수행을 하는 이라 할지라도 초기에는 미움을 끊을 수 없다. 미움을 보는 순간 위빠사나의 힘 때문에 잠시 사라지기야 하겠지만, 이어서 바로 미움이 올라오기 때문이다.) 위빠사나 수행을 하는 이라면 미움을 놓치지 않고 있는 그대로 따라가다가 들어오고 나가는 숨길로 향하든가, 오르락내리락 하는 아랫배의 움직임으로 향해야 한다. 간화선 수행을 하는 이라면 곧바로 화두로 향해야 한다.

우리는 몸의 움직임과 감각들을 관觀할 수 있고, 느낌들을 관할 수 있고, 미움과 같은 정서들을 관할 수 있다. 이것이 각각 붓다가 말하는 4념주 중 신념주身念住, 수념주受念住, 심념주心念住이다. 말했듯이, 미움을 관할 때 미움이 사라지지 않고 다시 일어나는 것은 사마디의 힘이 약하기 때문인데, 이 4념주 수행에서는 사마디의 힘을 신념주와 수념주에서 얻을 수 있다. 예를 들어 몸의 움직임 중 걸음을 생각해보자. 걸을 때는 오직 발을 올리고 발이 나아가고 발을 내리는 움직임, 차가움·따뜻함·부드러움·단단함 같은 감각들에 집중해서 이를 관하기 때문에 탐냄[탐貪], 미움[진瞋], 무지[치

凝]의 3독毒이 들어오지 않는다. (3독 중 치癡는 봄이 없음이다. 이 움직임이나 감각들을 따라가면서 있는 그대로 봄 자체가 무치無癡이다.) 움직임과 감각들을 있는 그대로 따라가며 관하는 힘을 얻었을 때, 그리고 느낌들을 관찰하는 힘을 얻었을 때, 미움과 같은 정서들을 명료하게 관찰할 수 있게 된다. 이렇듯 신념주와 수념주를 통해 우리의 관觀의 힘이 강해졌을 때, 미움을 보는 바로 그 자리에서 미움의 사라짐을 보게 된다. 미움이 점점 사라지면서 점점 긍정적인 정서들이 일어나기 시작한다. 그것을 무엇이라 부르든 미움 없음[무진無瞋]은 분명할 것이다. 이 긍정적인 정서와 함께 우리는 새롭게 긍정적으로 판단하고 의지하게 된다. "저 사람 나쁜 사람이야. 저 사람 혼을 내주고 말겠어."에서 "어떻게 하다 그런 거겠지. 저 사람 다른 좋은 면이 있어." 하고 말이다. 궁극적으로 우리는 미움을 보는 자리 바로 거기서 4성제나 12연기를 깨닫게 된다. 미움의 일어남, 미움의 봄, 미움의 사라짐에서 법法을 보게 되는 것이다. 이것이 붓다가 말하는 4념주 중 법념주法念住이다. 일어난 미움을 보는 순간 미움은 사라지고, 이 과정이 계속되는 수행에 의해 깊어질 때 미움의 일어남에 기대고 있는 봄은 미움의 사라짐에 기대고 있는 봄이 되며, 나아가 이 봄의 힘이 커지고 커졌을 때 이 봄이 스스로 그 자체의 근원을 물으면서 사라졌다가 다시 일어나는 체험을 하게 된다.

다음은 불안. 우리는 미래에 다가올 일을 왜 불안하게 맞이하는가? 과거에 불안한 일을 경험했기 때문이고, 이를 경험했을 때 불안한 일로 과장되게 해석했기 때문이다. 붓다는 이 과장된 해석을 제2의 화살이라고 했다. 이 과장되게 해석된 불안한 일이 미래에 다가올 일을 불안하게 맞이하게 하며, 심지어는 오지 않아도 되었을 미래의 불안한 일을 불러오기도 한다. 불안한 일을 경험하는 것과 불안한 일을 해석하는 것은 다르다. 생명체로서 우리는 환경과 마주하면서 생명을 보존하기 위해 불안한 일을 겪을 수밖에 없는데 이 과정에서 우리는 태어날 때부터 불안을 겪도록 태어났다. 사람마다 불안의 정도에 차이가 있는 걸 보면 불안을 겪으면서 우리는 이를 해석하게 되어 있다는 것을 알 수 있다. 태어나서 성장하는 과정에서 이 불안은 더 가중될 수도 있는데 이러한 불안이 미래에 다가올 일을 미리 해석하게 되는 것이다. **이러한 불안에 기초한 과장된 해석을 벗어나자면 우리의 정서를 긍정적인 정서로 바꾸지 않으면 안 된다. 사마디의 일차적 기능은 이렇게 불안 같은 부정적인 정서를 긍정적인 정서로 바꾸는 것이다.** 한 대상에 집중할 수 있는 능력을 획득하게 되면 기쁨[희喜], 즐거움[락樂] 같은 긍정적인 정서가 생기게 된다. 불안을 있는 그대로 보고자 한다면, 과장되게 해석해서 보지 않고자 한다면, 먼저 사마디를 통해 이러한 정서를 이루어내야 하고, 이어서 사마디가 이루어낸 고요함 속에서 불안한 일을 있는 그대로 관觀할 수 있어야 한다. (위빠사나 수행 자체에도 사마디의 계기가 있다. 사마디 수행이 사마디를 형성하는 방법과는 다르긴 하지만.) 미래에 일어날 일은 불안한 일일 수도 있고 그렇지 않을 수도 있다. 불안한 일이든 그렇지 않은 일이든 현재에 내 마음이 고요하고 긍정적인 정서 속에 있게 된다면, 아직 닥치지 않은 일을 미리 갖고 와서 불안한 일에 시달리지 않게 될 것이다.

미움과 불안을 들어 나는 불교와 현상학 같은 철학의 차이를 말하고자 했다. 한마디로, 철학은 미워해서는 안 되는 당위를 정립할 수 있겠지만, 이 올바른 정립을 실현할 수단 사마타 또는 사마디의 방법을 갖고 있지 않다고 말할 수 있겠다. 지금까지 말했듯이 불교와 철학의 차이는, 불교 쪽에서 보면, 무엇보다도 사마디에 있다. 철학도 불교의 용어로 말하자면 위대한 철학자들의 위빠사나[관觀]의 힘으로 이루어진 것이지만, 그들은 그들의 위빠사나의 능력이 어디서 오는가를 해명하지 않았고 해명할 수도 없었다. 이와 달리 불교는 번뇌라는 마음의 병을 치유하기 위해서는 우리의 마음을 있는 그대로 들여다보는 위빠사나가 활동해야 한다고 생각했고 이 위빠사나는 사마디에 기반을 둔다는 것을 알아냈다. 사마디[정定] 없는 위빠사나는 없다. (사실 정확히 말해서 사마디 곧 정定에 상대되는 말은 반야 곧 혜慧니까 '정定 없는 혜慧는 없다'라고 해야 한다. 정혜쌍수定慧雙修!) 그래서 불교의 체계 안에는 이러한 위빠사나와 사마타를 형성해 가는 수행의 방법, 수행의 도정, 수행의 결과를 서술하고 있다. 참으로 이는 철학과 무척 다른 점이다. 반면 서양철학 쪽에서 보면 불교는 인식론·윤리학 등이 발달해 있지만, 정치철학·법철학·사회철학 등은 발달해 있지 않다고 말할 수 있다. 불교도 물론 수행공동체가 있어서 그 공동체를 운영하기 위해 정치, 법, 사회가 필요했던 것은 사실이지만, 이것들이 불교 논사들의 사유의 대상이 되지는 않았던 것 같다. 불교는 아무래도 세상을 버리고 떠나는 출가지향주의적인 면이 있기 때문이다. (나는 지금 철학과 차이를 말하기 위해서 굵은 것만 말하고 있다. 세간과 출세간이 둘이 아니라고 자주 말해 왔던 것을 보면 불교에게도 세간적인 것은 중요하다). 세상을 버리고 떠나지 않아야 정치, 사회, 법을 운위할 수 있고 아름다움을 노래할 수 있는 것이다. **결론적으로 말해서, 철학과 불교의 차이는, 불안을 다시 끌어들여 말해 본다면, 불안한 일을 더 이상 겪지 않는 아름다운 사회를 만들려고 하는 철학자들의 노력과, 불안한 일을 더 이상 과장되게 해석하지 않는 아름다운 개인을 이루려 하는 불교 수행자들의 노력의 차이라고 말할 수 있지 않을까?**

차이를 말했으니 이제 공통점을 말해보자. 불교가 4성제나 12연기의 고리를 이루는 출세간의 자리로 돌아왔다가 다시 세간으로 나아가는 것이라면, 현상학 역시 그렇다고 할 수 있다. 4성제는 잡염분[윤회]과 청정분[해탈]의 두 겹으로 이루어져 있고, 12연기는 유전문[윤회]과 환멸문[해탈]의 두 겹으로 이루어져 있다. 두 겹이 두 겹일 수 있는 것은 이 두 겹에 출세간과 세간의 고리가 있기 때문이다. (붓다가 보리수 나무 아래에서 얻은 깨달음은 바로 이 4성제나 12연기의 고리에 걸려 있을 것이다.) 의식 바깥의 대상으로 향해 있는 의식을 안으로 되돌리는 과정을 현상학은 에포케와 환원이라 했다. 바깥에 마음과 무관하게 대상이 존재한다는 우리의 무시시래無始時來의 습성을 깨기 위한 것이 에포케 곧 판단중지라면, 환원은 우리의 주관성으로 방향을 돌려 주관성이 의식을 구성하고 또 현상하는 의식이 대상을 구성하는 다양한 방식과 그 관계를 알아보기 위한 것이리라. (물론, 이렇게 불교와 동일한 사태를 이야기하고 있는 현상학은 에포케의 사마디적인 성격을 충분히 파악하고 있지는 못하다.)

　누군가를 미워하는 자들의 마음은 곧장 미워하는 대상으로 향해 간다. 자신의 마음이 미워하는 대상을 구성했음에도 불구하고, 미워함이라는 마음의 작용을 보지 못한다. 그들에게 미움은 저 바깥에 존재하는 대상의 속성일 뿐이다. 미움을 대상에서 읽어내기 때문에, 미움의 근원인 아집이 이미 태어났을 때부터 마음에 있었다는 것을 쉽게 알지 못한다. 미움을 보고 끊고자 하는 자는 자신의 마음에서 미움을 보고 끊고자 하는 자이지, 미워하는 대상 그 자체를 끊고자 하는 자가 아니다. **따라서 대상이 내 마음과 무관하게 객관적으로 존재하는 것이 아니라 마음이 지향하는 대상이라는 것을 말하는 현상학의 지향성, 그리고 그 지향성을 발견하기 위한 에포케와 현상학적 환원은 불교에서처럼 수행의 원리를 담고 있다고 말할 수 있으리라. 후설도 현상학적 환원은 '종교적 회심'에 비견된다고 말하지 않았던가?**

　현상학이나 불교와 달리, 자연과학을 비롯한 과학은 객관적인 관점을 취하면서 객관적인 사실을 분석해서 연구하고자 한다. 그러나 과연 진정한 객관적 관점, 객관적인 사실이라는 것이 가능할까? 이 책의 저자들이 자주 말하듯이, 보는 지점이 없는 봄a view from nowhere은 없다. 객관적인 관점은 언제나 주관적인, 1인칭적인 관점을 전제할 수밖에 없다. 물론 이러한 객관적 관점은 우리의 일상적인 자연적 관점과도 유사해서, 자연사물이든 인공사물이든 우리가 대하는 사물을 실체로 대하게 된다. 자연사물인 나무를 예로 들어 보자. 지나가다 이 나무를 본다. 봄에 새싹이 돋을 때의 이 나무, 여름에 잎이 무성할 때의 이 나무, 가을에 잎이 물들어 떨어질 때의 이 나무, 겨울에 눈이 덮여 있을 때의 이 나무, 모두 이 나무의 의미들이다. 또 나는 각 계절마다 특유한 기분에 휩싸여 이 나무를 본다. 또 나는 이 가을에 이 나무를 맑고 푸른 하늘을 배경으로 해서 바라볼 수도 있으며, 회색빛 아파트 건물을 배경으로 해서 쳐다볼 수도 있다. 이 모든 경험들이 이 나무를 이룰 것이고 또 헤아릴 수 없이 많은 새로운 경험들이 이 나무를 이루게 될 것이다. 그리고 다른 나무들을 경험함으로써 이 나무와 함께 나무 일반을 구성해 갈 것이다. 그런데 이와 같은 형상적 변경을 통해 임시적으로 설정된 나무의 본질이 이제 일정한 속성들을 갖는 불변하는 실체가 되어 과학자가 이 나무를 분석하고자 할 때 사고 속에 미리 상정하는 나무가 된다. 1인칭적 관점의 나무에서 3인칭적 관점의 나무로 전환하게 되는 것이다. 과학자는 이 나무를 과학적으로 분석하려면 또 이제 여러 3인칭적 관점 중에서 한 관점을 선택해야 한다. 생물학적 관점, 화학적 관점, 물리학적 관점 등. 이 모든 관점을 아우르면서 분석해 들어갈 수는 없다. 그런데 이 중 한 관점을 택하기 전에, 예를 들어 말했듯이, 나는 이미 앞에서 말한 일상생활의 다양하고 풍요로운 경험을 하고 있다. 나무는 내가 더위에 지쳐 있을 때 그늘을 만들어 주는 나무이기도 하고, 비가 내릴 때 비를 막아 주는 나무이기도 하고, 지쳐 있을 때 푸른빛으로 눈에 안식을 주는 나무이기도 하고, 내가 그림을 그리고 싶은 나무이기도 하다. 이처럼 나무는 항상 나에 대해서 나무이다. 내가 특정한 상황 속에서, 특정한 배경 속에서 사용하기 위해서 지각하는 지평을 갖는 나무인 것이다. 1인칭적 관점이 없는 순수한 3인칭적 관점이란 존재하지 않는다. 인지과학도 과학인 한 3인칭적 관점을 취해 여러 정신적 현상들을 분석해서 일정한 성과를 거두겠지만, 만약 그러한 3인칭적 관점이 1인칭적 관점을 놓치고 있는 한 그것이 결국 분석해 내고자 하는 의식을 해명할 수 없을 것이다. 현상학의 방법은 인지과학이 올바른 실험을 하기 위한 방법이기도 하고, 실험 결과를 해명하기 위한 방법이기도 하다. 유식불교는 과학과 관련해서 이런 언급을 하고 있지는 않지만, 사물이 그때그때 나에게 나의 의식 속에서 다양한 양식으로 현상한다고 말하는 점에서 현상학과 유사하다.

철학과 불교, 특히 현상학과 유식불교의 조화를 모색하는 마음학 총서는 그 첫 번째로 『현상학적 마음*The Phenomenological Mind*』을 번역해 내놓게 되었다. 부제가 「심리철학과 인지과학 입문An Introduction to Philosophy of Mind and Cognitive Science」이란 데서 짐작할 수 있듯이 저자들은 심리철학과 인지과학을 현상학의 입장에서 이해하며 새롭게 제시하고 있다. 그러면서 현상학의 주요 용어들을 아주 쉽게 그러나 깊게 설명하고 있기 때문에, 독자들은 최근까지 이루어져 온 인지과학의 성과는 물론이고 현상학의 주요한 면모를 읽을 수 있게 될 것이다.

불교, 현상학, 인지과학, 정신병리학 관련 책들이 들어갈 마음학 총서라는 거대한 기획을 넓은 마음으로 안아준 도서출판 b의 대표 조기조 선생님께 진심으로 감사드린다. 또 이 총서 첫 번째를 말끔하게 짜주신 백은주 선생님과 김장미 선생님께도 감사의 말씀을 드린다. 이 책 영서 강독에 참여해서 내 작업을 도와준 동국대학교 불교대학 박사과정 학생들인 박재용, 강병화, 김윤정에게도 고맙다는 말을 하고 싶다.

이 기획이 성사되고 난 후 이제 내가 하고 싶은 일을 마음껏 할 수 있게 되었구나 하며 활짝 웃을 수 있었다. 조기조 선생님의 시집 제목 '기름미인'처럼 불교학자인 나에게 현상학은 '어쩌다 사랑할 수는 있지만 결코 소유할 수 없는' 것인지 모른다. 하지만 이 아름다운 사람은 나에게 진리를 찾아 새로운 길을 떠날 수 있도록 해주는, 기름처럼 매끄러워서 잡히지는 않지만 부드럽게 흐르기에 어디서나 나를 이해하고 감싸주는 사람이 아닐 수 없다.

2013년 3월 2일　숨은 산 수조산에서

박인성 드림

미주

1. 서론: 심리철학, 인지과학, 그리고 현상학

1) 심리주의psychologism가 전적으로 패배한 것은 아니다. 이것은 이른바 신경주의 neurologism의 형태로 최근에 부활되었다. 잘 알려진 신경과학자 세미르 제키 Semir Zeki는 최근의 논문에서 이렇게 썼다. "내 접근방식은 내가 공리적이라고 믿고 있는—모든 인간 활동은 뇌의 조직과 법칙의 지령을 받는다는—진리의 지령을 받은 것이다. 그러므로 신경생물학적으로 기초하지 않는다면 예술과 미학의 진정한 이론은 존재할 수 없다"(제키 2002, 54쪽). 이런 제안의 한계와 문제점은 우리가 예술과 미학에 관한 주장을 천체물리학이나 고고학과 같은 다른 인간 활동들에 대한 주장으로 대체하는 순간 바로 명백해진다.

2) *Journal of Consciousness Studies*(1997), 4/5~6, 385쪽 편집자의 말 참조.

3) 분석철학과 현상학의 관계에 대한 더 진지하고 전향적인 논의에 대해서는 모란Moran(2001)을 보라.

4) 라일은 정말 행동주의자였을까? 그렇지 않다. 데넷(2000)을 보라.

2. 방법론들

1) 예를 들어 '신경현상학'이란 용어는 의식에 대한 신경과학적 접근방식을 의미하기 위해 프란시스코 바렐라(1996)에 의해 최초로 정의되었는데, 이는 후설주의 전통에서 그 개요가 서술된 현상학적 방법론을 포함하고 있다. 그러나 최근에 그 용어는 1인칭 자료들을 신경과학에서 얻은 자료들과 결합하려는 모든 종류의 기도를 지시하기 위해 훨씬 느슨한 의미로 사용되어 왔다. 예를 들면, 메칭거(2003)를 보라.

2) 타자현상학에 관한 『*Phenomenology and the Cognitive Sciences*』(2007, 6, 1~2)의
특집호를 보라. 데넷(2007, 252쪽)은, 이 호에 대답하며, 타자현상학은 경험과학
이 이미 행하고 있는 방법을 기술하는 것이라고 주장하지만, 타자현상학을
1인칭 자료들의 '평균화'로 정의하는 것은 거부한다. 평균화averaging out가
이에 대해 말하는 올바른 방식이 아니라면, 아마도 1인칭 자료들의 '제거elimi-
nation'가 더 적절한 표현일지도 모르겠다. 결국 데넷은 의식이 갖고 있다고
흔히들 생각하는 1인칭 현상적 속성들을 갖고 있지 않다고 주장한다(데넷,
1991, 3659쪽). 무언가가 주체에 대해 주관적이거나 경험적인 실재를 갖고 있다
는 것은 주체가 그것이 있다고 믿는다는 것을 의미할 뿐이다(데넷, 1993b,
139쪽). 우리가 발화하는 공적인 보고들이 있고, 명제적 사고의 일화들이 있으며,
그리고 그때, 내성에 관한 한, 어둠이 있다(데넷, 1979, 95쪽). 실로, 데넷에게
우리의 의식의 흐름은 오직 명제적 일화로만 구성되어 있다(위의 책, 1979,
94~95쪽, 109쪽).

3) 물론, 물리학의 발전, 특히 상대성이론과 양자물리학의 출현은 이 근본적인
가정에 의문을 제기해 왔다. 그러나 아인슈타인과 보어 사상—정확한 해석은
아직도 논쟁 중이지만—의 온전한 이론적 함의가 표준과학에 의해 흡수된
적이 있는지, 그리고 실재에 대한 표준과학의 이해에 반영된 적이 있는지는
의심스럽다. 참고로 말하면, 아인슈타인의 쮜리히 동료 중의 한 사람이자 일반
상대성이론과 양자역학 분야를 해석하고 더 발전시키는 데 결정적으로 기여했
던, 걸출한 수학자 헤르만 바일Herman Weyl은 자연주의에 대한 후설의 비판을
매우 광범위하게 인용했을 뿐 아니라 후설의 초월론적 관념론에도 깊이 영향을
받았다는 것은 언급해 둘 가치가 있다(릭맨Ryckman 2005를 보라).

4) 최근에 꽤 유사한 주장이 제기되었다. 노에Noë(2004, 179쪽) 참조.

5) 의식의 현상학적 분석을 올바로 이해하기 위해서는 그 초월철학적 성격을
인식하지 않으면 안 된다. 어떤 이들은 이 주장이 하이데거와 메를로-퐁티의
작품에 관한 한 여전히 논쟁의 여지가 있다고 본다. 그런 독해에 대한 방어에
대해서는, 세 현상학자들 간의 공통성을 강조하는 자하비(2006, 2008b)를 보라.

6) 기억이 이전 지각 경험의 재-연re-enactment을 수반한다는 후설의 견해에 대한
더 많은 지지는, 환각적 기억과 실제적 기억 간의 신경학적 차이에서 발견될
수 있다. 샥터Schacter 등(1996)을 보라.

7) 이 제안이 후설의 엄격한 시각에서 볼 때 얼마나 논쟁적인 것인지 주목하는

일이 중요하다. 후설이 『이념들 1』의 초입에서 쓰고 있듯이, "우리는 철학에서는 수학에서 하듯이 정의할 수 없다. 이 점에서 수학적 절차를 모방하는 일은 무엇이든 결실이 없을 뿐만 아니라 그릇된 것이며, 가장 유해한 결과를 낳는 것이다"(후설, 1976/1982, 9쪽). 로이 등이 개요를 서술한 그 주장의 지지에 대해서는 요시미Yoshimi(2007)를 보라. 몇 비판적 논평에 대해서는, 자하비 (2004e)를 보라.

8) 다음의 요약은 갤러거(2003a)에 기초한 것이다. 더 발전된 설명을 위해서는 톰프슨(2007)을 보라.

9) 피험자들을 훈련시키기 위해서, 기록이 시작되기 직전의 심적 과정들에 주의를 다시 향하도록 열린 물음들이 제기되었다. 예를 들면 다음과 같다. 실험자: "그 영상이 나타나기 전과 나타난 후에 무엇을 느꼈습니까?" 피험자 S1: "점점 기대가 증가하는 걸 느꼈지만 어떤 특정한 대상에 대한 것은 아니었어요. 하지만 그 그림이 나타났을 때 확신감이 들었고, 전혀 놀라지 않았어요." 혹은 피험자 S4: "그 영상이 마치 내 주의의 주변에서 나타나는 것 같았지만, 이어서 돌연 내 주의는 그 모양에 흡입돼버렸어요." (루츠 등, 2002, 1587쪽).

10) 이 실험에 대한 더 심도 있는 이론적 논의와 방법론적 논의에 대해서는 루츠 (2002), 루츠와 톰프슨(2003), 톰프슨 등(2005)을 보라. 최근 저서에서 톰프슨은 실험 신경현상학에 사용되는 현상학적 방법들이 반드시 후설 전통의 현상학에서 발견된 것들에만 국한될 필요가 없다는 것을 분명히 하고 있다. 현상학적 방법들은 "경험을 탐구하고 기술하는 모든 체계적 프로젝트를 포함할 수 있다. 이렇게 이해될 때, 현상학은 위빠사나 마음 수련에 기초한, 아시아의 전통들, 특히 마음과 의식의 본성에 대한 다양한 불교철학적 분석과 힌두철학적 분석을 포함한다"(톰프슨, 2007, 474쪽).

11) 더 정교한 논쟁에 대해서는 자하비(2001b)를 보라.

3. 의식과 자기의식

1) 크리겔이 한 설명의 더 구체적인 세부사항들에 대한 몇 비판적인 논평들에 대해서는 자하비Zahavi (2004c) 참조.

2) HOT와 HOP 모델에 대한 유익한 비교에 대해서는 반 굴릭Van Gulick(2000)을

보라. 반 굴릭 자신의 HOGS(높은 단계의 전역 상태Higher-Order Global State) 모델은, 아마 틀림없이, 표준적인 높은 단계의 설명과 더 현상학으로 정향된 설명이 혼합된 것으로 이해될 수 있을 것이다.

3) 로젠탈(1997, 737쪽)은 우리가 심적 상태들을 어떤 적절하게 무매개적인 방식으로, 즉 직접적이거나 비추리적으로 의식할 때에 한해서 그것들을 의식적인 것으로 간주해야 한다고 명기하고 있다. 그렇지 않으면, 단순히 우리는 무의식적인 심적 과정을 가져야 한다고 추론할 수 있기 때문에, 그것은 의식적인 것으로서 인정될 것이다. 이것이 정당화될 수 있는 조치—HOT 체재에 의해 충분히 보증되는 조치—인가 하는 물음은 HOT와 HOP 이론가들에게 논의를 맡겨두는 게 좋겠다.

4) 식역하의 점화효과는 자극이 의식역에 이르지 못하는 방식으로 제시되는 자극의 효과를 가리킨다. 순간적으로 제시되었다가 지극히 빨리 제거되는 시각적 자극은 의식적으로 등록되지 않지만, 피험자들의 이후 행동에 여전히 영향을 줄 수 있다. 청각 영역에서의 한 유명한 실험은 2채널 실험으로 알려져 있다. 피험자들은 헤드폰을 끼고 두 동시적인 정보의 흐름을 하나는 왼쪽 귀에, 하나는 오른쪽 귀에 제시받는다. 그때 그들은 이들 중 하나에만 주의를 기울여서 이를 따라하도록, 즉 그 쪽 귀에 들리는 것이라면 무엇이든지 크게 되풀이해서 말하도록 요청받는다. 이것은 매우 높은 주의가 요구되기 때문에 피험자들은 분명히 다른 쪽 귀에 제시되는 것을 알아차리지 못하게 된다. 따라서 그들은 이 다른 쪽 귀에 들린 어떤 것도 식별하고, 보고하고, 기억할 수 없다. 그러나 여러 연구 결과는 비록 이 주의를 기울이지 않은 자극에 대해 의식적으로 알아차리는 일이 부재해도 그것의 의미가 듣는 이에게 영향을 미칠 수 있고, 심지어 주의를 기울인 메시지의 해석에도 영향을 줄 수 있다는 것을 입증하는 것 같다. 예를 들어, 다소 가혹해 보이는 실험에서 이전에 전기충격과 연합된 어떤 단어들이 주의를 기울이지 않은 귀에 제시될 때 그것들은 전류가 발생하는 피부 반응의 변화를 계속해서 산출해낸다. 이것은 심지어 그 조건화된 단어들과 의미론적으로 관계가 있는 단어들에서도 일어났다(벨만스Velmans 2000, 199쪽; 또한 몇몇 고전적 실험에 대해서는 마르셀Marcel 1983을 보라).

5) 실증적empiriacal 견지에서 본, 이 사안에 대한 탁월한 논의는 스쿨러와 슈라이버 (2004)를 보라.

6) 앞 소절들에서 우리는 전반성적 자기의식에 대해 말해 왔으며, 또 그것을

반성[1]reflection을 통해 얻어질 수 있는 자기의식과 대조해 왔다. 여기서 또 다른 짝의 용어, 곧 반성[2]reflexivity과 반성적[2] 자기의식reflexive self-consciousness의 개념에 대한 현재의 논쟁에서 한 가지 약간 혼란스러운 요인이 나타난다. 예를 들어, 최근의 한 논문에서 반 굴릭은 어느 정도의 반성적[2] 지향성reflexive intentionality은 현상적 의식의 경험적 현전에 불가피하게 요구되는 것 같으며, 세계의 통일과 자기의 통일은 상호간에 의존적이고 또 그 이유 때문에 상당한 정도의 반성적인[2]reflexive 높은 수준의 지향성과 자기이해를 포함해야 한다고 쓰고 있다(2006, 28~30쪽). 반성[1]reflection과 반성[2]reflexivity은 같은 것인가? 우리가 판단할 수 있는 한, '반성'[1]reflection이란 용어는 대부분의 저자들이 같은 방식으로 매우 많이 사용하는 반면, '반성[2]reflexivity'이란 용어는 결코 명확하지 않아서 사실 어떤 저자들은 완전히 다른 현상을 지시할 때 사용한다. 또 어떤 사람들은 반성적[2]reflexive과 반성적[1]reflective이란 용어를 동의어로 사용한다. 또 어떤 사람들은 반성[2]reflexivity—그런데 이 용어는 반성[1]reflection이 독일어에서 Reflexion이라 불리기 때문에 명백히 혼란스러운 것이다—을 우리가 논의해 오고 있는 전반성적 자기알아차림pre-reflective self-awarenesss을 지시하기 위해 사용한다. 이는 모한티Mohanty가 그 용어를 사용하는 방식인데, 그는 반성[2]reflexivity을 전반성적 의식의 투명성으로 정의하고 그것을 높은 단계의 지향적 작용인 반성[1]reflection과 구분한다(1972, 159, 164, 168쪽). 우리는 이것이 또한 프랑크푸르트가 앞에서 인용된 구절에서 그 용어를 사용하고 있는 방법이 아닐까 생각하고 있다. 제롤드 시걸Jerrold Seigel은 그의 최근 저작인 『자기의 관념*The idea of Self*』에서 반성[2]reflexivity이 자동적인 어떤 것, 비의지적인 어떤 것, 반사작용과 같은 어떤 것과 관련이 있는 반면, 반성[1]reflection은 보통 지향적이고 의도적인willful 어떤 것(의식과 의식의 내용 간의 거리를 또한 수립할 수 있는 어떤 것)으로 간주된다고 쓰고 있다. 따라서 그의 견해에서 두 용어는 하나는 수동적이고 다른 하나는 능동적인, 서로 다른 두 형태의 자기지시를 가리킨다(2005, 12~13쪽). 우리는 이 해명이 도움이 된다는 것을 알지만, 결국 이 사안에 대한 합의점이 마련될 것 같지는 않다. 우리는 어느 정도까지는 이 모호성을 알아차리고 있어야 한다.

4. 시간

1) 우리는 동일한 유형의 증상을 큰 덩어리의 대뇌 종양과 코르사코프Korsakov
   증후군으로 알려진 것(과도한 알코올 섭취로 인한 뉴런의 심각한 파괴)에서
   접할 수 있다.

2) 지각의 정확한 폭은 달라질 수 있으며, 우리의 관심에 달려 있다. (짧은) 멜로디를
   듣고 있을 때, 우리는 그것의 시간연장에서 멜로디 전체를 지각한다고 주장할
   수 있다. 하지만 만약 우리가 개별적인 음들에 주의를 기울이고 있다면, 한
   음은 그것이 새로운 음에 의해 대체되는 순간 지각되기를 멈출 것이다(후설
   1966a/1991, 38쪽).

3) 파지의 역할에 대한 후설의 분석은 예지의 역할에 대한 그의 분석보다 훨씬
   더 자세한데, 이 때문에 2차 문헌이 파지에 주로 초점을 맞춰 오게 되었다.
   그러나 후설이 실제로 취급하는 예지에 대한 최근의 개관과 논의에 대해서는
   로드메이어Rodemeyer(2006)를 보라.

4) 더 자세한 설명은 후설(1966a/1991)에게서 발견할 수 있다. 후설의 모델에 대한
   확장된 분석 및 이 모델과 제임스의 가상현재 개념 간의 유사점과 차이점에
   대해서는 갤러거(1998)를 보라.

5) 이것은 현재 신경과학에서 작업 가설working hypothesis의 지위를 갖고 있다.
   톰프슨은 다음과 같이 요약한다. "통합은 어떤 형태의 시간적 코드화를 통해서
   일어나는데, 개개의 뉴런들이 발화할 때의 정밀한 시간이 그 뉴런들이 한
   주어지는 세포군에 참여할지를 이 코드화에 있어서 결정한다. 이런 종류의
   시간적 코드화의 가장 잘 연구된 후보자는 위상동조이다. 뉴런의 개체군들은
   광범위한 진동수에 걸친 진동방전을 보여주고, 제한된 시간주기 동안에(1초의
   몇 분의 1 동안에) 정밀한 동조나 위상결속으로 들어갈 수 있다. 위상동조가
   대규모 통합의 지표(아마도 메커니즘)라는 것을 시사하는 증거가 늘어나고
   있다. …… 동물과 인간 연구는 동조에서의 특정한 변화들이 각성, 감각운동적
   통합, 주의적 선택, 지각, 작업기억 동안에 일어난다는 것을 입증하고 있
   다"(2007, 332쪽).

6) 이에 대한 실증적 증거는 의도적 움직임에 대한 연구에서 발견될 수 있다.
   움직임을 수행하려는 의도는 정도가 다른 정동적 톤tone의 변화와 짝을 이루고
   있다. 한 가지 잘 알려진 사례는 의도적 움직임에 선행하는 준비전위readiness
   potential와 관련되어 있다. 예를 들어, 의도된 손가락 움직임 동안 동작의 시작에

1초의 몇 분의 1 선행해서 크고 느린 전기적 전위가 전체 두피에서 측정될 수 있다. 이것은 의도의 상관물이 아니다. 하지만, 동역학적 지형dynamical landscape을 재배열하는 일이 온전히 구성된 행위를 예기하는 일과 얼마나 방대하게 관련되어 있는지에 대한 어떤 암시를 주고 있다. 그러한 확산 효과diffuse effect는 뉴런적 수준에서 반응의 양식을 조건짓는 신경전달물질과 연관되어 있는 메커니즘과 조화를 이루고 있다(갤러거와 바렐라 2003).

5. 지각

1) 우리가 이 세 가지 양식을 논의하고 있지만, 다른 중요한 형식은 상상적 환상imaginative fantasy과 회상recollection이다. 회화적 의식과 환상 모두 부재하는 어떤 것에 대한 의식이긴 하지만, 그 둘 사이에는 명백한 차이가 있다. 회화적 의식에서 나는 다른 어떤 것을 경유해서 어떤 것을 지향한다. 이 **표상적[재현적]** 기능은 환상의 일부가 아니다. 내가 춤추는 파우누스를 상상할 때, 이 파우누스는 실재적인 파우누스의 표상으로 간주되지 않는다. 이와는 달리, 우리는 실재적인 것으로 간주되는 것이 아니라, 단지 마치 실재적인 듯 나타나는 지향적 대상을 다루고 있는 것이다(후설 1959, 112-113쪽).

2) 선언어적 경험에 대한 후설의 생각에 반대해서 종종 목소리를 내는 한 가지 주장은, 모든 해석에 선행하는 직접적 경험의 수준을 모색할 때 후설은 **모든** 경험이 해석을 포함한다는 사실을 간과했다는 것이다. 그러나 이 해석학적 비판은 그 자체가 모든 해석은 언어적이라고 생각하는 잘못을 범하고 있다. 하지만 후설과 하이데거가 보여주었듯이, 해석 그 자체가 선언어적일 수 있다(하이데거 1976, 144~145쪽 참조). 예를 들어 해석은 우리의 실천에서 현출할 수도 있다. 동일한 한 대상이 다양한 방식으로 사용될 수 있다. 사용에서의 이 차이, 우리가 대상을 어떻게 취하느냐 하는 이 차이는 한 형태의 실용적인 해석에 해당한다. 하지만 훨씬 더 근본적으로는, 대상을 지각할 때마다, 우리는 대상의 부재하는 일면을 함께-지향하며, 이렇게 해서 단순하게 주어지는 것을 넘어간다. 그렇기 때문에, 후설에 따르면, 모든 지각은 'Hinausdeutung[초월의미]' 또는 해석의 측면을 수반한다(1966b/2001, 19쪽). 지각의 이 측면에 대해 자세한 것은 아래를 보라.

3) 이것을 극단으로 밀고 나아가서, 우리가 아는 모든 것은 표상들이고, 그것들은 우리의 감각기관과 뇌에 미치는 인과적 영향에 의해서 창출된다고 말하는 것은 이 설명의 비현상학적이고 사변적 성격뿐 아니라 함의돼 있는 순환성을 간과하는 것이다. 만약 그러한 극단적인 표상주의가 일관적인 것이 되려면, (결국 지각을 통해서 우리에게 알려질 뿐인) 감각기관과 뇌 또한 표상들로서 알려질 뿐이며, 그런 이유로 표상들의 기원은 당연히 어떤 알려지지 않은 것이 미치는 인과적 영향에 의해 설명된다고 주장할 수밖에 없게 된다. 이것은 설명으로서 별로 적절하지 않다.

4) 오늘날, 철학이나 심리학에서 아주 소수의 사람들만이 지각의 감각자료 이론을 지지하고 있긴 하지만(하지만 몬드Maund 1995; 오쇼네시O'Shaughnessy 1985; 로빈슨Robinson 1994를 보라), 인지과학의 여러 기계론적, 환원주의적, 계산주의적, 표상주의적 접근방식을 고려해볼 때, 주관적인 경험을 객관적인 용어로 파악하는 문제에 관한 더 일반적인 논점이 여전히 우리에게 영향을 미치고 있다.

5) 우리는 이 사례에서 우리의 운동체계가 뮐러 라이어 착시를 다루는 방식과는 달리, 에빙하우스 착시의 게슈탈트 효과는 두 원으로 손을 뻗어 이를 잡는 우리의 능력을 한쪽으로 치우치게 하지 않는다는 점에 주목해야 한다. 이 경우 우리의 운동체계는 두 원을 동등한 크기의 원으로 다룬다. 그 차이는 정확히 우리가 파악하고 조작하려는 요소들과 관계가 있다. 첫 번째 경우 동등한 길이의 선들은 꼬리와 화살이 함께하는 데 반해, 두 번째 경우 중앙 원들은 주위의 원들이 없이도 파악된다.

6) 후설 초기의 지각 개념에 대한 더 충분한 설명에 대해서는 자하비(1992)를 보라.

7) 시몬스Simons와 가브리스Chabris(1999)의 '집단 속의 고릴라' 실험은 부주의맹의 가장 잘 알려진 예일 것이다. 그들은, 피험자들이 어떤 환경 속에서 일어나는 특정한 역동적 사건(이 경우, 공을 던지고 잡는 놀이를 하는 한 집단의 사람들에 대한 비디오)에 시각적인 주의를 보내라고 요구하는 과제를 수행하도록 요청받았을 때, 극히 분명해 보이는 다른 사건(누군가 고릴라 옷을 입고 공놀이하는 집단 속을 뚫고 걸어가면서 카메라에 손을 흔드는 것 같은 사건)을 거의 알아차리지 못한다는 것을 보여주고 있다. 변화맹이란 다 보이는 곳에서 일어나고 있는 의미심장한 변화를 알아차리지 못하는 것이다.

8) 여기서 하는 주장은 현상학적인 것이며, 그래서 하부인격적 수준에서 일어나는 일에 대한 어떠한 특정한 추론도 정당화하는 것이 아니다. 이 점에서, 뇌에서 일어나고 있는 일을 표상의 측면에서 해석해야 하는지, 또 그 수준에서 표상이 정확히 무엇을 의미하는지는 여전히 미해결의 문제로 남아 있다.

9) 이 논증방식에 대한 더 폭넓은 설명에 대해서는 자하비(1997, 2001b, 2003c)를 참조.

10) 뒷면을 동시에 보는 것, 즉 거울 속에서 뒷면을 보는 것이 가능하다고 주장하는 것은, 물론, 보이는 것은 거울 이미지이지 대상의 뒷면이 아니라는 사실을 간과하는 것이다.

6. 지향성

1) '통상적인 공지시적 표현들의 치환substitutivity of ordinarily co-referential expressions'과 '존재적 일반화existential generalisation'라는 통상적 원리들은 심리적 동사를 포함하는 많은 문장들에서 참이 아니라는 것이 발견되었다. 반면에 다음의 두 논증은 타당하다:

> 피도Fido는 개다.
> 개가 존재한다.

> 피도는 개다.
> 피도는 정육점 주인에 의해 소유되고 있다.
> 정육점 주인은 개를 소유하고 있다.

다음의 두 논증은 타당하지 않다.

> 존은 피도가 개라고 생각한다.
> 존이 개라고 생각하는 대상이 존재한다.

> 존은 피도가 개라고 생각한다.

피도는 정육점 주인에 의해 소유되고 있다.

존은 정육점 주인이 개를 소유하고 있다고 생각한다.

2) 최근 많이 논의되는 평판이 좋은 이론은 이른바 목적의미론적teleosemantic 설명이다. 표준적인 독해에 따르면, 이 이론은 심적 표상의 의미론적 내용은 그 고유한 기능이나 목적에 의해, 즉 진화나 학습을 통해서 표상하도록 설계되어 온 것에 의해 규정된다. 그러나 이 이론의 제일가는 옹호자 중의 한 사람에 따르면, 목적의미론적 설명이 '~대한 것임ofness'이나 '~에 관한 것임about-ness'으로 이해된다면, 이는 실제로 지향성을 설명하는 것이 아니다. 루스 밀리칸Ruth Millikan이 쓰고 있듯이, "순전한 목적의미론적 이론이 구사되었을 때, 지향적 표상을 위한 중심 과제는 아직 시작되지 않은 것이다. 목적의미론적 이론들은 편승적인piggyback 이론들이다. 그것들은 더 기초적인 표상이론, 아마도 인과이론, 그림이론, 정보이론, 아니면 이 이론들의 어떤 조합에 편승하지 않으면 안 된다"(2004, 66쪽).

3) 이 견해는 표면상 내재주의—심적 상태들은 그 상태들을 갖고 있는 사람에 외적인 어떤 것에도 그것들의 내용을 위해 의존하지 않으므로, 마음은 세계가 존재하는 방식과 전적으로 무관하게 지시적인 힘을 갖고 있다는 견해—와 닮은 것 같다. 그러나 우리가 곧 살펴보겠지만, 상황은 더 복잡한데, 실존하지 않는 대상들을 지시할 수 있다는 견해와, 세계가 존재하는지의 여부와 전적으로 무관하게 대상들을 지시할 수 있다는 견해를 혼동해서는 안 된다.

4) 단연코 후설적인 전문용어jargon를 사용해 가며, 지베르트Siewert는 최근에 노에시스적인 현상적 특질들noetic phenomenal features에 대해 말해 왔다(1998, 284쪽). 명제내용과 명제태도의 구별을 고수하면서, 우리는 상이한 명제태도들에 질적 느낌qualitative feel이라고 부를 수 있는 것이 존재한다고 주장할 수 있을 것이다.

5) 현상적 의식에 대한 보다 폭넓은 개념을 옹호하고자 주장하는 시도들에 대해서는, 스미스(1989), 플라나간(1992), 반 굴릭(1997), 지베르트(1998)를 참조.

6) 보다 최근의 유사한 논증방식에 대해서는 스트로슨 1994, 5-6쪽을 참조.

7) 여기서 후설의 전문용어인 '노에마'를 소개하도록 하자. 후설의 노에마 개념을 해석하기 위한 올바른 방법에 대해서 엄청나게 많은 학문적인 논의가 있어 왔다(개관하려면 드러먼드Drummond 2003을 보라). 그 논의는 지향되는 대로의 대상object-as-intended(노에마)과 지향되는 대상object-that-is-intended(대상 그 자체)—지각되는 대로의(느껴지고 보여지는 대로의) 와인병과 와인병 그 자체—

의 관계에 관한 것이다. 한 독해에 따르면, 노에마는 한 유형의 표상적 존재물이고, 심적 작용과 대상의 지향적 관계를 매개하는 이념적인 뜻sense이나 의미meaning이다. 이 독해에 따르면, 의식은 노에마에 의해 대상으로 향하게 되고, 따라서 오직 이 중개하는 이념적 존재물에 의해 의식의 세계로의 개방성을 성취할 뿐이다(스미스와 매킨타이어McIntyre 1982, 87쪽). 이에 맞서는 한 해석에 따르면, 지향적 경험들은 본질적으로 자기초월적이다. 지향적 경험들의 존재는 다른 무언가에 대한 것임에 의해 구성되며, 그래서 지향적 경험들은 어떤 중간의 표상적 존재물에 의해 먼저 세계에의 지시를 성취하는 것이 아니다. 결과적으로, 노에마는 이념적 의미, 개념, 명제로 이해되어서는 안 되며, 주체와 대상 간의 중개자가 아니고, (마치 그것을 도입하기 전의 의식은 세계와 아무런 관계도 맺지 않는 밀폐된 용기인 양) 의식에 지향성을 부여하는 어떤 것이 아니라, 오히려 그것은 현상학적 반성 속에서, 이를테면 바로 경험되는 것으로서 간주되는 대상 그 자체이다. 노에마는 지각되는 대로 지각되는 대상이고, 회상되는 대로 회상되는 일화이고, 판단되는 대로 판단되는 사태 등이다. 그러나 이는 지향되는 대로의 대상과 지향되는 대상 간의 구별이 (반성적인 태도stance에서) 없다는 것을 의미하는 것이 아니라, 이 구별이 정확하게 노에마 내에서 구조적인 차이라는 말이다.(드러먼드 1990, 108-109쪽, 113쪽) 노에마에 대한 탐구가 노에마의 현출 속에서, 의식에 대한 노에마의 의미 속에서 고찰되는 모든 종류의 대상, 국면, 차원, 영역에 대한 탐구인 한, 대상과 노에마는 상이하게 고찰된 동일한 것임이 드러난다. 이를 배경으로 해서, 첫 번째 해석은 비일상적인 (현상학적인) 태도에서 추상적으로 고찰된 일상적인 대상인 것과, 비일상적인 추상적 존재물을 혼동하고 있다고 비판받아 왔다(드러먼드 1992, 89쪽). 말도 많고 탈도 많은 이 논쟁을 검토하는 일은 우리를 너무나 멀리 떨어진 곳으로 데려갈 것이므로, 그래서 다양한 이유 때문에 우리는 노에마에 대한 첫 번째 표상주의적 해석은 잘못된 것이라고 생각한다고 공식적인 기록으로 남도록 간단하게나마 진술해놓겠다(자하비 2003a, 53-68쪽, 2004a를 보라).

8) 이 문맥에서 세계적 속성들에 대해 말하는 바를 오해해서는 안 된다. 이는 방금 말한 속성들의 주체 독립적인 존재subject-independent existence에 관한 어떤 형이상학적 주장들도 수반하지 않는다. 여기서 하는 주장은 단지 문제의 그 속성들은 경험되는 대상들의 속성들이지 대상들에 대한 경험의 속성들은 아니라는 것이다.

9) 플라나간은 '경험적 감수성'과 '정보적 감수성'의 구별을 제안해 왔다. 혹자는 어떤 특정한 차이에 경험적으로는 감수적이지 않지만 정보적으로는 감수적일 수 있다. 무언가에 단지 정보적으로만 감수적일 때, 우리는 그것을 의식하지 않는다. 즉, 순수한 정보적 감수성은, 혹은 더 나은 표현을 사용하자면, 순수한 정보수집과 정보처리과정은 비의식적이다. 그것은 현상적 알아차림이 없는 처리과정이다(플라나간 1992, 55-56쪽, 147쪽). 맹시盲視를 특정한 감각영역의 한 예로 생각해볼 수 있다. 주관성은 경험적인 감수성과 관계가 있고, 우리가 대상에게 현상적 접근을 할 수 있도록 허용하는 것은 오직 경험적 감수성뿐이다. 하지만 비록 비의식적인 정보처리과정을 갖고서 작업하는 것이 적절하긴 하지만, 정보적 감수성이 경험적 감수성과 정확히 똑같은 정보의 현상학적 버전을 우리에게 제공한다고 추정하지 않도록 유의해야 한다. 그와 같은 어떤 것을 제안하는 것은 의식은 인지적으로 부수현상이라는 견해를 다시 한 번 장난스럽게 늘어놓는 것이다.

10) 명백한 반대를 예상해보자. 후설은 세계 없는 마음의 존재를 배제하지 않은 것으로 유명하지 (또는 악명 높지) 않은가? 후설이 그의 악명 높은 『이념들 I』의 §49에서 쓰고 있듯이, '순수' 의식은 존재의 독립적인 영역으로 생각될 수 있다. 만약 대상들의 세계가 전멸한다면, 의식은 변양될지언정 그 자신의 실존에 영향을 받지 않을 것이다(1976/1982, 104-105쪽). 하지만 후설이 상상한 세계의 전멸은 전반적인 회의론과는 아무런 관계가 없다. 후설은 우리가 경험하는 바로서의 세계와 실재적인 세계 사이에 쐐기를 박아놓으려고 하고 있지 않다. 그는 세계 그 자체가 존재하기를 그친 동안에도 현상학적으로 주어진 것이 여전히 동일한 것으로 남아 있을 수 있다고 생각하는 것이 의미가 있다고 주장하는 것이 아니다. 사실은 이와는 정반대이다. 그런 견해는 무의미하다고 아주 명시적으로 진술하고 있기 때문이다(후설 2002, 402쪽). 오히려 후설의 주장은 아마도 우리의 경험들이 조화롭고 정합적인 방식으로 질서지워지기를 그칠지도 모른다는 것이다. 더 나아가, 우리는 그러한 경우에 정합적인 세계의 존재existence를 더 이상 믿을 아무 이유가 없다고 그는 주장한다. 따라서 후설이 모든 유형의 경험이 세계의 부재와 양립할 수 있다거나, 또는 모든 유형의 경험이 비록 세계가 존재하지 않을지라도 여전히 동일한 것으로 남아 있게 될 것이라고 주장하고 있는 것은 확실히 아니다. 그가 말하고 있는 것은 오직 어떤 유형의 의식은 질서지워진 객관적 세계가 부재해도 가능할지도 모른다는

것일 뿐이다.

11) 현상학적인 관점에서 행해진 내재주의와 외재주의에 관한 더 많은 논의에 대해서는 Synthese 특집호(자하비 2008a)를 참조.

7. 신체화된 마음

1) 몸에 대한 사르트르의 분석을 조명하는 논의에 대해서는 카베스땅(1996) 참조.

2) 우리 자신의 신체화에 대한 이 전반성적 감각은 객관적인 방식으로 우리의 몸을 식별하는 능력에 기여한다. 어둠 속에서 점광點光이 나는 옷point-light display을 입고서 움직이고 있는 인영人影들(그들이 걸을 때 걸음걸이가 분명하게 보일 수 있도록 몸의 관절 부위에 빛이 나게 표시되어 있다)의 비디오를 보는 피험자들은 친구나 동료들을 인식하고 있을 때보다 그들 자신을 더욱 잘 식별하고 있다. 수수께끼는, 어떻게 그들이 그렇게 할 수 있느냐 하는 것이다. 그들이 보는 것은, 자신들의 걸음걸이가 '바깥으로부터' 보이는 방식인 데 말이다. 그리고 이는 지각적으로 친밀하게 아는 어떤 것일 수 없다. 사람들은 자신의 걸음걸이를 보는 것보다 친구나 동료들의 걸음걸이를 더 뚜렷하게 보기 때문이다(깁스Gibbs 2006, 52쪽). 하지만 한 가지 제언은, 그들 자신의 신체화에 대한 전반성적인 고유수용적 감각이 교차–양태적으로cross-modally 시각적 게슈탈트의 지각에게 자신들의 걸음걸이에 대한 정보를 제공한다는 것이다. 자신의 몸에 대한 전반성적인 알아차림에 대해서 더 많은 것을 알려면 르그랑(2006)을 보라.

3) 예를 들어, 1950년대 중반에 콜레쥬 드 프랑스에서 한 강의들에서, 메를로–퐁티는 이 맥락에서 다음과 같은 말로 지각을 기술하고 있다. 한 대상을 지각할 때 나는 나의 암묵적인 운동가능성들motor possibilities에 의거해서 그 대상을 알아차린다. "사물은 (현실적이고 가능적인potential 내 몸의 움직임들의 함수로서 나에게 나타난다. …… 나의 몸은 절대적인 '여기'이다. 공간의 모든 장소들이 이로부터 생긴다. …… 상대적인 것 안의 절대적인 것은 나의 몸이 나에게 가져오는 것이다"(2003, 74-75쪽).

4) 깨어 있는 상태의 사람이 자신의 몸 바깥쪽에서 자신의 몸을 보는 유체이탈 경험out-of-body(OBEs)이나 자기상像 환시autoscoopy(AS)의 사례들은, 현상학을

올바르게 이해하고 있다면, 살아지는 몸 곧 지각하는 몸과, 대상적인 몸 곧 지각되는 몸을 구별할 필요가 있는 특수한 사례들이다. 블랑케Blanke 등(2004)의 제언에 의하면, 유체이탈 경험과 자기상 환시는 자신의 몸과 관련해서 고유수용 감각적, 촉각적, 시각적 정보의 통합의 실패를 수반하고, 개인적 (전정前庭ves-tibular) 공간과 개인외적 (시각) 공간의 추가적인 분리를 초래하는 전정前庭 기능장애를 수반한다.

5) 현상학자들은 전반성적인 몸-알아차림body-awareness을, 어떻게 (신체화된) 의식이 그 자신에게 대상으로서가 아니라 주체로서 주어지는가의 물음이라고 여긴다. 베르무데스Bermúdez가 최근에 "신체적인 고유수용감각"은 "신체화된 자기를 그것의 대상으로" 여기는 "지각의 한 형태이다"고 주장해 온 데 반해 (1998, 132쪽), 현상학자들이라면 일차적인 몸-알아차림은 대상의식의 한 유형이 아니라고 주장할 것이다. 그것은 몸을 대상으로서 지각하는 것이 전혀 아니다(갤러거 2003b; 자하비 2002 참조).

6) 따라서 고유수용감각 수용기proprioceptive register는 주체의 경험과 무관하지 않다. GPS(global positioning system) 격자 눈금은 내가 플로리다에 있는 코코아 비치Cocoa Beach의 태양 아래 누워 있을 때 내 몸의 위치를 정밀하게 표시할 수 있겠지만, 그러나 이는 내가 발을 긁어야 할 필요가 있을 때 사용하는 체계는 아니다. 또 비록 어떤 언어에서 나는 발이 나의 남쪽 다리South leg에 있는지 알아야 할지라도, 발이 내 손의 동쪽이나 서쪽에 있는지를 알아야 할 필요는 없다. "구우구 이미드히르Guugu Yimithirr 부족어(오스트레일리아)를 쓰는 사람들은 …… 몸의 한 부분에 있는 대상의 위치를 묘사할 때조차도 최후의 종류의 묘사를 사용할 뿐이다. ―구우구 이미드히르 부족어를 쓰는 사람은 '당신의 남쪽 다리에 개미 한 마리가 있어요' 하고 말할 것이다"(마지드 등 2004, 108-109쪽). 그러나 마지드 등은 어떻게 이런 앎이 가능한가의 물음을 간과하고 있다. 나침반의 방위는 어떤 대표지형지물landmark과 관련하여 나의 살아지는 몸의 '여기'로부터만 추측 항법dead reckoning을 쓸 수 있을 뿐이다. 방위들은 항상 나로부터의 방위들이며, 나의 '여기'는 '최초의 좌표'를 규정하는 곳이다. 현상학적으로 말하면, 내가 그 상대적 위치를 알고 있는 어떤 묵시적이 거나 명시적인 준거점을 갖고서, 나는 여기로부터 북쪽을 가리키면서, 북쪽을 삼각측량한다. 어떻게 나는 내가 긁고 싶은 발이 나의 남쪽 다리에 있는지 북쪽 다리에 있는지를 알까? 내 오른쪽 다리가 내 왼쪽 다리의 북쪽에 있는지

남쪽에 있는지를 결정해야 하고, 그렇게 하기 위해서는 나는 먼저 북쪽 방위가 나의 오른쪽에 있는지 왼쪽에 있는지를 알아야 한다(갤러거 2006을 보라).

7) 정확히는 몸의 철학자로서 알려져 있지 않은 하이데거는, 인간 실존을 표하는 중심 용어로 '현존재das Dasein'라는 중성명사를 선택했다. 그리고 1928년 『라이프니츠에서 출발하는, 논리학의 형이상학적 시원근거들Metaphysische Anfangsgründe der Logik im Ausgang von Leibniz』이라는 강좌에서 하이데거가 지적하듯이, 현존재의 중성neutrality은 무성無性(eine Geschlechtslosigkeit)을 함의한다(하이데거 1978, 172쪽). 그 이후의 사상가들은 이 견해의 타당성을 의문시하고, 만약 우리가 무성의 생명체라면 우리의 신체화의 기본적 구조는 예전과 동일하게 존재하게 되지는 않을 것이라고 주장해 왔다.

8. 행위와 행위체

1) 규범성normality은 인습conventionality의 문제이기도 하다. 후설이 지적하듯이, 관습과 전통에 의해 이루어진 미규정적이고 일반적인 요구들이 존재한다. '사람들one'은 그렇게 판단하고, '사람들'은 그러그러한 방식으로 포크를 든다 등등(1952/1989, 269쪽). 사르트르가 후에 관찰했듯이, "내 동료 인간이 자주 다니는 하나의 세계 속에 산다는 것은, 모든 길모퉁이에서 타인을 마주칠 수 있다는 것뿐만 아니라, 나의 자유로운 기투가 처음에 부여하지 않은 의미를 도구복합체들이 지닐 수 있는 세계에 나 자신이 참여하고 있다는 것을 발견하는 것이기도 하다. 그것은 또한 의미가 이미 제공된 이 세계 한가운데서, 나의 것이면서도 내가 나 자신에게 준 적이 없는, 내가 '이미 소유하고 있다'는 것을 발견하는 의미를 만나는 것을 뜻하기도 한다"(1956, 509-510쪽).

2) 앤스컴Anscombe(1957)은 어떤 것이 행위의 이유가 되기 위해서는 현재의 행위가 어떻게 그 어떤 것을 성취하게 되는지를 알 수 있지 않으면 안 된다('지상에 낙원을 성취하는 일'은 왜 내가 포크를 드는지, 혹은 왜 내가 카펫을 진공청소기로 청소하는지에 대한 진정한 대답이 아니다)고 주장한다. '행복하기를 원하기 때문이다'가 왜 문 쪽으로 걸어가는가 하는 물음에 대한 대답이 될 수 있다는 것을 인정하기 위해서는 현재의 활동과 먼 데 있는 목적 사이의 어떤 수단-목적 관계를 볼 수 있어야 한다. 후자에 대한 나의 욕구가 전자를 적절한 것으로

만든다.

3) 우리는 (여기 그레이엄과 스테판의 책에서 볼 수 있듯이) 반성적으로 의식적인 인지과정을 포함하는 그런 종류의 설명을, 신경과학에서 때때로 '하향식' 과정이라고 불리는 것과 구분하기 위해서 '급진적인 하향식' 방식이라는 용어를 사용한다. 신경과학에서 '하향식'은 의식적 과정을 포함하지 않는다. 예를 들어, 차키리스(2005)는 비의식적 신체도식의 (신경적) 표상들을 하향식 과정이라고 말하고 있다.

4) 하부인격적 수준과 인격적 수준 간의 동종이형에 대한 문제에 대해서는 갤러거(1997), 헐리Hurley(2005), 바렐라(1996)를 보라.

9. 우리는 어떻게 타자들을 아는가

1) 이 그림을 제안해준 피어 분드가르드Peer Bundgaard에게 감사드린다.

2) 이 공명과정들을 모의실험으로 해석하는 것은 비단 갈레세뿐만이 아니다. 쟌느로와 파쉐리(2004, 113쪽)는 "행위는 명시적이든 암시적이든 신경망에 의해서 중심적으로 모의실험되며, 이 모의실험은 행위의 인식과 귀속을 위한 토대를 제공한다고 주장하는 모의실험 가설을 옹호한다". 갈수록 더 많은 신경과학자들이 이 견해를 지지하고 있다. 마르코 야코보니Marco Iacoboni는 "여러분은 내가 가령 야구공을 집어드는 행위를 수행하는 것을 볼 때, 여러분 자신의 뇌에서 자동적으로 행위를 모의실험한다"(블레이크슬리Blakeslee 2006에서 인용)고 진술하고 있다. 지아코모 리졸라티Giacomo Rizzolatti는 "거울뉴런은 우리가 타인들의 마음을 개념적인 추리가 아니라 직접적 모의실험을 통해서 파악할 수 있도록 해준다. 생각함으로써가 아니라 느낌으로써."(블레이크슬리 2006에서)라고 쓰고 있다. 그리고 라마찬드란Ramachandran과 오베르만Oberman은 거울뉴런은 "운동명령을 전할 뿐 아니라, 타인들의 행위를 심적으로 모의실험함으로써 원숭이와 인간이 다른 개체의 의도를 결정할 수 있게 한다"(2006, 65쪽; 또한 오베르만과 라마찬드란 2007을 보라)고 주장한다.

3) 앞장의 '벌거벗은 의도들'에 대한 논의를 보라.

4) 따라서 여기서는 이 용어를 스튜베르Stueber의 최근의 논의와는 다르게 사용하고 있다. 그는 그 논의에서 감정이입을 "내적 혹은 정신적 모방"(2006, 28쪽)의

한 형태라고 명시적으로 정의하고 있다.

5) 일부 실증적 연구는 분노, 행복감, 혐오감, 경멸감, 슬픔, 공포, 놀라움과 같은 많은 기본정서들은 통문화적cross-cultural이고 보편적이라는 것을 시사하고 있다. 물론 표현들을 겉으로 드러내는 방법에는 각 문화마다 특정한 규칙들이 있지만 말이다(에크만Ekman 2003, 4쪽, 10쪽, 58쪽). 기본정서의 표현들이 선천 적이라는 시사는 선천성 맹아들도 유관한 얼굴 표정들을 정상적으로 나타내 보인다는 사실에 의해서 더욱 입증되고 있다.

6) 선천적 사상寫像mapping의 필연성에 관한 고프닉과 멜조프의 주장을 인용한다고 해서, 이것이 함의하는 것에 대한 그들의 이론화 이론적인 해석을 지지하는 것은 아니다. 실로, 멜조프가 전개하고 고프닉과 멜조프가 인용한 증거의 대부 분은 유아에게 강력한 상호주관적 지각능력이 있다는 생각을 뒷받침하고 있다.

7) 소품들 없이 작업하는 마임연기자의 연기를 우리가 이해하는 것은, 움직임으로 의도를 표현할 수 있는 그들의 탁월한 능력에 의존하지만, 우리가 맥락들에 친숙해 있다는 점에 의존하는 것이기도 하다. 표현적 움직임을 할 수 있는 마임연기자의 재능은, 제스처 게임이나 판토마임 극에서 놀이하는 사람이 무엇을 표현하려 하는지 우리가 아무런 단서도 잡지 못하고 있을 때 종종 경험하는 것과 대비해보면, 분명히 입증된다.

8) 이것은, 전개되는 방식의 측면에서, 또 이론가들이 사용하는 측면에서, 이론들이 그 자체의 역사적 맥락들을 갖고 있다는 것을 부인하는 것은 아니다. 그러나 이론은 바로 그런 맥락들을 무시하는 경향이 있다. 더욱 중요한 것은, 그 일반적 본성 때문에 이론들은 우리가 이해하려 하고 있는 사람의 맥락—이를 적용의 맥락context of application이라 부른다—을 무시한다는 점이다. 이론이 일반적이 고, 미리 결정된 규칙이나 예측에 의존적인 한, 그것은 고려 중인 상황에 있는 특수한 국면들의 중요성을 경시하는 것이다. 만약 마음이론가들이 실로 적용의 맥락에 관해서 고심한다면, 그들이 고려할 수 있는 단 하나의 방식은 상황의 서사적 국면들에 호소하는 것이다.

10. 자기와 인격

1) 이것은, 인격은 결국 한낱 허구에 지나지 않는다는 것을, 혹은 시원적인 핵심자기

를 어떤 방식으로 숨기고 있는 가면이라는 것을 시사하는 것이 아니다. 말하고자
하는 바는 단순히 서사와, 인격의 본래적 개념 간에는 어원상의 연관이 있다는
것이다.

2) 우리의 행위는 우리의 성격을 형성하지만, 그 영향은 역방향으로도 성립한다(갤
러거 2007; 갤러거와 마르셀Marcel 1999를 보라). 우리가 수행하는 행위와 우리가
하는 선택은 부분적으로 우리의 성격에 의해 설명된다. 사실, 앤스컴이 주장해
왔듯이, 행위에 대한 이유를 부여하는 활동은 "나는 그러한 부류의 사람이기
때문이다"로 끝나게 된다(1957).

3) 마르케티Marchetti와 델라 살라Della Sala(1998)는 '외래 손 증후군'과 '무정부주의
적 손 증후군' 간의 중요한 구별을 해냈다. 무정부주의적 손은 행위체 감각의
붕괴를 수반하지만, 피험자는 목표지향적으로 보이는 움직임을 수행하고 있는
것은 그 자신의 손이라는 점을 여전히 인정한다. 이와 대조적으로, 외래 손
증후군의 경우에는 소유권 감각이 붕괴되어 있을 뿐 아니라 피험자는 그 손이
실제로 그의 것이라는 점을 부인한다(갤러거와 배베Væver 2004를 보라).

4) 고유수용감각과 외상감각은 그 몸이 누구의 몸인지에 대해서 틀릴 수 없다(이
감각들은 오직 피험자 자신의 몸에 대해서만 정보를 전달한다). 고유수용감각
(사지위치감각)은 몸이 어떤 자세로 있는지에 대해서 틀릴 수 있고, 외상감각no-
cioception(통증감각)은 통증의 원인이 어디에 위치하고 있는지에 대해서 틀릴
수 있지만 말이다(갤러거 2003b; 또한 쟌느로와 파쉐리 2004).

5) 쟌느로와 파쉐리(2004)가 왜 소유권 감각을 '대상으로서의 자기'와 동등시하는
지 그 이유가 분명하지 않다. 하지만 이러한 동등시는 그들이 동일시오류에서
오는 착오의 면제에 관해 다음과 같이 주장할 때 중요해 보인다. "그래서
간단명료하게 말하면, 철학자들에게 나쁜 소식은 자기동일시가 결국 일종의
문제라는 것이다. 적어도 행위와 의도의 영역에서는, 대상으로서의 자기(소유
권 감각)에 대해서든, 행위자로서의 자기(행위체 감각)에 대해서든 결코 동일시
오류에서 오는 착오의 면제와 같은 것은 없다"(141쪽). 비록 그들이 이와 같은
면제에 대해 알지 못한다 하더라도, 이것이 왜 정상적으로 이러한 종류의
면제에 의존하는 보통사람들에게가 아니라 철학자들에게 나쁜 소식이 되는지
그 이유가 역시 분명하지 않다.

6) 이것은 또한 우리가 특정한 실험 상황에서 고무손a rubber hand에 대해 가질
수 있는 소유권 감각에도 적용되는데, 이에 대해서는 보트비니크Botvinick와

코헨Cohen(1998; 또한 차키리스와 해거드 2005를 보라)에서 서술되어 있는 것이 가장 유명하다. 이 경우에도 역시 소유권의 귀속은 '대상으로서'이고 시각에 기초하는 것이지, '주체로서'인 것은 아니다.

찾아보기

마음학 총서 ①

현상학적 마음

초판 1쇄 발행 | 2013년 3월 12일
    2쇄 발행 | 2015년 11월 20일

지은이 숀 갤러거 + 단 자하비 | 옮긴이 박인성 | 펴낸이 조기조
기획 이성민, 이신철, 이충훈, 정지은, 조영일 | 편집 김장미, 백은주
인쇄 주)상지사P&B
펴낸곳 도서출판 b | 등록 2003년 2월 24일 제12-348호
주소 151-899 서울특별시 관악구 미성동 1567-1 남진빌딩 401호 | 전화 02-6293-7070(대)
팩시밀리 02-6293-8080 | 홈페이지 b-book.co.kr | 이메일 bbooks@naver.com

ISBN 978-89-91706-74-3   93100
정가 | 28,000원